职业教育电子商务
网实一体特色规划教材

主　编　钟雪梅　冯子川
副主编　李　淼　史金花　杜　慧
参　编　吕文俐　徐小玲　何俊荣　黄　劲　曾　永
洪丽定　黄燕华　廖卓萍　彭　茵　彭　军

跨境电商实务

清华大学出版社
北　京

内容简介

本书结合跨境电商的发展动态，从普及跨境电商知识和技能应用的角度系统地介绍跨境电商的基本知识和技能。本书采用“项目→任务→活动”的结构模式，通过项目提出、任务细分、课堂活动操作，引出相关的理论知识。全书包括7个项目：走进跨境电商世界、调研跨境电商市场、熟悉跨境电商物流、运营跨境电商店铺、开展店铺营销推广、强化客户服务管理、探索移动跨境电商。

本书可作为职业院校的电子商务专业、国际商务专业、市场营销专业等相关商贸专业的教材，也可作为企事业单位从事电子商务与跨境电商业务的人员的参考书。

图书在版编目(CIP)数据

跨境电商实务/钟雪梅，冯子川主编. —北京：清华大学出版社，2017(2021.1重印)
(职业教育电子商务“网实一体”特色规划教材)
ISBN 978-7-302-47509-5

Ⅰ. ①跨… Ⅱ. ①钟… ②冯… Ⅲ. ①电子商务－职业教育－教材 Ⅳ. ①F713.36

中国版本图书馆CIP数据核字(2017)第142124号

责任编辑：孟毅新
封面设计：傅瑞学
责任校对：李 梅
责任印制：宋 林

出版发行：清华大学出版社
网 址：http://www.tup.com.cn，http://www.wqbook.com
地 址：北京清华大学学研大厦A座 **邮 编**：100084
社 总 机：010-62770175 **邮 购**：010-62786544
投稿与读者服务：010-62776969，c-service@tup.tsinghua.edu.cn
质量反馈：010-62772015，zhiliang@tup.tsinghua.edu.cn
课件下载：http://www.tup.com.cn，010-62770175-4278
印 装 者：三河市铭诚印务有限公司
经 销：全国新华书店
开 本：185mm×260mm **印 张**：19.25 **字 数**：438千字
版 次：2017年8月第1版 **印 次**：2021年1月第5次印刷
定 价：59.00元

产品编号：070006-02

职业教育电子商务“网实一体”特色规划教材
丛书编委会

前言

近年来，跨境电商快速崛起，给中国乃至世界范围的传统贸易带来了强烈的冲击。在中国经济发展、人民生活水平提升、出境人数攀升的大背景下，人们的消费观念发生了改变，购买商品的关注点倾向于食品安全、品质优良、品类多样、个性化等方面，跨境消费的需求持续增加。中国电子商务研究中心发布《2016年（上） 中国电子商务市场数据监测报告》显示，2016年上半年中国跨境电商交易规模达2.6万亿元，同比增长30%。

伴随着"海淘"时代的来临，跨境电商行业发展迅猛，因此普及跨境电商知识和学习跨境电商技能成为现代商务人才的迫切需求。本书结合跨境电商最新发展动态，从应用的角度全面系统地介绍跨境商务领域各个方面的基本知识和技能，按项目导向和任务驱动的形式架构教材体系和内容。

本书具有以下特点。

(1) 打破中职教材的传统编写模式，采用"项目→任务→活动"的结构模式，通过具体项目提出、任务细分、课堂活动操作，引出相关的理论知识，避免了从纯理论入手的传统教学模式。

(2) 编写内容以学生为主体，以项目为驱动，让学生亲身体验真实的跨境电商任务情境实践，在做中学，学中做。在完成每一个课堂活动的基础上引出跨境电商相关知识和技能，从而激发学生的学习兴趣和培养自主学习的能力。

(3) 在任务活动难度的编排上，遵循了先易后难的原则，从简单的课堂活动引出相关理论知识，再到综合的合作实训。

(4) 由一线跨境电商专家和老师亲自执笔撰写，确保学习内容与企业真实应用同步，而且把电商企业真实工作提炼出来作为实训项目，辅以必要的理实一体化作业，帮助学生提升综合竞争力。

本书的每个项目由两个任务组成。每个任务由两个以上的活动组成。每个项目有以下几个部分。

(1) 项目综述：简述本项目要完成的具体任务及涉及的相关知识点。

(2) 任务情境：本任务依据真实的学习状况和公司运营设定情境。

(3) 知识窗：本任务完成所涉及的跨境电商相关的理论知识。

(4) 活动实施：本任务分解成若干个具体的课堂活动，指导学生完成活动的具体步骤。

(5) 合作实训：为巩固学生学习基础知识和培养学生团队合作能力进行综合实训项目。

(6) 项目总结：启发学生对本项目所涉及的知识和技能进行回顾和总结。

(7) 项目检测：帮助学生思考、理解和消化本项目的知识点。

当读者系统学习本书之后，不仅可以全面了解跨境电商行业发展历程和跨境交易平台发展状况，同时能学习和体验跨境网络购物、跨境支付和跨境物流配送，掌握一定的跨境电商网络营销活动推广技能，培养学生职业道德和提高就业创业所需的相关知识和技能。

本书由钟雪梅、冯子川担任主编；李淼、杜慧、史金花担任副主编，协助完成审稿和配套教学资料整合。其中项目一由黄劲、钟雪梅负责编写；项目二由杜慧、廖卓萍、彭军、冯子川负责编写；项目三由史金花、彭茵负责编写；项目四由徐小玲、何俊荣负责编写；项目五由李淼负责编写；项目六由王曼娜、洪丽定、黄燕华负责编写；项目七由曾永负责编写。

我们在编写的过程中，参阅、借鉴并引用了大量国内外有关电子商务、跨境电商等创新方面的书刊资料和研究成果，浏览了许多相关网站，特别得到了绍兴市柯桥区职业教育中心孙海峰和普宁职业技术学校李淼的大力指导和帮助，在此一并致以衷心的感谢！

本书可作为职业院校的电子商务专业、国际商务专业、市场营销专业等相关商贸专业学生的教材，也可作为企事业单位从事电子商务与跨境电商业务的人员的参考用书。

由于编者水平有限，书中难免有不足之处，恳请读者不吝指教。联系邮箱：xm520@126.com

编　者

2017 年 5 月

目录

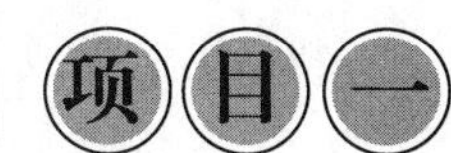

走进跨境电商世界

项目综述

跨境电子商务不仅冲破了国家间的障碍，使国际贸易走向无国界贸易，同时它也正在引发全球经济贸易的巨大变革。对正在面临转型升级困境中的“中国制造”来说，跨境电子商务构建的开放、高效、便利的贸易环境，极大地拓宽了进入国际市场的路径，优化了外贸产业链，为产品创新和品牌创立提供了便利的平台和宝贵的机遇。随着“互联网＋外贸”的发展，成千上万的中小微企业涌入到外贸市场，并将诞生更多国际品牌，这将彻底改变中国外贸格局。随着海外商品消费的便捷、平民化和认知程度加深，中国在线海购市场潜力巨大，从整体市场规模看，2015 年近 1 万亿元，占国内生产总值的 1.3％，平均每个中国人一年在线海外购物消费 655 元，再加上当前国家对跨境电商关注度高，政策密集出台，为新消费带来的强劲购买力，因此，跨境电商业已成为所有零售企业转型、开拓的新战场。

李勇、王丽、张军、钟珊为启航职业技术学校电子商务专业的学生，在指导老师的带领下参观了与本校合作的朝阳电子商务有限公司，同学们对该公司关于跨境电商这方面的业务很感兴趣，并很想到该公司驻学校运营办公点实习，于是他们回来后对跨境电商进行了全面地学习。

项目目标

通过本项目的学习，应达到的具体目标如下。

1. 知识目标

(1) 了解跨境电商的基础知识；

(2) 学会比较跨境电商与境内电商；

(3) 了解跨境电商平台和业务流程；

(4) 熟悉跨境电商规则。

2. 技能目标

(1) 掌握跨境电商的运营流程；

(2) 熟悉跨境电商平台操作。

3. 情感目标

(1) 培养学生发现问题、解决问题的能力；

(2) 培养学生团结合作的能力；

(3) 使学生成为知识广、实践能力强的高素质人才。

任务一　走进跨境电商世界

情境设计

李勇、王丽、张军、钟珊为了更好地了解跨境电商相关知识，他们利用课余时间上网收集资料，并找到了课任教师黄老师作为指导。通过对跨境电商相关知识充电后，他们成功进入朝阳电子商务有限公司实习，在实习过程中他们就公司目前的情况，全面分析了公司现阶段存在的问题，以及如何改进。

任务分解

跨境电商相关知识包括跨境电商的含义、特点、功能、现状，以及跨境电商与境内电商的区别等。

活动一：认识跨境电商

活动背景

李勇、王丽、张军、钟珊 4 人分工合作，从图书馆、网上搜索到不少关于跨境电商的资料，更好地理解跨境电商的内涵。

知识窗

一、跨境电商概述

跨境电子商务是指分属不同关境的交易主体，通过电子商务平台达成交易、进行支付结算，并通过跨境物流送达商品、完成交易的一种国际商业活动。跨境电商的内涵如图 1-1-1 所示。

图 1-1-1　跨境电商定义示意图

随着互联网的普遍使用,跨境电商已经成为企业扩大海外营销规模,实现转型的新方式。跨境电商从广义上可以分为进口跨境电商和出口跨境电商,本书主要以进口跨境电商为主线讲解。

二、跨境电商的模式

由于互联网的普遍使用,跨境电商在发展中逐渐形成了不同模式。

1. 按照交易主体分类

(1) 企业对企业(Business to Business,B2B)。企业与企业间利用互联网进行产品、服务交易,以及信息交换的跨境电商模式。

(2) 企业对消费者(Business to Customer,B2C)。企业利用互联网,把产品或服务直接销售给消费者的跨境电商模式。

(3) 消费者对消费者(Customer to Customer,C2C)。消费者与消费者间利用互联网,进行产品或服务交易的跨境电商模式。

2. 按照运营模式分类

(1) 海外代购。海外代购简称“海代”。简单来说,就是身在海外的个人或商户为有需求的消费者在当地购买所需商品并通过跨国物流将商品送达消费者手中的模式。

企业代表:淘宝全球购(如图 1-1-2 所示)、京东海外购、易趣全球集市。

图 1-1-2　淘宝全球购网站

提示：微信朋友圈代购也是一种海购，是依靠熟人、半熟人等社交关系通过微信社交平台进行交易的商业模式。随着监管部门对朋友圈个人代购的定性，该商业模式很可能会从灰色贸易转为走私性质。

(2) 直发/直运平台模式。直发/直运平台模式又被称为 Drop Shipping 模式。电商平台将接收到的消费者订单信息发给批发商或厂商，批发商或厂商则按照订单信息以零售的形式对消费者发送货物。

企业代表玩家：天猫国际如图 1-1-3 所示。

图 1-1-3　天猫国际网站

(3) 自营 B2C 模式。大多数商品需要平台自己备货。

企业代表：亚马逊、1 号店的"1 号店海购"，如图 1-1-4 所示。

三、跨境电商的特点

跨境电商是互联网和外贸的结合产生的一种新型行业，因此，它与传统贸易不一样，呈现出如下特点。

1. 全球性

依附于互联网产生的跨境电商，只要消费者接入了互联网，就可以通过互联网购买来自全球各地的产品和服务，因此，对于企业来说不需要考虑跨越国界，就可以把产品和服务提交到整个网络市场中。全球性是跨境电商最基本的特征。

2. 虚拟性

传统交易以实物交易为主，而在跨境商务中，消费者在电商平台所看到的产品介绍、

图 1-1-4　“1 号店海购”网站

交易结算等都是数字化的、虚拟的。借助互联网，企业可以向全世界推销自己的产品和服务。

3. 高效性

在跨境电商环境中，人们不再受地域、时间的限制。通过互联网，消费者能全天候在电商平台上购物、交易、付款等，能方便快捷地完成过去较为复杂的商业活动；企业能够快速实现产品和服务的信息发布等。

4. 无纸化

跨境电商中的所有商务活动主要采取无纸化操作的方式，如整个信息发送和接收过程实现了无纸化，提高了企业办事效率。

四、跨境电商的意义

跨境电商冲破了国家间的障碍，使国际贸易走向无国界贸易，同时它也正在引起世界经济贸易的巨大变革。跨境电商的意义如下。

1. 利于企业转型，拓宽发展空间

对企业来说，跨境电商利用互联网这个平台在全球构建了开放、多边贸易合作，拓宽了进入国际市场的途径，优化资源配置，利于企业转型，寻求更广阔的发展空间。

2. 交易直接化，降低产品价格

跨境电商可以通过电子商务平台，实现跨境企业间、企业与消费者间的直接贸易，一方面，通过电商平台可以直接送至消费者手中，减少中间环节，提高效率；另一方面，减少中间成本，可让利给消费者。

3. **方便消费者,满足多层次需求**

通过这种跨境电商,消费者可以不受地域、时间的限制买到国内买不到的产品,同时通过价格的对比,可以买到物美价廉的国外真货。

4. **拉动国内需求,增加就业**

由于跨境电商这个新业态得到国家政策大力扶持,为国内带来新机遇,拉动国内需求,从而增加了国民就业,起到了两全其美的作用。

活动实施

(1) 填写跨境电商的运作方式。

根据表1-1-1中的几个词,按照所学知识完成图1-1-5。

表1-1-1 词库

词库		
A国	下单	供方
B国	物流配送	付款
电商平台	需方	

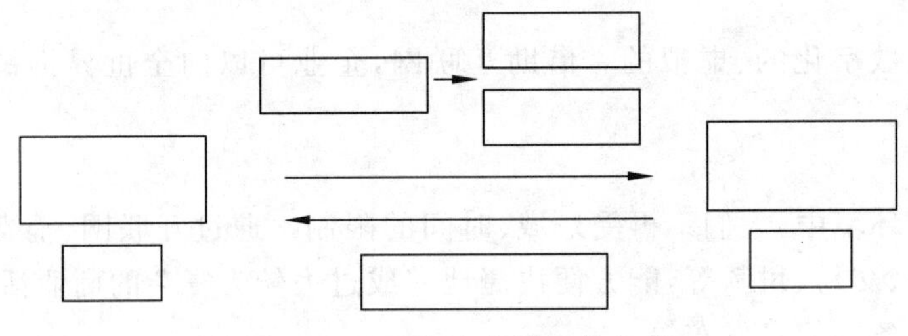

图1-1-5 跨境电商的运作方式

(2) 查找不同跨境电商模式的代表。

步骤1:打开"百度"搜索引擎,逐一输入不同跨境电商模式的词语,选出一个知名网站,完成表1-1-2中的"网站名称"和"网站网址"内容。

步骤2:根据所学知识完成表1-1-2中每种模式的优势和劣势内容。

表1-1-2 不同跨境电商模式对比

跨境电商模式		网站名称	网站网址	优势	劣势
按照交易主体分类	B2B模式				
	B2C模式				
	C2C模式				
按照运营模式分类	海外代购模式				
	直发/直运平台模式				
	自营B2C模式				

(3) 说说跨境电商的现状。

步骤 1：以小组为单位，讨论并总结跨境电商的现状。

步骤 2：派一名代表进行分享小组观点。

活动评价

通过实践活动、理论学习和网络学习，学生了解跨境电商的概念、特点、模式和功能，并完成相关的任务表格，同时培养小组讨论、合作的意识，提高学习的积极性和效率。

活动二：区分跨境电商与境内电商

活动背景

李勇、王丽、张军、钟珊几位同学了解跨境电商后，发现其存在一些问题。在这个基础上，他们对跨境电商与境内电商进行比较学习，一方面更加深刻地认识跨境电商的内涵，另一方面更好地分析朝阳电子商务有限公司现阶段存在的问题，以及如何改进。

知识窗

一、跨境电商与境内电商的联系

所谓境内电商就是人们所认识的电子商务，跨境电商与境内电商之间是有联系的，具体如下。

1. 借助互联网技术

互联网技术的发展和普及为跨境电商与境内电商提供了良好的外部环境。

2. 办公无纸化、在线化

借助互联网技术，跨境电商与境内电商中的所有商务活动主要采取无纸化、在线化操作的方式，提高了企业办事效率。

3. 搭建数据库，便于用户查询

依托电商平台，能为识别电商参与对象的身份，能提供商品信息查询、货物运输以及交易信息查询等服务。

4. 经营目标上一致

跨境电商与境内电商的经营目标是一致的，都是为促进贸易销售，只是所用的方法、手段有所不同。

二、跨境电商与境内电商的区别

跨境电商与境内电商主要区别为以下几个方面。

1. 交易主体

跨境电商的交易主体为分属不同关境，参与对象涉及境外和境内的商家、物流、银行、政府机构等；而境内电商为同属一个国家的交易买卖双方，即国内的卖家在线销售给国内的买家，参与对象只需涉及境内的商家、客户、物流、银行等。

2. 货源

境内电商的货源主要是国内生产的商品，而境外电商的货源则需要从境外进口回来的商品。

3. 业务

境内电商的业务有在线交易、支付结算、国内物流配送等，而跨境电商的业务增加了国际物流、出入境清关、国际结算等业务。

4. 关税

从 2016 年 4 月 8 日开始，中国正式实施跨境电商零售进口税收政策，并同步调整行邮税。现有的跨境电子商务零售进口商品按照邮递物品不再征收行邮税，而是按照“货物”征收关税和进口环节增值税、消费税。税额暂按法定应纳税额的 70%征收，同时取消免征税额(原来有 50 元以下免征税额)，这意味着跨境电商免税时代终结，新旧税制对照见图 1-1-6。而境内电商销售的产品不涉及缴纳关税问题。

税制变化对不同品类商品的影响			
	应交税费		
品类	税改前（行邮税）	税改后	变化
母婴、食品、保健品、居家日用、厨房家清<500（元，下同）	10%，<50免征，实际为0	增值税：17%*70%=11.9%	多缴纳11.9%
母婴、食品、保健品、居家日用、厨房家清>=500	10%	增值税：17%*70%=11.9%	多缴纳1.9%
化妆品(香水、防晒、眼霜、唇膏等彩妆)<100	50%，<50免征，实际为0	增值税：17%*70%=11.9% 消费税：30%*70%=21%	多缴纳32.9%
化妆品(香水、防晒、眼霜、唇膏等彩妆)>=100	50%	增值税：17%*70%=11.9% 消费税：30%*70%=21%	少缴纳17.1%
化妆品（护肤）、个人洗护<100	50%，<50免征，实际为0	增值税：17%*70%=11.9%	多缴纳11.9%
化妆品（护肤）、个人洗护>=100	50%	增值税：17%*70%=11.9%	少缴纳38.1%
轻奢服饰<250 床品布艺<250 电器<250	10%，<50免征，实际为0	增值税：17%*70%=11.9%	多缴纳11.9%
轻奢服饰>=250 床品布艺>=250 电器>=250	20%	增值税：17%*70%=11.9%	少缴纳8.1%

图 1-1-6　新旧税制对照

5. 国际贸易等相关条例

跨境电商在运输、安全和进口等标准上都有严格的规范和管理机制，以及要按照相关的国际惯例和交易流程进行，而相对于境内电商，在这些管理和机制上没有这么多参考标准，只需符合我国境内相关规定即可。

活动实施

(1) 运用所学知识讨论对比跨境电商与境内电商，完成表 1-1-3。

表 1-1-3　跨境电商与境内电商的特点对比

项　目	选项提示	境内电商	跨境电商
网络化	强、中、弱		
信息化	强、中、弱		
业务量	多、中、少		
贸易条例	多、中、少		

续表

项　目	选项提示	境内电商	跨境电商
规范化	强、中、弱		
门槛	强、中、弱		
缴税	有、无		
效率	强、中、弱		

(2) 以小组形式讨论分析跨境电商税制改革后的缴税情况。

假设李勇、王丽、张军、钟珊几位同学打算从澳洲购买几罐奶粉,总值 1000 元。根据课本所给的新旧税制对照表算一算税改前和税改后分别要缴纳多少钱?

活动评价

通过对比学习跨境电商与境内电商,把学到的基础知识运用到实际案例中去,使基础知识的形象化,同时培养小组讨论、合作能力,提高学习的积极性和效率。

合作实训

【实训名称】 以 4 人一小组为单位,帮助朝阳电子商务有限公司分析税制改革后的情况。

【实训背景】 朝阳电子商务有限公司是一家以全球零售为主的电商企业,致力于为全球消费者供应高品质的母婴服饰和窗帘挂饰,现已开通速卖通平台进行全球贸易。从 2016 年 4 月 8 日起,跨境电商零售进口税收新政及行邮税调整将正式开始实施,同时行邮税政策也同期调整。新税制改革对于朝阳电子商务有限公司有一定影响。

【实训目的】 帮助朝阳电子商务有限公司分析税制改革后的情况,从而更加深入地了解跨境电商这一行业。

【活动过程】

步骤 1:任命一名活动小组长,明确组员分工。

步骤 2:对新税制改革进行研究分析。

步骤 3:以组为单位撰写一份关于新税制改革对朝阳电子商务有限公司的影响的书面报告。

【实训小结】 通过帮助朝阳电子商务有限公司分析税制改革后的情况这项活动,每位同学能把所学知识结合到实际中,加深了理论知识的理解,同时培养学生团结协作的能力。

任务二　浏览跨境电商平台

情境设计

李勇、王丽、张军、钟珊几位同学在朝阳电子商务有限公司实习一段时间后,对该公司有一定了解。由于现在跨境电商的消费群逐渐增多，行业竞争激烈，朝阳电子商务有限公司运营部负责人想对公司运营策略做调整，于是给李勇、王丽、张军、钟珊几位同学布置了一项任务，该任务主要是浏览当前知名电商平台，分析总结这些平台的基本情况，方便为公司调整策略提供参考资料。

任务分解

李勇、王丽、张军、钟珊从多角度、多渠道了解并浏览了当前知名电商平台的基本情况、交易流程等。

活动一：了解跨境电商平台

活动背景

李勇、王丽、张军、钟珊利用互联网等资源，找到一些跨境电商平台的相关信息，这些信息包括该平台的一些背景、优势等，为公司调整策略提供了参考资料。

知识窗

一、跨境电商平台的类型

1. 国际跨境电商平台

国际跨境电商平台指的是为企业拓展国际业务在网上开展电子商务，以及实现全球消费者在网上购物，融合订单、支付、物流于一体的全球外贸在线交易平台。

2. 进口跨境电商平台

进口跨境电商平台指的是通过电子商务平台和跨境物流在国内购买国外的商品的在线交易平台。

3. 本土化跨境电商平台

本土化跨境电商平台指的是为国外客户提供本土化语言、本土化支付、本土化发货、本土化客服、本土化营销等服务实现在线购物的交易平台。

二、知名跨境电商平台

1. 全球速卖通

全球速卖通是阿里巴巴旗下面向全球市场打造的在线交易平台，被广大卖家称为“国际版淘宝”，如图 1-2-1 所示为全球速卖通网站及其特色。

全球速卖通(AliExpress)是阿里巴巴为帮助中小企业接触海外终端，拓展利润空间而全力打造的融合订单、支付、物流于一体的外贸在线交易平台。通过互联网的方式缩短优化外贸产业供应链，帮助中国商家获得更高的利润。

2. 亚马逊

亚马逊公司(Amazon，简称亚马逊)，是美国的一家网络电子商务公司，位于华盛顿的西雅图，是网络上最早开始经营电子商务的公司之一。亚马逊成立于 1995 年，一开始只

市场大

中国领先的B2C交易平台
覆盖220多个国家和地区
日近5 000万海外流量
最高峰值达到1亿元

利润高

因为直达海外终端，
所以建议比国内的定价
高20%~50%

发展快

在2014年“双11”速卖通当天成交680万个订单，比2013年增长60%

机会大

海外市场刚起步，
2013年市场潜力相当于
2005年的淘宝

新兴市场

速卖通2014年将深耕俄罗斯、巴西等新兴市场，在当地排名高于同类电商平台

行业类目多

全球速卖通覆盖3C、服装、家居、饰品等共30个一级行业类目

图 1-2-1　全球速卖通网站及其特色

经营网络的书籍销售业务，现在则扩及了范围相当广的其他产品，已成为全球商品品种较多的综合网络零售商和全球大型互联网企业。

亚马逊中国是全球亚马逊在中国经营的电子商务网站。同时，亚马逊中国拥有业界领先的运营网络，目前有 15 个运营中心，并且亚马逊中国还拥有自己的配送队伍和客服中心，为消费者提供便捷的配送及售后服务。从 2014 年 10 月 29 日，亚马逊中国开通海外六大站点直邮中国的服务，全面拉开“海淘”攻势，开启国际品牌战略，如图 1-2-2所示为亚马逊中国海外购网站及其特色。

旗下电商平台多

美国、加拿大、巴西、墨西哥、
英国、德国、法国、西班牙、意大利、荷兰、
中国、日本、印度、澳大利亚

品种多

图书、手机数码、家电、家居、玩具、钟表首饰、
鞋靴、运动、食品、母婴等32大类、上千万种的产品

国际直邮

开通海外六大站点直邮中国的服务，消费者可享受到
来自亚马逊美国、德国、西班牙、法国、英国和意大利
在内的共计8000多万种国际产品

个性化配送服务

提供三种（标准、加快、特快）可选配送服务；
而亚马逊美国站点大幅调降了直邮中国的国际运费
并缩短直邮配送时间，平均运送时间缩短为3～15天

图 1-2-2　亚马逊中国海外购网站及其特色

3. 沃尔玛

沃尔玛公司(Wal-Mart Stores,Inc.)(NYSE：WMT)是一家美国的世界性连锁零售企业,曾连续三年在美国《财富》杂志世界 500 强企业中居首位。沃尔玛公司有 8500 家门店,分布于全球 15 个国家,全球员工总数 220 多万人,每周光临沃尔玛的顾客 2 亿人次。2010 年 11 月 19 日,沃尔玛中国旗下品牌山姆会员商店在中国推出网上购物服务。2015 年 7 月,沃尔玛全资收购 1 号店,将继续以现有名称运营,通过投资 1 号店,沃尔玛将继续涉足这一重要的电子商务市场,并为实现成为全球领先的多渠道零售商的目标而努力,如图 1-2-3 所示为沃尔玛网站。

4. Wish

Wish 是一个新兴的移动电商,其 App 上销售的产品物美价廉,包括非品牌服装、珠宝、智能手机、淋浴喷头等,大部分产品都直接从中国发货。其特色如图 1-2-4 所示。

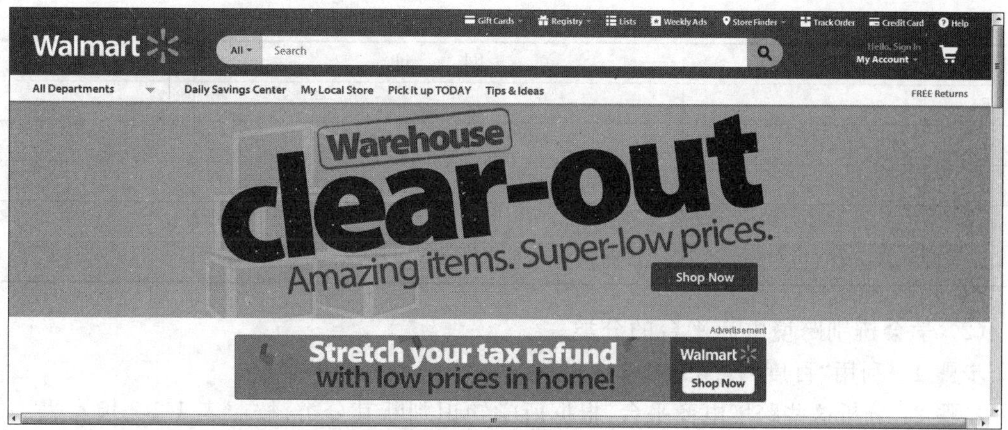

图 1-2-3　沃尔玛网站

马上开始销售

Wish 将向欧美超过 3 200 万的消费者展示商家的产品

售出商品之前无须支付任何费用

Wish 采用收入分成的办法。商家有收入，平台才收取费用。在售出商品之前，平台不收取任何费用

高效的移动商务

成千上万的消费者每天花费30分钟浏览 Wish 上的产品。商家可以直接将产品卖给使用移动设备的消费者

触达相关消费者

平台会根据消费者的人口统计特征、购买行为和收藏夹向相关消费者展示商家的产品

图 1-2-4　Wish 移动电商特色

活动实施

(1) 利用搜索引擎查一查中国排名前十的跨境电商平台有哪些？完成表 1-2-1。

表 1-2-1　中国排名前十的跨境电商平台

序号	名　称	网　址	主 营 业 务
1			
2			
3			
4			
5			

续表

序号	名　　称	网　　址	主营业务
6			
7			
8			
9			
10			

（2）学会辨别跨境电商平台的分类。

步骤 1：利用“百度”搜索表 1-2-2 里面每一个跨境电商平台。

步骤 2：分析这些跨境电商平台，根据所学知识判断其分类，按照表 1-2-2 填写表 1-2-3 中的相关内容。

表 1-2-2　知名跨境电商平台

速卖通	亚马逊	沃尔玛	洋码头
天猫国际	1 号海购	京东全球购	Newegg（美国新蛋网）
Wish	网易考拉海购	顺丰海淘	蜜芽
trademe（新西兰）	苏宁海外购	敦煌	eBay

表 1-2-3　跨境电商平台的分类例子

跨境电商平台的分类	例　　子
国际跨境电商平台	
进口跨境电商平台	
本地跨境电商平台	

活动评价

通过活动初步接触了各大跨境电商平台，并利用互联网等手段更加深入地了解这些跨境电商平台的相关情况。

活动二：掌握跨境电商的交易流程

活动背景

李勇、王丽、张军、钟珊比较完各个跨境电商平台的情况后，意识到交易流程是跨境电商平台的核心，以及以后有可能会在这些平台购物，于是他们上网学习了跨境电商的交易流程。

知识窗

一、跨境电商的交易流程

如今海外购已经不是陌生的名词，现在越来越多的人使用跨境电商平台进行海购，现

以淘宝全球购为例，学习海购的交易流程。

步骤 1：打开淘宝全球购网站，如图 1-2-5 所示，进行淘宝账号登录，如图 1-2-6 所示。

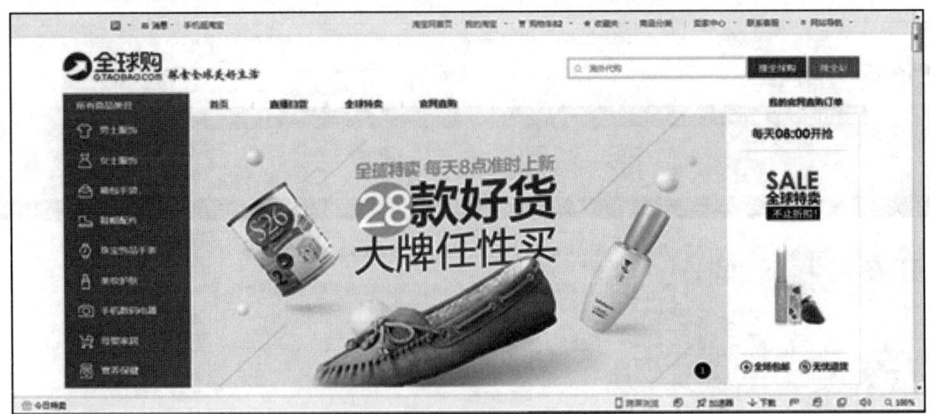

图 1-2-5　淘宝全球购网站

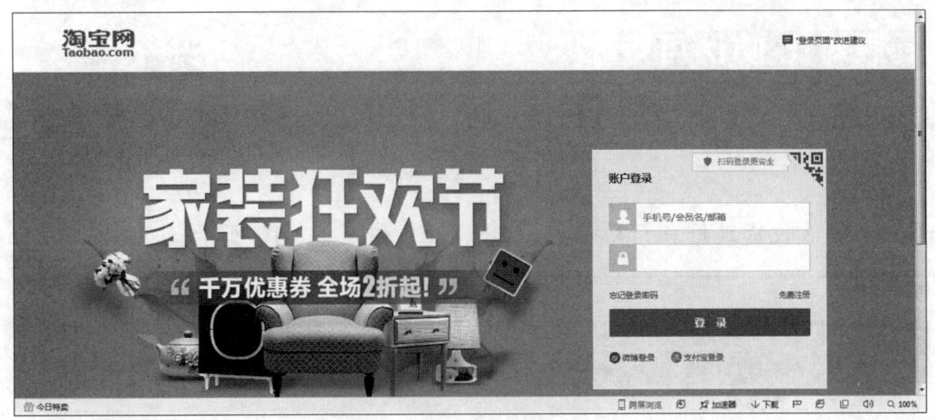

图 1-2-6　淘宝账号登录

步骤 2：在商品输入框进行搜索商品，如图 1-2-7 所示。

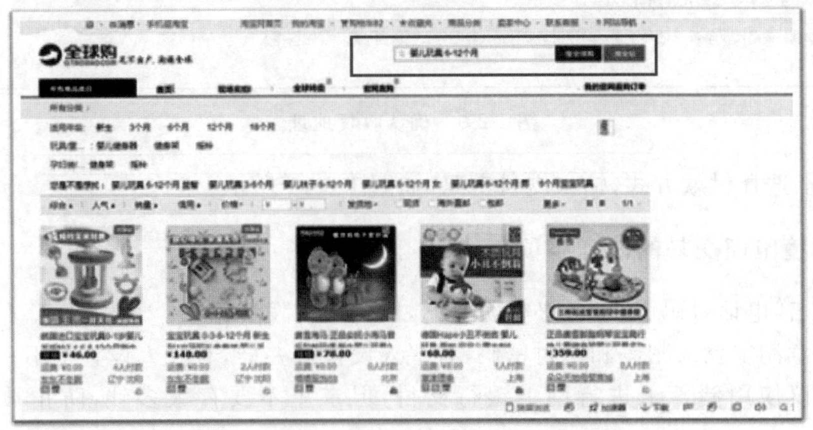

图 1-2-7　搜索商品

步骤 3：了解商品详情。

可以查看产品的材质、规格、评价、销售情况以及店铺信誉等情况，如图 1-2-8 所示。

图 1-2-8 浏览商品资料

步骤 4：确认收货地址和订单信息，如图 1-2-9 和图 1-2-10 所示。

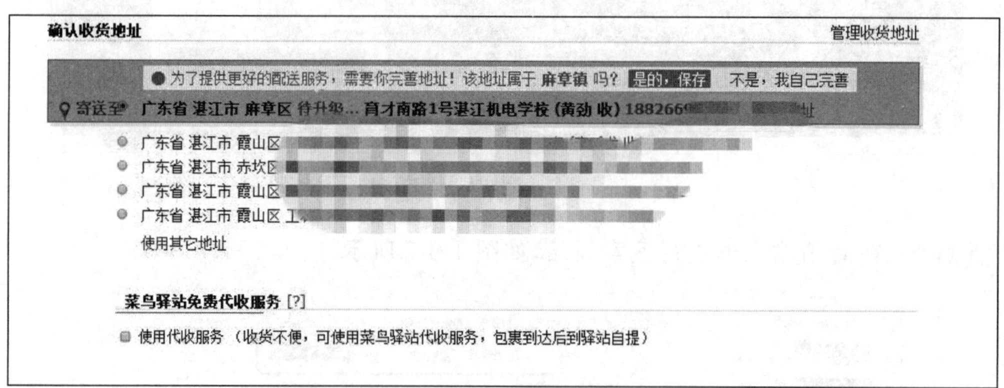

图 1-2-9 确认收货地址

步骤 5：选择付款方式，输入支付密码，如图 1-2-11 所示。

二、跨境电商交易的注意事项

(1) 姓名、电话号码、地址务必核实一遍，以免出现发货错误。

(2) 注意淘宝登录密码和支付密码，有些人设置得一样，有些人设置得不一样。

(3) 建议使用储蓄卡进行网上银行支付，但卡里不要存太多钱，防止被不良商家转走。

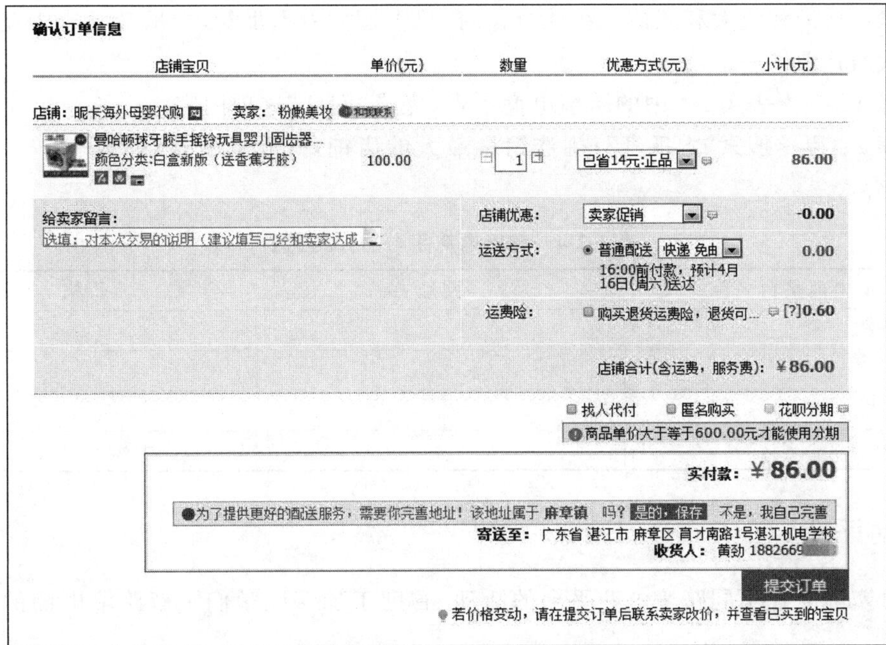

图 1-2-10　确认收货地址

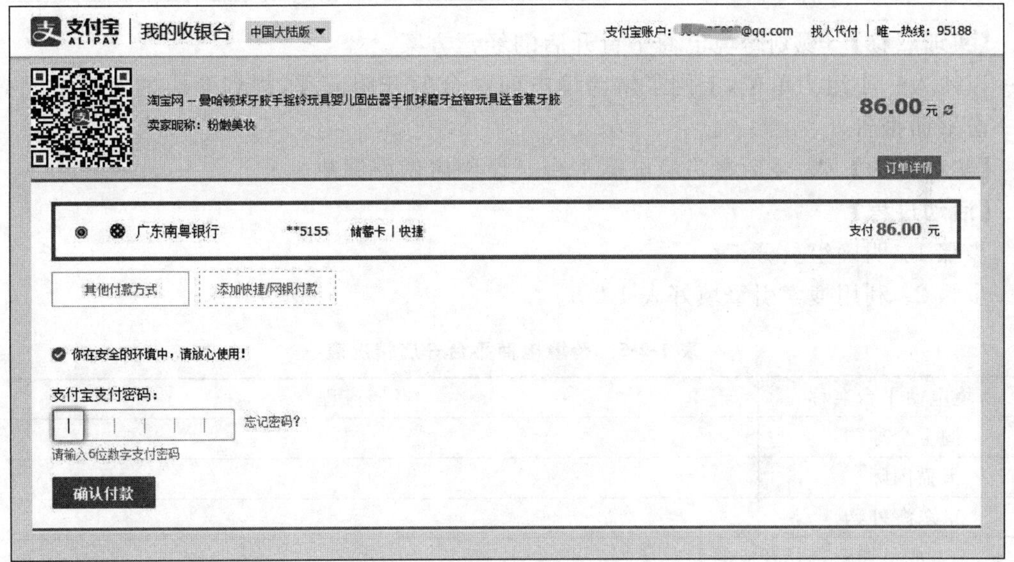

图 1-2-11　填写付款方式和支付密码

(4) 切记要购买有保证的商家的产品，不要贪图便宜。

(5) 货比三家，可以到各大跨境电商平台对比，这样才能买到物美价廉的商品。

活动实施

对比不同跨境电商平台。

背景：马云和澳大利亚前总统谈合作时，桌上摆放着木瓜膏，木瓜膏已成为澳大利亚的形象代言产品之一。

步骤 1：搜索表 1-2-4 中的跨境电商平台，完成"网址"这项内容。

步骤 2：逐一搜索"木瓜膏"；挑选销量最大的店铺，查看其价格，完成表 1-2-4 中"价格"的内容。

表 1-2-4　跨境电商平台的分类例子

跨境电商平台名称	网址	价格
淘宝全球购		
天猫国际		
京东全球购		
1 号海购		

活动评价

通过实际对比不同跨境电商平台的活动，有助于加深同学们了解跨境电商的交易流程的印象。

合作实训

【实训名称】 规划跨境电商平台开店的经营方案。

以 4 人一小组为单位，上网了解跨境电商平台的开店流程，规划开店的经营方案，并写一份书面报告。

【实训目的】 为今后在跨境电商平台开设网店做好铺垫。

【活动过程】

步骤 1：明确组员分工。

步骤 2：利用搜索引擎填好表 1-2-5。

表 1-2-5　跨境电商平台开店情况表

跨境电商平台名称	开店流程
淘宝全球购	
天猫国际	
京东海外购	
成员愿意选择开店的平台是	
选择原因	

步骤 3：设计店铺名称、LOGO、企业文化等。

步骤 4：讨论要销售什么产品，计划在哪个跨境电商平台开店，宣传营销手段有哪些等。

【实训小结】 通过规划跨境电商平台开店的经营方案这项活动，有助于同学们把所学知识结合到实际中，加深了理论知识的理解，同时培养同学们团结协作的能力。

任务三 熟悉跨境电商规则

情境设计

朝阳电子商务有限公司决定选择全球速卖通作为拓展国际市场的第一个平台。该公司运营部负责人找到李勇、王丽、张军、钟珊几位同学，让他们回去了解全球速卖通平台相关规则，并汇报基本情况，为公司开展好这个跨境业务做好准备。

任务分解

李勇、王丽、张军、钟珊几位同学分工合作，在全球速卖通网站上浏览和阅读相关规则，并整理好解读材料。

活动一：了解注册和发布规则

活动背景

速卖通在跨境平台这方面做得相对比较出色，该平台对招商准入、发布商品、商品展示、发货，以及交易等板块做了详细的规定和说明。如果朝阳电子商务有限公司想进入速卖通，首先要了解速卖通注册和发布规则。

知识窗

一、速卖通平台注册规则

(1) 速卖通所使用的邮箱、店铺名中不得包含违反国家法律法规、涉嫌侵犯他人权利或干扰全球速卖通运营秩序等相关信息。

说明：根据国家相关规定，全球速卖通注册邮箱、全球速卖通店铺名及域名不能使用或包含以下信息。

① 同中华人民共和国的国家名称、国旗、国徽、军旗、勋章相同或者近似的；

② 同外国的国家名称、国旗、国徽、军旗相同或者近似的；

③ 同政府间国际组织的旗帜、徽记、名称相同或者近似的；

④ 同"红十字""红新月"的标志、名称相同或者近似的；

⑤ 同第三方标志相同或者近似的，如中国邮政、中国电信、中国移动、中国联通、中国网通和中国铁通等；

⑥ 带有民族歧视性的；

⑦ 夸大宣传并带有欺骗性的；

⑧ 有害于社会主义道德风尚或者有其他不良影响的；

⑨ 县级以上行政区划的地名或者公众知晓的外国地名，不得作为店标，但是，地名具有其他含义的除外，已经注册的使用地名的店标继续有效；

⑩ 带有种族歧视、仇恨、性和淫秽信息的语言，违背公序良俗的不良信息或令人反感的信息；

⑪ 含有不真实内容或者误导消费者的内容；

⑫ 其他涉嫌违反法律的内容。

所谓干扰全球速卖通运营秩序的信息，指擅自使用需要经过全球速卖通授权或许可使用名称、标志及其他信息，或假借全球速卖通及速卖通相关机构、组织名义的信息，及使用其他全球速卖通禁止使用的信息。常见情况如下。

① 未经全球速卖通许可，使用含有“全球速卖通特许”“全球速卖通授权”等含义的字词；

② 使用全球速卖通或其他网站信用评价的文字和图标；

③ 使用“全球速卖通”专用文字和图形作为店铺宣传的文字和图形；

④ 店铺名不允许命名为××商盟。非商盟的店铺不允许在店铺中使用商盟进行宣传；

⑤ 如用户或店铺不具有相关资质或未参加速卖通相关活动，不允许使用与特定资质或活动相关的特定含义的词汇，如全球速卖通商城、阳光卖家等。

(2) 除非全球速卖通事先同意，只有中国内地的卖家才可在速卖通注册卖家账户。中国内地卖家不得利用虚假信息在速卖通注册海外买家账户，如速卖通有合理依据怀疑中国内地卖家利用虚假信息在速卖通注册海外买家账户，速卖通有权关闭买家会员账户，对于卖家，速卖通亦有权对其违规行为进行处罚。

说明：全球速卖通的卖家会员不能注册海外买家账号的原因如下。

目前全球速卖通的卖家会员只对中国内地用户开放，身为中国内地的卖家用户去注册海外的买家账号，本身就是不诚信的行为，同时也存在一些卖家用户利用海外买家账号进行恶意欺诈的情况，所以此行为绝对禁止。

(3) 账户主动退出或被准出速卖通平台不再经营的，平台将对店铺执行释放(包括但不限于收回站内信、已完结订单留言功能及店铺首页功能等)，若账户在平台不经营时间超过一年，平台保留关闭账号的权利。

说明：

① 店铺释放。店铺释放，指卖家店铺首页被关闭，且在完全退出一年后账号会被关闭。

② 在什么条件下，店铺会被释放。当卖家主动退出或被准出其全部经营大类及下辖类目时，其店铺将被释放。

③ 恢复店铺。在店铺被释放期间，卖家可随时通过后台申请入驻某经营大类并缴纳对应年费，通过审批后店铺即可恢复。当卖家账号被关闭后，可通过咨询小何在线先申请重新开启账号再进行上述步骤。

(4) 全球速卖通有权终止、收回未通过身份认证或连续一年未登录速卖通或 TradeManager 的账户。

说明：全球速卖通账号因严重违规被关闭，不能再重新注册账号。

全球速卖通为中国大陆诚信的中小卖家提供国际贸易的平台，对于违规行为会有对应的提醒和处罚措施，如果是因为严重违规账号被关闭，说明违规行为已经积累了一段时间，不但没有改善反而更加严重，对于这样的用户，不适合继续使用全球速卖通的服务。

(5) 全球速卖通的账户因严重违规被关闭，不得再重新注册账户；如被发现重新注册了账号，速卖通将关闭该会员账户。

(6) 速卖通所注册使用的邮箱必须是注册人本人的邮箱，速卖通有权对该邮箱进行验证。

(7) 全球速卖通的会员 ID 是系统自动分配，不能修改。

(8) 若卖家已通过认证(支付宝实名认证、身份证认证或速卖通要求的其他认证)，则不论其速卖通账户状态开通与否，不得将个人身份信息取消绑定。

(9) 一个通过个人实名认证的会员仅能拥有一个可出售商品的速卖通账户(速卖通账户所指为主账户)。一个通过企业认证的会员仅能拥有 6 个可出售商品的速卖通账户(速卖通账户所指为主账户)(特殊情况除外)。选择了"个人实名认证"或"企业认证"，将决定速卖通店铺性质为个人或企业，并确定该速卖通账户的权责承担主体。仅当有法律明文规定、司法裁定或经速卖通同意，否则，不得以任何方式转让、出租或出借会员账户；如有相关行为的，由此产生的一切责任均由会员自行承担，并且速卖通有权关闭该速卖通账户。

(10) 中国供应商付费会员若在 Alibaba.com 平台因严重违规被关闭账户，全球速卖通平台的相关服务或产品也将同时停止使用，如图 1-3-1 所示为全球速卖通平台注册规则图。

二、速卖通平台发布规则

1. 禁限售规则

(1) 禁止发布违禁商品信息。速卖通平台禁止发布违禁商品信息，详见《全球速卖通禁限售商品目录》。

(2) 禁止发布限售商品信息。限售商品是指发布商品前需取得商品销售的前置审批、凭证经营或授权经营等许可证明，否则不允许发布。限售商品详见《全球速卖通禁限售商品目录》。

(3) 禁止发布不适宜速递的商品信息。速卖通平台不支持不适宜速递的商品信息，相关商品详见《全球速卖通禁限售商品目录》。

2. 禁限售处罚

图 1-3-2 所示为全球速卖通禁限售处罚图。

3. 知识产权规则

在全球速卖通平台，严禁用户未经授权发布、销售涉及第三方知识产权的商品。

知识产权侵权行为包括但不局限于表 1-3-1 中的三类。

AliExpress 全球速卖通　　买家首页 | 关于速卖通 | 联系客服 | 关注我们 | 登录

首页　速卖通规则　物流服务　速卖通大学　运营服务　　立即入驻

首页 > 速卖通规则 > 规则正文

第一章 概述
第二章 定义
第三章 卖家基本义务
第四章 交易
4.1 注册
4.2 经营
4.3 超时规定
4.4 物流
4.5 纠纷
4.6 评价
4.7 放款
4.8 搜索排名
第五章 招商标准
第六章 特殊市场
第七章 违规及处罚规则
第八章 卖家保护政策
第九章 行业标准
点此查看全部规则内容

全球速卖通平台规则（卖家规则）

更新时间：2016-05-26

第四章 交易

4.1 注册

4.1.1　卖家在速卖通所使用的邮箱、速卖通店铺名中不得包含违反国家法律法规、涉嫌侵犯他人权利或干扰全球速卖通运营秩序等相关信息。

4.1.2　除非全球速卖通事先同意，只有中国大陆的卖家才可在速卖通注册卖家账户。中国内地卖家不得利用虚假信息在速卖通注册海外买家账户，如速卖通有合理依据怀疑中国大陆卖家利用虚假信息在速卖通注册海外买家账户，速卖通有权关闭买家会员账户，对于卖家，速卖通亦有权根据违规行为进行处罚。

4.1.3
1）账户主动退出或被准出速卖通平台不再经营的，平台将对店铺执行释放（包括但不限于收回站内信、已完结订单留言功能及店铺首页功能等），若账户在平台不经营时间超过一年，平台保留关闭账号的权利。

2）全球速卖通有权终止、收回未通过身份认证或连续一年未登录速卖通或TradeManager的账户。

4.1.4　用户在全球速卖通的账户因严重违规被关闭，不得再重新注册账户；如被发现重新注册了账号，速卖通将关闭该会员账户。

4.1.5　用户在速卖通所注册使用的邮箱必须是注册人本人的邮箱，速卖通有权对该邮箱进行验证。

4.1.6　全球速卖通的会员ID是系统自动分配，不能修改。

4.1.7　若卖家已通过认证（支付宝实名认证、身份证认证或速卖通要求的其他认证），则不论其速卖通账户状态开通与否，不得将个人身份信息取消绑定。

4.1.8　一个通过个人实名认证的会员仅能拥有一个可出售商品的速卖通账户（速卖通账户所指为主账户）。一个通过企业认证的会员仅能拥有6个可出售商品的速卖通账户（速卖通账户所指为主账户）（特殊情况除外）。选择了"个人实名认证"或"企业认证"，将决定速卖通店铺性质为个人或企业，并确定该速卖通账户的权责承担主体。仅当有法律明文规定、司法裁定或经速卖通同意，否则，不得以任何方式转让、出租或出借会员账户；如有相关行为的，由此产生的一切责任均由会员自行承担，并且速卖通有权关闭该速卖通账户。FAQ详情 关于速卖通离婚、死亡继承店铺过户细则 点击详情

4.1.9　中国供应商付费会员若在Alibaba.com平台因严重违规被关闭账户，全球速卖通平台的相关服务或产品也将同时停止使用。

图 1-3-1　全球速卖通平台注册规则图

处罚依据	行为类型	违规行为情节/频次	其他处罚
《禁限售规则》	发布禁限售商品	严重违规：48分/次（关闭账户）	1. 退回/删除违规信息 2. 若核查到订单中涉及禁限售商品，速卖通将关闭订单，如买家已付款，无论物流状况均全额退款给买家，卖家承担全部责任
		一般违规：0.5～6分/次（1天内累计不超过12分）	

图 1-3-2　全球速卖通禁限售处罚图

表 1-3-1　知识产权侵权行为分类表

侵权行为类型	定　义
商标侵权	未经商标权人的许可，在商标权核定的同一或类似的商品上使用与核准注册的商标相同或相近的商标的行为，以及其他法律规定的损害商标权人合法权益的行为
专利侵权	未经专利权人许可，以生产经营为目的，实施了依法受保护的有效专利的违法行为
著作权侵权	未经专利权人许可，以生产经营为目的，实施了依法受保护的有效专利的违法行为

全球速卖通平台严禁用户未经授权发布、销售涉嫌侵犯第三方知识产权的商品。若发布、销售涉嫌侵犯第三方知识产权的商品，则有可能被知识产权所有人或者买家投诉，平台也会随机对商品（包含下架商品）信息进行抽查，若涉嫌侵权，则信息会被退回或删除。投诉成立或者信息被退回、删除，卖家会被扣一定的分数，一旦分数累计达到相应节点，平台会执行处罚。新知识产权规则于 2016 年 9 月 8 日公布，预计于 2016 年 11 月正式实施。查看最新知识产权规则。

知识产权管理规则如图 1-3-3 所示。

<table>
<tr><th colspan="3" rowspan="2">违规行为</th><th colspan="4">违规行为情节/频次</th><th rowspan="2">备注</th><th rowspan="2">其他处罚</th></tr>
<tr><th>第一次违规</th><th>第二次违规</th><th>第三次违规</th><th>第四次违规及以上</th></tr>
<tr><td rowspan="6">《知识产权规则》</td><td colspan="2">买家投诉收到假货</td><td colspan="4">6分/次</td><td></td><td rowspan="6">退回/删除违规信息</td></tr>
<tr><td rowspan="2">权利人投诉</td><td>一般侵权</td><td>0分</td><td colspan="3">6分/次</td><td>首次被投诉后5天内的同一知识产权投诉成立算一次；其后每一天内所有同一知识产权投诉成立扣一次分。时间以投诉处理时间为准</td></tr>
<tr><td>严重侵权</td><td>0分</td><td>12分</td><td>12分/36分</td><td>24分</td><td>首次被投诉后5天内投诉成立算一次；其后每次被投诉成立扣12分，第四次扣24分；若累计同一知识产权投诉成立达第三次，扣36分。
一天内所有知识产权投诉成立扣一次分，时间以投诉处理时间为准。（每次违规后，均需进行知识产权学习）</td></tr>
<tr><td colspan="2" rowspan="3">平台抽样检查、举报涉嫌侵权</td><td colspan="2">一般</td><td colspan="2">0.2分/次（一天内扣分不超过6分）</td><td></td></tr>
<tr><td colspan="2">严重（发布涉嫌侵权的品牌衍生词；发布涉嫌侵权信息且类目错放；）</td><td colspan="2">2分/次（一天内扣分不超过12分）</td><td></td></tr>
<tr><td colspan="2">特别严重
（1）全店售假
（2）进行恶意规避行为等</td><td colspan="2">48分/次</td><td></td></tr>
</table>

图 1-3-3　全球速卖通知识产权管理规则图

备注如下。

（1）下架商品在“平台抽样检查”范围，如有侵权行为会按照相关规定处罚。

（2）若三次被同一知识产权投诉成立，第三次则扣 36 分，若三次是不同知识产权投诉成立，第三次则扣 12 分。

（3）权利人投诉，根据情节严重程度，分为一般侵权和严重侵权。

一般侵权解释如下。

① 在所发布的商品信息或店铺、域名等中不当使用他人商标权、著作权等权利。

② 发布、销售商品涉嫌不当使用他人商标权、著作权、专利权等权利。

③ 所发布的商品信息或所使用的其他信息造成其他用户的混淆或误认。

严重侵权解释如下。

① 发布、销售未经著作权人许可复制其作品的图书、音像制品、软件。

② 发布、销售非商品来源国的注册商标权利人或其被许可人生产的商品。

一般侵权处罚：6 分/次，首次不扣分。首次投诉 5 天内算一次；其后一天内若有多次投诉成立扣一次分。时间以投诉结案时间为准。

严重侵权处罚解释如下。

① 首次被投诉后 5 天内投诉成立算一次。

② 同一知识产权严重侵权违规首次扣 0 分，第二次扣 12 分，第三次扣 36 分。

③ 不同知识产权严重侵权违规首次扣 0 分，第二次扣 12 分，第三次扣 12 分，第四次扣 24 分。

④ 一天内所有知识产权投诉成立扣一次分，时间以投诉处理时间为准。(每次违规后，均需进行知识产权学习)。

(4) 平台抽样检查/用户举报涉嫌侵权。

① 卖家出售假冒、盗版商品，通过信息层面判断的，退回/删除违规商品。每件扣 0.2 分(一天内扣分不超过 6 分)。

② 情节严重的(如发布涉嫌侵权的品牌衍生词；发布涉嫌侵权信息且类目错放等)，每次扣 2 分(一天内扣分不超过 12 分)。

③ 情节特别严重(如全店铺售假或进行恶意规避行为等)，每次扣 48 分。

知识产权侵权处罚，如图 1-3-4 所示。

违规行为类型	处罚方式	
《禁限售规则》《知识产权规则》	处罚标准	处罚方式
	分数累计达2分	严重警告
	分数累计达到6分	限制商品操作3天
	分数累计达12分	冻结账户7天
	分数累计达24分	冻结账户14天
	分数累计达36分	冻结账户30天
	分数累计达48分 或全店铺售假 或进行恶意规避等	关闭账户
	注： 1、分数按行为年累计计算，行为年是指每项扣分都会被记365天，比如2013年2月1号12点被扣了6分，要到2014年2月1号12点才被清零； 2、对处罚分数不断增加的卖家，将同时给予整个店铺不同程度的搜索排名靠后处理； 3、"限制商品操作"是指对速卖通卖家发布新产品以及产品编辑功能进行关闭，无法操作。 4、如会员侵权情节特别严重，阿里巴巴保留单方面解除合同、直接关闭账户的权利。	

图 1-3-4　全球速卖通知识产权侵权处罚图

活动实施

上网查一查全球速卖通禁限售商品目录并填写表 1-3-2。

表 1-3-2　禁发商品售出及处理

禁发商品及信息	对应违规处理
(一) 枪支、军警用品、危险武器类	
生化、化学、核武器、其他大规模杀伤性武器	

续表

禁发商品及信息	对应违规处理
真枪、弹药、军火及大型武器	
仿真枪（如：气枪、发令枪、BB 枪、彩弹枪）、枪配件、鱼枪鱼叉	
可致使他人暂时失去反抗能力，对他人身体造成重大伤害的管制器具（如：电击器、辣椒喷雾、弓弩）	
（二）毒品、易制毒化学品、毒品工具类	
麻醉镇定类、精神药品、致瘾性药物、天然类毒品、合成类毒品、一类易制毒化学品	
（三）易燃易爆、危险化学品类	
爆炸物	
（四）反动等破坏性信息类	
含有反动、破坏国家统一、破坏主权及领土完整、破坏社会稳定，涉及国家机密、扰乱社会秩序，宣扬邪教迷信，或法律法规禁止出版发行的书籍、音像制品、视频、文件资料；恐怖组织	
（五）涉及人身安全、隐私类	
身份证及其他证明身份的文件（如：出身证明、护照、签证、驾照）	
个人隐私信息及企业内部数据；提供个人手机定位、电话清单查询、银行账户查询等服务	
（六）药品、医疗器械、美容仪器类	
口服减肥药	
（七）非法服务、票证类	
追讨服务、代加粉丝或听众服务	
（八）涉及盗取等非法所得及非法用途软件、工具或设备类	
用来发送垃圾邮件的软件或其他工具	
（九）收藏类	
伪造变造的货币以及印制设备	
（十）其他类	
禁售音像制品	
禁止在线交易的商品（如：化工品、酒类、保健食品及其他食品（茶叶、咖啡、糖果、坚果、干货除外））	
由不具备生产资质的生产商生产的，不符合国家、地方、行业、企业强制性标准	

活动评价

通过网络学习，学生了解到速卖通注册和发布规则，并掌握适合在速卖通发布销售的商品，同时能够正确引导学生培养良好的职业道德。

活动二：知道交易和放款规则

活动背景

速卖通的平台规则涵盖方方面面，如果想要顺利完成平台的交易和收取货款，一定要对其规则非常熟悉。

知识窗

一、速卖通平台的经营规则

（1）卖家会员将其账户与通过实名认证的支付宝账户绑定个人身份或速卖通其他可能需要提供的认证方式，提供真实有效的姓名地址或营业执照等信息，方可在速卖通发布商品。

（2）卖家会员账户通过身份实名认证和收款账户设置，即可发布商品，发布及上架商品满 10 个方可创建店铺，一旦上架商品少于 10 个，速卖通有权关闭店铺，只保留商品。

二、速卖通平台的超时规定

（1）买家付款超时：自买家下订单起的 20 天内，买家未付款或者付款未到账的，订单超时关闭。

（2）买家取消订单：自买家付款成功之时起到卖家发货前买家可申请取消订单。

① 买家申请取消订单后，卖家可以与买家进行协商，如果卖家同意取消订单，则订单关闭货款全额退还给买家。

② 如果卖家不同意取消订单并已完成发货，则订单继续。

③ 如果卖家不做任何操作直至发货超时，则订单关闭货款全额退还给买家。

④ 如果卖家对订单部分发货，并且在发货期内没有将订单全部发货完成，则订单关闭货款全额退还给买家。

（3）卖家发货超时：自买家付款成功之时起至备货期间内，如果卖家无法及时发货，可以与买家协商由买家提交延长卖家备货期的申请，卖家需在协商期限内发货；如果卖家在备货期内没有完成全部发货，则订单发货超时关闭，货款全额退还给买家。

（4）买家确认收货超时：自卖家声明全部发货之时起，买家须在卖家承诺的运达时间内确认收货（如卖家承诺的运达时间小于平台的默认值则以平台默认值为准），期间卖家应与买家及时沟通收货情况；如果与买家沟通确实一直未收到货物，可以由卖家延长买家收货时间；如果买家一直未确认收货且未申请退款的，则该订单买家确认收货超时并视为交易完成。

（5）买家申请退款：自卖家声明全部发货后，如卖家承诺的运达时间小于 5 天则在卖家发货后买家就可以申请退款，如卖家承诺的运达时间大于等于 5 天则在卖家发货后的 5 天后买家可以申请退款。

三、速卖通平台的物流规则

(1) 卖家须按照如下的物流政策选择发货的物流方式。

① 美国。成交金额大于等于5美金的订单：允许使用标准类物流服务中的“E邮宝”“AliExpress无忧物流-标准”及快速类物流服务，其他标准类物流服务及经济类物流服务将不被允许(特殊类目商品除外)。

成交金额小于5美金的订单：允许使用标准类、快速类物流服务及线上经济类物流服务，线下经济类物流服务(无挂号平邮)将不被允许。

② 除美国外的其他国家。允许使用标准类、快速类物流服务及线上经济类物流服务，线下经济类物流服务(无挂号平邮)将不被允许。

图1-3-5所示为全球速卖通选择发货的物流政策图。

收货国家	商品类目	订单实际支付金额	物流服务等级					
			经济类		标准类		快速类	
			线下发货	线上发货	线下发货	线上发货	线下发货	线上发货
美国	普通类目	≥5美金	不可用	不可用	E邮宝、AliExpress无忧物流-标准可用，其他不可用		可用	可用
		<5美金	不可用	可用	可用	可用	可用	可用
	特殊类目	所有订单	不可用	可用	可用	可用	可用	可用
除美国外的其他国家	所有类目	所有订单	不可用	可用	可用	可用	可用	可用

图1-3-5　全球速卖通选择发货的物流政策图

(2) 卖家发货所选用的物流方式必须是买家所选择的物流方式，未经买家同意，不得无故更改物流方式。

(3) 卖家填写发货通知时，所填写的运单号必须真实并可查询。

(4) 物流服务等级。在速卖通平台，其物流服务等级分为4个等级，分别是经济类物流、标准类物流、快速类物流和海外仓物流。

① 经济类物流：物流运费成本低，目的国包裹妥投信息不可查询，适合运送货值低重量轻的商品。经济类物流仅允许使用线上发货。

② 标准类物流：包含邮政挂号服务和专线类服务，全程物流追踪信息可查询。

③ 快速类物流：包含商业快递和邮政提供的快递服务，时效快全程物流追踪信息可查询，适合高货值商品使用。

④ 海外仓物流：已备货到海外仓的货物所使用的海外本地物流服务。

四、速卖通平台的放款规则

为确保速卖通平台交易安全，保障买卖双方合法权益，就通过速卖通平台进行交易产生的货款，速卖通及其关联公司根据相关协议及规则，有权根据买家指令、风险因素及其他实际情况决定相应放款时间及放款规则。

1. 放款时间

(1) 速卖通根据卖家的综合经营情况(例如好评率、拒付率、退款率等)评估订单放款时间。

① 在发货后的一定期间内进行放款,最快放款时间为发货 3 天后。

② 买家保护期结束后放款。

③ 账号关闭的,且不存在任何违规违约情形的,在发货后 180 天放款。

(2) 如速卖通依据合理判断订单或卖家存在纠纷、拒付、欺诈等风险的,速卖通有权视具体情况延迟放款周期,并对订单款项进行处理。

2. 放款方式

图 1-3-6 所示为全球速卖通的放款方式。

帐号状态	放款规则		
帐号正常	放款时间	放款比例	备注
	发货3个自然日后(一般是3-5天)	70%—97%	保证金释放时间见下方提前放款保证金释放时间表
		100%	
	买家保护期结束后	100%	买家保护期结束:买家确认收货/买家确认收货超时后15天
帐号关闭	发货后180天	100%	无

提前放款保证金释放时间表			
类型	条件		保证金释放时间
按照订单比例冻结的保证金	商业快递+系统核实物流妥投	无	交易结束当天
	1、商业快递+系统未核实到妥投 2、非商业快递	交易完成时间-发货时间<=30天	发货后第30天
		交易完成时间-发货时间30-60天	交易结束当天
		交易完成时间-发货时间>=60天	发货第60天
固定保证金	账号被关闭	无	提前放款的订单全部结束(交易完成+15天)后,全额释放
	退出提前放款		
	提前放款不准入		

图 1-3-6　全球速卖通的放款方式图

活动实施

(1) 查一查速卖通物流配送方案。

背景:公司开通的速卖通平台打算与顺丰国际经济小包合作,上网查一查全球速卖通配送方案,以小组形式完成下面内容。

步骤 1:"顺丰国际经济小包"支持发往的国家有哪些?

步骤 2:运费根据包裹重量按克计费,每个单件包裹限重在 2kg 以内,根据速卖通物流方案完成表 1-3-3 的内容。

步骤 3:查询送达时间。

正常情况:________天到达目的地;

特殊情况:________天到达目的地。

表 1-3-3　速卖通物流方案

国家列表		配送服务费原价元(RMB)/kg＊限重 2kg	Item 服务费 RMB/包裹	备注
BY	白俄罗斯			
EE	爱沙尼亚			
FI	芬兰			
LV	拉脱维亚			
LT	立陶宛			
NO	挪威			
PL	波兰			
RU	俄罗斯			
SE	瑞典			
UA	乌克兰			

(2) 列出十类物流渠道禁运商品的特殊类目。

(3) 查一查提前放款订单发货后多久会进行放款。

活动评价

通过网络学习，学生了解到速卖通交易和放款规则，熟悉顺利在平台完成交易和放款的业务。

活动三：知道评价和违背处罚规则

活动背景

熟悉速卖通的平台交易和放款规则后，为了能够提高公司的影响力和形象，一定要了解速卖通的评价和违背处罚规则。

知识窗

一、速卖通平台的评价规则

(1) 全球速卖通平台的评价分为信用评价及卖家分项评分两类，如图 1-3-7 所示。

信用评价是指交易的买卖双方在订单交易结束后对对方信用状况的评价；信用评价包括五分制评分和评论两部分。卖家分项评分是指买家在订单交易结束后以匿名的方式对卖家在交易中提供的商品描述的准确性(Item as Described)、沟通质量及回应速度(Communication)、物品运送时间合理性(Shipping Speed)三方面服务做出的评价，是买家对卖家的单向评分。信用评价买卖双方均可以进行互评，但卖家分项评分只能由买家对卖家做出。

(2) 所有卖家全部发货的订单，在交易结束 30 天内买卖双方均可评价。

(3) 对于信用评价，如果双方都未给出评价，则该订单不会有任何评价记录；如一方

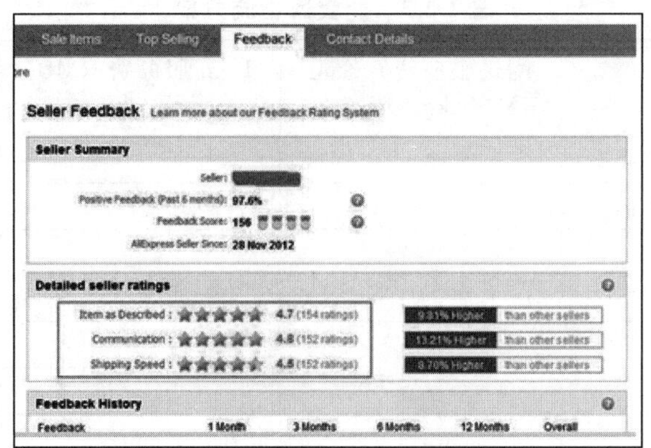

图 1-3-7 全球速卖通的评价分类图

在评价期间内做出评价，另一方在评价期间内未评的，则系统不会给评价方默认评价（卖家分项评分也无默认评价）。

(4) 商品/商家好评率（Positive Feedback Ratings）和商家信用积分（Feedback Score）的计算如下。

① 相同买家在同一个自然旬（自然旬即为每月 1～10 号，11～20 号，21～31 号）内对同一个卖家只做出一个评价的，该买家订单的评价星级则为当笔评价的星级（自然旬统计的是美国时间）；

② 相同买家在同一个自然旬内对同一个卖家做出多个评价，按照评价类型（好评、中评、差评）分别汇总计算，即好、中、差评数都只各计一次（包括一个订单里有多个产品的情况）；

③ 在卖家分项评分中，同一买家在一个自然旬内对同一卖家的商品描述的准确性、沟通质量及回应速度、物品运送时间合理性三项中某一项的多次评分只算一个，该买家在该自然旬对某一项的评分计算方法如下：

平均评分＝买家对该分项评分总和÷评价次数（四舍五入）

④ 以下三种情况不论买家留差评或好评，仅展示留评内容，都不计算好评率及评价积分。

a. 成交金额低于 5 美元的订单（成交金额明确为买家支付金额减去售中的退款金额，不包括售后退款情况）。

b. 买家提起未收到货纠纷，或纠纷中包含退货情况，且买家在纠纷上升到仲裁前未主动取消。

c. 运费补差价、赠品、定金、结账专用链、预售品等特殊商品（简称“黑五类”）的评价。

除以上情况之外的评价，都会正常计算商品、商家好评率和商家信用积分。不论订单金额，都统一为：好评＋1，中评 0，差评－1。

⑤ 卖家所得到的信用评价积分决定了卖家店铺的信用等级标识，具体标识及对应的积分如图 1-3-8 所示。

(5) 评价档案包括近期评价摘要（会员公司名、近 6 个月好评率、近 6 个月评价数量、

Level	Seller	Buyer	Score
L1.1			3-9
L1.2			10-29
L1.3			30-99
L1.4			100-199
L1.5			200-499
L2.1			500-999
L2.2			1000-1999
L2.3			2000-4999
L2.4			5000-9999
L2.5			10000-19999
L3.1			20000-49999
L3.2			50000-99999
L3.3			100000-199999
L3.4			200000-399999
L3.5			400000 分以上

图 1-3-8　全球速卖通的信用等级标识图

信用度和会员起始日期)，评价历史(过去 1 个月、3 个月、6 个月、12 个月及历史累计的时间跨度内的好评率、中评率、差评率、评价数量和平均星级等指标)和评价记录(会员得到的所有评价记录、给出的所有评价记录以及在指定时间段内的指定评价记录)。

(6) 对于信用评价，买卖双方可以针对自己收到的差评进行回复解释。

(7) 速卖通有权删除评价内容中包括人身攻击或者其他不适当的言论的评价。若买家信用评价被删除，则对应的卖家分项评分也随之被删除。

(8) 速卖通保留变更信用评价体系包括评价方法、评价率计算方法、各种评价率等的权利。

二、速卖通平台的违背承诺处罚规则

1. 违背承诺处罚的范围

违背承诺指卖家未按照以下承诺向买家提供服务，损害买家正当权益的行为。

(1) 交易及售后相关服务承诺，包括但不限于以下内容。

① 卖家拒绝按照买家拍下的价格进行交易(交易双方线下另有约定的除外)，或卖家承诺对商品价格给予优惠，但实际未履行。

② 卖家承诺给予买家赠品或发票等交易商品之外的物品，但实际未赠予或给付。

③ 卖家承诺给予买家退换货、包维修等售后服务，但实际未履行。

(2) 物流相关承诺，包括但不限于以下内容。

① 卖家在商品标题或内容中承诺免运费，但买家实际下单时发现有运费。

② 卖家在交易订立过程中自行承诺或与买家约定了特定的运送方式、运送物流、快递公司等，但实际未按照相关承诺或约定履行。

③ 卖家承诺承担退货运费，但实际未履行。

(3) 违背平台既定规则或要求，包括但不限于以下内容。

① 平台要求买卖双方的交易行为必须在线进行，但卖家以各种方式引导买家不通过速卖通平台进行支付和交易。

② 卖家参加速卖通官方活动，但未按照活动要求（除发货时间外）提供服务。

(4) 卖家违背其自行做出的其他承诺。

2. 违背承诺的处罚

违背承诺根据严重程度，分为违背承诺一般违规和违背承诺严重违规。

违背承诺严重违规行为包括但不限于以下情形。

(1) 对买家购物体验造成严重影响；

(2) 卖家在平台调查过程中做虚假陈述或提供虚假证明资料；

(3) 卖家不接受平台提醒或整改要求，仍明知故犯。

活动实施

(1) 根据速卖通平台的评价规则写出下面好评率、差评率和平均星级的公式。

好评率＝

差评率＝

平均星级＝

(2) 在速卖通平台查出违背承诺处罚的措施，完成表 1-3-4 的内容。

表 1-3-4　违背承诺处罚措施

违规行为	处罚措施
违背承诺一般违规	
违背承诺严重违规	
违背承诺情节特别严重	

活动评价

通过活动大致熟悉速卖通平台的基本规则，从而更好地开展接下来的工作。

项目总结

通过本项目的合作学习实践，同学们基本能了解跨境电商的概念和发展趋势，国内外跨境电商消费市场现状及发展趋势，通过访问知名的跨境电商平台，逐渐地去熟悉跨境电商贸易规则，为今后的学习和实践打好基础。

项目检测

一、判断题

1. 一般人们指的跨境电商是指广义的跨境电商，不仅包含 B2B，还包括 B2C 部分，不仅包括跨境电商 B2B 中通过跨境交易平台实现线上成交的部分，还包括跨境电商 B2B 中通过互联网渠道线上进行交易撮合线下实现成交的部分。（　　）

2. 跨境电商缩短了对外贸易的中间环节，提升了进出口贸易的效率，为小微企业提供了新的机会。（　　）

3. 阿里巴巴旗下一达通是跨境电子商务第三方外贸服务平台企业。（　　）

4. 药品禁止在速卖通平台销售。（　　）

5. 自买家下订单起的 10 天内，买家未付款或者付款未到账的，订单超时关闭。（　　）

6. 店铺释放是指卖家店铺首页被关闭，且在完全退出一年后账号会被关闭。（　　）

二、单项选择题

1. （　　）在整个跨境电子商务中的比重最大，约占整个电子商务出口的 90%。（　　）虽只占跨境电子商务总量的 10%左右，但却是增长最为迅速的部分。

A. B2B、B2C　　B. B2C、B2B　　C. B2B、C2C　　D. C2C、B2C

2. “电子商务”是通过（　　）进行销售商品、提供服务等的经营活动。

A. 增值网　　B. 虚拟网　　C. 互联网　　D. 局域网

3. 电子商务平台常用的交易模式有 B2B、B2C、B2G、C2G、C2C 等。其中 B2C 是指（　　）。

A. 企业对企业　　B. 企业对个人　　C. 企业对政府　　D. 个人对个人

4. 跨境电商未来的发展呈现以下哪些趋势？（　　）

A. 产业生态更为完善

B. 产品品类和销售市场更加多元化

C. B2C 占比提升，B2B 和 B2C 协同发展

D. 上述都对

5. 发布禁止销售的商品违规情节最严重扣（　　）分一次。

A. 6　　B. 12　　C. 24　　D. 48

6. 所有卖家全部发货的订单，在交易结束（　　）天内买卖双方均可评价。

A. 30　　B. 24　　C. 14　　D. 10

7. 在发货后的一定期间内进行放款，最快放款时间为发货（　　）天后。

A. 1　　B. 2　　C. 3　　D. 4

三、多项选择题

1. 做跨境电商的原因是（　　）。

A. 有利于传统外贸企业转型升级

B. 缩短了对外贸易的中间环节

C. 为小微企业提供了新的机会

D. 促进产业结构升级

E. 有利于中国制造应对全球贸易新格局

2. 跨境电商参与主体有(　　)。

A. 通过第三方平台进行跨境电商经营的企业和个人

B. 跨境电子商务的第三方平台

C. 物流企业

D. 支付企业

3. 在阿里巴巴国际站上发布产品时,通过(　　)模块的描述可以提高产品专业度。

A. 结构化文字,可以便于买家阅读

B. 参数表格,可以体现产品重要的参数细节

C. 细节图片,可以把产品重要的细节展现出来

D. 以上都不对

4. 在速卖通平台,其物流服务等级分为(　　)。

A. 经济类物流　　B. 标准类物流

C. 快速类物流　　D. 海外仓物流

5. (　　)商品属于禁止发布的。

A. 仿真枪　　B. 中药材　　C. 化妆品　　D. 牙膏

四、计算题

国内某公司从日本购进轿车 10 辆,成交价格合计为 FOB 东京 120 000 美元,实际支付运费 5000 美元,保险费 800 美元。已知汽车的规格为 4 座位,汽缸容量 2000cc,计算应征进口关税。原产国日本适用最惠国税率 25%。

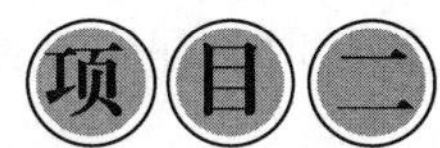

项目二

调研跨境电商市场

项目综述

互联网技术和全球电商平台的迅速发展，带来新一轮跨境贸易、消费、服务和中小企业的全球化，跨境电商正逐渐发展成为国际贸易的新业态和重要组成部分。如何选择适销对路的产品，满足跨境电商市场越来越个性化和差异化的需求，对于跨境电商卖家来说是一个非常重要的课题。

李勇、王丽、张军、钟珊四位同学所实习的朝阳电子商务有限公司也不例外。为了在跨境电商竞争激烈的环境下扩大市场份额，寻找新的业务增长点，该公司决定新增一些销售品类，以扩大市场经营，提高自身竞争力。新增品类前需要做一系列的市场调研工作，本项目将围绕这一课题展开。

项目目标

通过本项目的学习，应达到的具体目标如下。

1. 知识目标

(1) 了解国内外跨境电商消费市场现状及发展趋势；

(2) 了解国内货源市场，了解适合网上销售的产品特点；

(3) 掌握制定产品价格技巧；

(4) 了解跨境贸易支付方式。

2. 技能目标

(1) 能通过速卖通平台查询海外买家的消费特点；

(2) 能运用速卖通跨境平台进行数据分析和产品调查。

3. 情感目标

(1) 培养学生严谨务实的工作作风；

(2) 培养学生的团队合作能力。

任务一　对比海内外消费市场

情境设计

朝阳电子商务有限公司因为市场拓展部人员紧张，李勇、王丽、张军、钟珊四位实习生被临时分配到该部门，协助做好新增品类前的市场调研工作。

任务分解

此次学习任务，要求同学们首先要了解跨境电商海内外消费市场现状，根据消费需求初步确定货源和目标市场。据此，将本次学习分解为如下几个活动。

活动一：对比海内外消费市场

活动背景

李勇、王丽、张军、钟珊四位同学接到部门主管安排的新增产品品类任务，决定从了解海内外消费市场着手，先摸清买家的需求，调查速卖通的主要买家来自哪些国家，这些国家的买家消费偏好是什么，他们更能接受什么价位的产品。

知识窗

一、中国跨境电商发展现状及趋势

据阿里研究院发布的《贸易的未来：跨境电商连接世界——2016 中国跨境电商发展报告》显示，2015 年，尽管全球贸易增速放缓，中国跨境电商增速亦有所下降，但是中国跨境电商增速仍大幅高于货物贸易进出口总额增速，中国进出口贸易中的电商渗透率持续增长。2015 年，中国跨境电商(包括批发和零售)交易规模达 4.8 万亿元，同比增长 28%，跨境电商交易额占中国进出口总额的 19.5%。预计到 2020 年，中国跨境电商交易规模将达 12 万亿元，如图 2-1-1 所示，占中国进出口总额的约 37.6%，如图 2-1-2 所示。

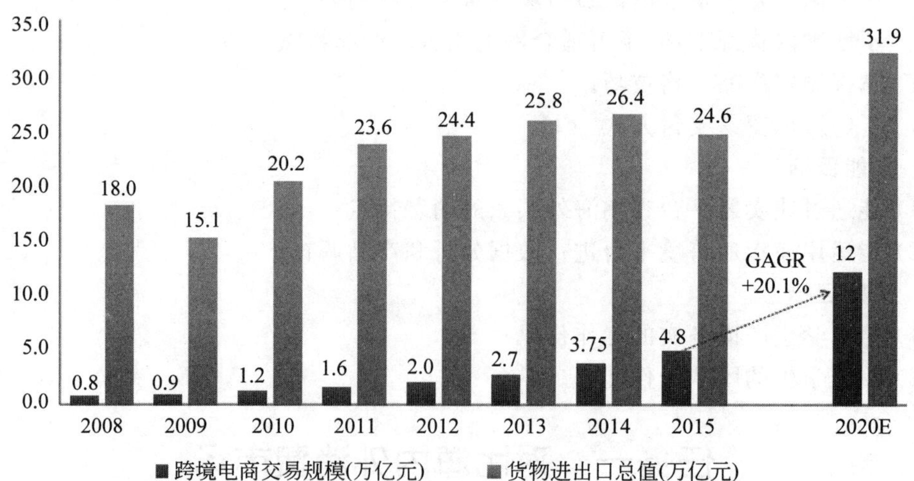

图 2-1-1　中国跨境电商交易额、进出口总额变化情况

资料来源：商务部、海关总署、艾瑞、易观、阿里研究院；阿里研究院分析

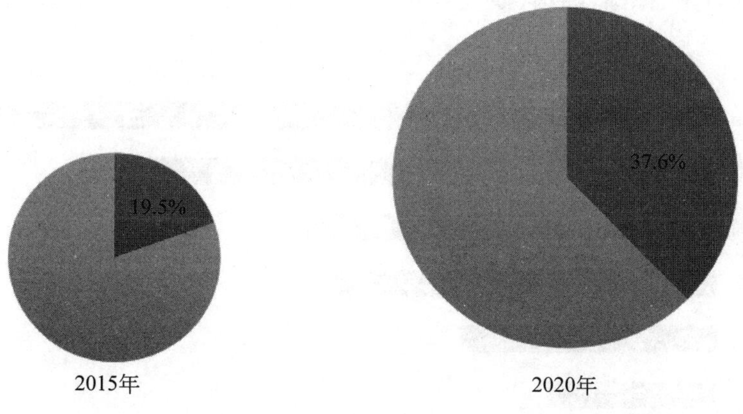

图 2-1-2 中国跨境电商交易额占进出口总额比重变化情况

资料来源：商务部、海关总署、艾瑞、易观、阿里研究院，阿里研究院分析

2015 年，中国跨境电商零售交易额达到 7512 亿元，同比增长 69%。其中，跨境电商零售出口额 5032 亿元，同比增长 60%；跨境电商零售进口额 2480 亿元，同比增长 92%。预计到 2020 年，中国跨境电商零售交易额将超过 3.6 万亿元，在 2015—2020 年区间，年均增幅约 37%。根据测算，2020 年跨境电商零售出口额将达到约 2.16 万亿元，年均增幅 34%；2020 年跨境电商零售进口额约 1.5 万亿元，年均增幅约 43%。中国跨境电商零售市场规模及年均增速情况如图 2-1-3 所示。

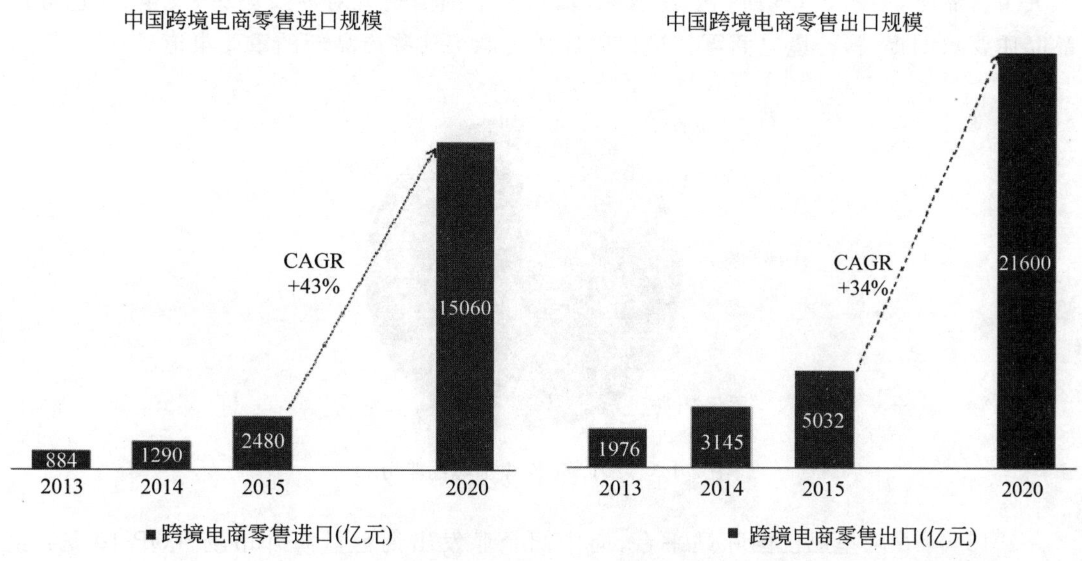

图 2-1-3 中国跨境电商零售市场规模及年均增速

二、中国—全球跨境贸易新连接

通过阿里巴巴跨境电子商务大数据获悉，2015 年中国消费者购买商品来源国 TOP 10

依次为：美国、日本、德国、韩国、澳大利亚、荷兰、法国、英国、意大利、新西兰，如图 2-1-4 所示。

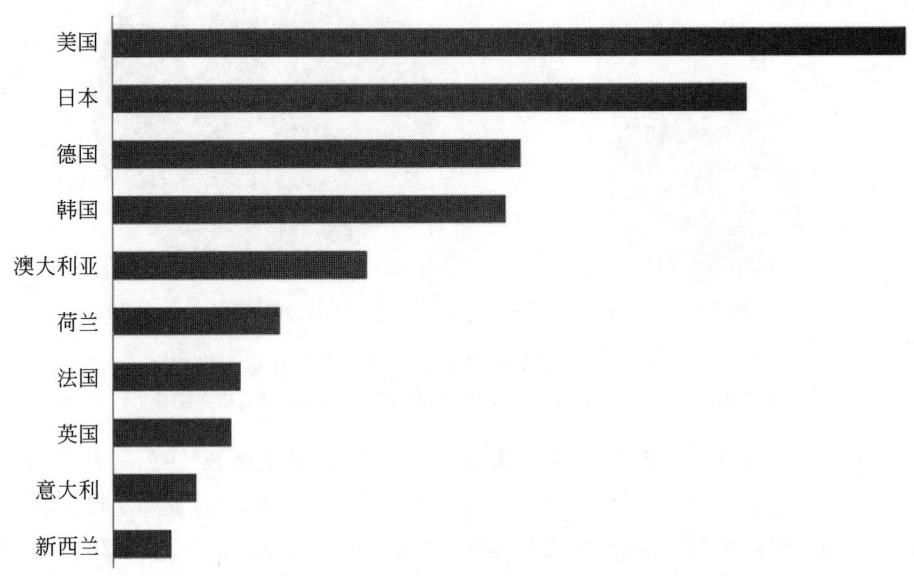

图 2-1-4　2015 年天猫国际销售金额 TOP10 国家

从进口品类看，母婴用品、个护美妆品和营养保健品是拉动中国跨境电商零售进口的三大主营品类，如图 2-1-5 所示。综合来看，随着中国消费者对涉及健康、安全、绿色等产品品质要求的提高，跨境电商零售进口已经成为购买这些产品新的重要渠道。

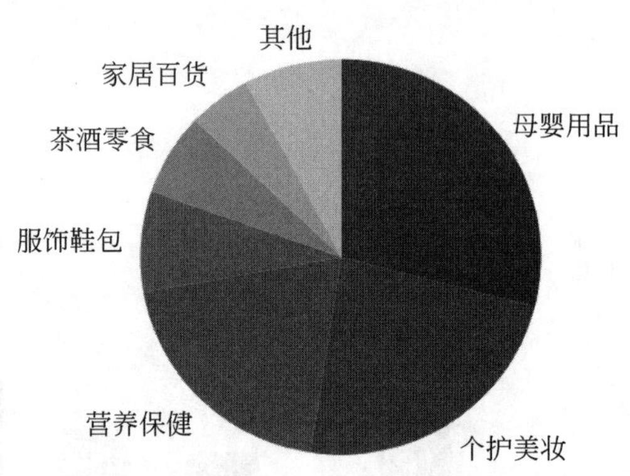

图 2-1-5　2015 年天猫国际品类分布

2015 年，在阿里巴巴国际站平台，向中国企业发出询盘量海外市场 TOP 10 是：美国、英国、印度、加拿大、俄罗斯、澳大利亚、德国、奥地利、马来西亚、巴西，如图 2-1-6 所示。

2015 年，在阿里巴巴国际站平台，新增买家数量国家 TOP 10 是：俄罗斯、美国、巴西、西班牙、法国、加拿大、乌克兰、印度、英国、意大利，如图 2-1-7 所示。

根据阿里巴巴跨境电子商务大数据，阿里研究院编制了 ECI 指数，旨在反映中国与

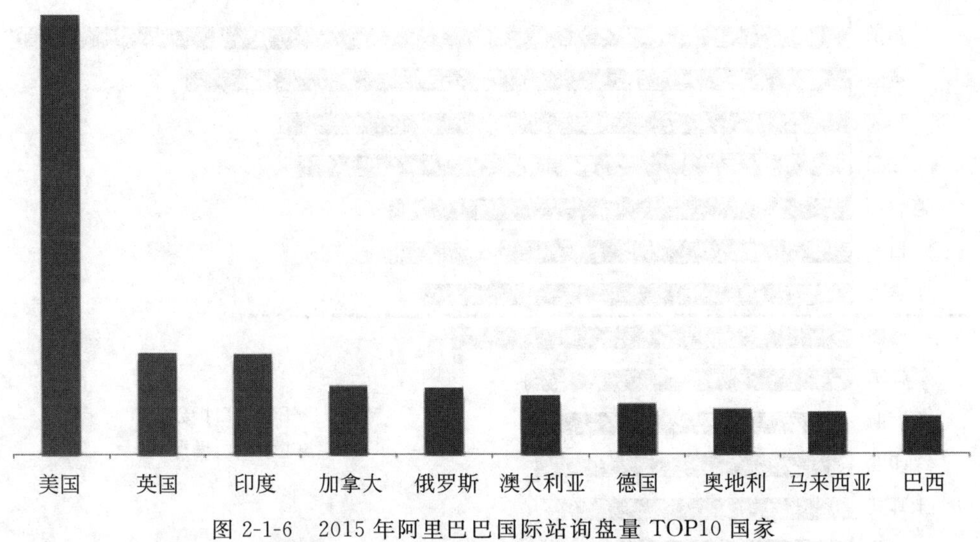

图 2-1-6　2015 年阿里巴巴国际站询盘量 TOP10 国家

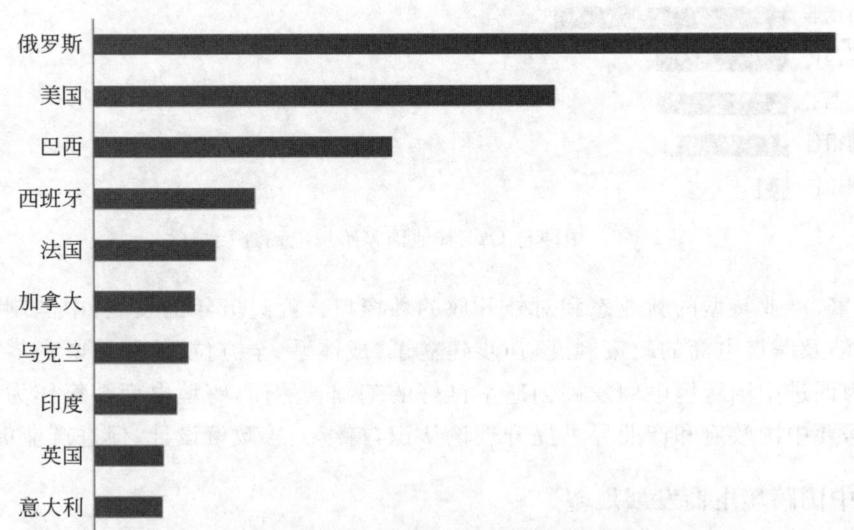

图 2-1-7　2015 年阿里巴巴国际站新增买家最多的国家 TOP10

其他国家在跨境电商贸易方面的连接紧密程度。2015 年，G20 其他国家与中国的跨境电商连接指数排名前五位的分别是：美国、英国、澳大利亚、法国、意大利。中国与 G20 其他国家跨境电商连接指数如图 2-1-8 所示。

三、中国跨境电商政策演进

随着“互联网＋”创新模式崛起，跨境电商已然成为时代的主题，然而，贸易规则、监管方式会对跨境电商零售的发展有重要影响。当前，各国政府对跨境电商零售进行监管的主要难度在于缺乏高效、低成本的管理方式，这也是各国面临的共同难题。

近年来，中国政府和社会各界高度重视跨境电商的发展，将其视为新时期中国经济发

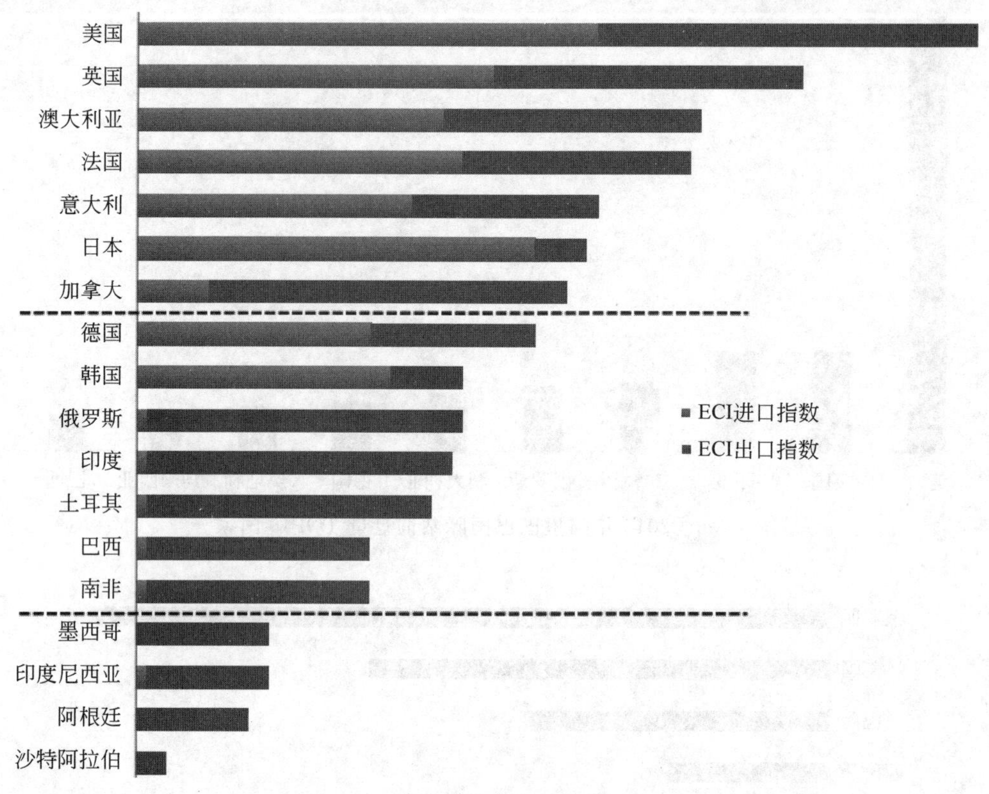

图 2-1-8　中国与 G20 其他国家跨境电商连接指数

展的新引擎、产业转型的新业态和对外开放的新窗口。经过五年的发展，中国制定并通过了一系列涉及跨境电商的政策制度，初步建立了“成体系、全方位”的跨境电商零售进口监管模式，为促进中国跨境电商发展创造了良好的基础。然而，跨境电商零售作为一种新业态，仍然需要中国政府和产业界去提升理论认识，持续完善政策设计，促进产业健康发展。

四、中国跨境电商发展展望

从中国跨境电商发展实践来看，阿里研究院有以下启示和展望。

跨境电商 B2B 平台将由信息平台向交易平台升级。通过提供外贸综合服务，将有利于跨境电商平台积累真实贸易数据，帮助外贸企业建立全球网络交易信用体系和大幅减少国际贸易风险。同时，跨境电商平台可以基于大数据做贸易高效匹配，创新信用担保服务，提供金融和物流等配套服务，极具想象力和增长空间。

跨境电商零售将帮助全球消费者和企业更加自由和便利的“买全球、卖全球”。传统贸易(M2B2…B2C)将不断转向 C2B 或 C2M，过去依靠信息不对称的中间环节会逐渐消除。生产企业直接连接终端消费者，根据消费者和市场的实时需求实现定制化、拉动式的柔性化生产供应，并依托全球电商平台与专业服务商一起，形成一个网状的生产和服务协同生态。跨境电商零售以互联网和大数据为基础，会逐步发展成为与 B2B 并驾齐驱的一种全球贸易主要方式，一方面必然会取代部分传统 B2B 贸易，另一方面会产生大量新增贸易。

跨境电商服务生态将更加繁荣和健康。跨境金融服务、跨境物流服务、外贸综合服务、跨境电商衍生服务(代运营、搜索关键词优化、人员培训咨询等)、大数据和云计算等,将围绕跨境电商平台得到快速发展。

跨境电商将促进互联网时代国际贸易新规则和新秩序的形成。到2020年,全球跨境电商消费者总数将超过9亿人,全球跨境电商零售将成为国际贸易的重要组成部分,这代表了互联网时代全球贸易主体和贸易方式的巨大变化。因此,国际社会需要不断革新的贸易体制、规则和标准,以适应全球互联网经济和跨境电商飞速发展的时代潮流。

五、典型国家消费市场

全球速卖通是阿里巴巴旗下面向全球市场打造的在线交易平台,被广大卖家称为国际版“淘宝”,现介绍与我国贸易密切的俄罗斯、美国、巴西市场。

1. 俄罗斯

俄罗斯经济结构严重失衡,重工业占工业总产值的80%,轻工业和食品工业合计比重约16%,这一经济结构造成了日常消费品长期严重缺乏,需要依靠国外进口,这为跨境电商在俄罗斯的发展提供了良好的市场。

俄罗斯海外电商占整个电商的20%,市场规模较大。俄罗斯海外电商主要有AE、Amazon、eBay,占整体的72%。2014年海外电子商务零售额比2013年增长一倍,发展速度较快。同时,2014年俄罗斯网购人群规模比2013年规模有所增长,增长来源主要是:偏远地区团购人群的增长、低收入人群的增长以及互联网使用经验相对较少的网购人群的增长。在诸多跨境电商平台中,阿里巴巴速卖通在俄罗斯市场占主导地位,交易额占俄罗斯人跨境网购市场总值的35%,紧随其后的是eBay,所占的比例为30%。此外,亚马逊也占据俄罗斯市场的7.5%。跨境电商网站中,最受俄罗斯消费者欢迎的产品是服装,服装在所有消费项目中所占的比例为48.8%,其次是各类服装配饰,占比为34.6%。据统计,俄罗斯消费者每次通过跨境电商网站购物的消费平均值在60美元左右。目前而言,大概只有3000万俄罗斯人会通过网络进行购物,不到俄罗斯总人口的四分之一。俄罗斯的网络消费市场前景非常广阔,有待开发。

作为速卖通卖家最为看好的市场,掌握俄罗斯买家的需求,就相当于把握住了俄罗斯市场脉搏。现将俄罗斯买家的生活消费习惯列举如下。

(1) 俄罗斯季节性很强。俄罗斯的冬天很冷,季节温差较大,营销的季节性很强,所以人们在室外非常注重保暖,帽子、围巾、手套是必备品;女性还特别热衷购买动物皮毛的外套。所以在冬季热销的商品有帽子、手套、围巾、五指分开的手套、皮草长大衣、皮草短大衣等。

(2) 居家穿着有讲究。俄罗斯人在家一定会换家居服,洗澡完会披浴袍,睡觉的时候又穿上薄一点舒服一点的睡衣。所以家居服、睡衣等品类非常热销。

(3) 俄罗斯人热爱运动。俄罗斯人会经常购买专门的运动服、运动鞋及配件,如速干衣、游泳帽、泳装、棒球服等。

(4) 俄罗斯人爱度假。俄罗斯人有度假的习惯,一般喜欢去海滩,所以会购买很多海滩上用的东西，像沙滩裤、太阳镜、遮阳帽以及沙滩鞋之类。

（5）俄罗斯女性喜欢打扮。俄罗斯女性喜欢打扮、化妆，所以对美容类产品的需求大，但是她们更喜欢购买有品牌的化妆品。

（6）工作场合需要穿着正装。很多政府及公司的员工都会穿西装（正装），很多节日和正式场合也要穿西装，有些男士会配袖扣，因此衬衣、领带、套装等也属于热销商品。

（7）节日送礼很频繁。每年新年、妇女节、男人节、情人节，俄罗斯人都要送礼，这时候能提供创意之类的礼物非常对他们胃口。同时对初生的婴儿十分重视，有朋友生孩子也有送礼物的习惯。

（8）俄罗斯女性喜欢追赶潮流。她们时刻关注新款的服装、鞋、包、礼品，一些当季热门和热卖的新奇创意商品，比较受追捧。

（9）服装选择偏好。俄罗斯的成年女性不喜欢太过可爱的穿衣风格，她们更喜欢性感大气的欧美风格。俄罗斯男人比较高大，而且体型偏胖的人较多，所以他们对加肥版的衣服有特殊偏好。除此之外，俄罗斯用户较偏好看到欧美模特展示的服装，他们认为，参考性较强，衣服会比较合身。

（10）价格因素很敏感。价格在俄罗斯人的购买决策中占很大的比重，但也有一部分人更偏重有品牌的优质产品。

2. 美国

截至2015年，美国互联网活跃用户数为2.8亿，互联网普及率达87%。

美国人首先关心是商品的质量，其次是包装，最后才是价格。因此产品质量的优劣是进入美国市场的关键。在美国市场上，高、中、低档货物差价很大。商品质量稍有缺陷，就只能放在商店的角落，减价处理。

美国人非常讲究包装，它和商品质量的本身处于平等的地位。因此，出口商品的包装一定要新颖、雅致、美观、大方，能够产生一种舒服惬意的效果，这样才能吸引买家。中国的许多工艺品就是因包装问题一直未能打入美国的超级市场。

由于美国版图比较大，横跨3个时区，所以不同时区的买家的上网采购的时间不同。为了提高卖家发布商品的关注率，卖家应该积极总结，选择一个买家上网采购时间比较集中地时间段来有针对性地工作。

北美地区是全球最发达的网上购物市场，北美地区的消费者习惯并熟悉于各种先进的电子支付方式。网上支付、电话支付、电子支付、邮件支付等各种支付方式对于美国的消费者来说都不陌生。在美国，信用卡是在线使用的常用支付方式。同时PayPal也是美国人异常熟悉的电子支付方式。与美国做生意的中国商家，熟悉这些电子支付方式，是做美国生意必须了解的方式，一定要习惯并善于利用各种各样的电子支付工具。

3. 巴西

阿里巴巴旗下的跨境电商平台速卖通在巴西的影响力越来越大，成为该国最受欢迎的电商网站之一。巴西是消费大国，人均GDP达1100美元。截至2014年年底，巴西电子商务市场规模目前为285亿雷亚尔，巴西人跨境网购额突破了50亿雷亚尔。阿里巴巴曾称巴西市场的订单帮助其国际零售业务在2014年增长了139%。巴西国营邮递公司Correios发言人称，在2013年下半年从亚洲国家寄来的包裹增加了将近100%，因为巴西人蜂拥着从国外的供应厂家购买东西。

根据巴西法律，从国外寄到巴西的包裹如果估价超过 50 美元，那么所征收的关税最高达 60%。很多网络零售商知悉这一政策，因此将价值较高的包裹拆开寄送，以规避税收。

总结一下，巴西市场基本概况如下。

(1) 经济发展快，市场容量大。

(2) 人口众多，互联网和移动端渗透率高。

(3) 巴西本土人群网购人群增速高，2014 年已达到 6160 万人。

(4) 巴西本土电商发展迅速，2014 年巴西电商 GMV 达 358 亿美元，其中无线成交占比达到 9.7%。

(5) 服装是销量最大的品类，而无线端销量最大的品类是美容类产品。巴西电商主要子行业是男装、配件和礼服。

(6) 选择跨境购人数增速快，跨境购妥投时间延长。

活动实施

(1) 查一查速卖通不同品类的买家分布。

步骤 1：进入速卖通的数据纵横。

步骤 2：选择感兴趣的品类，了解速卖通买家分布。

步骤 3：了解该品类下各国买家的购买情况。

(2) 比一比典型国家的消费情况。

从表 2-1-1 中几个方面来对比速卖通主要购买国家的特点。

表 2-1-1 主要购买国家的特点

国家	气候特点	工业基础	收入及物价	消费偏好
美国				
俄罗斯				
巴西				
西班牙				

活动评价

通过学习和实践，学生了解了国内外消费市场的现状和特点，熟悉了速卖通不同品类的买家分布及主要购买国家的消费特点。

活动二：结合货源确定目标市场

活动背景

经过学习和实践，李勇、王丽、张军、钟珊四人已经逐步了解了海外市场的基本情况，他们想了解一下国内主要的货源，结合货源来确定目标市场，自己开店经营的思路逐渐清晰，学习兴趣也越来越浓厚。

知识窗

一、国内主要货源

1. 义乌小商品

义乌小商品城创建于1982年，现拥有营业面积400余万平方米，由国际商贸城、篁园市场、宾王市场3个市场簇群组成，商位6.2万个，从业人员20多万，日客流量20多万人次，是国际性的小商品流通、信息、展示中心，中国最大的小商品出口基地之一，2005年被联合国、世界银行与摩根士丹利等权威机构称为“全球最大的小商品批发市场”。

义乌小商品市场具有产品全、价格低、管理规范、物流发达的特点，以此为依托建立市场和综合物资的集中采购基地，必将带来可观的经济效益。适合在义乌集采的品类：工艺品类、服饰类、首饰类、玩具类、针纺织品类、五金及电料类、箱包类、电子电器类、护理及美容用品类、日用品类、文化办公用品类、体育娱乐用品类、钟表眼镜类。

服装派系主要包括以下内容。

(1) 汉派服装。汉派服装以武汉为主要产地，用料色彩偏深，以灰、黑、深蓝、深绿等为主要色系，中高低档都有，但是以中低档为主。汉派的秋冬装，在全国市场上占一定的份额，主要以自产自销为主，价格相对来说很低，广东秋冬季的服装有相当一部分都来自武汉，而夏装自产自销的比较少，夏装多来自广东沙河。

(2) 杭派服装。杭派服装即杭州地区服装流派，杭派服装借助当地丝绸学院、美术学院的人才优势和临近的柯桥面料市场的产业优势，确立了其在中国服装界的地位。杭派女装以其时尚的设计理念、丰富的文化内涵、大众化的价格以及其独特的江南婉约、秀美气质深受消费者喜爱。

(3) 粤派服装。粤派服装也称“广派服装”，突出体现女性的简洁柔美，以广州、深圳、东莞为代表，其中东莞虎门最负盛名。因为地理位置因素，粤派服装受港台时尚特点的影响较大。粤派服饰融新潮和实用于一体，以清闲的大自然色彩为主调，多用轻薄的涤棉面料，剪裁得体，款式多变，线条简洁流畅，突出女性的温柔气质，较适合南方女子纤细娇巧的身段。广州现有的几大服装市场是国内服装批发基地，款式新颖、价格低廉。

(4) 京派服装。京派服装也称“北派服装”，讲究洒脱稳重，以北京为代表，多采用比较传统的款式设计，但很注重面料选择，如冬春装一般采用纯毛或混纺毛料，色泽偏中性，以浅灰、咖啡、黑色为主，讲究线条大方简洁，较适合身材高大的成熟女性穿着。

(5) 沪派服装。沪派服装也称“海派服装”，以上海为主要产地，吸取了京、广两大派系的特点，讲究俏丽华贵，于俏丽活泼中展现端庄稳重，多以丝绸为面料，手感柔软滑爽，质地纯真自然，华丽大方。近年来海派服装发展迅速，大有赶超粤派引领时尚之势。

(6) 温派服装。温州服装产业从20世纪80年代开始大力发展，21世纪达到规模化状态，因地处沿海，受海外服饰文化影响很深，工艺制作精致，款式设计别出心裁，女装敏锐地追逐流行趋势，许多品牌风格几乎与国际流行节奏同步。温派男装以西服和休闲装名扬天下，比较有代表性的如报喜鸟、庄吉、法派、美特斯邦威、森马等品牌。

(7) 闽派服装。闽派服装主要指包括泉州、石狮、晋江、南安等泛泉州服装板块形成的一个服装文化流派，以石狮、晋江为主要产地，风格特征体现为阳刚粗犷，品牌共性则是爱拼敢赢的闽南精神。服饰风格与中国台湾地区及东南亚地区流行节奏相似，以运动、休闲男装见长，比较有代表性品牌七匹狼、爱登堡、柒牌、劲霸、九牧王等。

(8) 苏派服装。苏派服装主要以江苏地区为主要产地，该流派服装风格相对比较柔雅，做工精致，苏绣是其传统服装一大特色。苏派服装较为集中的产区在苏州、常熟、江阴等地，近年来“苏派”丝绸服饰、羽绒服、保暖内衣、职业装发展迅速，大家熟知的有红豆、波司登、雅鹿、寒鸟、宜禾等品牌。

2. 家居服

国有影响力的家居服品牌几乎都来自潮汕地区，潮汕家居服以潮南、潮阳、普宁为主要产地。全区现有睡衣家居服装生产企业3 000余家，纺织、针织、印染、印刷及销售等上下游经营单位7 000余家，从业人员近10万人。经过近70的沉淀，成就了规模效应，潮南现已成为我国乃至全球规模较大、纺织服装生产企业较密集的家居服装、内衣和面辅料及其配件原产地之一。全国约80%的家居服、约40%的女性内衣以及约35%的面辅料产品由潮南生产并走向世界。

3. 内衣

(1) 广东地区

广州：广州市区本身的生产厂家不多，但由于广东是南方的一个重要的人才、信息、交通中心，所以很多内衣公司都在广州设立营销公司甚至将总部直接设在广州，把生产基地设在人工、地皮便宜的粤东地区。

南海：南海是行内的一个习惯用语，其内衣生产主要集中在佛山市的南海区大沥街道(以前是南海区盐步镇)，所以行内有的叫南海内衣，也有的叫盐步内衣。南海是中国文胸二线品牌的发源地，被中国针织工业协会评为“中国内衣名镇”。

东莞：东莞市场有两大特色，一是传统服装名城虎门镇，二是外资大企业多。很多原来在虎门镇做内衣批发的经销商经过十几年的发展，也自己创立了品牌，如爱莉莎、仙妮璐、半边天等。另外东莞一些做出口的外资内衣厂的规模也相当大。

深圳：深圳是中国改革开放的前沿，毗邻世界金融中心香港使深圳在信息、人才、交通等各方面都有独特的优势，容易接触国外流行信息。所以国内很多知名的内衣公司都在深圳市设总部或营销中心。另外，深圳的连锁品牌也做得比较成熟。公明镇也是一个较集中的内衣生产基地，包括内衣成品和内衣面辅料的生产，绝大部分为出口加工企业。

中山：中山市主要以内裤和棉制品常规内衣为主，近些年有不少名牌诞生于此。

潮阳：整个粤东地区的大大小小的内衣生产企业及面辅料相关企业约有6000多家，其中以谷饶、陈店、峡山为主，因为在汕头新分区前，此三镇都由汕头市属下的潮阳市管辖，所以行内到现在也习惯地称为“潮阳”。

粤东地区被称为全世界最大的内衣生产基地，主要表现在5个方面。

① 四大名镇齐集：中国针织名镇——两英、中国针织内衣名镇——谷饶、中国内衣名镇——陈店、中国家居服名镇——峡山。

② 内衣出口量全国领先。

③ 约占国内女性内衣的产量的70%。

④ 拥有完善的内衣产业链,从捻线、经编针织、电脑绣花、染整、后整理、加工成品、附件到辅料以及生产机械等所有环节配套成龙。

⑤ 汕头内衣之全,从文胸、保暖、常规、家居、情趣等各种品类的内衣。另外,无论是一、二、三线品牌还是流通货都能在汕头找到。

汕头内衣虽然大,但由于地域关系,汕头在品牌方面的发展不如北京、上海、广州等企业,汕头内衣之大体现在"全"和"量"而不是质,所以一线品牌极少,二线三线品牌也相对不多。

(2) 浙江

浙江内衣生产主要分布在义乌、东阳和温州3个地方,其他地区也有零星的一些内衣加工厂。义乌是全国领先的无缝生产基地,拥有无缝内衣织机2000多台,占全国的70%以上,占世界的15%。保暖内衣的加工厂也是义乌的一大优势产业,很多国内知名保暖品牌内衣都是在义乌加工。2006年年初义乌被中国针织工业协会授予"中国无缝织造名城"的称号。

(3) 上海

上海是中国近年来发展较快的地区,很多一线品牌都在上海设立总部。但由于上海的地皮和人工贵,工厂真正在上海的比较少。

(4) 华北

华北地区以北京为核心向周边五省漫延,北京作为首都也曾一度在内衣流通领域方面起了重要的作用,其内衣批发市场主要集中在天意市场和大红门。

二、目标市场的确定

目标市场是指企业在市场细分的基础上,以满足现实或潜在需求的消费者或用户作为经营对象,依据企业自身的经营条件而选定或开拓的特定需要的市场。简言之,目标市场就是企业产品和劳务的消费对象。目标市场的确定通常有以下方法。

1. 市场细分

市场细分就是企业根据市场需求的多样性和购买行为的差异性,把整体市场划分为若干个具有某种相似特征的顾客群(称为细分市场或子市场),以便选择确定自己的目标市场。经过市场细分的子市场之间的消费者具有较为明显的差异性,而在同一子市场之内的消费者则有相对的类似性。所以,市场细分是一个同中求异、异中求同的过程。

2. 确定目标市场

确定目标市场就是在市场细分的基础上,企业根据自身优势,从细分市场中选择一个或者若干个子市场作为自己的目标市场,并针对目标市场的特点展开营销活动,以期在满足顾客需求的同时,实现企业经营目标。

在确定目标市场时,应该遵循以下3个原则。

(1) 目标市场必须足够大,或正在扩大,以保证企业获得足够的经济效益。

(2) 目标市场是竞争对手尚未满足的,因而有可能属于自己的市场。与其同数家公司争夺一个已被瓜分的市场——即一部分早就富裕起来并拥有高级轿车的中老年消费者

市场，不如开辟一个尚未被竞争对手重视的，因而可完全属于自己的市场——即将要富裕起来的中青年消费者市场。

（3）目标消费者最可能对本品牌提供的好处做出肯定反应。如果所选择的目标市场很大，但该市场的消费者对你的品牌不感兴趣，仍然不能获得利润。

3. 市场定位

市场定位就是企业从各个方面为产品创造特定的市场形象，使之比竞争对手的产品显示出不同的特色，以求在目标顾客心目中形成一种特殊的偏爱。

活动实施

（1）通过网络渠道收集本地货源信息并进行实地考察。

步骤1：登录相关网站收集本地货源信息，如当地货源市场、网批平台等；

步骤2：获取货源网站图片信息；

步骤3：实地考察货源，从质量、价格、款式、功能等方面进行考察；

步骤4：将考察结果整理成文字材料。

（2）在上题考察的货源结果中，选取其中一种产品，为其确定目标市场。

步骤1：将顾客群进行细分；

步骤2：遵循目标市场确定原则的基础上，为企业所选产品确定目标市场；

步骤3：将所选产品进行市场定位。

活动评价

通过学习和实践，同学们了解了国内主要货源，学会了利用网络收集货源信息，初步掌握了确定目标市场的方法和原则。

合作实训

【实训名称】 四人合作小组以女装品类为例，开展速卖通市场调查活动，对女装货源平台、速卖通女装主要买家特征、速卖通销售情况进行深入细致的调查，完成调查报告并上交给教师。

【实训目的】 学会开展市场调查。

【活动过程】

步骤1：任命一名活动小组长，明确组员分工，以组为单位撰写调查报告。

步骤2：开展国内女装货源调查及分析。

步骤3：深入速卖通平台了解女装销售情况。

步骤4：深入速卖通平台了解主要购买国家的消费情况。

步骤5：整理资料，形成报告。

【实训小结】 通过速卖通平台女装品类的调查实训，同学们能基本掌握开展市场调查的流程和调查内容。

任务二　选择精准的跨境产品

情境设计

李勇、王丽、张军、钟珊四位同学经过市场调查，了解了国内外跨境电商市场消费现状和发展趋势，初步确定了现阶段主流跨境电商网站的消费人群所在地区和购物偏好，部门主管要求他们在现有基础上做进一步调研，确定出企业要新增的产品品类。

任务分解

此次学习任务，要求同学们确定出企业要新增的产品品类，这需要在产品分析的基础上确定主营产品，据此，将本次学习分解为如下几个活动。

活动一：开展选品分析

活动背景

在实训教师的指导下，李勇、王丽、张军、钟珊四人打算进入速卖通后台，通过真实的数据分析来进行调查，从而获取速卖通平台的热销商品有哪些，为他们选择新增品类提供参考依据。

知识窗

一、蓝海商品与红海商品

现存的市场由两种海洋所组成：即红海和蓝海。红海代表现今存在的所有产业，也就是已知的市场空间；蓝海则代表当今还不存在的产业，这就是未知的市场空间。

在红海中，每个产业的界限和竞争规则为人们所知。随着市场空间越来越拥挤，利润和增长的前途也就越来越黯淡。各竞争者已经打得头破血流，残酷的竞争也让红海变得越发鲜血淋漓。与之相对的是，蓝海代表着亟待开发的市场空间，代表着创造新需求，代表着高利润增长的机会。尽管有些蓝海完全是在已有产业边界以外创建的，但大多数蓝海则是通过在红海内部扩展已有产业边界而开拓出来的，如表 2-2-1 所示。

表 2-2-1　各指标分析

指　标	红海	蓝海
卖家数量	多	少
竞争程度	大	小
投入	高	低
利润	低	高
订单	多	少

二、适合在速卖通销售的商品特点

速卖通销售排名前五的品类是服装及配饰、手机及通讯工具、美妆及健康、计算机网络、珠宝及手表。鉴于速卖通客户主要来自国外，适合在速卖通销售的产品主要具有以下特点。

(1) 体积较小、重量较轻的商品，主要目的是方便物流过程中以快递方式运输，降低国际物流成本。

(2) 利润较高的商品，利润率高的商品足以摊平物流成本，如：假发、婚纱。价值低过运费的单件商品不适合在速卖通零售，适合以批发的形式打包出售，以降低物流成本占比。

(3) 特色商品，只有在外观、性能、材质、功效等方面具有独特的优势，才能够刺激买家的购买欲望，吸引来自世界不同地方的买家的关注。

(4) 比线下售价更低的商品，在线交易价格若高于产品在当地的市场价，就无法吸引买家在线下单。

(5) 售后返修率较低的商品，在跨境电商中，因售后问题而导致退换及返修，不仅会大大增加物流成本及人工成本，而且会降低用户体验，影响国际声誉。

三、数据分析

(一) 选品专家

登录速卖通后台，进入“数据纵横”“选品专家”中的热销栏目，输入自己想了解的类目，并下载 TOP 热销属性最近 30 天原始数据 Excel 表。

1. 热销产品词

热销产品词中，圈越大，销量越高，颜色越红，竞争越激烈，如图 2-2-1 所示。

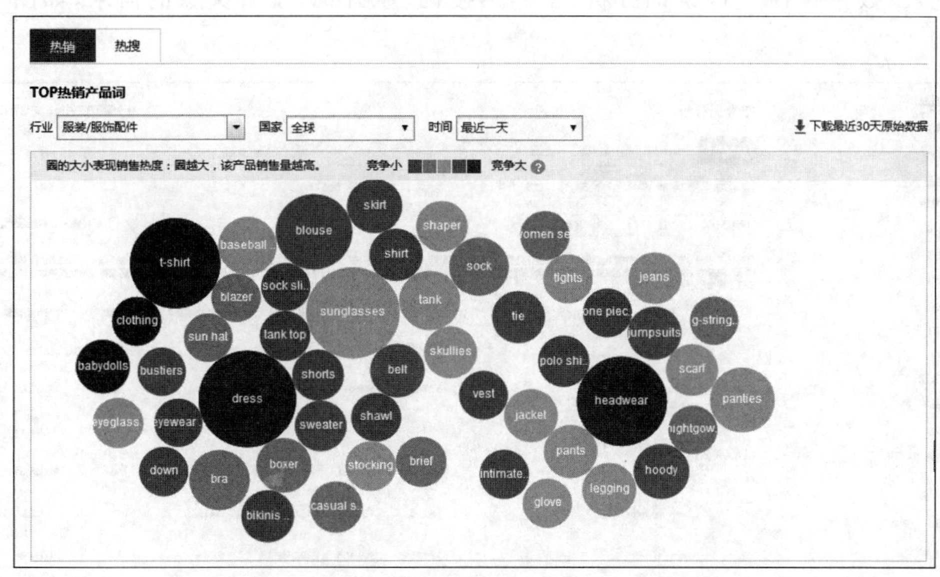

图 2-2-1　热销产品词

2．近 30 天 TOP 热销属性词

图 2-2-2 所示为近 30 天 TOP 热销属性词。

	A	B	C	D	E	F
1	行业	国家	商品关键词	成交指数	支付转化率	竞争指数
2	服装/服饰配件	全球	babydolls	19125	13	1.32
3	服装/服饰配件	全球	baseball cap	31449	8	0.62
4	服装/服饰配件	全球	belt	18324	15	0.81
5	服装/服饰配件	全球	bikinis set	14696	21	0.32
6	服装/服饰配件	全球	blazer	4584	45	0.52
7	服装/服饰配件	全球	blouse	84379	5	1.02
8	服装/服饰配件	全球	boxer	21363	17	0.45
9	服装/服饰配件	全球	bra	38512	3	0.48
10	服装/服饰配件	全球	brief	8190	22	0.47
11	服装/服饰配件	全球	bustiers	3337	46	0.81
12	服装/服饰配件	全球	casual shorts	11758	16	0.41
13	服装/服饰配件	全球	clothing	4891	50	1.76
14	服装/服饰配件	全球	down	5956	48	0.73
15	服装/服饰配件	全球	dress	148908	11	1.77
16	服装/服饰配件	全球	eyeglass frame	9504	25	0.57
17	服装/服饰配件	全球	eyewear case	3640	23	0.26
18	服装/服饰配件	全球	g-strings	3360	44	0.4
19	服装/服饰配件	全球	glove	6070	34	0.68
20	服装/服饰配件	全球	headwear	127510	2	1.07
21	服装/服饰配件	全球	hoody	22770	33	1.02
22	服装/服饰配件	全球	intimate accessory	5290	14	0.35
23	服装/服饰配件	全球	jacket	18167	37	0.59
24	服装/服饰配件	全球	jeans	14062	30	0.6
25	服装/服饰配件	全球	jumpsuits	16870	20	0.76
26	服装/服饰配件	全球	legging	19710	19	0.7
27	服装/服饰配件	全球	nightgown	4356	35	0.51
28	服装/服饰配件	全球	one piece	5100	43	0.17
29	服装/服饰配件	全球	panties	53197	4	0.68

图 2-2-2　近 30 天 TOP 热销属性词

（二）买家搜索热门词

进入“数据纵横”“搜索词分析”中的热搜词、飙升词，了解买家的需求，如图 2-2-3 所示。

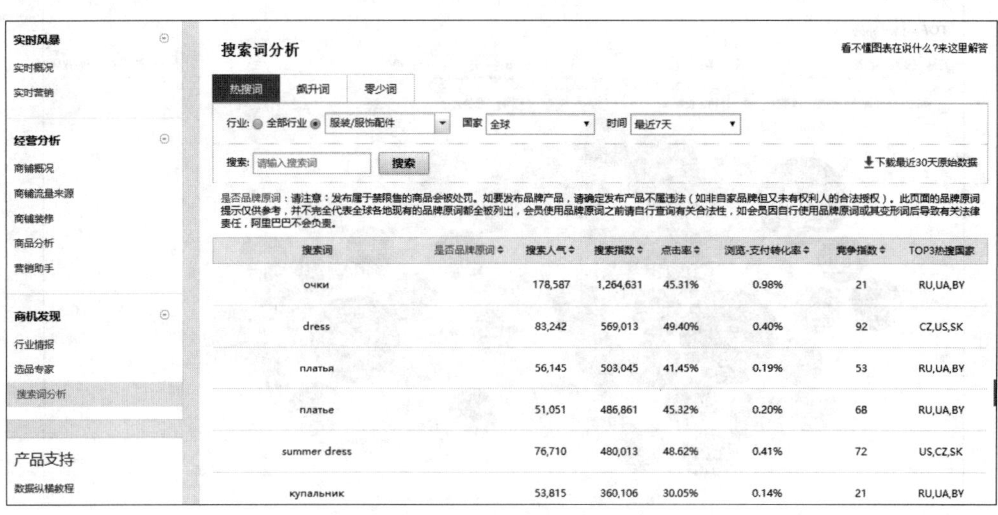

图 2-2-3　买家搜索热门词

（三）网站选品

登录一些大型电商网站的热销排行，了解网站热销商品，如 Amazon、eBay 等。

（1）http://activities.aliexpress.com/bestselling.php：查看速卖通平台热销品。

（2）http://www.amazon.com/gp/new-releases/：查看亚马逊各级类目下热卖的商品。

（3）http://www.watcheditem.com/：查看美国 eBay 各级类目下热卖的商品。

（4）http://www.watchcount.com/：查看 eBay 各国站点关注度最高的商品。

活动实施

（1）深入研究速卖通各行业概况。

步骤 1：进入“数据纵横”“行业情报”中的行业概况，了解不同品类的行业概况，如图 2-2-4 所示。

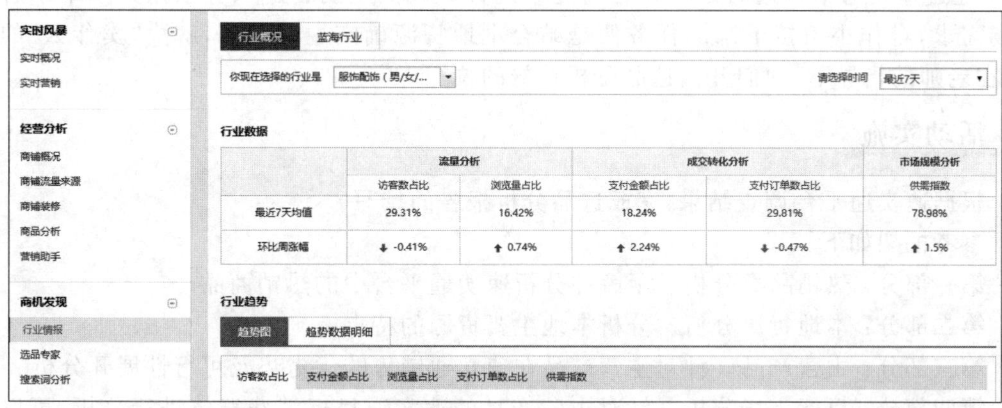

图 2-2-4　行业概况

步骤 2：进入“数据纵横”“行业情报”中的蓝海行业，了解蓝海行业的品类分布，如图 2-2-5 所示。

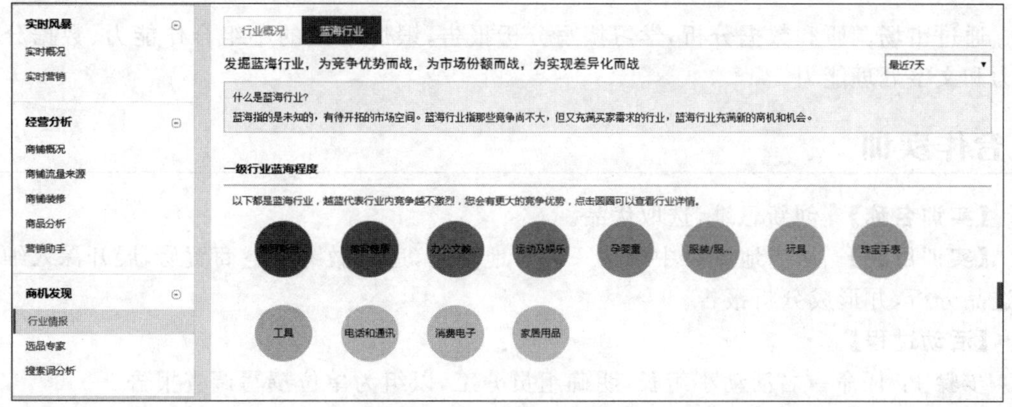

图 2-2-5　蓝海行业的品类分布

(2) 适合在速卖通平台销售的本地货源有哪些。

步骤1：如果将本地不同的货源都发布在速卖通平台进行销售，试分析他们各自的优劣势。

步骤2：总结适合在速卖通销售的本地货源。

活动评价

通过实践和学习，同学们可以了解目前速卖通平台中较受欢迎的品类，通过深入分析本地货源，便于确定主营产品。

活动二：确定主营产品

活动背景

通过速卖通平台选品专家和热门搜索调查，李勇、王丽、张军、钟珊四人基本了解了市场需求，合作小组接下来的任务便是结合本地货源确定主营产品，解决“卖什么”的问题，在老师的指导下，他们开始选品分析报告的撰写。

活动实施

根据速卖通平台调查结果，完成选品分析报告的撰写。

参考框架如下。

第一部分：热销品类分析。了解并分析速卖通平台中的热销商品。

第二部分：本地货源分析。分析本地主要货源的特点。

第三部分：主营产品。针对主营产品在速卖通销售的优劣势及可行性展开分析。

第四部分：目标市场分析。针对主营产品的速卖通目标消费群体进行分析，可以从气候特点、消费者当地的物价及收入、消费习惯等方面展开分析。

第五部分：进货渠道分析。着重分析主营产品的进货渠道。

活动评价

通过市场调研和数据分析，学习撰写分析报告，锻炼学生的小组合作能力、数据分析能力和文字处理能力。

合作实训

【实训名称】 创新思维，选取优品。

【实训目的】 从当地城市中挑选一件本地商品，适合做跨境电商贸易，展开深入细致的选品分析，并形成分析报告。

【活动过程】

步骤1：任命一名活动小组长，明确组员分工，以组为单位撰写调查报告。

步骤2：分析本地产品的特点，并挑选一个品类作为调研对象。

步骤3：分析该品类在速卖通销售的优劣势。

步骤 4：分析该品类的目标消费群体。

步骤 5：整理资料，形成分析报告。

【实训小结】 通过任务的学习和实践，了解本地区的经济社会发展的情况，尤其是"互联网+"对跨境电商的影响，深入分析跨境产品的特点和优势，锻炼团结合作的能力和文字处理的能力。

任务三 制定合适的商品价格

情境设计

李勇、王丽、张军、钟珊四人通过一段时间的跨境市场调研，掌握了海内外消费市场情况以及跨境商品选择，接下来他们需要进一步了解商品定价方面的知识。

任务分解

首先在老师的讲解下，了解跨境商品的价格计算方法，在此基础上，结合所学的价格策略，进行商品价格的制定。

活动一：学会计算价格

活动背景

了解速卖通平台商品价格名词，熟悉商品成本的构成，并能够进行价格计算。

知识窗

一、价格名词

(1) 上架价格(List Price,LP)：商品在上传的时候所填的价格。

(2) 销售价格/折后价(Discount Price,DP)：商品在店铺折扣下显示的价格。

销售价格÷折后价＝上架价格×折扣

(3) 成交价格(Order Price,OP)：用户在最终下单后所支付的单位价格。

成交价格＝销售价格－营销优惠(满立减、优惠券、卖家手动优惠)

二、速卖通商品成本

速卖通平台交易的商品成本中，除了基本的进货价之外，还有哪些额外的成本呢？

1. 交易手续费(交易佣金)

速卖通平台会在交易完成后，会收取卖家订单成交总金额的5％为手续费，订单成交总金额包含商品金额和运费。

例如买家支付的订单总金额为100美元，卖家账户只会收到95美元，速卖通平台会收取5美元的平台佣金，所以在计算成本的时候需要计算这5％的佣金。

2. 提现手续费

在交易过程中,买家所支付的美元是存在于国际支付宝的账户里边的,所以当你想要使用这笔资金时你需要有一个从国际支付宝提现到国内银行卡的过程,这个过程速卖通平台会收取 20 美元每笔的手续费,所以建议把账户里的钱攒到一定数目之后再去提现,这样也在无形中降低了提现的损失。

3. 广告费用

(1) 直通车费用。为了提高商品的曝光率,很多卖家会考虑开通直通车推广服务。速卖通直通车类似于淘宝直通车,是一种按单击付费的效果营销工具,可以为众多卖家实现宝贝的精准推广。

(2) 速卖通联盟佣金。速卖通联盟营销是一种“按成交付费”的推广模式。参与到联盟营销的卖家,只需为联盟网站带来的成交订单支付联盟佣金。联盟营销为你带来站外的流量,只有成交才须付费。

4. 运费

在跨境电商交易中,运费是成本构成中非常重要的一部分,速卖通平台中卖家选择较多的物流服务商有中国邮政小包以及 UPS、DHL、FEDEX、TNT 等商业快递。运费的选择有以下几种。

(1) 卖家承担运费,即包邮;也可以将运费添加到商品价格中以吸引买家下单。商品买家展示页会面出现 free shipping 的字眼。

(2) 标准运费:平台按照各物流服务提供商给出的官方报价计算运费。决定运费的因素通常为:货物送达地、货物包装重量、货物体积重量。如果卖家为不同的运输方式减免了折扣,平台会将在官方运费的基础上加入折扣因素后计算出的运费值呈现给下单的买家。

物流折扣(减免):在你联系货运代理公司时,货运代理公司会给你以一定的折扣,(折扣的多少视你与货运代理公司的协议而定,也可以使用平台上面展示的货代公司),你可以将此折扣信息填写在你的商品的运输折扣内容里,以吸引买家下单。

(3) 自定义运费:你可以自由选择对不同的国家设定不同的运费类型,包括标准运费、卖家承担运费或者是自定义运费。一般建议新卖家选择对欧美发达国家发货,以减少货物发往偏远国家造成的偏远运费损失。自定义运费也可以根据自己的买家群分布来定运费,从而吸引自己的主要群体买家。对于一些选择包邮方式的卖家,一定要计算清楚物流总费用。

物流总费用=(运费+燃油附加费)×折扣+包装费用+其他费用

案例:某公司想寄 21kg 普通货包裹从上海到德国,总运费多少?

答:公司选择某快递公司 A,首重 0.5kg/260 元,续重 0.5kg/60 元,燃油附加费 10%,折扣为 8 折。计算如下:

运费=260+(21×2-1)×60=2720(元)

总费用=2720×(1+10%)×80%=2393.6(元)

此外,某些快递公司对部分航线有特殊优惠价。例如,超过 21kg 时,它可以以一个特定的统一价计费。对于上例,这家快递公司规定部分航线的价格为每千克 60 元,则对应总费用＝21×60×(1＋10％)＝1386 元。当然，此种优惠价格，并不是所有公司每条航线都有。详细情况请以具体快递公司报价为准。一般价格可以直接跟对应快递公司电话确认。基本上各大快递公司的价格相近，但是如果有跟对应快递公司签订相应协议，会有比较优惠的协议价格。

5. 速卖通平台技术服务费

速卖通平台将各行业划分为八大经营范围，每个经营范围分设不同经营大类，每个速卖通账号只准选取一个经营范围，并可在该经营范围下跨大类经营。

注：共享类(Special Category)不单独实施招商准入，只要卖家获准加入任一经营大类的，即可获得共享类(Special Category)商品发布权限。

卖家缴纳年费后，只有经营到年底的卖家才有机会获取年费返还，速卖通将在年底根据卖家的年销售额及持续经营期间来返回部分或全部年费。比如手机整机类目的年费是 3 万元，若要获取 50％年费返还，卖家的年销售额要达 4.5 万美元，而要获取 100％年费返还销售额则需达 9 万美元。

而实际经营未满一年或中途退出经营的且不存在任何违约及违规情况的卖家将根据实际入驻期间(按月计算)来重新计算应缴年费，并退还未提供服务期间的年费。

除此之外，速卖通还设立了新的考核规则，在各经营大类下二级或三级类目分别设定“服务指标”，包括“类目 30 天货不对版纠纷率”及“类目 30 天 DSR 商品描述平均分”，来进行考核。若考核不达标，则关闭相应类目的经营权限。

速卖通各类目技术服务费年费如表 2-3-1 所示。

表 2-3-1　2016 年度速卖通各类目技术服务费年费一览表

单店经营范围	18 个经营大类	类　目	类 目 范 围		技术服务年费(元)	返 50％年费对应年销售额(美元)	返 100％年费对应年销售额(美元)
A	服装配饰 & 珠宝饰品	Apparel & Accessories Jewelry			10 000	30 000	60 000
	手表	Watch			10 000	30 000	60 000
	鞋包	Luggage & Bags Shoes			5000	24 000	48 000
	美容健康	Beauty & Health	其他(删除特殊类目)	其他	5000	24 000	48 000
			Sex Products(特殊类目)	情趣	10 000	30 000	60 000
	假发及周边配件	Hair & Accessories	其他(删除特殊类目)	其他	5000	18 000	36 000
			Certified Human Hair(特殊类目)	真人发	50 000	60 000	120 000
	孕婴童	Mother & Kids			3000	12 000	24 000
	玩具	Toys & Hobbies			5000	12 000	24 000
B	婚纱	Weddings & Events			10 000	30 000	60 000

续表

单店经营范围	18个经营大类	类目	类目范围		技术服务年费(元)	返50%年费对应年销售额(美元)	返100%年费对应年销售额(美元)
C	汽摩配	Automobiles & Motorcycles			5000	36 000	72 000
D	电脑 & 办公	Computer & Office	其他(删除特殊类目)	其他	5000	18 000	36 000
			Laptop(特殊类目)	计算机	20 000	18 000	36 000
			Tablets(特殊类目)	平板	20 000	60 000	120 000
			Memory Card(特殊类目)	存储卡	10 000	18 000	36 000
			External Hard Drives(特殊类目)	外置机械移动硬盘	5000	18 000	36 000
			USB Flash Drives(特殊类目)	U盘	10 000	18 000	36 000
	消费电子	Consumer Electronics	其他(删除特殊类目)	其他	5000	18 000	36 000
			Electronic Cigarettes(特殊类目)	电子烟	30 000	60 000	120 000
			Sports & Action Video Cameras(特殊类目)	运动相机	10 000	12 000	24 000
	手机 & 通信	Phones & Telecommunications	其他(删除特殊类目)	其他	5000	18 000	36 000
			Mobile Phones(特殊类目)	手机整机	30 000	45 000	90 000
			Mobile Phones Accessories & Parts(特殊类目)	手机配件	5000	18 000	36 000
	安防	Security & Protection			5000	18 000	36 000
E	运动 & 休闲	Sports & Entertainment	其他(删除特殊类目)	其他	5000	18 000	36 000
			Sneakers(特殊类目)	运动鞋	10 000	24 000	48 000
			Cycling(特殊类目)	骑行	10 000	24 000	48 000
			self balance scooter(特殊类目)	平衡车	10 000	18 000	36 000

续表

<table>
<tr><th>单店经营范围</th><th>18 个经营大类</th><th>类　目</th><th colspan="2">类 目 范 围</th><th>技术服务年费（元）</th><th>返 50%年费对应年销售额(美元)</th><th>返 100%年费对应年销售额(美元)</th></tr>
<tr><td rowspan="9">F</td><td rowspan="9">家居生活 & 家装</td><td>Furniture</td><td rowspan="5">其他
（删除特殊类目）</td><td rowspan="5">其他</td><td rowspan="6">5000</td><td rowspan="6">30 000</td><td rowspan="6">60 000</td></tr>
<tr><td>Home & Garden</td></tr>
<tr><td>Food</td></tr>
<tr><td>Home Improvement</td></tr>
<tr><td>Tools</td></tr>
<tr><td rowspan="3">Lights & Lighting</td><td>其他
（删除特殊类目）</td><td>其他</td></tr>
<tr><td>Downlight+
Spotlight
（特殊类目）</td><td>筒灯+射灯（含支架、非灯泡类）</td><td>10 000</td><td>30 000</td><td>60 000</td></tr>
<tr><td>LED
Lighting+Lighting
Bulbs & Tubes
（特殊类目）</td><td>LED 照明和灯泡、灯管</td><td>10 000</td><td>60 000</td><td>120 000</td></tr>
<tr></tr>
<tr><td>G</td><td>家电</td><td>Home Appliances</td><td></td><td></td><td>5000</td><td>30 000</td><td>60 000</td></tr>
<tr><td>H</td><td>电子元器件</td><td>Electronic Components & Supplies</td><td></td><td></td><td>5000</td><td></td><td>60 000</td></tr>
<tr><td>I</td><td>共享类</td><td>Special Category</td><td></td><td></td><td></td><td></td><td></td></tr>
<tr><td>J</td><td>办公文教用品</td><td>Office & School Supplies</td><td></td><td></td><td>5000</td><td>12 000</td><td>24 000</td></tr>
<tr><td>K</td><td>旅游及代金券</td><td>Travel and Coupon Services</td><td></td><td></td><td>5000</td><td>12 000</td><td>24 000</td></tr>
</table>

三、速卖通商品定价

速卖通商品定价，基本围绕“成本+利润”的思想进行，利润率则根据商品的优势，可以自行设定。

定价价格＝商品进价＋运费＋速卖通平台佣金 5%＋平均营销推广费用＋平均技术服务费＋期望利润

活动实施

（1）归纳总结速卖通交易中针对不同国家和地区买家所使用的物流方式。

步骤 1：分组，4 人为一小组，以小组为单位进行小组活动。

步骤 2：通过书籍及网络进行信息搜集，了解速卖通交易中针对不同国家和地区买家所使用的物流方式。

步骤 3：小组成果展示及交流。

（2）总结举例说明速卖通商品的成本构成。

步骤 1：分组，4 人为一小组，以小组为单位进行小组活动。

步骤 2：以小组为单位，任意挑选一件商品为研究对象。

步骤 3：分析在速卖通上架该件商品，成本构成有哪些？

步骤 4：研究讨论商品的定价。

活动评价

通过理论学习和实践，了解跨境店铺销售中的产品价格构成。

活动二：制定价格策略

活动背景

在了解成本构成及学会计算价格的基础上，进一步学习价格策略的相关知识，以便于更合理的定价。

知识窗

1. 低价价格策略

大部分卖家会选择薄利多销的经营理念，采用低价价格策略，以低价格吸引访客，通过订单数量增加利润。

2. 高价价格策略

针对一些具有特色的个性化商品，因为网上及实体店竞争者较少，顾客选择的范围不大，可以适当采用高价格，如独家版服装、地方商品、环保商品、新技术商品、个性化商品等。

3. 同价价格策略

同价价格策略的理念来源于实体店中 2 元店的经营理念，可以在店铺中设立“29.9 区”“59.9 元区”“99 元区”等相同价格区域。

4. 分级定价价格策略

结合京东的“图书负利润超低价、家电一般利润正常价、昂贵物品高利润高定价”的策略，在自己店铺中设置一部分超低价，一部分高定价，一部分正常价，通过超低价的商品吸引顾客，结合搭配套餐、满减等促销活动来引导顾客顺带购买其他商品，提升客单价。

5. 折扣定价策略

折扣促销是一种非常有效的促成交方式。在中外各个大型节日，都可以通过打折噱头设置一些特价促销活动，以此来促成交易。常见的节日噱头不仅可以在传统节日，也可以在网购专属节日，如速卖通“325”大促、“双 11”大促等。除此之外，还可以以库存清仓、换季、新品上架、店庆大促等噱头进行促销打折。

6. 数量折扣定价策略

数量折扣定价策略是通过多买多优惠的促销手段来吸引顾客下单，常见的数量折扣策略有满减、满送、满包邮等。

7. 搭配套餐定价策略

通过在店铺设置搭配套餐优惠活动，顾客在购买时可以以“套餐专享价”下单，是有效提升客单价的一种手段。

活动实施

在速卖通平台查找每一种价格策略的应用案例。

步骤1：分组，4人为一小组，以小组为单位进行小组活动。

步骤2：在速卖通平台中进行商品搜索，查找每一种价格策略的应用案例。

步骤3：小组成果展示及交流。

活动评价

通过理论学习和实践，了解跨境店铺销售中的产品价格制定策略，尝试对不同产品进行合理定价，总结经验。

合作实训

【实训名称】 我来定价。

【实训目的】 以4人一小组为单位，完成商品的速卖通定价。能够结合价格策略进行商品定价。

【活动过程】

步骤1：任命一名活动小组长，明确组员分工，以组为单位进行实训。

步骤2：对比挑选一件商品为定价的研究对象。

步骤3：分析速卖通上架该商品后的成本构成。

步骤4：确定物流选择及利润率。

步骤5：分析商品卖点，制定价格策略。

步骤6：完成商品定价。

【实训小结】 通过小组完成商品定价的实训任务，学生可以掌握商品成本构成、运费计算、价格策略、定价等相关内容。

任务四　熟悉跨境支付方式

情境设计

李勇、王丽、张军、钟珊四人通过一段时间的跨境市场调研，掌握了海内外消费市场情况、跨境产品选择及定价的相关知识，接下来他们需要进一步了解跨境支付方式及速卖通平台中收款账户的设置及操作。

任务分解

首先在老师的讲解下，了解目前跨境电商中的支付方式，在此基础上，深入速卖通平台，设置收款账户及国际支付宝账户，并熟悉提现过程。

活动一：熟悉跨境支付方式

活动背景

在开展速卖通业务之前，作为卖家，需要了解目前常见的跨境支付方式。

知识窗

如果是做国内电商，可以用支付宝、财付通、微信、网银等方式进行支付，到账时间很快，而跨境电商涉及跨境转账，不同的跨境支付方式差别很大，有着不同的金额限制和到账速度，而且各自都有优缺点和适用范围。

跨境支付方式可分为两大类。一种是线上支付，包括各种电子账户支付方式和国际信用卡，由于线上支付手段通常有交易额的限制，适合小额的跨境零售。另一种是线下汇款模式，适用于大额的跨境 B2B 交易。

总体来说，信用卡和 PayPal 是目前使用最广泛的国际网购支付方式。另外有一些有地域特色的支付方式，如俄罗斯的 WebMoney、Qiwi wallet，中东和北非的 CashU，主要做这些地区的商家，可以考虑开通这些收款方式。

一、线上跨境支付方式

1. 信用卡

在欧洲和美国，主流的付款方式为信用卡方式，在欧洲和美国信用卡是链接个人信用资料的，所以信用卡支付方式也是非常安全的付款方式。目前很多跨境电商平台都支持国际信用卡支付，国际上较为知名的五大信用卡品牌：Visa、MasterCard、America Express、Jcb、Diners club，其中 Visa 和 MasterCard 使用较为广泛。

国际信用卡付款的风险控制，信用卡付款的风险核心点就是客户的退单和小部分的信用卡诈骗行为。比如消费者退单或者悔单，因为国际小额贸易前期物流等其他费用投入，对卖家来说往往损失不少，而且现在很多主流的跨境电子商务平台规则倾向于买家。一般支付公司在提供支付服务时都提供了比较安全的各种验证加密措施，比如跟卡组织的黑卡库等信息共享，如果一旦碰到黑卡或者盗卡，则会被系统拒绝付款。

2. PayPal

PayPal 是一种国际第三方在线支付工具，在线付款方便快捷，另外可以解除买家付款收不到货的担忧，境外买家使用率占 80%以上，在欧美地区覆盖较广，只需要一个邮箱便能注册，开户免费。目前，业内普遍认为，使用小额支付首选还是 PayPal。

PayPal 和贝宝的区别类似于支付宝的国际版和国内版，PayPal 国际站允许向 55 个国家和地区发送和接受付款。贝宝是它的中国版，只能向中国用户发送和接受付款。

3．支付宝(国际版)

国际版支付宝是阿里巴巴国际站和支付宝联合为国际买卖双方全新建立的在线支付解决方案。阿里巴巴的国际版支付宝目前国际市场接受度不高，主要应用在阿里巴巴推出的速卖通平台，操作的原理跟国内的支付宝类似。

二、线下跨境支付方式

1．电汇(T/T，Telegraphic Transfer)

电汇是卖家在实际外贸中运用最多的支付方式，大额的交易基本上选择电汇方式。

电汇银行手续费由买卖双方各自承担所在地银行费用。具体费用根据银行的实际费率计算。电汇银行手续费一般分 3 部分，第一部分是付款人付款银行产生的手续费，可以由付款人单独支付，也可以在付款金额中扣取；第二部分为中转行的手续费，一般在汇款金额中扣取；第三部分为收款人收款行的手续费，汇款金额中扣取。

电汇时间则根据各个银行的规定有较大区别，时间从 3 个工作日到一周不等。看汇款路线，有的中间经过的银行少就快，多则慢些。核心点一定要等客户水单到后确认到账再安排约定事项。

2．西联汇款

西联汇款是国际汇款公司(Western Union)的简称，(网址 http://www.westernunion.com)，它是世界上领先的特快汇款公司，可以在全球大多数国家汇出和提款。迄今已有 150 年的历史，它拥有全球最大最先进的电子汇兑金融网络，代理网点遍布全球近 200 个国家和地区。而西联公司也是美国财富五百强之一的第一数据公司(FDC)的子公司。图 2-4-1 所示为西联汇款标志。

moving money for better

图 2-4-1 西联汇款标志

目前，中国农业银行、中国光大银行、中国邮政储蓄银行、中国建设银行、浙江稠州商业银行、吉林银行、哈尔滨银行、福建海峡银行、烟台银行、龙江银行、温州银行、徽商银行、浦发银行等多家银行是西联汇款中国合作伙伴。使用这种方式支付到账速度快，大概只需要花费 15 分钟的时间。西联汇款手续费由买家承担，对于卖家来说很划算，但对买家来说风险极高，买家不易接受。目前，西联在欧洲和美国客户中接受度比较高，一般是小额美金汇款比较方便。

使用西联汇款时，卖家只需要告诉客人其联系方式(名字，地址，电话)，无须银行账号。买家汇款之后会提供给卖家如下信息。

(1) Sender：客人的名字；

(2) Receiver：收款人名字；

(3) MTCN：俗称监控号，是一串号码；

(4) 汇款人的国家；

(5) 汇款的币种和金额。

卖家凭借以上信息及身份证即可去西联合作银行办理取款业务。

3. 速汇金汇款

速汇金汇款(MoneyGram，网址 http://www.moneygram.com)类似于西联的国际汇款方式，目前在全球同类业务当中排名第二。在全球150个国家和地区，拥有总数超过50 000个的代理网点。收款人凭汇款人提供的编号即可进行收款。目前国内有中国工商银行、中国交通银行、中信银行三家代理了速汇金收付款服务。

由于汇款不走银行通道，走的是速汇金的汇款通道，因此汇款速度快，十几分钟即可账，除此之外，速汇金比西联手续费要相对便宜一些，无中间行费，无电报费，具体可以联系以上银行的客服热线，速汇金仅限个人申请，需要带身份证件进行办理。图 2-4-2 所示为速汇金汇款标志。

图 2-4-2 速汇金汇款标志

活动实施

(1) 通过调查了解速卖通主要买家国所使用的主流跨境支付方式。

步骤 1：分组，4 人为一小组，以小组为单位进行小组活动。

步骤 2：通过书籍及网络进行信息搜集，了解速卖通买家国的主流跨境支付方式。

步骤 3：小组成果展示及交流。

(2) 对比并总结各种跨境支付方式的特点。

步骤 1：分组，4 人为一小组，以小组为单位进行小组活动；

步骤 2：以小组为单位，交流讨论各种跨境支付方式的特点；

步骤 3：派一名代表分享小组观点。

活动评价

通过理论学习和实践，了解跨境支付方式和异同。

活动二：设置收款账户及国际支付宝账户

活动背景

在开展速卖通业务之前，作为卖家，必须设置收款账户，以便于交易收款。

知识窗

在全球速卖通平台，卖家需要设置两个收款账户，即人民币收款账户和美元收款账户。买家采用不同的支付方式，货款将打入不同的收款账户。买家通过信用卡支付时，根

据国际支付渠道不同，款项会以美金或人民币的形式进入到卖家国际支付宝账户，买家通过 T/T 银行汇款支付时，款项将以美元的形式放款至卖家的国际支付宝账户。因此在进行收款账户设置时，需要对人民币账户、美元账户进行设置。

一、人民币账户设置

(1) 登录全球速卖通，单击“交易”进入“收款账户管理”界面，选择“人民币收款账户”选项。如果还没有支付宝账户，可以单击“创建支付宝账户”命令；也可以使用已经有的支付宝，单击“登录支付宝账户”命令进行设置。图 2-4-3 所示为支付宝界面。

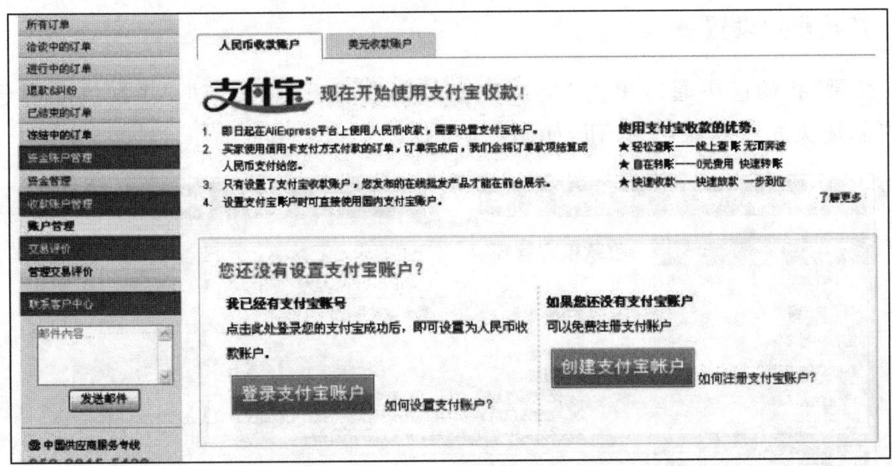

图 2-4-3 支付宝界面

(2) 单击登录支付宝，显示登录支付宝界面，依次填写“支付宝账户姓名”“登录密码”“校验码”等必填项，填写完毕后单击“登录”命令。图 2-4-4 所示为支付宝账号登录。

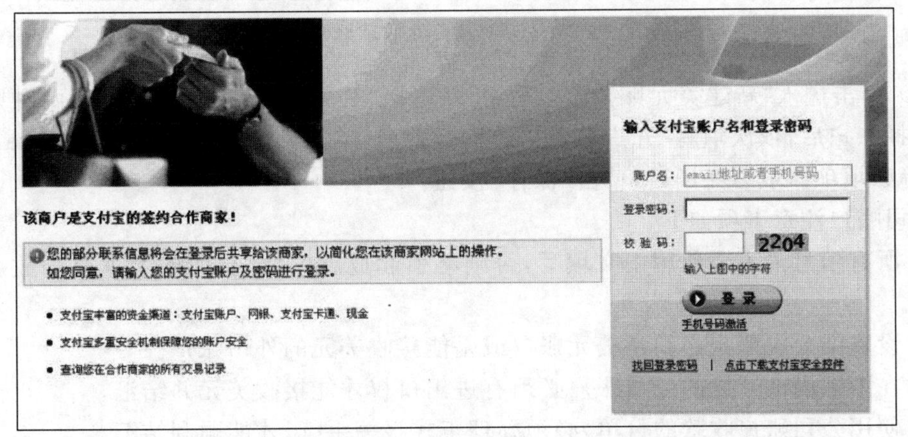

图 2-4-4 支付宝账号登录

(3) 登录成功后，即完成收款账户的绑定，也可以对收款账户进行编辑，如图 2-2-5 所示。

图 2-4-5　支付宝收款账户设置

二、美元账户设置

(1) 登录"我的速买通",单击"交易""银行账户管理"命令,进入"收款账户管理"界面,单击"创建美元收款账户"按钮,如图 2-4-6 所示。

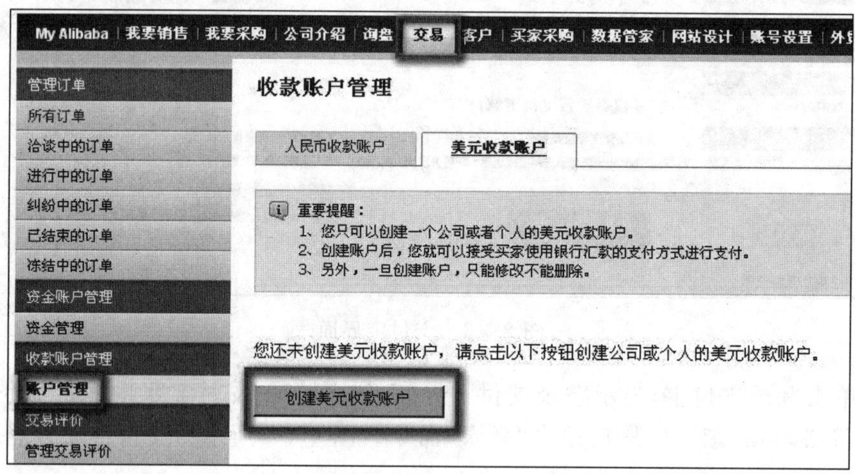

图 2-4-6　创建美元收款账户

(2) 单击进入"新建美元账户"之后,可以选择"公司账户","个人账户"两种账户类型。选择账户后,依次填写"开户名(中文)""开户名(英文)""开户行"、Swift Code、"银行账号"等必填项。填写完毕后,单击"保存"按钮。

公司账户注意事项如下。

① 所有信息请不要使用中文填写,否则将引起放款失败,从而产生重复的放款手续费损失。

② 设置的公司账户必须是美元账户或是能接收美元的外币账户。

③ 在中国内地开设的公司账户必须有进出口权才能接收美元并结汇。

④ 使用公司账户收款的订单,必须办理正式报关手续,才能顺利结汇。

图 2-4-7 所示为公司账户设置。

个人账户注意事项如下。

① 所有信息请不要使用中文填写,否则将引起放款失败,从而产生重复的放款手续费损失。

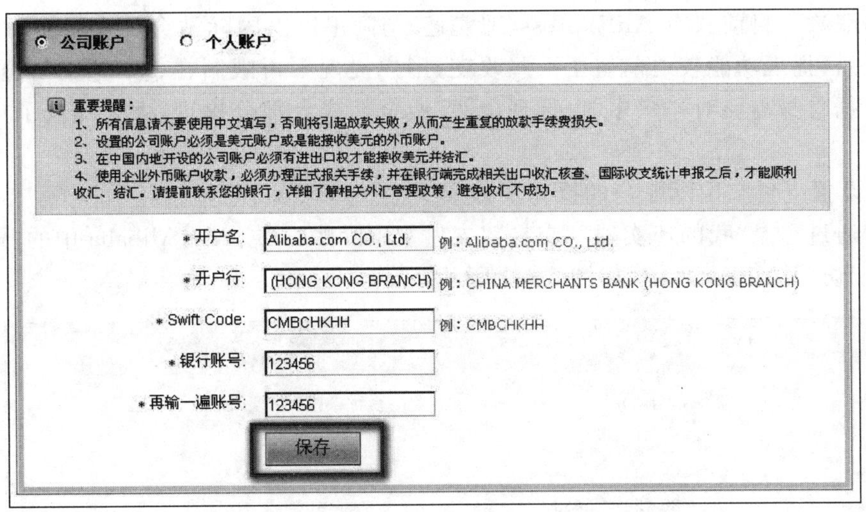

图 2-4-7　公司账户设置

② 客户创建的个人账户必须能接收海外银行(新加坡花旗银行)并且是公司对个人的美元的打款。

③ 收汇没有限制。个人账户年提款总额可以超过 5 万美元。

④ 注意结汇需符合外汇管制条例。每人 5 万美元结汇限额。

图 2-4-8 所示为个人账户设置。

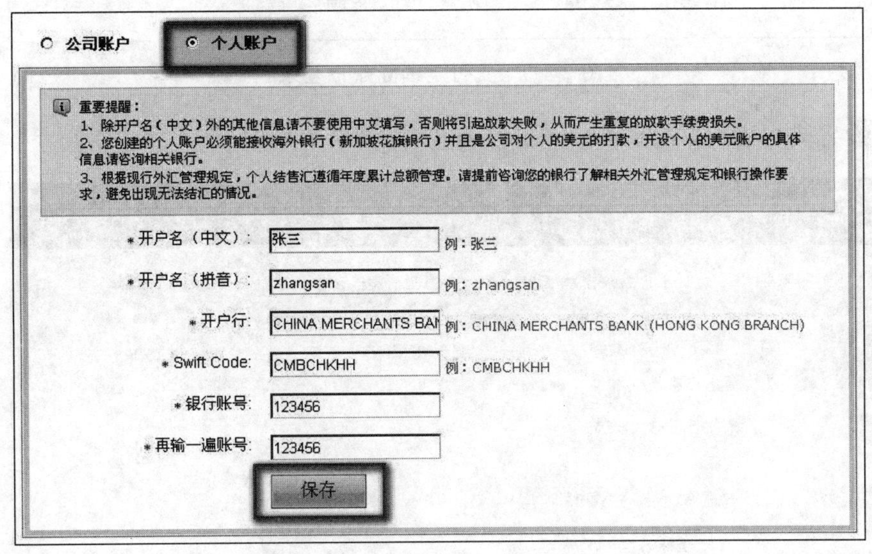

图 2-4-8　个人账户设置

三、支付宝国际账户

支付宝国际账户是支付宝为从事跨境交易的国内卖家建立的资金账户管理平台，包括对交易的收款、退款、提现等主要功能。支付宝国际账户是多币种账户，包含美元账户和人民币账户。目前只有 AliExpress(速卖通)与阿里巴巴国际站会员才能使用。Alipay 系统上线后,提现功能较之前有了一些改变,用户提现不再限制在 100 笔交易金额之内,而是可根据自身需要对账户中"可提现金额"做全部或者部分提现,大大降低了用户的提现成本。

(1) 设置支付宝国际账户的操作步骤如下。

用户通过登录"我的速卖通""交易""支付宝国际账户"或 My Alibaba 中的"资金账户管理"功能访问 Alipay 系统,如图 2-4-9 所示。

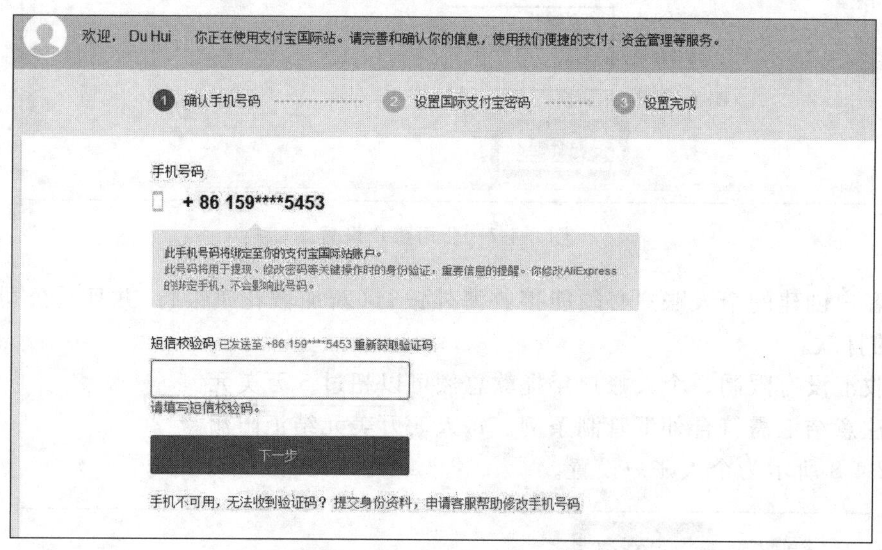

图 2-4-9 支付宝国际账户登录

(2) 设置支付密码,激活 Alipay 会员身份,如图 2-4-10 所示。

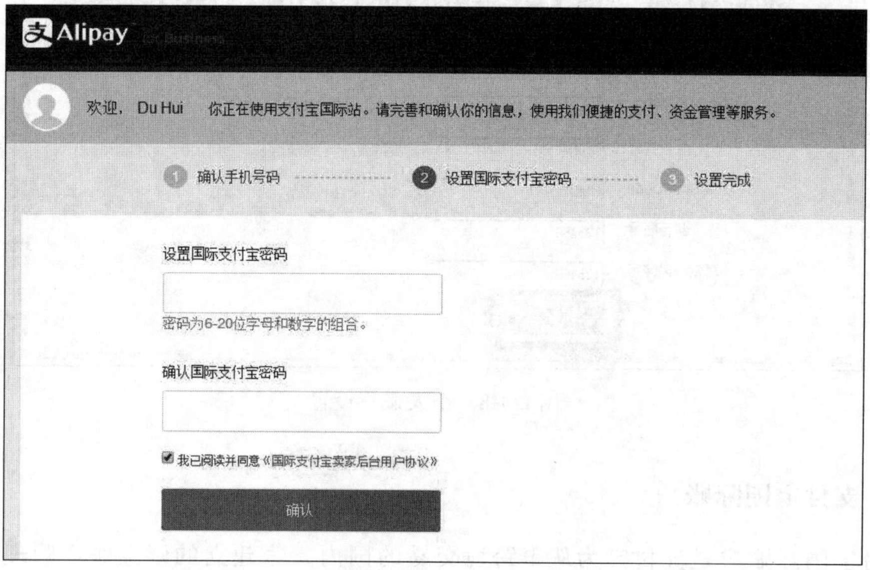

图 2-4-10 激活 Alipay 会员身份

(3) 设置完成，如图 2-4-11 所示。

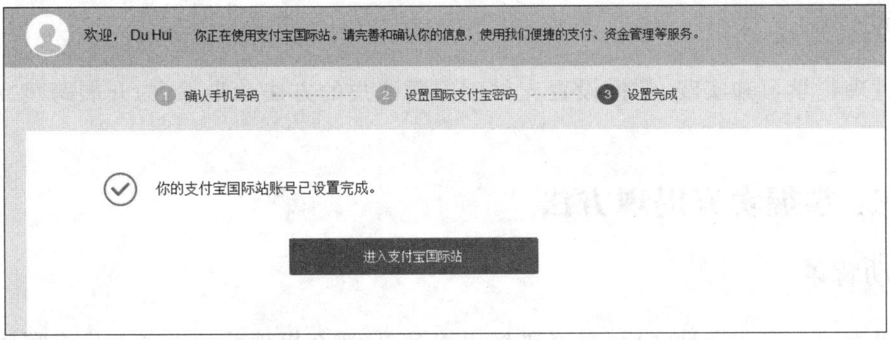

欢迎，Du Hui　你正在使用支付宝国际站。请完善和确认你的信息，使用我们便捷的支付、资金管理等服务。
1 确认手机号码　2 设置国际支付宝密码　3 设置完成
你的支付宝国际站账号已设置完成。
进入支付宝国际站

图 2-4-11　支付宝国际账户设置完成

(4) 查看账户，如图 2-4-12 所示。

图 2-4-12　支付宝国际账户界面

活动实施

(1) 设置收款账户。

步骤 1：登录全球速卖通账号，进入“我的速卖通”。

步骤 2：单击“交易”命令进入“收款账户管理”界面，选择“人民币收款账户”选项进行设置。

步骤 3：单击“交易”命令进入“收款账户管理”界面，选择“美元收款账户”选项进行设置。

步骤 4：完成设置。

(2) 设置国际支付宝。

步骤 1：用户通过登录“我的速卖通”“交易”“支付宝国际账户”或 My Alibaba 中的“资金账户管理”功能访问 Alipay 系统。

步骤 2：设置支付密码，激活 Alipay 会员身份。

步骤 3：设置完成，查看账户。

活动评价

通过理论学习和实践，掌握设置支付宝国际账户的方法和步骤，为开展跨境支付提供便利。

活动三：掌握卖家提现方法

活动背景

在买卖双方完成交易之后，卖家要将货款提现，那么提现前的准备工作有哪些呢？

知识窗

完成速卖通交易，卖家在进行提现操作前，需要事先设置提现银行账户信息，否则无法进行提现操作。

一、设置提现银行账户

(1) 用户可以从“我的账户”页面中，人民币账户或美金账户中的设置银行账号入口到达设置银行账户功能页面；或者到“我要提现”中的“提现银行账户设置”功能，进行银行账户的设置，如图 2-4-13 和图 2-4-14 所示。

图 2-4-13　提现银行账户界面

图 2-4-14　提现银行账户设置

（2）设置人民币账户。人民币账户提现银行账号目前仅支持国内支付宝账号，如图 2-4-15 所示。支付宝账户必须通过实名认证。

图 2-4-15　提现银行人民币账户设置

（3）设置美元账户。用户可以设置 3 个美元账户提现银行账号，美元账户提现银行账号需要区分是个人账户还是公司账户。

① 公司账户。

a. 所有信息不要使用中文填写，否则将引起放款失败，从而产生重复的放款手续费损失。

b. 设置的公司账户必须是美元账户或是能接收美元的外币账户。

c. 在中国内地开设的公司账户必须有进出口权才能接收美元并结汇。

d. 使用公司账户收款的订单，必须办理正式报关手续，才能顺利结汇。

② 个人账户。

a. 除开户名（中文）外的其他信息请不要使用中文填写，否则将引起放款失败，从而产生重复的放款手续费损失；

b. 客户创建的个人账户必须能接收海外银行(新加坡花旗银行)并且是公司对个人的美元的打款,开设个人的美元账户的具体信息请咨询相关银行。

c. 收汇没有限制。个人账户年提款总额可以超过＄5万。

d. 注意结汇需符合外汇管制条例。每人＄5万结汇限额。

选择账户后,依次填写“账户姓名(中文)”“账户姓名(英文/拼音)”“银行选择”“开户银行名称(英文)”、Swift Code、“银行卡号”等必填项。填写完毕后,单击“保存”按钮,如图 2-4-16 所示。

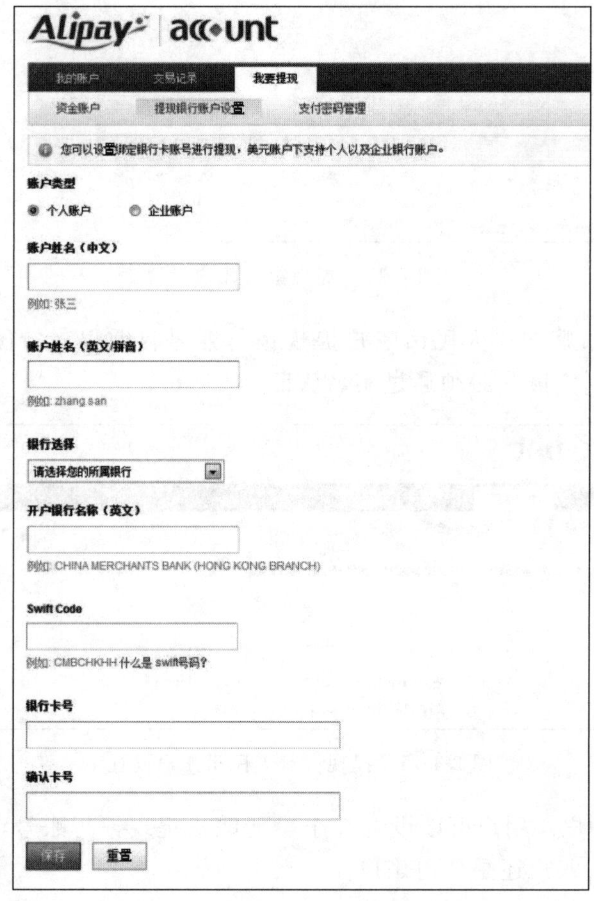

图 2-4-16　提现银行美元账户设置

二、如何提现

(1) 查看“我的账户”信息,可以查看到可提现的人民币金额和美元金额,以及冻结的人民币金额和美元金额,如图 2-4-17 所示。

(2) 单击“我要提现”按钮,选择人民币或美元账户,如图 2-4-18 和图 2-4-19 所示。

(3) 输入要提现的金额,单击“下一步”按钮,到达提现信息确认页面。

图 2-4-17 支付宝国际账户界面

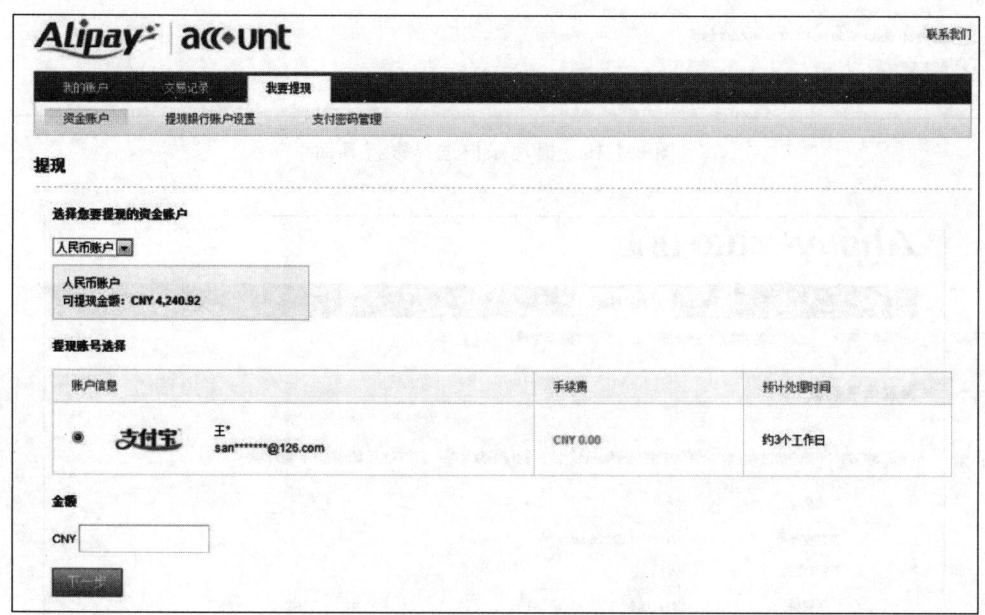

图 2-4-18 提现账户种类选择

注意：由于每一次美元账户提现都要扣除银行收取的 20 美元的手续费，以及花旗银行要求到账金额必须大于 1 美元，所以美元提现金额必须大于 21 美元。人民币账户提现不收取手续费，如图 2-4-20 和图 2-4-21 所示。

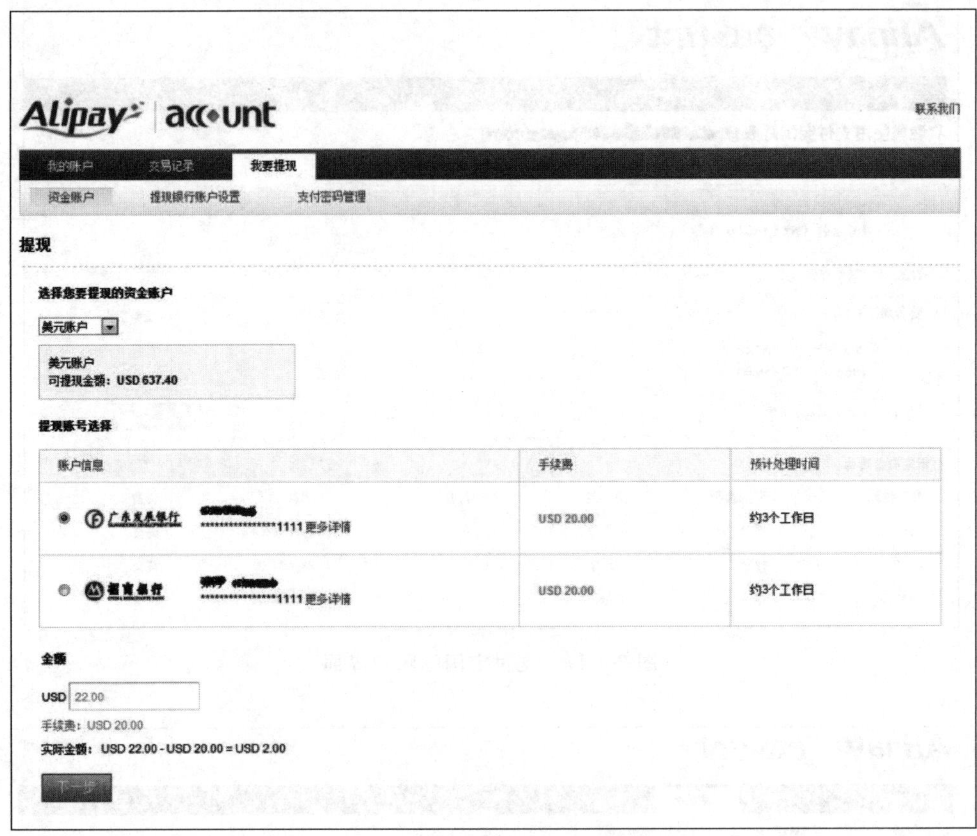

图 2-4-19　提现账户选择银行界面

图 2-4-20　人民币提现信息确认

图 2-4-21　美元提现信息确认

(4) 确认提现信息后，输入支付密码，单击“确认”按钮，如果支付密码正确，系统进行手机验证。系统会发送验证码到用户绑定的手机，用户输入正确的验证码后确认提交，即可提现成功。注意手机验证码的有效期是 30 分钟，如图 2-4-22 和图 2-4-23 所示。

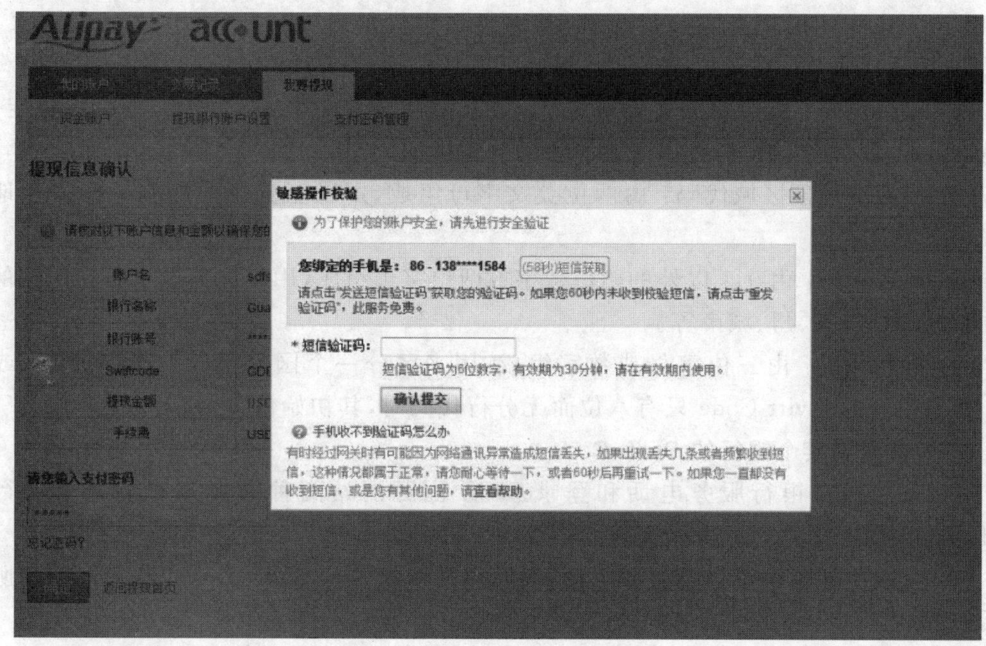

图 2-4-22　提现短信确认

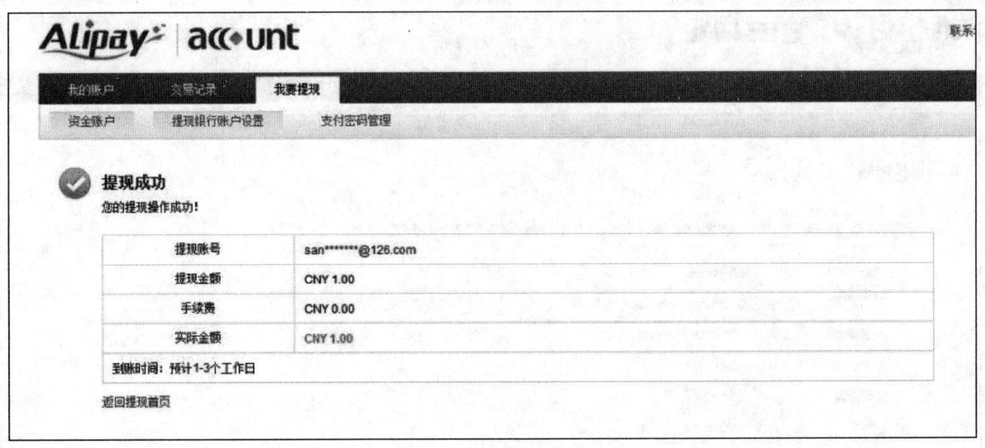

图 2-4-23　提现成功界面

三、查询银行 Swift Code

1. 银行 Swift Code 码

Swift Code 也叫 SWIFT-BIC、BIC Code、SWIFT ID，由计算机可以自动判读的 8 位或是 11 位英文字母或阿拉伯数字组成，用于在 Swift 电文中明确区分金融交易中相关的不同金融机构。

Swift Code 的 11 位数字或字母可以拆分为银行代码、国家代码、地区代码和分行代码四部分。以中国银行上海分行为例，其银行识别代码为 BKCHCNBJ300。其含义为：BKCH（银行代码）、CN（国家或地理区域代码）、BJ（地区代码）、300（分行代码）。

(1) 银行代码：由四位英文字母组成，每家银行只有一个银行代码，并由其自定，通常是该行的行名字头缩写，适用于其所有的分支机构。

(2) 国家或地理区域代码：由两位英文字母组成，用以区分用户所在的国家和地理区域。

(3) 地区代码：由 0、1 以外的两位数字或两位字母组成，用以区分位于所在国家的地理位置，如时区、省、州、城市等。

(4) 分行代码：由三位字母或数字组成，用来区分一个国家里某一分行、组织或部门。如果银行的 Swift Code 只有八位而无分行代码时，其初始值订为"×××"。

2. 如何查询某个银行的 Swift Code

可以通过拨打银行服务电话和登录 Swift 国际网站两种方式来查询某个银行的 Swift Code。

(1) 可以拨打各个银行的服务电话，询问想查询的该行 Swift Code，各大银行的服务电话如下。

① 中国银行：95566。

② 中国工商银行：95588。

③ 中国农业银行：95599。

④ 中国建设银行：95533。

⑤ 中国交通银行：95559。

⑥ 招商银行：95555。

⑦ 民生银行：95568。

⑧ 华夏银行：95577。

(2) 可以通过登录 Swift 国际网站查询页面来查询我国某个城市具体某家银行的 Swift Code。

首先，需要知道具体某家银行的缩写统一代码，国内可以转账的银行统一代码如下。

① 中国银行：BKCHCNBJ。

② 中国工商银行：ICBKCNBJ。

③ 中国农业银行：ABOCCNBJ。

④ 中国建设银行：PCBCCNBJ。

⑤ 中国交通银行：COMMCN。

⑥ 招商银行：CMBCCNBS。

⑦ 民生银行：MSBCCNBJ。

⑧ 华夏银行：HXBKCN。

⑨ 工行国际借记卡：ICBKCNBJICC。

以中国银行上海分行为例，登录 Swift 国际网站查询页面后，根据提示填入查询的银行信息。BIC or Institution name 中填入中国银行的统一代码：BKCHCNBJ；City 中填入要查询的城市拼音：shanghai；Country 选择 CHINA；最后在 Challenge response 中填入所看到的验证码。

完整填写要查询的银行信息后，单击 Search 按钮，如图 2-4-24 所示。

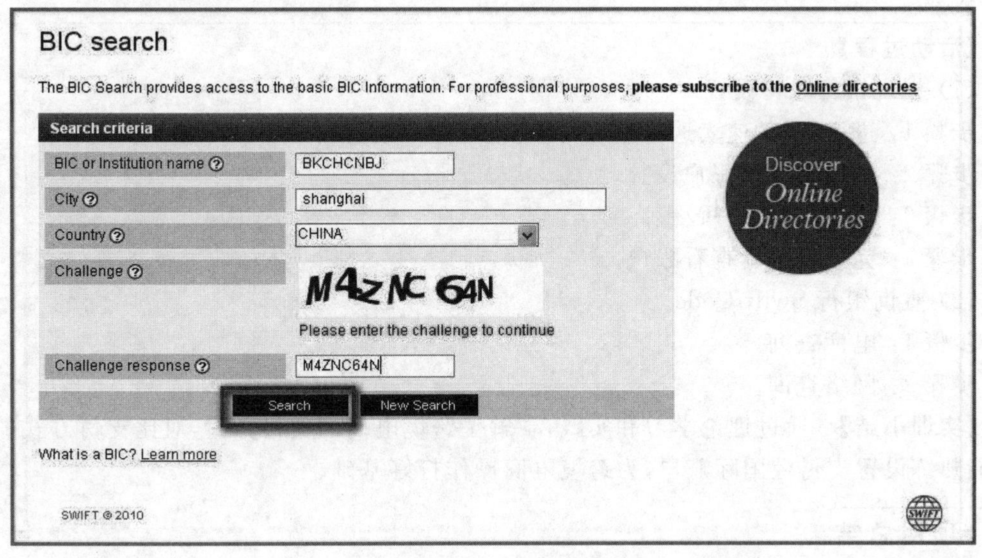

图 2-4-24　Swift 国际网站查询页面

在系统显示的搜索结果中，就可以看到所要查询的银行 Swift Code 了，如图 2-4-25 所示。

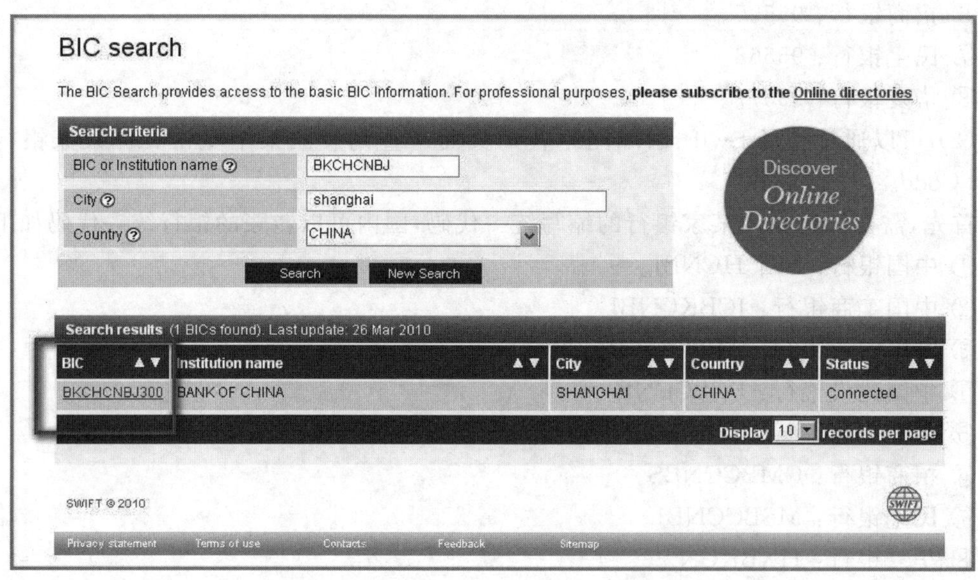

图 2-4-25　银行 Swift Code 显示界面

合作实训

【实训名称】 支付宝国际账户设置与运用。

【实训目的】 通过实践操作，熟悉支付宝国际账户的规程，熟练设置人民币和美元账户。

【活动过程】

(1) 提现银行账户设置。

步骤 1：进入“我的速卖通”，进入“提现银行账户设置”。

步骤 2：人民币提现账户设置。

步骤 3：美元提现账户设置。

步骤 4：完成设置后查看账户。

(2) 查询银行 Swift Code。

步骤 1：电话查询。

步骤 2：网络查询。

【实训小结】 通过理论学习和实践，了解了跨境电商的支付方式，对比支付方式的优势，能熟练设置支付宝国际账户，为跨境电商操作打好基础。

项目总结

通过本项目的合作学习实践，同学们基本能了解国内外跨境电商消费市场现状及发展趋势，能运用网络调查国内货源市场，能通过速卖通等跨境平台进行数据分析和产品调查，在此基础上确定主营产品，并掌握跨境电商中产品的定价策略和货款的支付及提现。

项目检测

一、判断题

1. 市场调查是一个系统的过程，包括对相关资料进行的计划、收集、记录、整理、分析、研究和报告等活动。（　　）

2. 跨境电子商务交易环节复杂，涉及的中间商众多。（　　）

3. 可以进入速卖通下的“数据纵横”“行业情报”中的行业概况，了解蓝海行业的品类概况。（　　）

4. 通过阿里巴巴跨境电子商务大数据获悉，2015 年中国消费者购买最多的商品来源国 TOP10 依次为美国、日本、德国、韩国、澳大利亚、荷兰、法国、英国、意大利、新西兰。（　　）

5. 跨境电商零售将帮助全球消费者和企业更加自由和便利的“买全球、卖全球”。传统贸易将不断转向 C2B 或 C2M，过去信息不对称的中间环节会逐渐消除。（　　）

二、单项选择题

1. （　　）在整个跨境电子商务中的比重最大，约占整个电子商务出口的 90%，（　　）跨境电子商务总量的 10%左右，但却是增长最为迅速的部分。

A. B2B，B2C　　B. B2C，B2B　　C. B2G，B2C　　D. C2C，B2B

2. 对于跨境电商企业来说，市场就是（　　）。

A. 产品　　B. 技术　　C. 资金　　D. 顾客

3. （　　）互联网活跃用户数 2.8 亿，互联网普及率达 87%。

A. 俄罗斯　　B. 美国　　C. 巴西　　D. 日本

4. （　　）是企业根据市场需求的多样性和购买行为的差异性，把整体市场划分为若干个具有某种相似特征的顾客群（称为细分市场或子市场），以便选择确定自己的目标市场。

A. 市场细分　　B. 市场定位　　C. 确定目标市场　　D. 市场调查

5. 消费者市场的 4 个主要细分变量是（　　）。

A. 行为、利益、人口、心理　　B. 行为、心理、人口、地理

C. 时机、态度、人口、利益　　D. 气候、收入、态度、个性

三、多项选择题

1. 和传统国际贸易相比，跨境电子商务呈现出传统国际贸易所不具备的以下特征（　　）。

A. 多边化　　B. 小批量　　C. 高频度

D. 透明化　　E. 数字化

2. 为什么要做跨境电商？（　　）

A. 有利于传统外贸企业转型升级　　B. 缩短了对外贸易的中间环节

C. 为小微企业提供了新的机会　　D. 促进产业结构升级

E. 有利于中国制造应对全球贸易新格局

3. 2015 年，G20 其他国家与中国的跨境电商连接指数排名前五位的有（　　）。

A. 美国　　B. 英国　　C. 澳大利亚

D. 法国　　E. 德国

4. 从 2015 年阿里巴巴大数据进口品类看，(　　)是拉动中国跨境电商零售进口的三大主营品类。

A. 电子产品　　B. 母婴用品　　C. 个护美妆品　　D. 营养保健品

5. 有效市场细分的标志有(　　)。

A. 可衡量性　　B. 价值型　　C. 可到达性　　D. 相对的稳定性

四、简答题

市场细分对企业的作用。

案例分析

为营造公平竞争的市场环境，促进跨境电子商务健康发展，经国务院批准，自 2016 年 4 月 8 日起，我国将实施跨境电子商务零售(企业对消费者，即 B2C)进口税收政策，并同步调整行邮税政策。这也就是说，通过跨境电子商务网站从国外购买货物将会开征关税。根据这项政策，单次海外购物免税额度是 2000 元，全年累计额度是 20 000 万元，超出以外都会征收关税。不同品类商品新政策变化如下。

(1) 母婴、食品类。税改前，行邮税为 10%，50 元内免征。税改后，增值税为 17%×70%=11.9%，比税改前多缴税 11.9%。

(2) 轻奢服饰类。税改前，行邮税为 20%。税改后，增值税为 17%×70%=11.9%，比税改前少缴税 8.1%。

(3) 化妆品类(<100 元)。税改前，行邮税为 50%，50 元内免征。税改后，增值税为 17%×70%=11.9%，消费税为 30%×70%=21%，比税改前多缴税 32.9%。

(4) 化妆品类(≥100 元)。税改前，行邮税为 50%。税改后，增值税为 17%×70%=11.9%，消费税为 30%×70%=21%，比税改前多缴税 17.1%。

2016 年 4 月 20 日，消费者 A 在海关联网电子商务交易平台进行身份信息认证后，购买跨境电子商务零售进口化妆品 800 元人民币(完税价格，下同)。

2016 年 3 月 20 日消费者 B 从国外旅游邮寄进口化妆品 800 元。

消费者 C 未进行身份信息认证，并以其他人的名义付款，购买跨境电子商务零售进口化妆品 800 元。

已知化妆品消费税税率 30%，增值税为 17%，关税为 0，原行邮税化妆品税率 50%，现行行邮税化妆品税率 60%。消费者 A、B、C 分别需要缴纳多少税款？

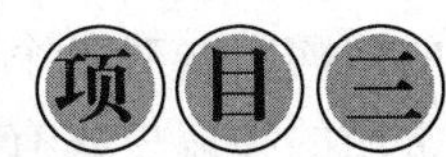

熟悉跨境电商物流

项目综述

李勇和钟珊等同学在朝阳电子商务有限公司经过一个月的岗位实践，对跨境电商的兴趣更加浓厚，经过调研发现物流环节对于跨境电商的重要性，物流处理不当容易导致纠纷，物流方式选择不合理更可能会造成亏损。因此，部门同事建议他们先对跨境电商中会涉及的多种物流方式做一个详细的调查，理清各种物流方式的优劣势，在此基础上学习速卖通的物流模板设置，为网店的正式营业做好充足的物流知识储备，避免由于物流方式选择不当造成顾客不好的购物体验，影响店铺的形象并因此造成经济损失。

项目目标

通过本模块的学习，应达到如下学习目标。

1. 知识目标

(1) 了解跨境物流与国内物流的区别；

(2) 了解邮政物流、商业快递、专线物流的特点及优劣势；

(3) 了解海外仓储基础知识。

2. 技能目标

(1) 能选择合适的物流方式进行速卖通线上发货；

(2) 能独立计算不同物流方式的物流费用；

(3) 掌握海外仓运费模板的设置流程；

(4) 能够根据要求设置不同物流方式的运费模板。

3. 情感目标

(1) 培养团队合作精神；

(2) 培养严谨的工作作风和良好的客户服务意识。

任务一　初探跨境物流

情境设计

校园门口经常聚集着多种快递公司的配送车辆，包括申通、圆通、中通、优速、天天快递、顺丰速运、韵达、城市100等，李勇和钟珊等人对这些国内快递都非常熟悉，通过多次

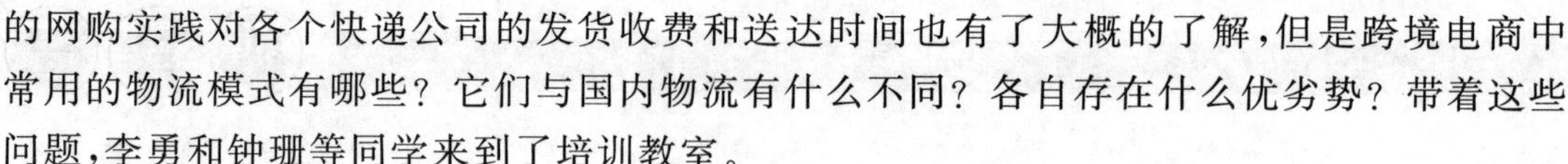

的网购实践对各个快递公司的发货收费和送达时间也有了大概的了解，但是跨境电商中常用的物流模式有哪些？它们与国内物流有什么不同？各自存在什么优劣势？带着这些问题，李勇和钟珊等同学来到了培训教室。

任务分解

此次学习任务，要求同学们了解跨境电商中常用物流模式及其各自的优劣势特点，能选择合适的物流方式进行发货，能够完成速卖通线上发货，据此，将本次学习分解为如下几个活动。

活动一：了解邮政物流

活动背景

企业里的师傅将跨境物流与国内物流进行对比，让同学们了解跨境物流与国内物流的不同，然后将跨境物流常用的几种物流模式提供给大家，并将邮政物流在跨境物流中的重要性为同学们做了简单介绍。要求同学们 2 人一组，利用网络渠道，小组讨论的形式将邮政物流跨境业务几种模式及各自特点、适合货物类型整理出来。

知识窗

一、跨境物流与国内物流的区别

跨境物流与国内物流相比，在产品包装、物流费用、运达时间等诸多方面有所不同，具体见表 3-1-1。

表 3-1-1　跨境物流与国内物流的区别

项　目	国 内 物 流	跨 境 物 流
产品包装信息	不用填写	需填写产品包装后的体积和重量，并据此计算运费
物流费用计算方法	一般按件计算	按照产品的重量、体积、买家所在地及发往地区、采购量，再根据不同物流公司的不同运费标准和运费计算公式计算
物流费用	便宜	不同物流方式费用差异很大，比国内物流高
运送时间	周期短	周期稍长
复杂程度	简单	比国内物流复杂

二、跨境物流常用的几种模式

跨境电商中经常用到的物流方式主要有邮政物流、商业物流和专线物流，每种物流方式又包含多种物流产品，如图 3-1-1 所示。本活动主要熟悉邮政物流模式。

1. 邮政物流概述

邮政物流是全球网络覆盖最广的物流渠道，这主要得益于万国邮政联盟（Universal

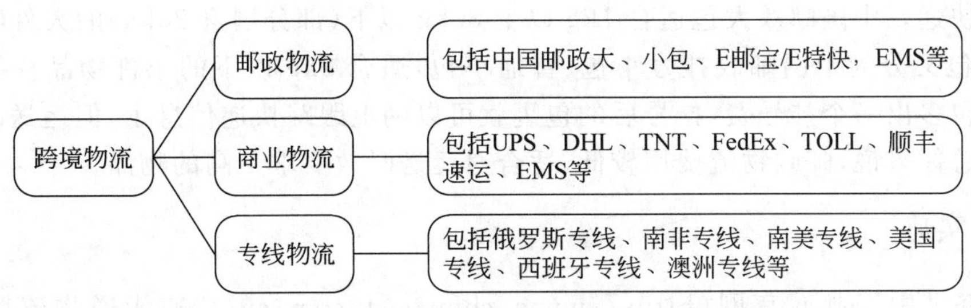

图 3-1-1　跨境物流分类

Postal Union,UPU)和卡哈拉邮政组织(KPG),其 Logo 如图 3-1-2 所示。

万国邮政联盟简称万国邮联或邮联,自 1978 年起成为联合国一个关于国际邮政事务的专门机构,宗旨是组织和改善国际邮政业务,发展邮政方面的国际合作,在力所能及的范围内给予会员国所要求的邮政技术援助。但由于其会员国众多,且各国之间邮政系统发展不平衡,造成会员国之间的深度合作很难开展。于是在 2002 年,邮政系统较发达的 6 个国家和地区(中国、美国、日本、澳大利亚、韩国和中国香港)在美国召开了邮政 CEO 峰会,成立了卡哈拉邮政组织,旨在通过集体合作行动,形成精品区域,推出承诺服务,提高竞争力。此后英国、法国、西班牙和新加坡也加入进来。卡哈拉组织要求所有成员国公布全程时限,推出承诺服务,投递时限要达到 98%的质量标准。如果货物没能在时限内投递到收件人手中,那么负责投递的物流商要按货物价格 100%赔付给客户。这些严格的要求促使成员国之间深化合作,努力提升服务水平。

目前,针对跨境电商市场不同的邮递需求,邮政物流跨境产品以经济实惠的资费及稳定的发运质量吸引了广大的跨境电商经营者,并已发展成为跨境电商的首选物流方式之一。据不完全统计,中国出口跨境电商 70%的包裹都是通过邮政系统投递,其中中国邮政占据 50%左右。中国卖家使用的其他邮政包括中国香港邮政、新加坡邮政等。如图 3-1-3 所示为中国出口跨境物流市场占有率。

图 3-1-2　万国邮政联盟 Logo

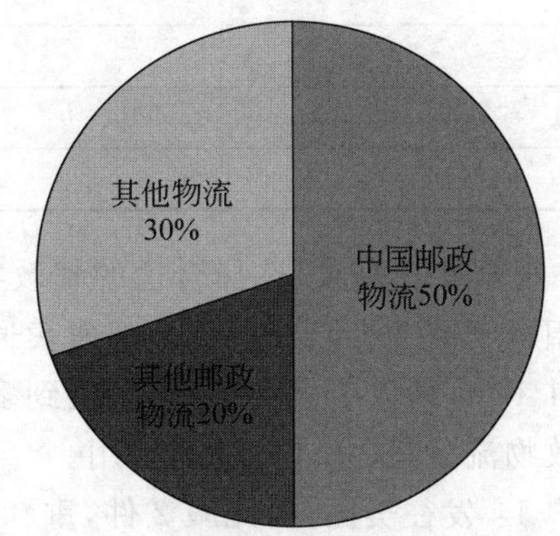

图 3-1-3　中国出口跨境物流市场占有率

2. 邮政物流产品

邮政速递物流跨境电商产品主要有：中国邮政大、小包、E 邮宝/E 特快,EMS 等,如果考虑运送时效、运费和运送线路,E 邮宝和 E 特快可以被划分到专线物流,EMS 可以划

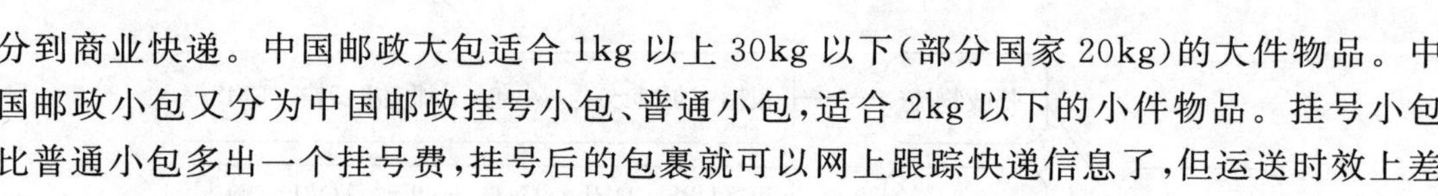

分到商业快递。中国邮政大包适合 1kg 以上 30kg 以下(部分国家 20kg)的大件物品。中国邮政小包又分为中国邮政挂号小包、普通小包,适合 2kg 以下的小件物品。挂号小包比普通小包多出一个挂号费,挂号后的包裹就可以网上跟踪快递信息了,但运送时效上差别不大。总体来说,邮政物流费用较低,适合对运送时效要求不高的物品。

活动实施

(1) 登录中国邮政官网(http://www.chinapost.com.cn/)、速卖通物流服务页面(http://seller.aliexpress.com/so/freight.php)、百度百科 http://baike.baidu.com/查找相关资料,将表 3-1-2 填写完整。

表 3-1-2 各邮政物流产品信息一览表

物流模式	中国邮政普通大包	中国邮政小包	中国邮政挂号小包
线路介绍			
限重和尺寸规格要求			
运送范围及价格			
物流信息查询			
超时或丢件赔付			
时效			
寄运限制			

(2) 调研全球速卖通平台邮政物流产品,完成表 3-1-3。

表 3-1-3 速卖通平台邮政物流产品一览表

序号	物流产品	覆盖国家	线路特点	寄送限制
1				
2				
3				
4				
5				

(3) 根据客户需求,选择合适的邮政物流产品,并计算出物流费用。

朝阳电子商务有限公司在全球速卖通平台开店,面向全球售卖母婴服饰和窗帘饰品,适逢 2 月 14 日情人节大促销,公司接到多个国外订单,同学们根据客户需求,帮其选择合适的邮政物流方案,并计算物流费用。

客户 1:发往美国,婴儿服 2 件,重 0.6kg。

客户 2:发往日本,窗帘挂饰 4 件,重 0.7kg,要求可跟踪物流信息。

客户 3:发往新加坡,窗帘挂饰 12 件,重 2.1kg。

各物流资费,如表 3-1-4 所示。

表 3-1-4　邮政物流大、小包资费表

物流产品 / 发往国家	中国邮政小包(根据包裹重量按克计费)/(元/kg)	中国邮政挂号小包(根据包裹重量按克计费)/(元/kg＋挂号费)	中国邮政大包(首重1kg＋续重1kg)/元
新加坡	68	67.93＋8	91＋35.1
日本	62	58.9＋8	124.2＋29.6
美国	85	85.98＋8	158.5＋95

活动评价

通过小组合作网上搜集资料的方式，同学们基本上完成了邮政物流产品的信息查询。不仅培养同学们合作解决问题的能力，还使大家对邮政物流产品类型有了初步的了解，明确了其各自的运送时限、限重和尺寸规格要求、运送范围及费用等各项信息，掌握了独立计算邮政物流费用的方法。

活动二：了解商业快递

活动背景

企业里的师傅为同学们列举出了市场上常用的几种商业快递。要求同学们两人一组，利用网络渠道，小组讨论的形式将商业快递几种产品的优势区域、运送范围及价格、运送时效等信息整理出来。

知识窗

跨境物流商业快递通常是指 UPS、DHL、TNT、FedEx、TOLL、顺丰速运、EMS 等，因其具有各自不同的物流渠道，使得其在价格、运送时效及服务上都有所区别。与邮政物流比较最大的不同就是送达时间快(一般 3～7 天完成妥投)和高昂的运送价格。

活动实施

(1) 操作步骤：登录各商业快递官网，查询各项信息，完成表 3-1-5。

表 3-1-5　各商业快递信息一览表

物流模式	优势区域	运送范围及价格	时效	物流信息查询
UPS				
TNT				
FedEx				
DHL				
TOLL				
EMS				
顺丰速运				

(2) 计算商业快递费用。加拿大的客户在朝阳电子商务有限公司全球速卖通平台上拍下了一套精美的窗帘挂饰,包装重量 0.95kg,长×宽×高为 30cm×10cm×15cm,用于装饰朋友的新居,客户要求 5 天内收货。考虑到时间紧急,卖家决定选择商业快递 DHL,如表 3-1-6 所示。

表 3-1-6 DHL 发往加拿大资费表

快递 / 国家	DHL	
	首重 0.5kg	续重 0.5kg
加拿大	101.5	29.4

注:(1) 以上 DHL 价格运费不包含 DHL 燃油附加费,DHL 附加燃油费:11%。

(2) 以上价格不包含偏远地区派送等意外费用,偏远区域附加费为最低 180.0 元/票,或者 3.6 元/kg。

(3) DHL 按照下列公式计算体积重量:长×宽×高÷5000。

(4) 以上价格可接受一般贸易报关(250.0 元/票)和 EDI 电子报关 50 元/票。

活动评价

通过小组合作网上搜集资料的方式,同学们基本上完成了商业快递产品的信息查询。对几种商业快递有了初步了解,明确了其各自的运送范围及价格、运达时效、物流信息查询、优势区域等各项信息,掌握了独立计算商业快递物流费用的方法。

活动三:了解专线物流

活动背景

企业里的师傅为同学们简单介绍了专线物流的由来,列举了跨境电商中常用的专线物流产品。要求同学们两人一组,调研全球速卖通平台上的专线物流产品并通过实例对比专线物流和其他物流方式的运费区别。

知识窗

专线物流主要依托发件国与收件国的大规模业务量而来。市面上常用的专线物流产品有俄罗斯专线、南非专线、南美专线、美国专线、西班牙专线、澳洲专线等,致力于为买家提供性价比更高的物流服务,费用和运达时效介于邮政物流和商业快递之间,送达时间通常在 7~14 天或 14~21 天。

活动实施

(1) 调研全球速卖通专线物流产品,完成表 3-1-7。

表 3-1-7 速卖通专线物流产品一览表

序号	物流线路	覆盖国家	线路特点	寄送限制
1				
2				

续表

序号	物流线路	覆盖国家	线路特点	寄送限制
3				
4				
5				

(2) 以从北京发出，重量为 0.75kg，长×宽×高为 28cm×15cm×10cm 的包裹为例，调研速卖通平台不同物流产品的报价，完成表 3-1-8。

表 3-1-8　速卖通平台不同物流产品的报价表　　（单位：元）

收 货 国 家	中国邮政挂号小包报价	UPS 报价	专线物流报价	专线渠道
美国(United States)				
西班牙(Spain)				
加拿大(Canada)				
俄罗斯(Russian Federation)				
英国(United Kingdom)				

(3) 计算专线物流的费用。来自乌克兰的客户从朝阳电子商务有限公司全球速卖通平台上订购了 1 套婴儿服饰，重 0.25kg，包装尺寸 10cm×15cm×15cm，如果选择 E 邮宝作为发货方式，同学们计算出物流费用，表 3-1-9 所示为 E 邮宝资费表。

表 3-1-9　E 邮宝资费表

<table>
<tr><td rowspan="3">价格</td><td>英国、法国 、加拿大、以色列 、挪威、澳大利亚</td><td colspan="2">22 元＋0.07 元/克</td></tr>
<tr><td>沙特阿拉伯</td><td colspan="2">26 元＋0.05 元/克</td></tr>
<tr><td>乌克兰</td><td>8 元＋0.1 元/克</td><td>起重 50 克，不足 50 克按 50 克计费</td></tr>
<tr><td>重量限制</td><td colspan="3">单件最高限重 2kg</td></tr>
<tr><td rowspan="2">尺寸</td><td colspan="3">单件最大尺寸：长、宽、厚合计不超过 90cm，最长一边不超过 60cm。圆卷邮件直径的两倍和长度合计不超过 104cm，长度不得超过 90cm</td></tr>
<tr><td colspan="3">单件最小尺寸：长度不小于 14cm，宽度不小于 11cm。圆卷邮件直径的两倍和长度合计不小于 17cm，长度不小于 11cm</td></tr>
<tr><td>时限</td><td colspan="3">沙特、乌克兰、俄罗斯 7～15 个工作日，其他路向 7～10 个工作日</td></tr>
</table>

活动评价

通过本活动的实践，同学们对全球速卖通平台上专线物流的特点及寄送限制有所了解，熟悉了平台界面的操作，掌握了全球速卖通平台查询物流信息的方法，能进行专线物流费用的计算。

活动四：尝试线上发货

活动背景

恰逢“双 11”购物狂欢节，李勇和钟珊等人实习的朝阳电子商务公司经营的母婴服饰节日大促销，产品订购异常火暴，作为实习生的李勇和钟珊等人被临时安排到电商专员工作岗位上，协助同事完成发货工作，怀着无比兴奋与忐忑的心情，尝试线上发货。发货前，老师将速卖通线上发货的概念与线下发货的区别等知识为同学们做了讲解。

知识窗

一、线上发货的概念

线上发货是由阿里巴巴全球速卖通与菜鸟网络联合多家物流服务商共同打造的网上物流服务体系。买家下单后，卖家可以通过“线上发货”来实现物流在线下单，由与平台合作的物流服务提供商上门揽件(快递上门不方便的区域需要卖家自己将包裹寄送到指定仓库)，完成发货操作。卖家可以在线支付快递费用，如遇包裹延误、损毁或丢失，卖家可以在全球速卖通平台发起维权索赔。

二、线上发货与线下发货区别

1. 线上发货

速卖通线上发货的物流服务商都经过平台认可，发货后可在平台上跟踪物流信息，并且能用国际支付宝收款账户完成在线支付物流费用。出现包裹延误、损毁或丢失等问题时可在线发起维权，与物流服务商无法达成一致的情况下可申请菜鸟客诉小二介入，由其依据赔付条款进行裁决，保障卖家权益。除此之外，在线发货的订单遭遇因物流原因的低分，不会影响卖家的 DSR，如图 3-1-4 所示。

图 3-1-4　线上发货流程图

2. 线下发货

线下发货需要买家自己联系物流服务商(货代)发货，面对大小货代鱼龙混杂的物流市场，买家在选择时，不仅要考虑运费折扣，更要擦亮眼睛，选择有信誉、有保障的货代，避免在遇到物流问题时不能有效解决，影响客户的购物体验和店铺的 DSR，甚至遭遇经济损失，如图 3-1-5 所示。

三、AliExpress 无忧物流

AliExpress 无忧物流是线上发货的升级版，致力于为卖家提供包括物流方案选择、包

图 3-1-5 线下发货流程图

裹揽收、配送、物流信息跟踪查询、物流纠纷解决处理及裁定赔付在内的一站式物流解决方案。

AliExpress 无忧物流与线上物流的不同，主要体现在它是由菜鸟智能分单系统选择最优方案，不需要卖家自行对比并进行选择。出现物流纠纷时直接由平台介入与物流商协商，因物流原因导致的承诺时间未妥投，平台赔付 100%订单金额给卖家(标准服务赔付上限 800 元人民币，优先服务赔付上限为 1 200 元人民币)。

活动实施

线上发货操作步骤如图 3-1-6 所示。

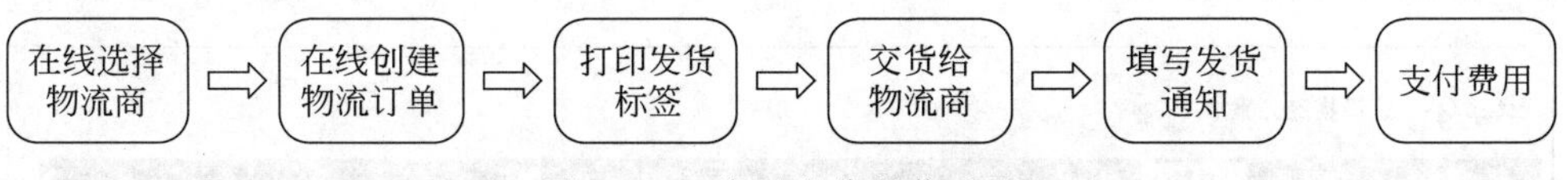

图 3-1-6 线上发货操作步骤

步骤 1：在线选择物流服务商。

买家下单后，卖家在后台通过“交易”页面获取“我的订单”信息，单击“等待您发货”命令，获取所有待发货订单信息。在此页面上，选择要发货的订单，单击“线上发货”命令，如图 3-1-7 所示。此处如有多个订单也可以选择“批量发货”选项。

图 3-1-7 “我的订单”页面

单击完“线上发货”命令，跳转到订单详情页面，如图 3-1-8 所示。

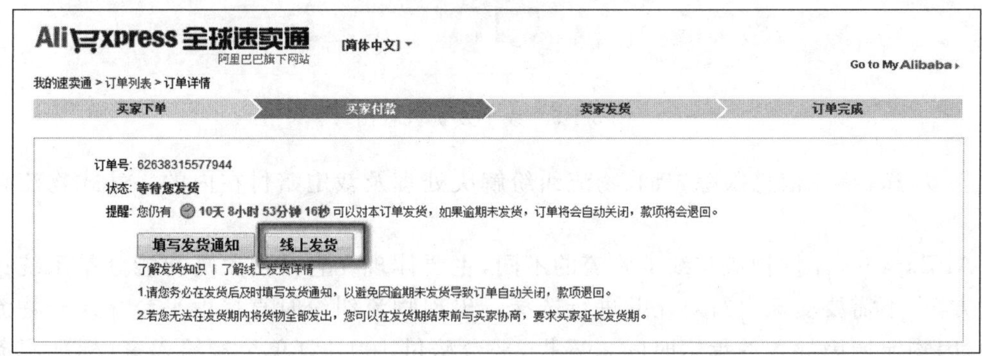

图 3-1-8　订单详情

再一次单击“线上发货”命令，平台将根据订单信息如发货地、目的地、包裹重量等，自动列出备选的物流方案，如图 3-1-9 所示。卖家需综合考虑运输时效、交货地点和运费信息，选择合适的物流服务方案。

step ②：选择物流方案

我的速卖通　产品管理　交易　站内信　商铺管理　账号设置　营销中心　数据纵横

管理订单：所有订单　退款&纠纷　订单批量导出
管理线上发货物流订单：国际小包订单　国际快递订单　E邮宝订单　批量线上发货　物流方案查询　地址管理　投诉管理
资金账户管理：放款查询　支付宝国际账户
交易评价：管理交易评价
速卖通官方微博　+关注

选择物流方案　　选择物流方案 > 创建物流订单 > 创建成功

小提示
1. 发往巴西、俄罗斯的优势线路航空专线-燕文上线啦！线上发货安全快速有保障，了解详情>>
2. 提醒：FedEx发往欧盟、中东等国家需要提供商业发票。查看具体国家下载发票范本

交易订单号　62638315577944　隐藏订单包裹信息
发货地址　请点击修改后选择　收货国家　Russian Federation
包裹重量　0.8 KG　修改

服务名称	运输时效	交货地点		试算运费
中俄航空 Ruston	15-50天	上海仓库	默认仓库	CN¥ 76.00(含挂号费)
航空专线-燕文	15-50天	上海仓库	默认仓库	CN¥ 76.00(含挂号费)
速邮宝(中邮小包)	15-50天	上海仓库	默认仓库	CN¥ 90.00(含挂号费)
新加坡小包(递四方)	15-60天	4PX广州		CN¥ 96.80(含挂号费)
新加坡小包(递四方)	15-60天	4PX上海		CN¥ 96.80(含挂号费)
新加坡小包(递四方)	15-60天	4PX深圳		CN¥ 96.80(含挂号费)
新加坡小包(递四方)	15-60天	4PX厦门		CN¥ 96.80(含挂号费)

图 3-1-9　选择物流方案

然后单击“下一步，创建物流订单”命令。

步骤 2：在线创建物流订单。

单击了“下一步，创建物流订单”命令后跳转到“创建物流订单”页面，如图 3-1-10 所示。

本页面会显示三部分的内容：第一部分是物流服务商为方便卖家发货而提供的发货

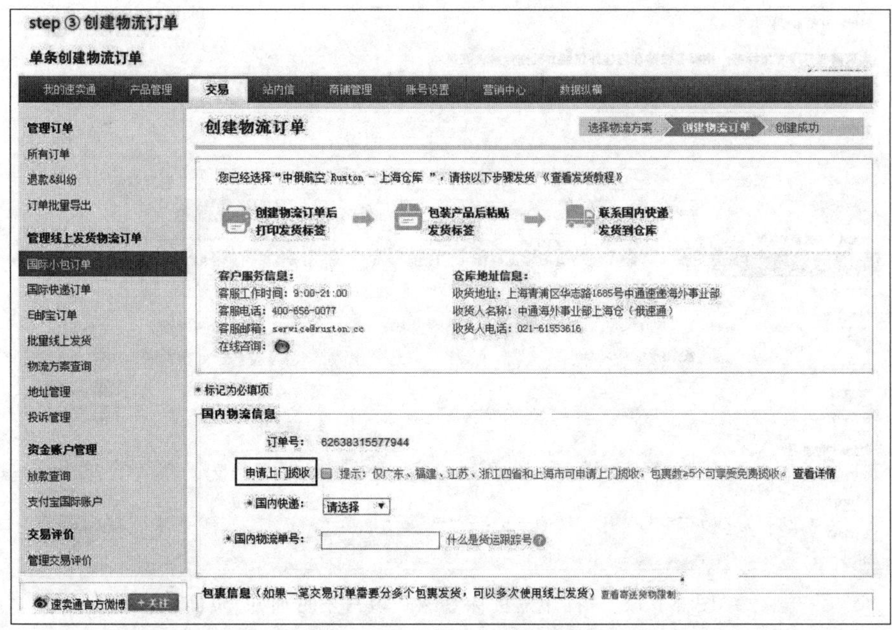

图 3-1-10　创建物流订单

流程、客户服务信息和仓库地址信息。第二部分是国内物流信息，因为卖家需要将包裹寄送到图 3-1-10 中指定仓库，因此需要选择国内段物流服务商。卖家在此可以选择“申请上门揽收”选项，揽收范围内免费上门揽件。如需上门揽收，选择“申请上门揽收”后的复选框，补充上门揽收信息，包括中文姓名、电话、邮编和中文地址，单击“保存”按钮。

也可以自己线下选择国内快递将货物寄出，然后将快递公司和物流单号录入即可。第三部分是包裹信息，主要是指包裹的报关信息，包括中文品名、英文品名、产品件数、申报金额、申报重量、是否含锂离子电池等，这些信息填好之后，单击“确定”按钮。

步骤 3：打印发货标签。

线上发货物流订单创建成功后，卖家可以通过单击“管理线上发货物流订单”下的物流商进行查询，在本页面可以进行“打印发货标签”和“填写发货通知”操作。本页面也支持批量打印发货标签，可以同时打印订单详情，如图 3-1-11 所示。

卖家可根据自身需求设置各项打印参数，然后将发货标签用热敏纸打印出来，贴到包裹的外包装上，如图 3-1-12 所示。

步骤 4：交货给物流商。

物流订单创建成功后，卖家如果选择的是将包裹发送到指定仓库，就需要自己联系物流商发货，然后将发货后的物流单号录入后台系统，并仔细核对避免录入错误。如果选择的是上门揽件，就要保持通讯畅通，物流商会在承诺时间内上门揽收。

步骤 5：填写发货通知。

包裹发出后卖家通过单击“填写发货通知”命令，填写发货通知。如图 3-1-13 所示，填写完毕单击“提交”按钮。此处要注意，线上发货物流单号由系统分配，不能随意更改物流方式，否则可能导致订单追踪信息不能正常显示。

图 3-1-11 “打印发货标签”和“填写发货通知”页面

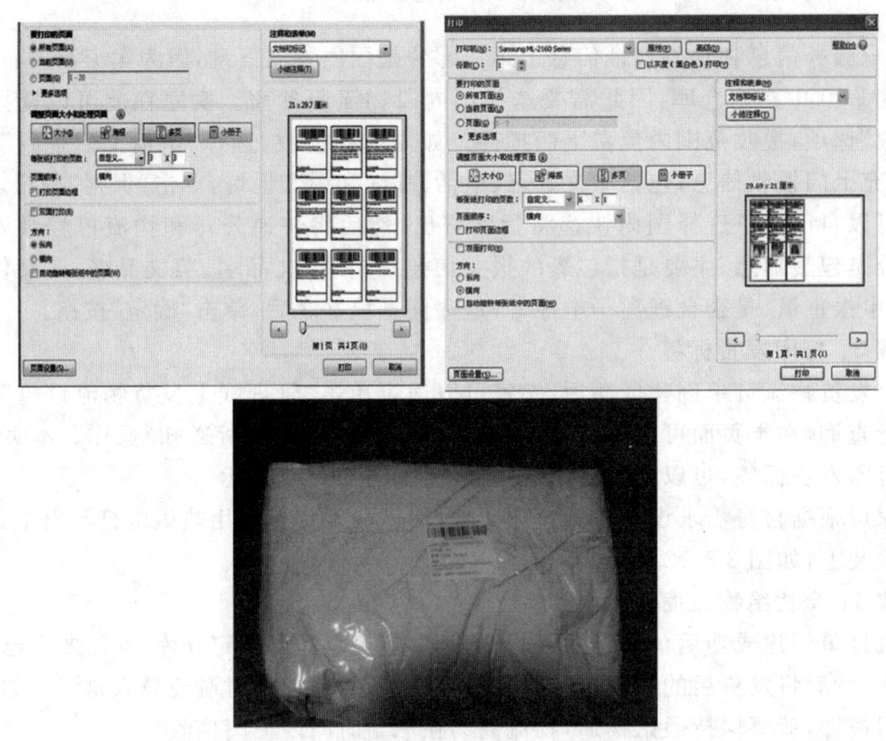

图 3-1-12 打印和粘贴发货标签

如果是批量发货，可以手动填写发货信息，也可以使用表格批量上传发货信息，如图 3-1-14 所示。

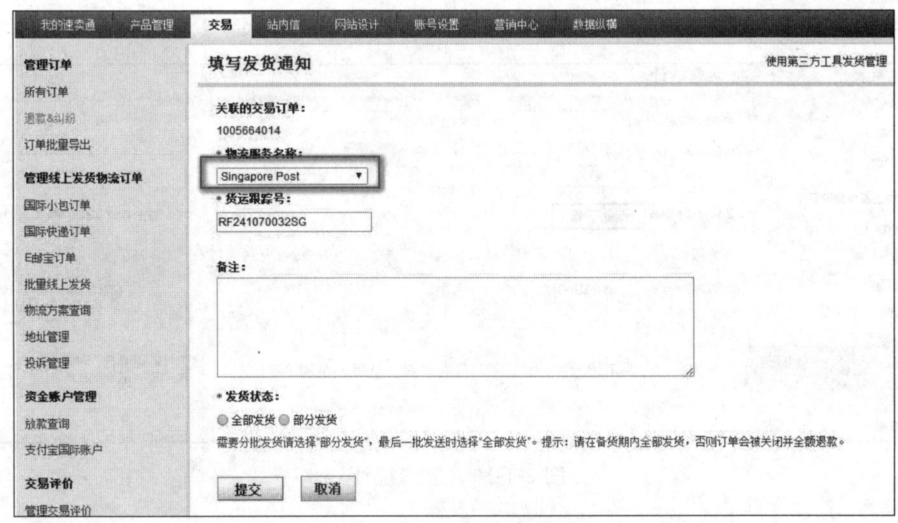

图 3-1-13　填写发货通知

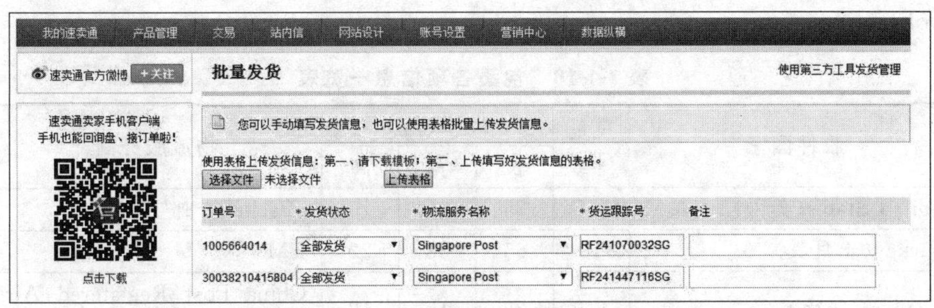

图 3-1-14　批量发货填写发货通知

步骤 6：支付费用。

物流商上门揽收包裹后 3 天左右，此订单的物流状态会变成已发送，这时卖家就可以自主支付运费了，如图 3-1-15 所示。线上发货允许卖家用国内支付宝支付人民币，或者用国际支付宝账户支付美元，如果卖家忘记支付运费，系统将会自动从卖家国际支付宝账户扣除相应的美元(汇率以当时为准)。

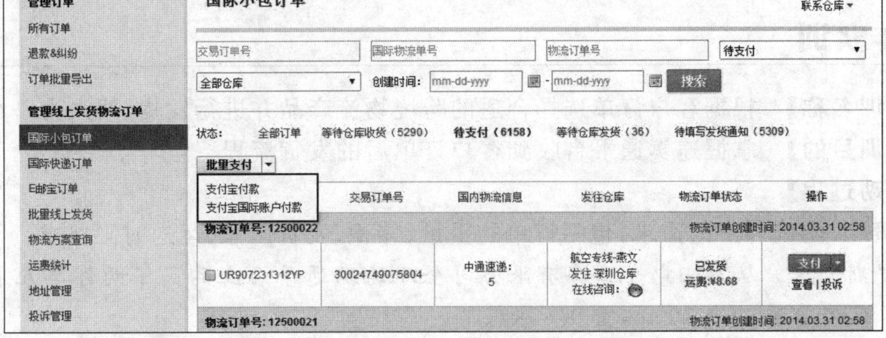

图 3-1-15　支付费用

支付完成后可以统计运费并下载运费表,如图 3-1-16 所示。

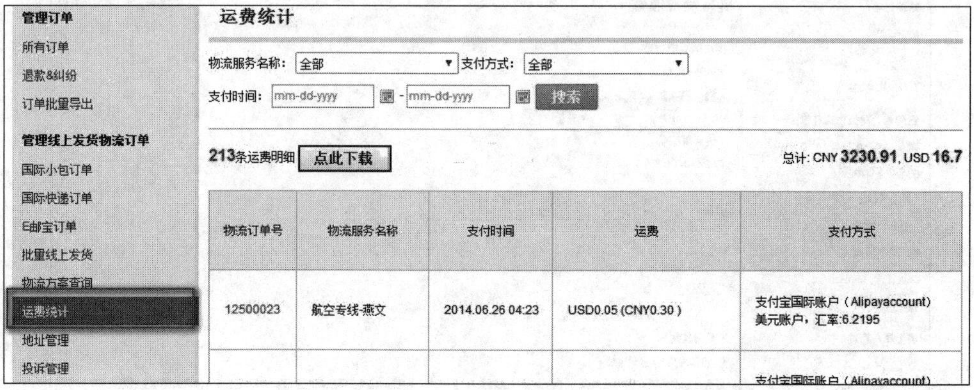

图 3-1-16 运费统计

登录全球速卖通物流方案查询页面。http://freight.aliexpress.com/logistics/recommendation_engine.html,根据表 3-1-10 中各项包裹信息,查询速卖通平台线上发货的物流费用。

表 3-1-10 包裹各项信息一览表

始发省份	收件国家	重量(kg)	尺寸(cm)			物流服务商	运费
			长	宽	高		
北京	United States(美国)	1.2	25	18	10	ePacket(e 邮宝)	
浙江	Turkey(土耳其)	18	65	38	22	EMS	
上海	Vietnam(越南)	1.5	28	15	12	China Post Registered Air Mail(中国邮政挂号小包)	
江苏	Russian Federation(俄罗斯)	12	30	25	10	Russian Air(中俄航空)	
陕西	Scotland (苏格兰)	17	65	45	30	UPS Expedited(UPS 特快)	

活动评价

通过本活动的学习,同学们了解了全球速卖通平台线上发货基础知识和线上发货的操作流程,能根据包裹信息查询速卖通线上发货的物流费用。

合作实训

【实训名称】 根据客户订单选择合适的跨境物流产品并进行发货(两人为一小组)。

【实训目的】 掌握速卖通平台收到客户订单后的发货流程。

【活动过程】

步骤 1:明确客户的需求,包括订单的重量、体积、发货国家、运送时限要求。

俄罗斯的客户从朝阳电子商务有限公司全球速卖通平台上购买了两件婴儿衣服,包装尺寸:25cm×35cm×10cm,重 0.85kg。

步骤 2:根据客户需求初步选择物流方案,并计算不同物流方式的快递费用。

步骤 3：根据计算出的物流费用及运送时效，确定最佳物流方式。

步骤 4：在线发货并在后台填写发货通知。

步骤 5：对货物进行合适的包装。

步骤 6：粘贴发货标签。

步骤 7：等待快递上门揽收包裹。

【实训小结】 通过本实训环节，同学们基本掌握了速卖通平台收到客户订单后的一系列发货流程，为经营全球速卖通网店打下良好的基础。

任务二　了解海外仓储

情境设计

在了解跨境电商的几种常见物流模式后，同学们发现跨境物流与国内物流大同小异，不外跨境物流的运送时间更长，运费价格更高，比国内快递更加复杂。有没有一种物流方式能更快捷地将包裹送到买家手中，运价还能更优惠呢？带着这个问题，同学们来到了培训教室。

任务分解

此次学习任务，要求同学们了解海外仓的基础知识，掌握海外仓运费结构及计算方法，能够独立进行海外仓运费模板设置，据此，将本次学习分解为如下两个活动。

活动一：了解海外仓费用构成

活动背景

李勇和同小组的王丽、张军、钟珊在指导老师的带领下来到校企合作单位朝阳电子商务有限公司见习活动，带着如何解决跨境电商海外物流最后一公里的问题，同学们开始了解学习什么是海外仓？海外仓在整个跨境电商物流环节有哪些优势？如何进行海外仓选品定位？海外仓费用是如何构成的？

知识窗

一、走进海外仓

1. 海外仓的含义

海外仓又称为海外仓储，是指预先在海外建设或租赁仓库，以空运、海运、陆运或多式联运的方式将货物或物品先运达海外仓库，通过互联网接到客户订单后，从当地仓库配送货物或物品的跨国物流形式。

众多跨境电商、第三方物流仓储公司开展海外仓业务，通过自建或租赁海外仓库，为跨境电商提供海外仓储、小包、专线、国际快递、订单管理和售前售后等物流服务。

海外仓的设立不仅有利于海外市场的拓展，同时还能降低物流成本。拥有自己的海外仓库，能从买家所在国本土发货，从而缩短订单周期，完善用户体验，提升重复购买率，让销售额突破“瓶颈”。

2. 海外仓的优势

(1) 海外仓可以缩短物流时间、降低物流成本。将货物发至海外仓库，将可以实现本地发货，批量发货更是可以降低货物平均的物流成本。买家收货的时间可以从15～40天缩短到2～7天，降低物流纠纷，缩短卖家回款周期。以圣诞节、万圣节等国外节日为例，货物小包裹集中在节前后大量发货，国际物流商难以将超负荷的货量运转，将导致货物的囤积，极大地影响了货物的发货时效，更大的影响是直接吓跑了客户，海外客户因此也会造成流失。如果采用海外仓储，就可以按往年同期销售或者销售预计来预算一段未来时间的销售量，将部分货量提前发货至海外仓库，有效地规避了因物流塞车带来的种种恶性循环。

(2) 海外仓储可以提高产品的竞争力和销售价格。海外本地发货的商品可获得更高的曝光及流量，增强买家的购买信心，带来更高的转化及销量，提高了产品的竞争力。物流服务响应速度得到大大提升，可以通过提高货物的价格，提供更加灵活的退换货服务，完善售后服务环节，以更大的优势在市场上竞争。

3. 海外仓选品定位

如何进行海外仓选品的定位，是卖家们一直比较关注的焦点，究竟哪些货品要用海外仓呢？哪些是必用的，哪些又是选择性使用比较合适的呢？

(1) 必用海外仓货品类目(高利润)。

① 体积大或是超重的大件物品，国内小包无法运送，或者费用太贵的产品。如家具、灯具、大型汽配、户外等。

② 日用快消品，非常符合本地需求，以及那些需要快速送达的产品。如工具类、家居必备用品、母婴用品等。

(2) 选择性使用海外仓货品类目(低利润)。

① 国内小包，快递无法运送的产品，如带锂电池产品、液体类出产品等。

② 在国外市场热销的产品，批量运送更具优势，均摊成本。如3C配件、爆款服装、长效标品类等。

二、海外仓费用构成

海外仓针对跨境电商的需求，为卖家提供的仓储、分拣、包装、派送等项目的一站式服务。卖家将货物存储到国外仓库，当买家有需求时，卖家可以第一时间做出快速响应，及时通知国外仓库进行货物的分拣、包装，并且从该国仓库运送到其他地区或者国家，提升了物流响应时间。同时，结合国外仓库当地的物流特点，可以确保货物安全、准确、及时、低成本地到达终端买家手中。

1. 海外仓使用的操作步骤

(1) 商品运至海外仓储中心。卖家自己将商品运至海外仓储中心，或者委托承运商将货发至承运商海外的仓库。这段国际货运可采取海运、空运或者快递方式到达仓库。

(2) 卖家在线远程管理海外仓储。卖家使用物流商的物流信息系统，远程操作海外仓储的货物，并且保持实时更新。

(3) 根据卖家指令进行货物操作。物流商海外仓储中心自动化操作设备，严格按照卖家指令对货物进行存储、分拣、包装、配送等操作。

(4) 统计信息实时更新。发货完成后系统会及时更新以显示库存状况，让卖家实时掌握信息。

2. 海外仓费用构成

海外仓费用的构成主要有头程费用、处理费、仓储费、尾程运费、税费。

(1) 头程费用。货物从中国到海外仓库产生的运费，比如空运、海运散货、海运整柜、当地拖车。

(2) 处理费。客户货物在海外仓进行处理时产生的费用，如入库费用、出库费用。

(3) 仓储费。客户货物存储在海外仓库时产生的费用。如淡季、旺季费用不同。

(4) 尾程运费。在海外当地国家对客户商品进行配送产生的本地快递费用。如自由物流、Fedex、UPS、当地邮政等快递费用。

(5) 税费。客户货物在当地国家进口时应缴纳的关税、增值税或杂费。

三、中国—广州(中国直发)到澳大利亚的包裹费用

图 3-2-1 所示为广州直发到澳大利亚的包裹费用。

从 中国-广州(中国直发) 到 Australia - 澳大利亚，1公斤，体积为 1.0*1.0*1.0 立方厘米的包裹费用如下。

中国直发

发货方式	代号	运费	其他费用	费用合计	挂号	
本地E邮宝	EUU	CNY :83	CNY :9.00	CNY :92.00	是	立即下单
本地中邮平邮	CNI	CNY :83		CNY :83.00	是	立即下单
出口易Easy邮挂号	NLR	CNY :107.8		CNY :107.80	是	立即下单
出口易easy邮平邮	CUN	CNY :96.5		CNY :96.50	否	立即下单
出口易小包	CRI	CNY :81	CNY :8.00	CNY :89.00	是	立即下单
大陆DHL	CND	CNY :143		CNY :143.00	是	立即下单
省内EMS	EMI	CNY :132.5	CNY :4.00	CNY :136.50	是	立即下单
省内中邮挂号	CLF	CNY :75.33	CNY :7.44	CNY :82.77	是	立即下单
省内中邮平邮	CNF	CNY :77.19		CNY :77.19	是	立即下单
省外E邮宝	EUF	CNY :73.04	CNY :7.92	CNY :80.96	是	立即下单
香港DHL	DHL	CNY :130		CNY :130.00	是	立即下单
香港小包挂号	HTM	CNY :105	CNY :15.00	CNY :120.00	是	立即下单
香港小包平邮	HBM	CNY :99		CNY :99.00	否	立即下单
新加坡小包挂号	SGP	CNY :94	CNY :13.00	CNY :107.00	是	立即下单
新加坡小包平邮	SGO	CNY :94		CNY :94.00	否	立即下单
中邮带电小包	CLZ	CNY :72.9	CNY :7.20	CNY :80.10	是	立即下单

图 3-2-1　广州直发到澳大利亚包裹费用

四、美国当地派送方式介绍

美国当地物流体系完善，包括 USPS（美国邮政）、UPS、Fedex 等物流供应商可以提供针对各种产品类型的服务。但美国领土面积大，部分区域派送时间会更长，对应的物流成本会更高。

出口易通过选择合理的供应商，出口易将美国本地的物流供应商进行整合，为客户提供表 3-2-1 所示的本地派送物流服务。

表 3-2-1　美国派送成本汇总

	本地派送					国际派送	
服务类型	本地经济	本地标准	本地快捷	本地邮政	本地重货	邮政派送	标准派送
时效（工作日）	3～7	2～5	2	1～3	3～5	6～8	6～8
价格	便宜	适中	较贵	适中	—	—	—
定位	适用低值、轻小货物，但对时效要求不高	适用高值、较重货物，但对时效要求不高	适用高值、较重货物，且时效要求高	适用低值、轻小货物，但时效要求高	适合重货派送	适用低值、体积较大的货物	适用高值、时效要求高的货物

活动评价

李勇、王丽、张军和钟珊，通过在校企合作企业的见习，基本掌握了海外仓使用的基本操作，并且初步掌握了海外仓费用的测算，并且明白不同地区的规定不同，测算结果也不尽相同，还需要了解不同国家或地区的快递费率、海外仓仓储费用、不同国家或地区的运费，才能准确地进行测算。

活动实施

（1）海外仓使用操作过程。

李勇、王丽、张军和钟珊，通过“出口易平台”开始尝试海外仓使用操作过程，如图 3-2-2 所示。

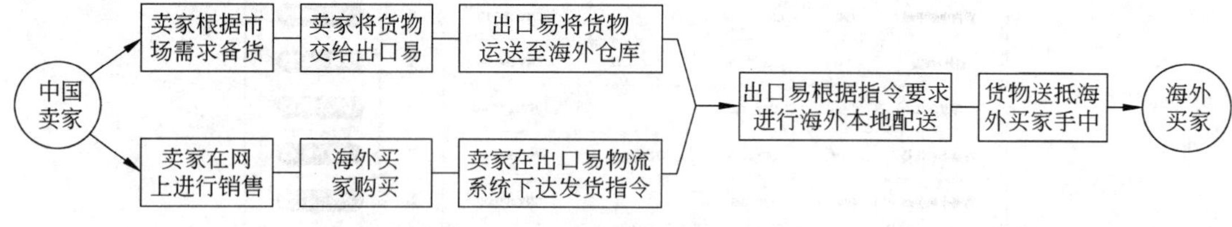

图 3-2-2　海外仓使用操作流程

卖家根据对市场的预测进行备货，然后将这些货物交给出口易。接着出口易通过海运、空运或者快递的方式将卖家的货物运送到出口易在英国、美国或者澳大利亚的仓库。当海外买家在客户的网站、eBay 网店或者其他渠道购物后，卖家可以在出口易物流管理

系统下单，填写需要配送的商品、买家的联系信息和选择本地配送方式，然后出口易根据卖家的订单要求对卖家存储在出口易海外仓库的商品进行海外本地配送，送达海外买家手中。

步骤 1：入库管理，如图 3-2-3 所示。

图 3-2-3　海外仓入库流程

客户注册账号，确认并开通账号，建立产品信息，打印产品标签，贴在每个产品上建立入库单，按照装箱单装箱并将装箱单贴于箱子外包装，预约出口易上门收货，出口易发货到海外仓库，产品上架。

步骤 2：库存管理。

卖家与出口易业务系统实现 API 对接，科学管理库存产品信息，设置发货方式，自动抓取订单信息。

步骤 3：出库管理，如图 3-2-4 所示。

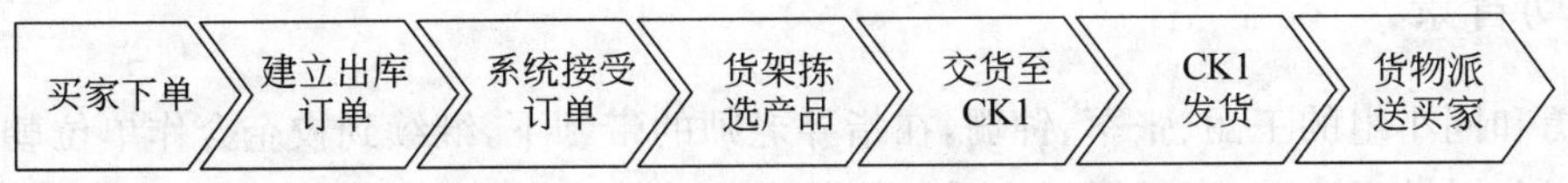

图 3-2-4　海外仓出库流程

买家下单，卖家在出口易建立出库订单，出口易系统接受订单，海外仓库打印地址标签，从货架拣选产品，将地址标签贴上相应产品，交给当地物流商，货物派送到买家手里。

(2) 测算海外仓费用。

李勇、王丽、张军和钟珊，通过亿恩跨境电商平台，尝试进行两个海外仓费用的测算。

① 女式衬衫类产品海外仓费用测算。

产品信息：女士衬衫

实重：0.2kg　　售价：25 美元　　尺寸：30cm×25cm×2cm

头程：香港海运散货　　目的地：美国　　数量：2000 个

打包装箱后体积：3CBM(m^3)　　申报单价：5 美元(按照售价的 20%估算)

表 3-2-2 所示为该产品海外仓费用测算。

表 3-2-2　女式衬衫类产品海外仓费用测算

头程运费	处理费	仓储费	尾程运费	关税
206×3÷2000=0.309(美元)	0.06+0.5=0.56(美元)	0.45×0.001 5×30=0.020 25(美元)	美国标准 LARGELETTER 2.99(美元)	进口关税：5×5%=0.25(美元)

单品全程费用=0.309+0.56+0.020 25+2.99+0.25=4.129 25(美元)

② 五金工具类产品海外仓费用测算。

产品信息：五金工具

实重：4.8kg　　售价：50 美元　　尺寸：20cm×10cm×5cm

头程：深圳空运　　目的地：美国　　数量：5000 个

打包装箱后总重量：5kg　　申报单价：2 美元

税率：10％　　当前汇率：6.24

表 3-2-3 所示为该类产品海外仓费用测算。

表 3-2-3　五金工具类产品海外仓费用测算

头程运费	处理费	仓储费	尾程运费	关税
1900×0.001＝1.9(元)	(0.06＋0.46)×6.24＝3.2(元)	0.45×0.001×30×6.24＝0.08(元)	34.5 元	进口关税：2×10％×6.24＝1.248(元)

单品全程费用＝1.9＋3.2＋0.08＋34.5＋1.248＝40.928(元)

活动二：设置海外仓运费模板

活动背景

李勇和同小组的王丽、张军、钟珊，在指导老师的带领下，继续到校企合作单位朝阳电子商务有限公司见习活动，为了便于今后计算的方便快捷，继续学习海外仓运费模板的设置。

知识窗

这里以阿里全球速卖通平台为例进行尝试操作。

一、申请流程

2015 年 2 月 6 日速卖通平台新增海外发货地设置功能，卖家可设置海外发货地：美国、英国、德国、西班牙、法国、意大利、俄罗斯、澳大利亚、印度尼西亚，其他国家暂不支持。

海外发货地设置功能仅向通过审核的卖家开放，需要先备货到海外，再提交申请，提供海外仓证明资料，通过审核后才能设置海外发货地。

部分类目暂未开放海外发货地设置功能，即使有海外仓也暂时不能设置，查看未开放类目。

1. 申请流程

申请流程如图 3-2-5 所示。

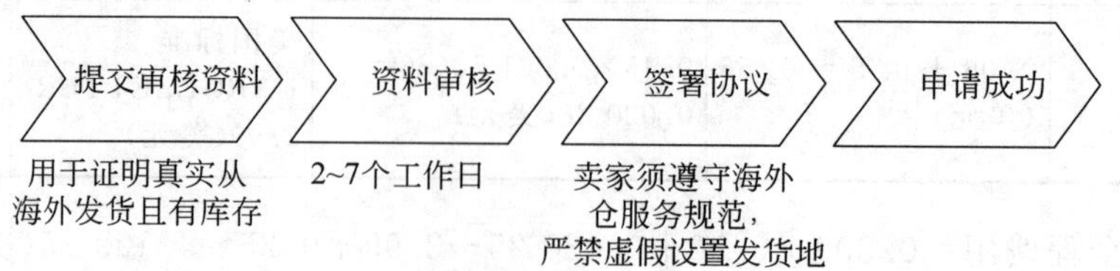

图 3-2-5　全球速卖通平台使用的申请流程

2．申请注意事项

(1) 主账号和子账号都可以报名，申请成功后，系统会同时开通主账号以及所属子账号的权限。

(2) 若使用的是第三方海外仓，需要提供以下资料。

合作物流商、客户代码(物流商给客户用的代码)、与第三方物流商签订的合同照片、使用第三方物流系统的后台截图、库存查询、订单管理页面。

(3) 若使用的是自营海外仓，需要提供以下资料。

海外仓地址，中国发货证明：如发货底单、发货拍照、物流跟踪详情截图等；海外通关证明：如缴税证明等；仓库照片：将报名 ID 写在小纸条上(或打印)并放在当地最近的报纸上拍照，照片背景可看到门牌号或仓库实景。

二、海外仓商品运费模板设置

商品发货地必须和运费模板设置完全一致，需要根据卖家的海外仓所在地新增或编辑运费模板。

例如，卖家王丽有 3 个商品，商品发货地如表 3-2-4 所示，她需要分别设置 3 个不同的运费模板。因为“商品发货地”必须完全和“运费模板设置的发货地”一致，所以 A 商品只能关联运费模板 1，不能够关联运费模板 2 和运费模板 3。

表 3-2-4　商品发货地与运费模板设置一致

商品	发货地	商品可关联的运费模板
A	中国	运费模板 1：发货地只有中国
B	美国	运费模板 2：发货地只有美国
C	中国 & 美国	运费模板 3：有 2 个发货地，中国和美国

活动实施

步骤 1：新增或编辑运费模板。

进入卖家后台，选择“产品管理”“模板管理”“运费模板”命令，单击“新增运费模板”按钮或选择“现有运费模板”进行编辑，如图 3-2-6 所示。

步骤 2：选择发货地。

单击“增加发货地”命令，选择需要设置的发货国家，单击“确认”按钮，同一运费模板可以同时设置多个发货国家，如图 3-2-7 所示。

目前运费模板中可选择的发货地设置仅包含中国在内的 10 个国家，如果卖家的商品发货地不在其中，选择发货地为中国。后续平台会根据卖家发货地分布新增支持的发货国家，如图 3-2-8 所示。

步骤 3：设置运费及限时达时间。

单击发货地区后的“展开设置”命令，可针对不同的发货地区以及不同的物流方式分别设置运费及承诺运达时间，如图 3-2-9 所示。

图 3-2-6　新增或编辑运费模板

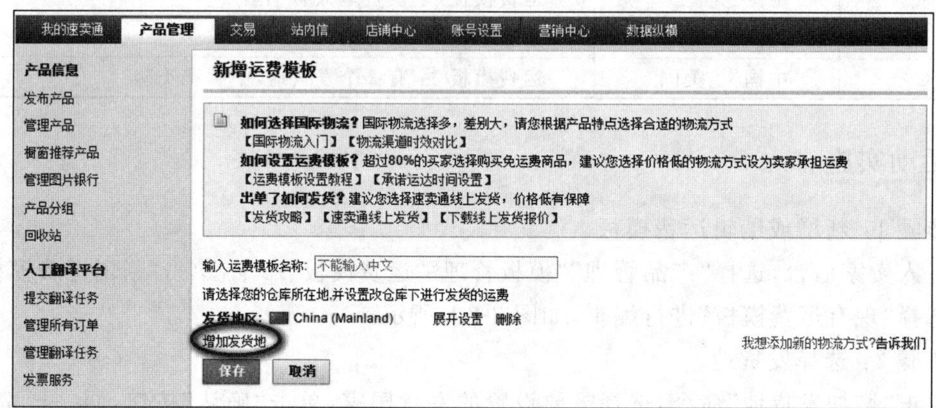

图 3-2-7　增加发货地

可以选择“自定义运费”命令，选择物流方式所支持的国家及运费；也可以选择“自定义运达时间”命令，对不同国家设置不同的承诺运达时间，如图 3-2-10 所示。

例如，发货地在美国，可以设置支持发往美国、加拿大、墨西哥、智利、巴西五国，并分别设置运费及承诺运达时间。发货国与目的国一致（除俄罗斯），承诺运达时间最长不能超过 15 天，俄罗斯可按照分区设置承诺运达时间。

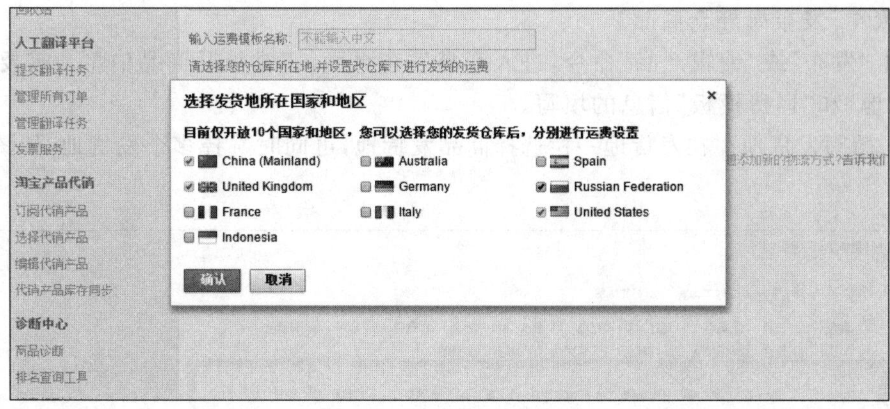

图 3-2-8 选择发货地

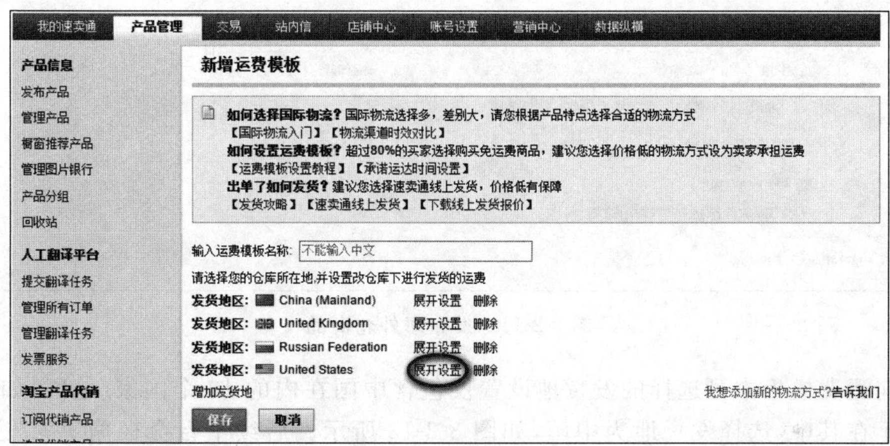

图 3-2-9 设置运费及限时达时间

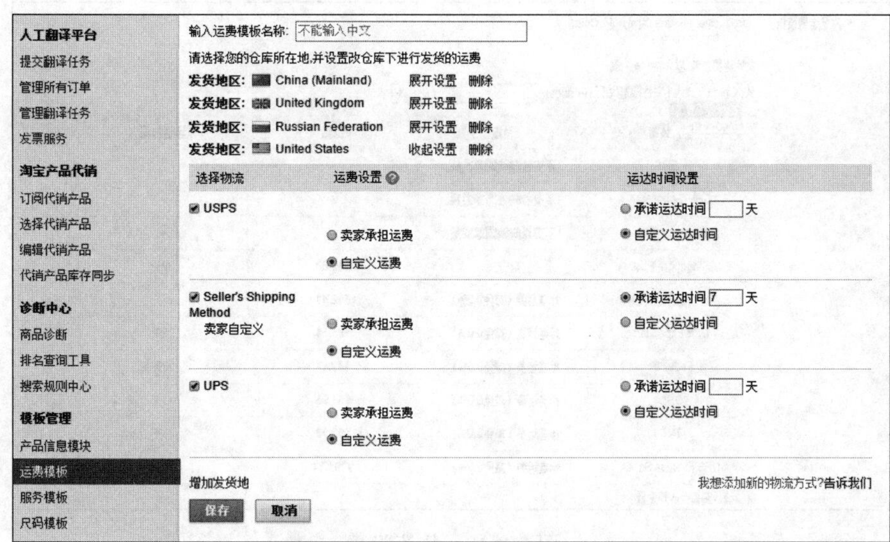

图 3-2-10 自定义运费

步骤 4：发布海外仓商品。

单击“发布”或“编辑产品”命令，进入产品发布页面，正常填写商品信息。需要特别关注“发货地”和“运费模板”信息的填写。

(1) 填写发货地。在发货地一栏选择商品发货地，可同时选择多个发货地，如图 3-2-11 所示。

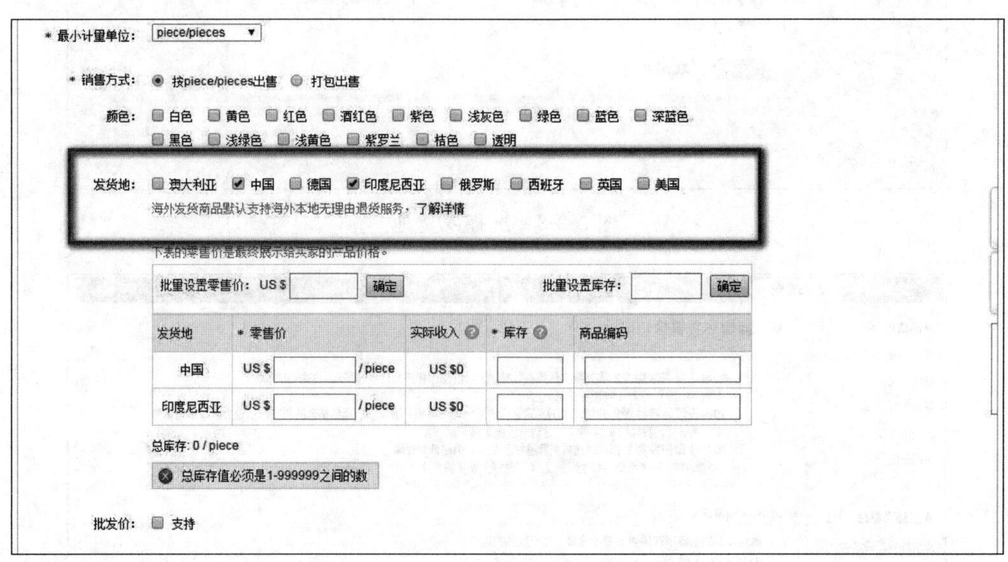

图 3-2-11　发布海外仓商品

目前运费模板中可选择的发货地设置仅包含中国在内的 10 个国家/地区，如果商品发货地不在其中，选择发货地为中国，如图 3-2-12 所示。后续平台会根据卖家发货地分布新增支持的发货国家/地区。

* 产品运费模板: productnameforme (发货地区: China)

发货运费参考: 以 1 piece 为例,

从 China 发往国家/地区 Portugal

China
Indonesia

物流公司	设置	价格	运达时间
e-EMS	不支持向该国家发货	-	-
DHL Global Mail	不支持向该国家发货	-	-
ePacket(e邮宝)	不支持向该国家发货	-	-
Singapore Post	自定义	$12.63	39天
EMS(中国邮政特快专递)	标准运费 (减免0.0%)	$59.41	27天
UPS Expedited	标准运费 (减免0.0%)	$85.51	23天
Fedex IP	标准运费 (减免0.0%)	$89.47	23天
DHL	标准运费 (减免0.0%)	$91.96	23天
TNT	标准运费 (减免0.0%)	$92.39	23天
UPS Express Saver	标准运费 (减免0.0%)	$101.31	23天

查看该运费模板详细设置

图 3-2-12　物流设置

(2) 无理由退货服务。海外本地发货商品默认提供本地无理由退货服务。

① 仅发件国和目的国家/地区一致的订单默认提供本地无理由退货服务。

例:卖家阿虎备货在美国仓的商品支持发往美国和加拿大,只有收货地为美国的订单才默认提供无理由退货服务。

② 无理由退货服务承诺:若买家不喜欢所购买的商品,可选择在交易结束前提起无理由退货,退回商品(必须未使用过,不影响二次销售)。卖家提供的退货地址必须在本地,退货运费由买家承担。买家退回商品后需要卖家确认,若卖家对退回商品或退款金额存在争议,可向平台发起申诉。

海外发货商品发货期必须小于或等于 3 天。

海外发货商品需要提前备货到海外仓。为保障买家收货时效,需设置发货期小于或等于 3 天,并在 3 天内将货物发出。

若设置的发货期大于 3 天,将无法获得海外发货标识、搜索筛选、平台活动等海外发货商品专享推广资源。

商品发布成功后,卖家可以在商品管理页面通过运费模板筛选出海外发货的商品。

步骤 5:海外仓商品前台展示。

海外仓商品发布成功后,买家可以在商品详情页看到商品的发货地信息,进行选择。商品详情页面展示如图 3-2-13 所示。

图 3-2-13 商品前台页面展示

搜索页面支持海外本地发货商品的独立筛选项及专属标识,海外发货商品的曝光机会将大大提升,如图 3-2-14 所示。

(1) 买家可以在搜索页选择 ship from 国家、地区,筛选海外发货的商品。

(2) 买家可以通过搜索筛选项 Domestic Delivery 一键筛选出本国发货的商品。

(3) 海外本地发货(发货国家和地区与买家收件国家和地区一致)的商品将展示专属标识。

图 3-2-14 海外发货商品专享推广

活动评价

李勇、王丽、张军和钟珊，通过在校企合作企业的见习，尝试了海外仓费用模板设置的基本操作，从新增或编辑运费模板、选择发货地、设置运费及限时达时间，到发布海外仓商品和海外仓商品前台展示都进行了实践，明显感到还需要更多的操作练习，才能熟能生巧。

合作实训

【实训名称】 男士衬衫海外仓费用测算。

【实训目的】 通过合作完成男士衬衫海外仓费用的测算，进一步了解海外仓费用的构成。

【活动过程】

产品信息：男士衬衫

实重：0.5kg　　售价：50 美元　　尺寸：30cm×25cm×2cm

头程：香港海运散货　　目的地：美国　　数量：4000 个

打包装箱后体积：6CBM(m^3)　　申报单价：10 美元(按照售价的 20%估算)

填写表 3-2-5。

表 3-2-5 男式衬衫海外仓费用测算

头程运费	处理费	仓储费	尾程运费	关税

计算单品全程费用。

步骤 1：任命一名活动小组长，以组为单位测算男士衬衫的海外仓费用。

步骤 2：明确组员分工，将组员按照头程运费、处理费、仓储费、未成运费、关税进行分工。

步骤 3：组长负责收集组员的计算结果，并进行加总。

步骤 4：各组间进行测算结果交流。

【实训小结】 通过对男士衬衫海外仓费用测算任务的分解，明确了各自的职责，合作完成了测算任务，体验测算的准确性。

任务三　设置物流模板

情境设计

经过几次独立操作线上发货后，李勇和同学们感觉到线上发货比较简单，只要在系统给出的几种物流方案中根据运费和运送时间做出选择即可。可是如果卖家处在偏远地区，快递不能上门揽收，卖家又该如何发货呢？带着这个问题，同学们来到了培训教室。

任务分解

此次学习任务，要求同学们能看懂全球速卖通平台的运费模板，掌握运费模板的设置方法，并能够独立进行速卖通线上运费模板设置，据此，将本次学习分解为如下几个活动。

活动一：认识运费模板

活动背景

企业里的师傅告诉同学们速卖通发货方式分为线上发货和线下发货两种。通过前面任务的学习，大家对线上发货已经有所了解，明确了线上发货是速卖通"官方合作"的物流公司负责送货，适合于不懂跨境物流操作的新买家或者线下发货不方便的区域。更多的跨境电商卖家在熟悉了跨境物流后，会选择速卖通线下发货。

线下发货针对专业的跨境电商经营者或快递业发达区域，通过直接联系货运代理公司，借助货代大批量包裹的发货优势，获取更低折扣的发货价格，以此来降低物流费用。速卖通卖家要实现线下发货，首先要认识速卖通平台上的运费模板。

活动实施

(1) 速卖通卖家在发布新产品之前都要先设置运费模板，如果没有自定义或新增运费模板，就只能选择新手运费模板进行发货。

认识一下新手运费模板。

在速卖通后台单击"产品管理"下的"运费模板"命令，进入管理运费模板页面，如图 3-3-1 所示。

本页面中的 Shipping Cost Template for New Seller 即新手运费模板，发货地显示为

图 3-3-1　管理运费模板

China(Mainland),运费组合预览包含自定义运费：EMS、ePacket、China Post Registered Air Mail,标准运费 Russian Air。单击模板名称,跳转到“查看运费模板：新手运费模板”页面,如图 3-3-2 所示。

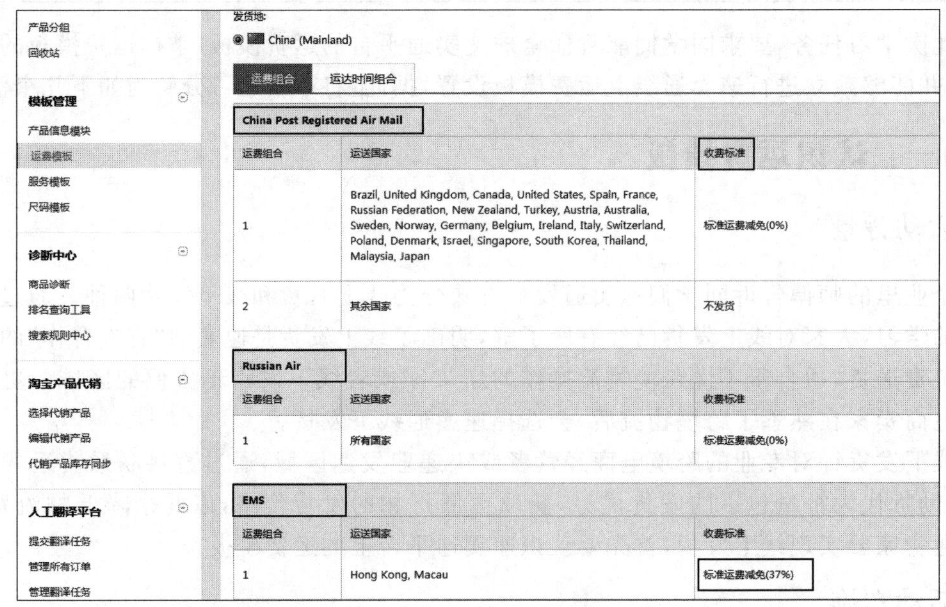

图 3-3-2　新手运费模板

本页面中,列出了 China Post Registered Air Mail、Russian AIR、EMS、ePacket 四种物流方式的所有运费组合,其中的收费标准是各物流渠道对外公布的运价,减免折扣是各物流渠道给速卖通平台的优惠价格。

运达时间组合中包含各运费组合的运达国家和承诺运达时间,此处的承诺运达时间为速卖通平台判定的包裹能寄达收货人所需要的时间,如图 3-3-3 所示。

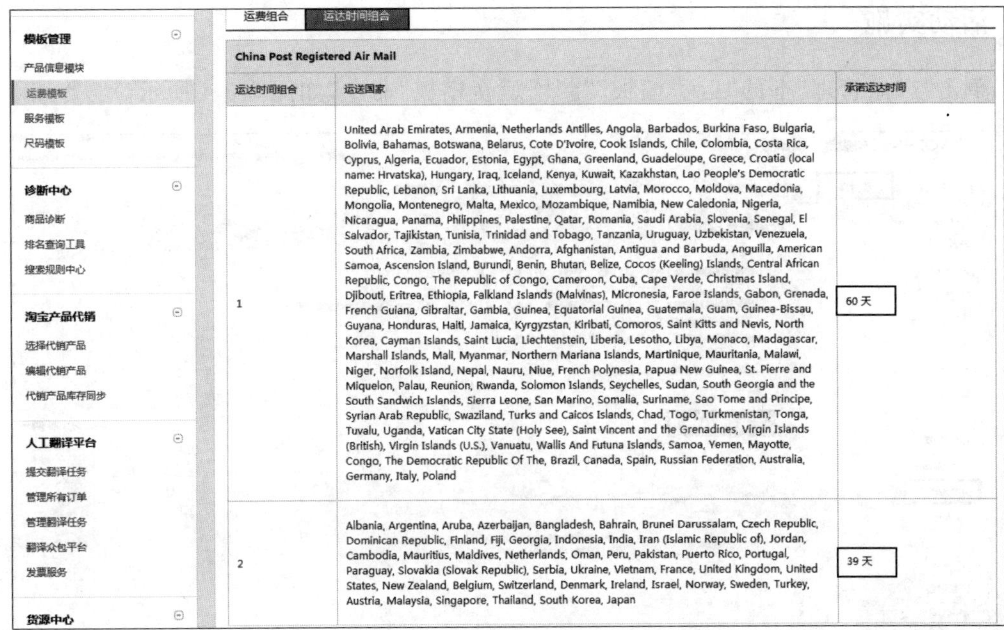

图 3-3-3　运达时间组合

(2) 调研速卖通平台新手运费模板,完成表 3-3-1。

表 3-3-1　速卖通平台新手运费模板不同物流方式各项信息一览表

物 流 方 式	运达时间组合数	最大运费减免折扣	最短承诺运达时间
China Post Registered Air Mail			
Russian Air			
EMS			
ePacket			

活动评价

通过企业里的师傅现场操作演示及同学们自主查询操作,同学们对全球速卖通新手运费模板有了初步的认识,明确了不同物流方式下运费模板的基本组成包括运送国家和承诺运达时间。

活动二:新建运费模板

活动背景

通过上个活动的操作,同学们发现速卖通平台给新手卖家提供了四种物流方式下的运费组合及运达时间组合模板,物流方式的选择空间比较小,不能满足不同发货地和不同产品的个性化运费组合和承诺运达时间需求,如何根据卖家情况量身定做个性化的运费模板?对于新手卖家来说解决这个问题势在必行。

活动实施

单击“产品管理”下的“运费模板”“新增运费模板”命令，如图 3-3-4 所示。

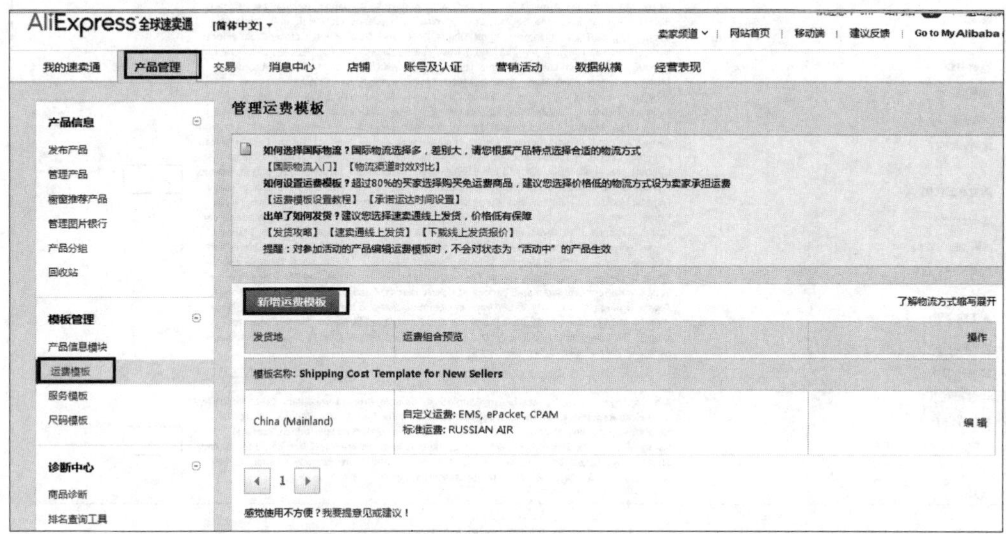

图 3-3-4　管理运费模板

进入新增运费模板页面，如图 3-3-5 所示。

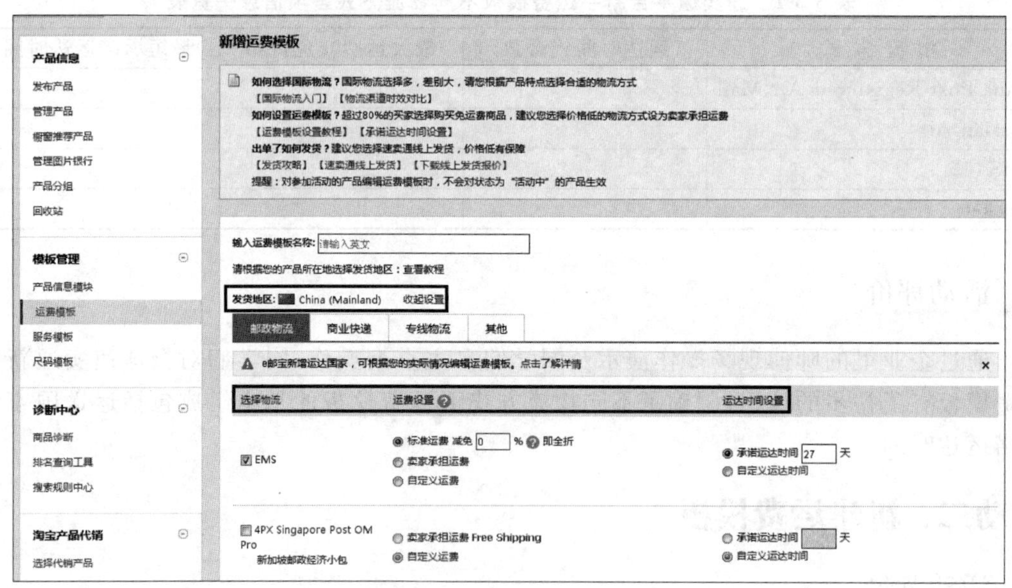

图 3-3-5　新增运费模板

在本页面可进行发货地区、物流方式、运费设置和运达时间设置。

以中国邮政挂号小包为例进行运费模板设置演示。

步骤 1：选择中国邮政挂号小包物流方式。

在运费模板页面选择中国邮政挂号小包物流方式，如图 3-3-6 所示。

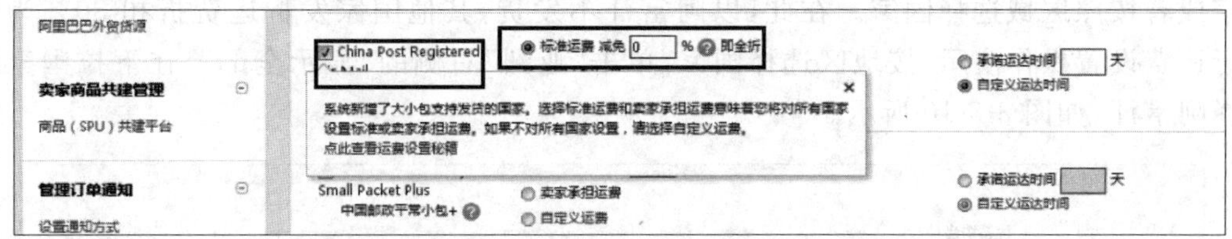

图 3-3-6　选择中国邮政挂号小包

系统默认运费设置为标准运费减免 0%，即面向所有收货国家的运费没有折扣。

步骤 2：进行中国邮政挂号小包运费设置。

如果想对所有收货国家设置统一的运费折扣 8 折，需要在标准运费减免处输入20%，如图 3-3-7 所示。

图 3-3-7　设置标准运费

如选择卖家承担运费，表示向所有的收货国家发中国邮政挂号小包都是卖家承担运费的，也就是包邮。如果想对不同的收货国家进行不同的运费设置，需要选择“自定义运费”命令，跳转到自定义运费页面，如图 3-3-8 和图 3-3-9 所示。

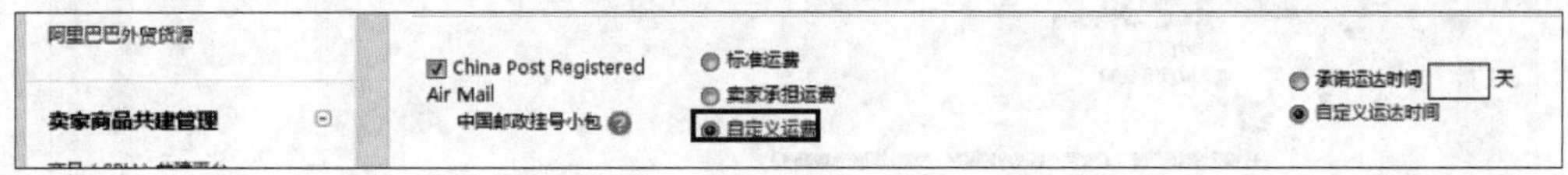

图 3-3-8　选择“自定义运费”

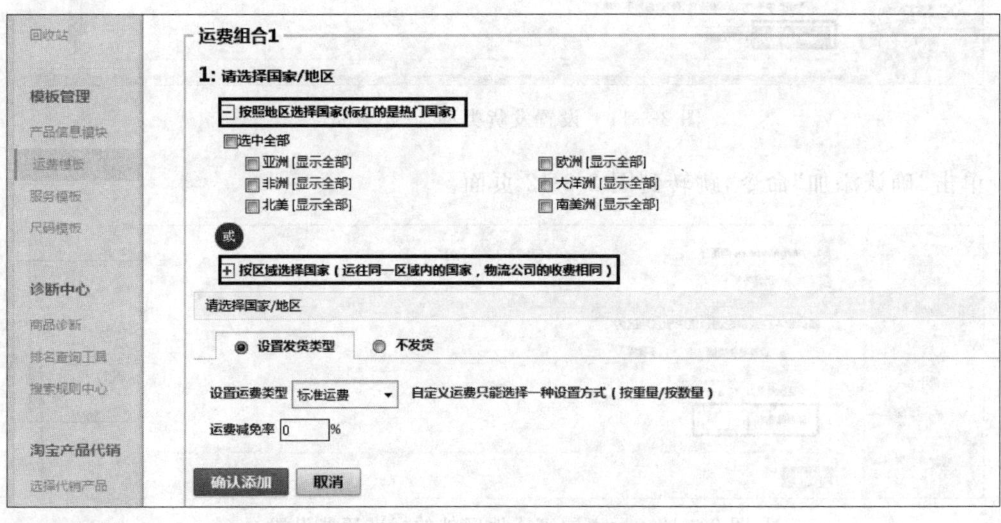

图 3-3-9　自定义运费页面

在图 3-3-9 运费组合页面中可以看到，选择国家或地区的方式有两种：按照地区选择国家或者按照区域选择国家。在此，以阿富汗不发货，其他国家发货运费折扣 30%为例进行运费设置操作演示，按地区选择国家，单击“亚洲”右侧的“显示全部”，在下拉国家中选择阿富汗，如图 3-3-10 所示。

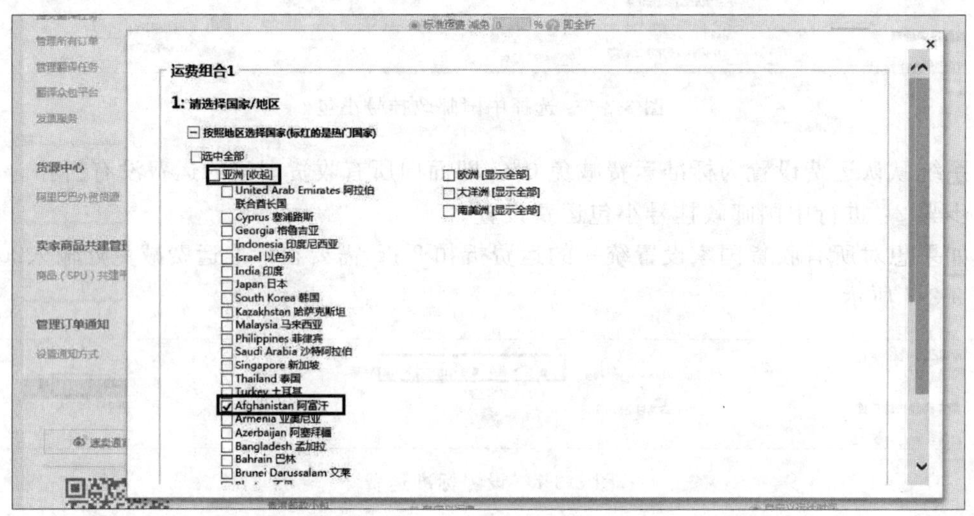

图 3-3-10　按地区选择国家：阿富汗

向下滑动滚轴，单击设置发货类型右侧的“不发货”命令，如图 3-3-11 页面所示。

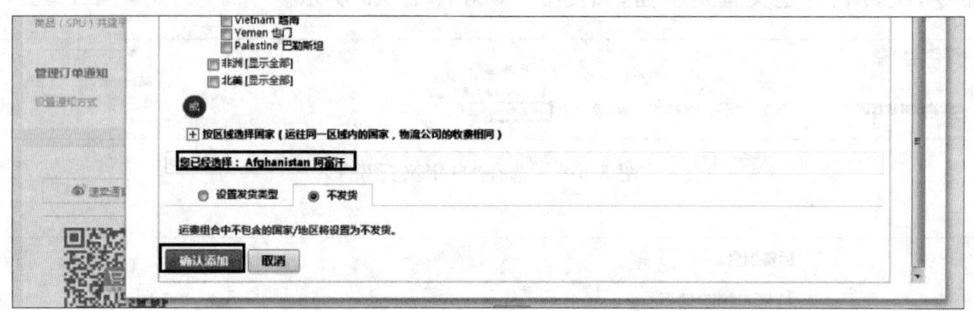

图 3-3-11　设置发货类型为“不发货”

单击“确认添加”命令，跳转到图 3-3-12 页面。

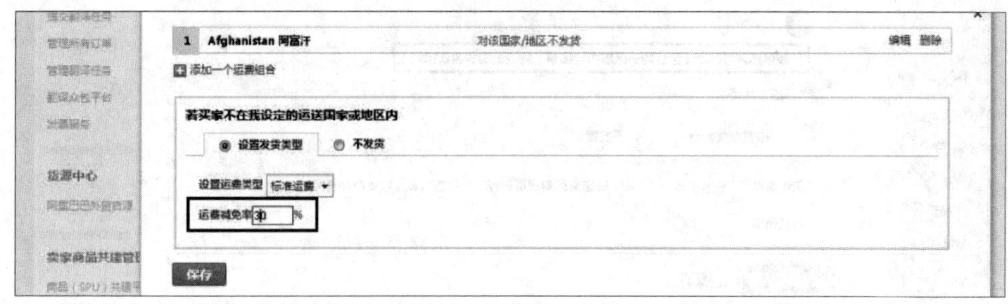

图 3-3-12　运送国家或地区外的标准运费设置

在本页面，如果卖家不在设定的运送国家或地区内，可以根据实际情况另外设置运费折扣。在此设定运费类型为标准运费，折扣为 30%，完成之后单击“保存”按钮。

将商品或包裹相关信息填入各文本框中，添加完之后单击“确认添加”命令，再单击“保存”按钮即可完成运费设置。

步骤 3：进行运达时间设置。

卖家需要结合不同的物流方式、发往国家和运送线路等设置不同的运达时间。仍以中国邮政挂号小包为例进行操作演示，设置运达时间为“巴西 120 天，俄罗斯 90 天，其他国家 60 天”。

单击“运达时间设置”下的自定义运达时间，如图 3-3-13 所示。

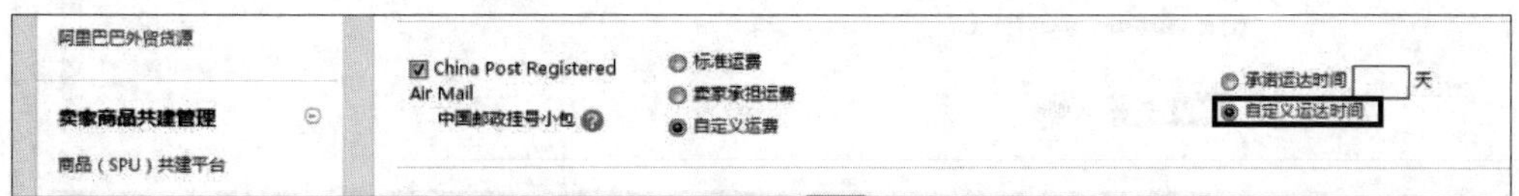

图 3-3-13　选择自定义运达时间

跳转到图 3-3-14 所示页面。

图 3-3-14　自定义运达时间设置页面

本页面默认有 3 个运费组合，只需要设置两个运费组合即可，因为在原运费组合上编辑修改要比新增运费组合操作复杂，建议将原有运费组合删除之后新增。单击右侧“删除”命令，跳转到图 3-3-15 新增运达时间组合页面。

先设置巴西 120 天，这次单击“按区域选择国家”命令，选择七区的巴西，如图 3-3-16 所示。

单击“确认”按钮，填写承诺时间为 120 天，如图 3-3-17 所示。

然后单击“确认添加”命令。跳转到图 3-3-18。

在本页面继续添加运费组合，设置俄罗斯 90 天。单击“添加一个运达时间组合”命令，选择五区的俄罗斯，如图 3-3-19 所示。

单击“确认”按钮，本页面设置以上国家承诺时间为 90 天，如图 3-3-20 所示。

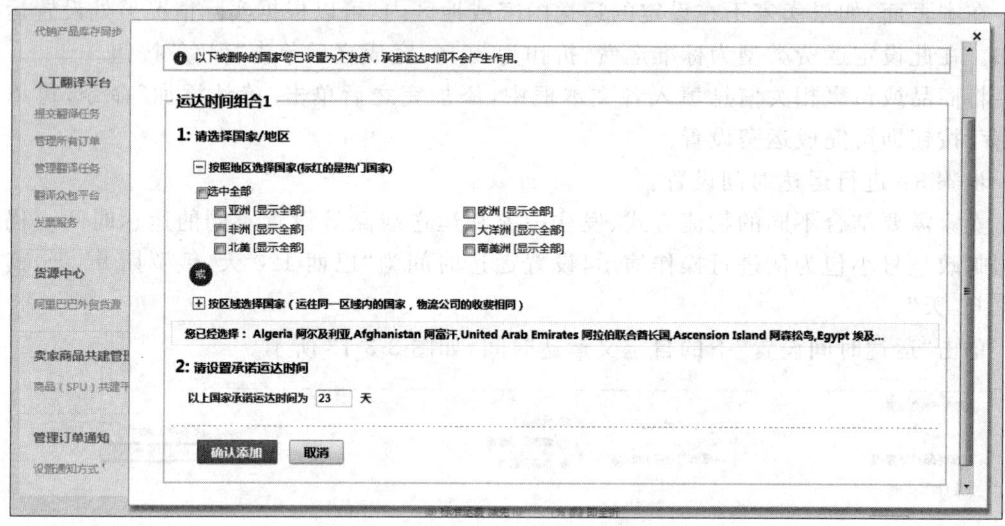

图 3-3-15　新增运达时间组合

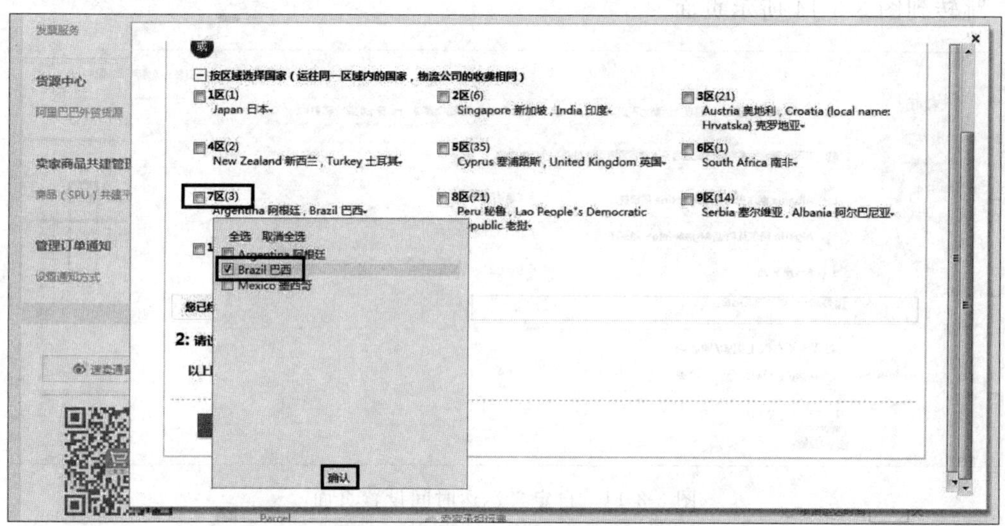

图 3-3-16　按地区设置国家：巴西

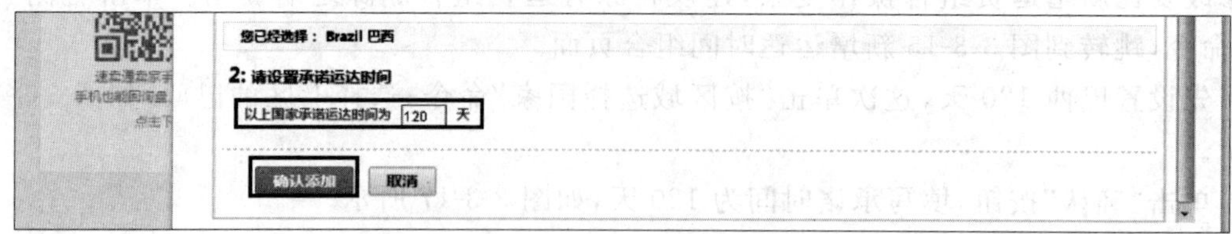

图 3-3-17　设置巴西承诺运达时间

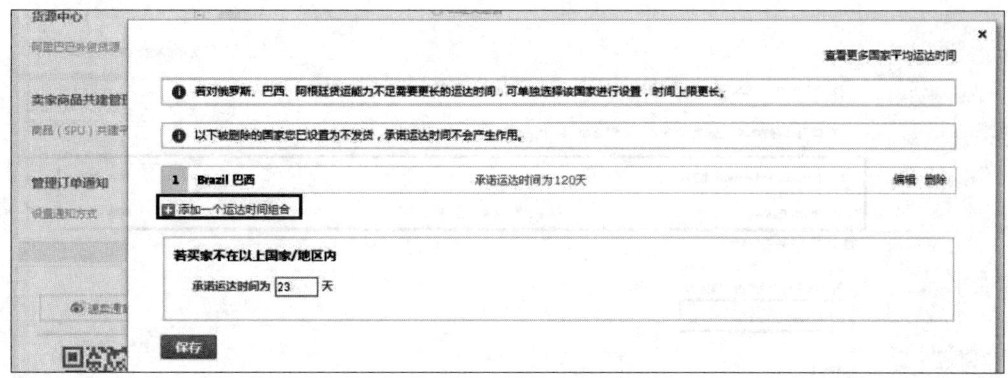

图 3-3-18 添加一个运达时间组合

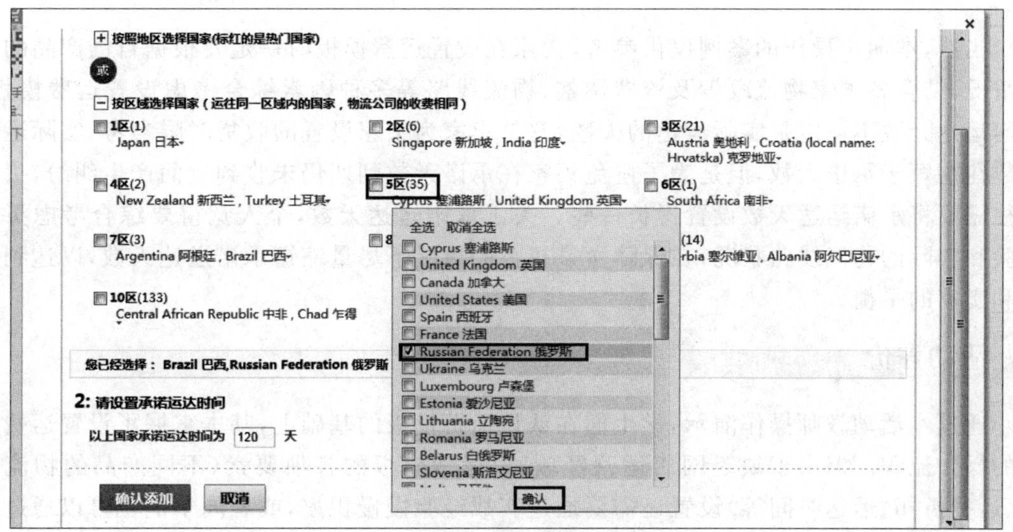

图 3-3-19 按地区选择国家：俄罗斯

图 3-3-20 设置俄罗斯承诺运达时间

单击“确认添加”命令，跳转到图 3-3-21。

本页面显示了刚添加的两个运达时间组合，在此可以检查一下设置得是否正确。没有问题的话，在“若买家不在以上国家/地区内承诺运达时间为”处输入 60，单击“保存”按钮。到此为止，按照“阿富汗不发货，其他国家运费折扣为标准运费的 30%，巴西承诺运达时间 120 天，俄罗斯承诺运达时间 90 天，其他国家 60 天”要求，设置好了运费模板。

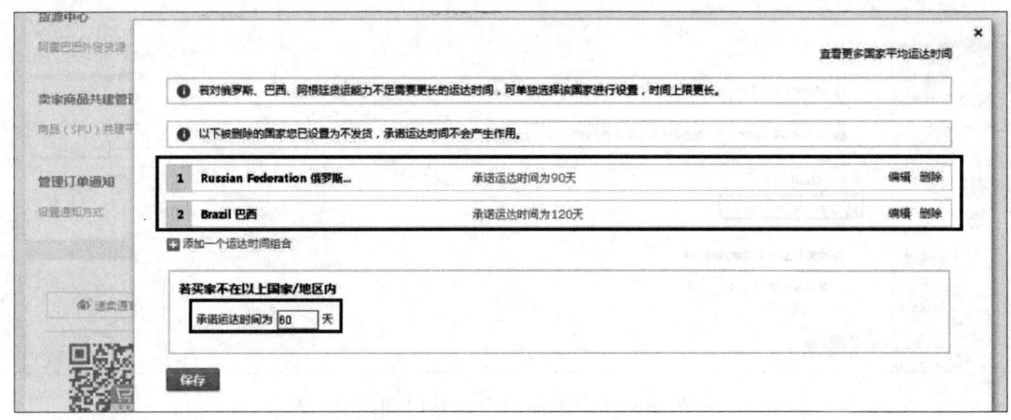

图 3-3-21　已设置运达时间组合

当然，本演示操作的案例仅供参考，卖家在设置运费模板时一定要根据自己产品的实际情况，结合各国家物流政策及资费调整、物流线路等多种因素综合考虑设置运费模板。承诺运达天数不一定是实际运达的天数，它是卖家为买家设置的收货时限参考，实际运达天数往往短于承诺天数，但是为了避免买家在承诺天数到期仍未收到货而产生纠纷，买卖往往需要将承诺运达天数设置得长一些。关于承诺运达天数，个人觉得要综合考虑买家体验和实际的物流线路状况，在保障卖家权益的情况下尽量缩短承诺送达天数，以达到买家和卖家的平衡。

活动评价

通过本活动教师操作演示，学生们在认识运费模板的基础上，基本掌握了设置运费模板的操作流程。但由于缺乏网店运营经验，对运费模板的各项要素(不同产品的物流方式、运费折扣、运达时间等)设置还需要通过实战经验慢慢积累，或者同学们也可以通过相关论坛或者 QQ 群向有经验的速卖通卖家求教。

合作实训

【实训名称】 两人一组共同完成 EMS 运费模板设置，并将设置过程用文字和截图描述出来。

【实训目的】 通过实际操作，熟悉速卖通操作平台，掌握运费模板设置的流程。

【活动过程】 (提示：各操作环节注意截图)

步骤 1：选择 EMS 物流方式，针对美国运费折扣为标准运费的 90%；

步骤 2：俄罗斯按照重量计算运费(计算方式为：首重 1kg，收费为 5 美元；1～3kg 内，每增加 1kg，增加运费 6 美元；3～9kg 内，每增加 1kg，增加运费 8 美元)。

步骤 3：巴西按照数量计算运费(3 件以内为首重，收费 6 美元，3～10 件内，每增加 1 件，增加运费 8 美元)。

步骤 4：日本做不发货处理。

步骤 5：其他国家包邮。

步骤 6：整理各操作步骤。

【实训小结】 通过 EMS 运费模板的设置，同学们对速卖通平台运费模板的操作流程有所了解。

项目总结

通过本项目的学习，同学们知道了跨境电商中经常用到的多种物流方式，包括邮政物流、商业快递、专线物流、海外仓物流等，对这些物流方式的含义、资费与运送时效、优劣势及其适合的包裹类型有了较深入的了解，基本上能根据包裹的大小及客户的需求选择合适的物流方式。学会了速卖通线上发货操作流程、物流模板设置及海外仓模板设置。为将来踏上工作岗位，完成海外仓的工作任务打好基础。

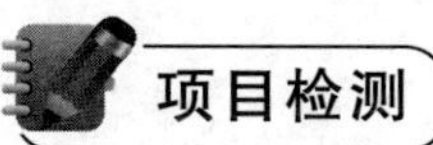

项目检测

一、判断题

1. 海外仓可以随便建立。（ ）
2. 海外仓的设立不仅有利于海外市场的拓展，同时还能降低物流成本。（ ）
3. 卖家使用物流商的物流信息系统，远程操作海外仓储的货物，并且保持实时更新。（ ）

二、单项选择题

1. 以下哪种不是邮政物流方式（ ）。

   A. EMS　　B. China Post Air Mail

   C. ePacket　　D. Russian Air

2. 关于线上发货，以下税法错误的是（ ）。

   A. 不是所有的地区都支持上门揽收

   B. 符合揽收范围的区域上门揽收是免费的

   C. 揽收范围外的卖家需要自行发货到指定集货仓

   D. 卖家不需要支付运费

3. 中国邮政小包对包裹重量的限制是（ ）。

   A. 2kg　　B. 1kg　　C. 500g　　D. 100g

4. 中国跨境电商出口包裹大部分通过（ ）投递。

   A. DHL　　B. UPS　　C. ePacket　　D. 邮政系统

5. 以下哪种快递方式不是按体积计算？（ ）

   A. UPS　　B. EMS　　C. TNT　　D. DHL

6. 新手运费模板中 EMS 的承诺运达时间是（ ）天。

   A. 39　　B. 27　　C. 60　　D. 14

7. （ ）物流方式需要计算体积重量？

   A. UPS　　B. 中国邮政小包　　C. e 邮宝　　D. 香港邮政小包

8. 新手运费模板中 EMS 的承诺运达时间是（ ）天。

   A. 39　　B. 14　　C. 60　　D. 27

9. 以下物流方式中，不能实现包裹全程跟踪的是（　　）。

A. 中国邮政小包　　B. 中国邮政挂号小包

C. e 特快　　D. EMS

10. 一般情况下，商业快递运达全球的时间为（　　）天。

A. 1～3　　B. 3～5　　C. 5～7　　D. 7～10

11. 体积大或是超重的大件物品，国内小包无法运送，或者费用太贵的产品，（　　）海外仓。

A. 选用　　B. 必用　　C. 不用　　D. 可用可不用

12. 海外发货商品发货期必须小于等于（　　）天。

A. 1　　B. 5　　C. 3　　D. 15

三、多项选择题

1. 海外仓货品可以（　　）的方式将货物或物品先运达海外仓库。

A. 空运　　B. 海运　　C. 陆运　　D. 多式联运

2. 海外仓为跨境电商提供（　　）订单管理和售前售后等物流服务。

A. 海外仓储　　B. 小包　　C. 专线　　D. 国际快递

3. 海外仓费用的构成主要有（　　）和关税、增值税、杂费。

A. 头程费用　　B. 处理费　　C. 仓储费　　D. 尾程运费

4. 海外仓使用的操作步骤（　　）。

A. 商品运至海外仓储中心

B. 卖家在线远程管理海外仓储

C. 根据卖家指令进行货物操作

D. 统计信息实时更新

5. 关于跨境物流的说法（　　）是正确的。

A. 跨境物流不可以找货代来进行发货

B. 跨境物流比国内物流运送时间长

C. 国内物流比跨境物流运费多

D. 跨境物流发货流程与国内物流大同小异

6. 以下关于速卖通发货的说法，正确的有（　　）。

A. 卖家可选用速卖通线上发货

B. 卖家可自行联系货代进行线下发货

C. 卖家在选择物流方式发货时无须征询买家意见，只要包裹能安全快捷地寄到买家手中即可

D. 卖家尽量选择运达时间短的商业快递，以便客户快速收到包裹。

7. 使用中国邮政航空包裹需要注意（　　）。

A. 包裹价值较高或对时效性要求较高时，尽量不选择此种运输方式

B. 使用中国邮政航空小包邮寄包裹，牢记要在发货期内在速卖通平台上填写并提交发货通知，以免超过发货期订单款项自动退还买家

C. 标准运费包含运费部分，但不包含挂号费、通关费等其他费用

D. 发货后，卖家一定要及时跟进包裹的寄递情况，直至包裹安全妥投

8. 以下物流方式中，海关通关能力较强的有（　　）。

A. 中国邮政小包　B. UPS　C. e邮宝　D. DHL

9. 卖家设置了承诺运达时间后，包裹被海关扣关了，该如何处理？（　　）

A. 全额退款给买家

B. 全额退款给卖家

C. 如果是卖家原因导致的扣关，平台会建议买卖双方进行协商。如果不能达成一致，将全额退款给买家

D. 如果是买家的原因不去清关，即使包裹超时未到达也不会全额退款

四、简答题

1. 建立海外仓有哪些优势？
2. 海外仓选品如何定位？

五、案例分析题

海外仓 2.0 网贸馆

2016 年 3 月 24 日博鳌亚洲论坛上，大龙网创始人 CEO 冯剑锋向与会者解读海外仓 2.0 创新模式。大龙网及网贸会协同打造的跨境电商产业生态圈，主要面向海外零售商，既能提供线上及移动端的商品查询、实时交流功能，也能让当地零售在网贸会的展厅实地体验商品。通过展厅内场景化体验，加深国外零售商对中国优质商品的了解，同时融合了当地风土人情及消费习惯的实景式展示方式，更有利于当地零售商了解这些出口商品在当地的发展前景。网贸馆运用物联网技术，在体验馆里面遍布传感器，可以记录采购商在馆内的活动情况，包括浏览人次，看了哪些产品，停留时间等。这些来自海外的海量消费数据在经过大龙网大数据平台处理后，将通过跨境电商产业生态圈中的约商平台实时反馈至国内出口厂家，让这些出口制造企业能有的放矢地针对海外消费者需求进行定制化的研发和生产，并同步将这些信息通过约商平台反馈至海外零售商，打造全新的 C2M 出口模式，让每个通过大龙网平台走出的民营企业都能获得参与供给侧改革的机会。大龙网网贸馆成为“互联网＋”时代的海外仓 2.0，可为中国出口企业提供“两信一保”的整合式解决方案，不仅解决了跨境交易的信任问题，还可提供集物流、资金流等于一体的信息，并为中国出口提供量身定制的保姆式服务，此外还可提供保障交易安全及信任的代收货款，旨在解决散单发货的拆包拼装，提升商品竞争能力的保税以及为提升物流满意度的第三方物流整合能力等功能。大龙网不仅通过前展馆后海外仓的网贸馆让中国企业无忧地走出去，还充分考虑到一些中小企业在通关过程中所遇到的困难，推出了跨境电商基础交付及通关综合服务解决方案，本着“就近就地”原则，为打算走出去的中国企业提供了集通关服务平台、跨境电商公共服务平台、跨境电商综合服务平台、跨境电商在线交易平台、跨境电商公共监管仓等一揽子跨境贸易解决方案。

讨论：

1. 大龙网海外仓 2.0 创新模式创新在哪里？
2. 大龙网为中国企业的跨境贸易打造了怎样的一揽子解决方案？

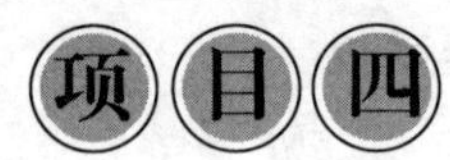

项目四

运营跨境电商店铺

项目综述

李勇所在的班级已经学习“跨境电商”课程一段时间了，同学们对跨境电商的发展历程和市场环境都有了初步的了解。同时，他们对速卖通平台开店产生了浓厚的兴趣，想进一步学习速卖通开店和运营的知识。恰逢李勇所在的启航职业技术学校与朝阳电子商务有限公司开展校企合作，朝阳公司已经进驻学校办公，并计划在启航招聘电子商务专业的实习生，组建校内速卖通网店运营团队，拓展公司跨境电商业务。

通过面试，李勇成功进入了朝阳公司的校内速卖通运营团队，并与王丽、张军、钟珊四位同学组建了项目组，在朝阳公司资深速卖通运营经理罗强的指导下学习速卖通网店运营。罗经理给李勇团队安排的第一阶段任务就是学习网店的基本运营操作技能，包括速卖通网店注册、产品发布和店铺装修。

项目目标

通过本项目的学习，应达到的具体目标如下。

1. 知识目标

(1) 了解速卖通店铺注册的流程；

(2) 掌握速卖通产品发布的技巧；

(3) 掌握速卖通店铺的装修方法。

2. 技能目标

(1) 能够完成速卖通店铺的注册和认证，通过速卖通开店考试；

(2) 能熟练进行产品发布和管理操作；

(3) 会用 Photoshop 软件制作店招和轮播图；

(4) 会设计店铺首页和详情页。

3. 情感目标

(1) 提高学生团队合作与沟通分享的能力；

(2) 培养学生文明诚信的互联网素养；

(3) 培养学生创新创业意识。

任务一 注册认证店铺

情境设计

李勇、王丽、张军、钟珊组建的团队来到校企合作企业朝阳电子商务有限公司正式开始实习工作。朝阳公司的跨境电商业务覆盖多个跨境电商平台，李勇和同小组的王丽、张军、钟珊被分配到速卖通运营部，负责其中一个速卖通店铺的运营工作。由于李勇他们已经学习了跨境电商的平台规则、选品技巧和物流、支付等方面的知识，对于速卖通开店，他们显得信心满满。

任务分解

现阶段，李勇团队的主要任务是在公司资深运营经理罗强的指导下，掌握速卖通店铺账号注册、认证的流程，顺利通过开店考试，完成店铺账号的注册和认证工作。

活动一：注册店铺账号

活动背景

李勇团队马上要注册一个新的速卖通店铺账号。罗经理首先介绍了速卖通开店的流程，比如速卖通平台的经营类目、开店所需要的资质和如何收费等，同时也介绍了速卖通注册账号的流程。

知识窗

一、了解跨境电商平台的准入条件

在跨境电商平台注册店铺之前，首先要做的是了解平台的招商标准。跨境电商平台的招商标准各有不同，而且每个平台的招商标准都是不断更新变化的，卖家在入驻前可以到相应平台的官网查询了解最新的招商标准。

1. 速卖通平台店铺入驻流程

依照速卖通平台的入驻标准，店铺入驻流程分为 6 个步骤，如图 4-1-1 所示。

2. 速卖通开店的资质要求

2015 年 12 月 7 日，阿里巴巴集团旗下跨境出口电商平台速卖通(AliExpress)对外宣布，全平台入驻门槛新规正式发布，将对平台所有行业整体提升商家入驻门槛，全面从跨境 C2C 转型跨境 B2C。从 2016 年 4 月 1 日开始，新卖家(除假发外)在入驻速卖通平台时需要有企业身份，不再允许个人(包括个体工商户)卖家入驻。入驻资质要求如表 4-1-1 所示。

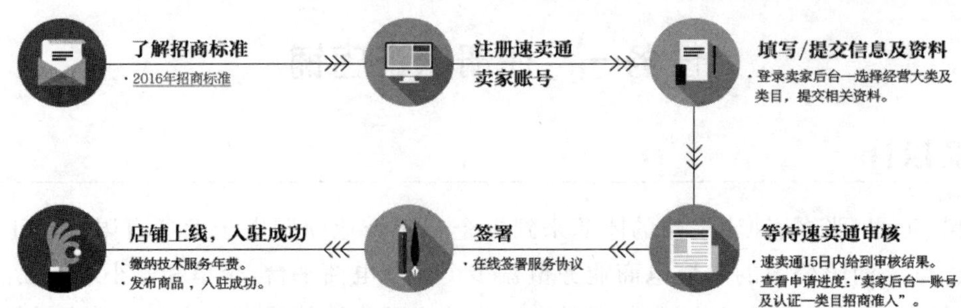

图 4-1-1　速卖通平台店铺入驻流程

表 4-1-1　速卖通入驻资质

<table>
<tr><th colspan="2">入驻及考核流程</th><th>2016 年 4 月 1 日前规则</th><th>2016 年 4 月 1 日后规则</th></tr>
<tr><td rowspan="3">入驻资质</td><td>缴纳类目技术服务年费</td><td>√</td><td>√</td></tr>
<tr><td>企业认证资质①</td><td>×</td><td>√</td></tr>
<tr><td>品牌资质②</td><td colspan="2">届时请卖家关注平台公告</td></tr>
<tr><td rowspan="3">店铺考核及年费退还</td><td>类目考核准出③</td><td rowspan="2">退还未提供服务期间的年费④</td><td rowspan="2">不变</td></tr>
<tr><td>主动申请退出</td></tr>
<tr><td>账号因违规违约被关闭</td><td>不退还年费</td><td>不变</td></tr>
<tr><td colspan="2">年费年底激励返本</td><td>根据 GMV 达标情况
(0%,50%或者 100%返还)</td><td>不变</td></tr>
</table>

速卖通平台会依据不同经营类目的招商标准,要求进驻商家提供相应的资质文件。卖家申请加入某经营大类及下辖类目的,需根据不同类目的要求提供相应的资质证明文件(申请材料)。具体类目的入驻资质要求,以速卖通平台线上的招商准入页面查询结果为准。《2016 年速卖通部分类目准入资质要求一览表》规定,运动鞋类入驻商家须向速卖通平台提交公司营业执照副本扫描件、法定代表人身份证扫描件、账号实名认证人身份证扫描件,同时提交公司授权书,要求营业执照上的经营类目与申请入驻的类目相匹配。

3. 速卖通平台经营类目

一般来说,卖家在开店前会根据自己的货源优势选择自己的经营类目。卖家在确定自己的经营范围之前,很有必要充分地了解入驻平台对于经营类目的划分和相关招商标准。速卖通全平台将各行业划分为八大经营范围(A～H),每个经营范围分设若干经营大类,其中 I 为共享类范围,主要用于店铺赠品和补差价。只要卖家获准加入任何一个经营大类,即可获得该类目的产品发布权限。每个速卖通账号只准选取一个经营范围,允许在该经营范围下跨经营大类经营,速卖通目前设有 18 个经营大类。

4. 关于技术服务年费

自 2016 年 1 月 1 日起,速卖通平台不再提供免费店铺账号,平台定位从最初的 C2C 跨境电商平台转向 B2C 平台,并对店铺账号收取技术服务年费。速卖通按照经营大类对入驻商家收取年费。对应每个经营大类,商家分别缴纳 3000～50 000 元不等的技术服务

年费。为鼓励优质商家，速卖通还推出了年费返还制度。以女装行业为例，只要年交易额达到 3 万美元及以上，且服务指标达标，平台将会返还该商家 50% 年费。年交易额 6 万美元及以上，且服务指标达标，则返还商家 100% 年费。详细的技术年费收费和返还标准可上速卖通官网查看。

5. 关于品牌商标的要求

从 2016 年 4 月 12 日起，速卖通平台开始全面实施产品商标化，进入品牌化转型时期。部分类目要求进行“商标资质申请”及审核。

平台要求的“商标”须满足以下 3 个条件。

(1) 英文注册商标：包含纯英文或纯拼音或纯数字或中英文拼音数字组合等商标图像都是平台目前认可的英文注册商标；关于平台认可的英文商标类型及添加操作建议，可参看以下网址介绍：http://bbs.seller.aliexpress.com/bbs/read.php?spm=5261.7995653.0.23.64tIYa&tid=509826?tracelog=sellernotice01。

(2) 注册地为中国或海外。

(3) 拥有商标注册证(简称 R 标)或商标注册申请受理通知书(简称 TM 标)。

2016 年 12 月 31 日前，仅拥有中文注册商标的产品仍可发布，但建议尽快注册对应的英文商标。

二、了解速卖通平台账号注册流程

在速卖通开店，首先要注册店铺账号。速卖通平台的账号注册过程并不复杂，只需要 3 个步骤：第一步，设置用户名；第二步，填写账号信息；第三步，注册成功，如图 4-1-2 所示。

图 4-1-2　速卖通账号注册步骤

活动实施

(1) 了解不同跨境电商平台的招商入驻流程。

步骤 1：分别进入亚马逊、eBay、敦煌网的官网，了解该平台的招商准入流程和相关资质要求，完成表 4-1-2 的填写。

表 4-1-2　跨境电商平台入驻标准调查表

序号	平台名称	商品类目(经营范围、大类)	招商入驻标准(网址)
1	亚马逊		
2	eBay		
3	敦煌网		

步骤 2：讨论比较各跨境电商平台的入驻标准，完成表 4-1-3 的填写。

表 4-1-3　跨境电商平台入驻门槛比较表

平台名称	商品类目	资质要求	年费成本	考核标准
选项提示	A 多 B 中 C 少	A 高 B 中 C 低	A 高 B 中 C 低	A 严 B 中 C 松
亚马逊				
eBay				
敦煌网				
速卖通				

步骤 3：小组派代表进行小结。

(2) 注册一个速卖通账号。

步骤 1：打开网址：http://seller.aliexpress.com，进入阿里巴巴全球速卖通在线交易平台，并单击"我要开店"按钮，如图 4-1-3 所示。

图 4-1-3　速卖通官方首页

步骤 2：进入注册账号页面，填写电子邮箱，验证邮箱可用后，单击"下一步"按钮，如图 4-1-4 所示。

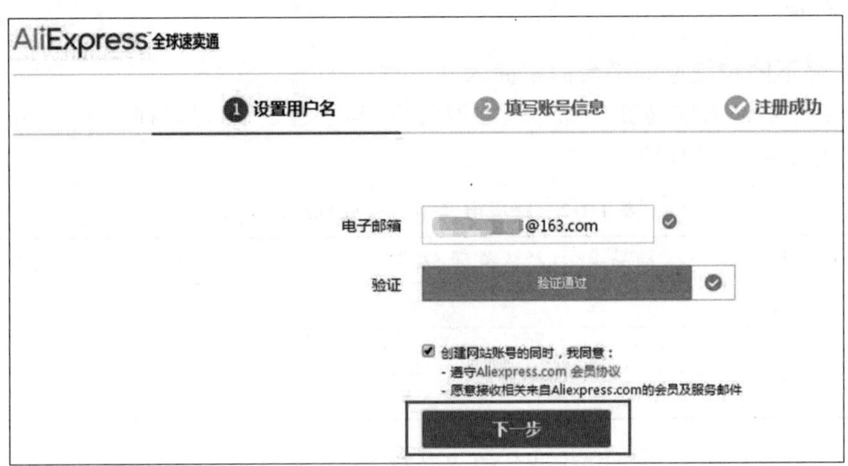

图 4-1-4　速卖通账号注册—设置用户名

步骤 3：填写账号信息，包括登录密码、英文名、手机号码、联系地址，选择经营模式，勾选已有的在线平台经营经验，如图 4-1-5 所示。

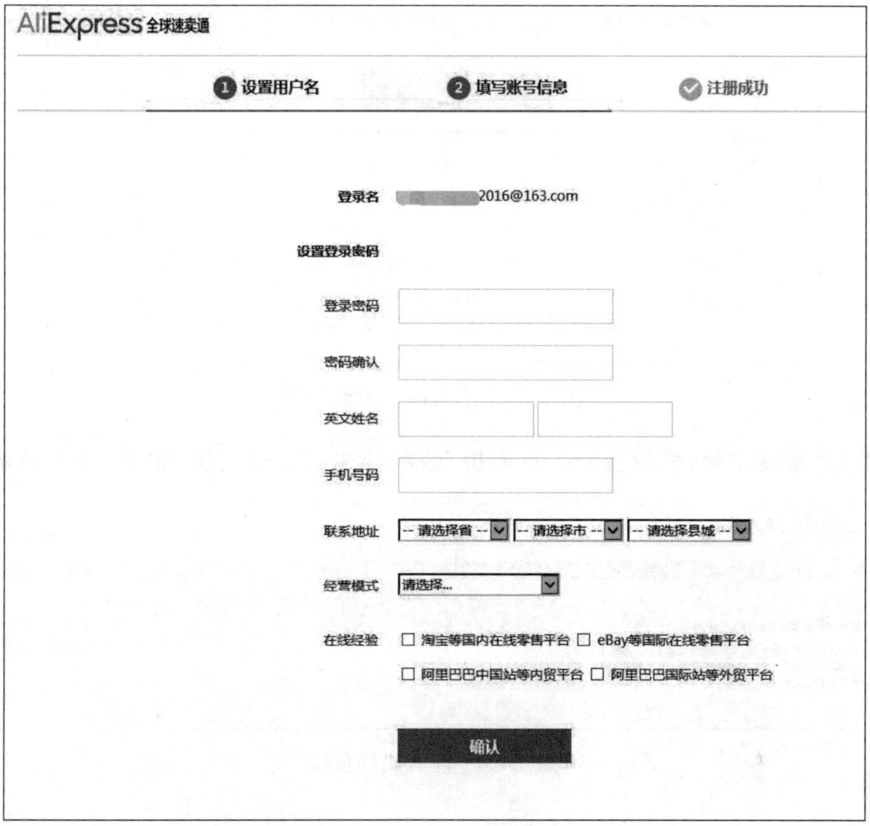

AliExpress全球速卖通
1 设置用户名 2 填写账号信息 注册成功
登录名 2016@163.com
设置登录密码
登录密码
密码确认
英文姓名
手机号码
联系地址 -- 请选择省 -- -- 请选择市 -- -- 请选择县城 --
经营模式 请选择...
在线经验 淘宝等国内在线零售平台 eBay等国际在线零售平台
阿里巴巴中国站等内贸平台 阿里巴巴国际站等外贸平台
确认

图 4-1-5 速卖通账号注册-填写账号信息

步骤 4：邮箱验证，完成上一步账号信息填写，单击“确认”按钮后，会出现图 4-1-6 页面，需要登录邮箱，去查收速卖通发送的验证邮件。

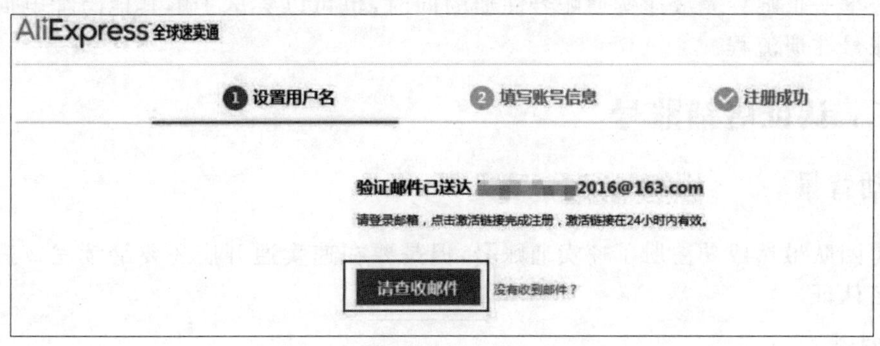

图 4-1-6 查收验证邮件提示

登录注册邮箱，查看速卖通的注册验证邮件，需要单击邮件中的“完成注册”按钮来完成注册，如图 4-1-7 所示。

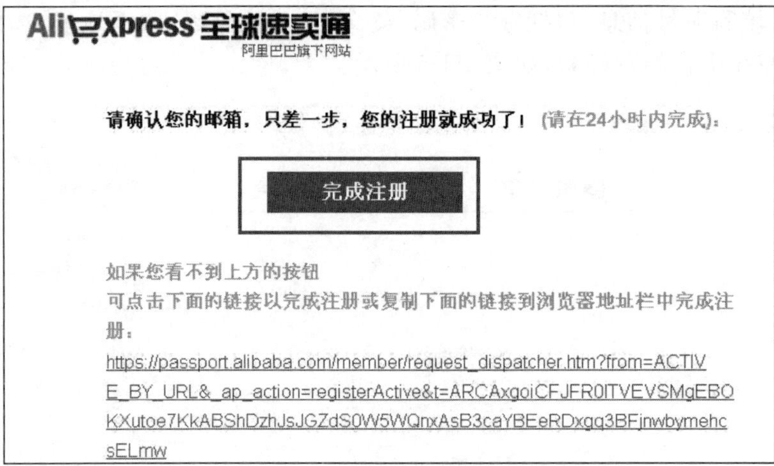

图 4-1-7　查看邮箱激活邮件

步骤 5：完成注册，最后会看到页面提示，账号注册已经成功，如图 4-1-8 所示。

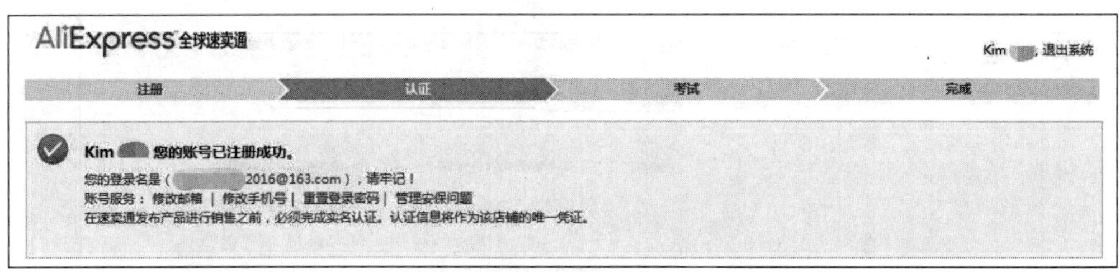

图 4-1-8　注册成功提示

活动评价

李勇团队在罗经理的指导下，掌握了店铺注册的流程，很快完成了速卖通账号的注册。同学们，你们是否完成了速卖通账号的注册呢？遇到困难了吗？你是怎么解决的？和大家分享一下吧！完成速卖通账号注册的同时，也可以尝试了解其他跨境电商平台的开店和账号注册流程。

活动二：认证店铺账号

活动背景

李勇团队虽然成功注册了速卖通账号，但是要在速卖通开店还要继续完成速卖通店铺的实名认证。

知识窗

一、速卖通实名认证的方式

自 2016 年 4 月 1 日起，速卖通要求所有账号必须通过“企业认证”才能在平台开店。

也就是说，个人不能进入平台开店。如图 4-1-9 所示，速卖通账号注册成功后，就进入了企业认证页面。

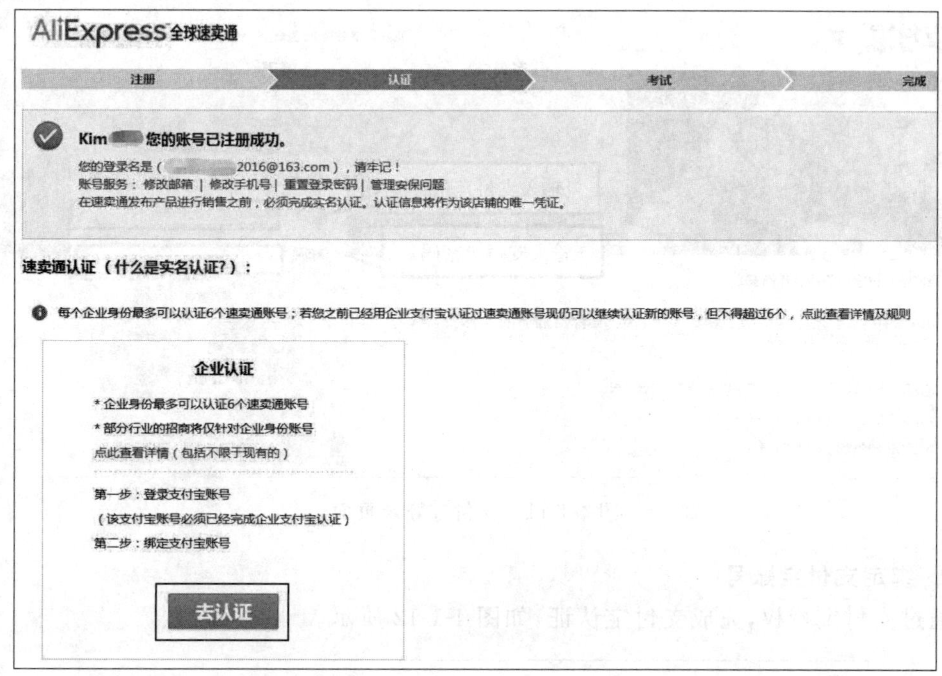

图 4-1-9　企业认证页面

二、速卖通企业认证的流程

速卖通的实名认证分为两个步骤：第一步是企业支付宝实名认证；第二步是绑定企业支付宝账号，如图 4-1-10 所示。

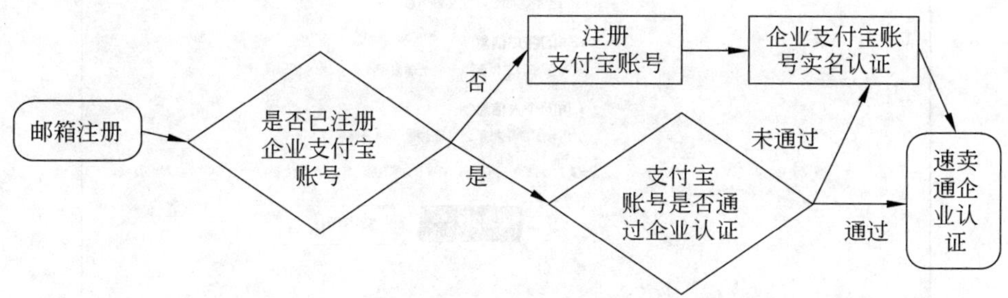

图 4-1-10　企业实名认证流程

以企业开店为例，速卖通企业实名认证流程如下。

1. 登录支付宝账号

在速卖通开店，除了注册邮箱账号，还要绑定经过实名认证的企业支付宝账号。

如果没有开通企业支付宝账号，可以登录以下网址：https://memberprod.alipay.com/account/reg/enterpriseIndex.html，注册企业支付宝账号，并完成企业支付宝认证。

如果已经拥有经过身份认证的支付宝账号，则可以直接单击图 4-1-9 中的“去认证”按钮，登录支付宝账号，如图 4-1-11 所示。

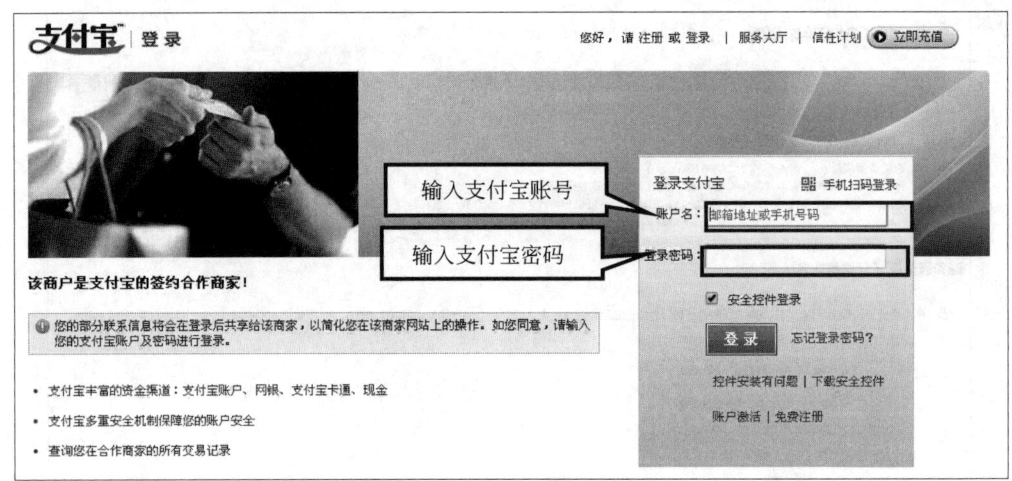

图 4-1-11　支付宝登录页面

2. 绑定支付宝账号

通过支付宝授权，完成支付宝认证，如图 4-1-12 所示。

图 4-1-12　支付宝授权页面

授权之后，支付宝账号绑定成功，会收到账号审核通过的提示，如图 4-1-13 所示。

活动实施

（1）速卖通开店验证的拍照攻略。

为了拍摄符合要求的身份认证照片，顺利通过审核，在身份认证前先通过百度搜索或

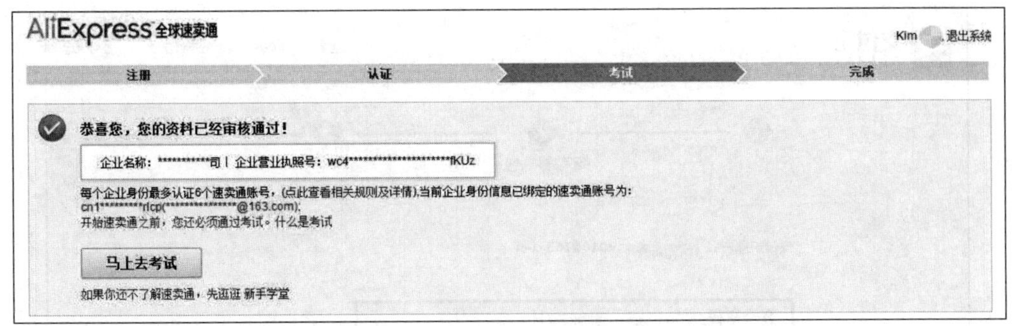

图 4-1-13　速卖通账号审核通过页面

者登录速卖通卖家频道的“卖家论坛”查找速卖通卖家频道卖家论坛中的攻略帖。说一说开店认证之前卖家要做好哪些准备。

(2) 企业支付宝账号注册及认证。

提示：在进行企业支付宝账号认证之前，需要提前准备好以下企业资质材料：

① 营业执照影印件(三证合一的营业执照)；

② 企业对公银行账户的开户行及账号信息，可以是基本户或一般户；

③ 法定代表人的身份证正、反面影印件。

注意：如果营业执照是旧版营业执照，则仍需准备组织机构代码证影印件，影印件必须为彩色原件的扫描件或数码照。

步骤 1：创建账户，打开网址 https://memberprod.alipay.com/account/reg/enterpriseIndex.html，进入支付宝企业账号注册页面，填写电子邮箱，验证邮箱可用后，单击“下一步”按钮，如图 4-1-14 所示。

图 4-1-14　创建支付宝企业账号页面

步骤 2：填写账户信息，进入账户信息页面填写企业支付宝账号的登录密码、支付密码，设置安全保护问题，然后单击“下一步”按钮，如图 4-1-15 所示。

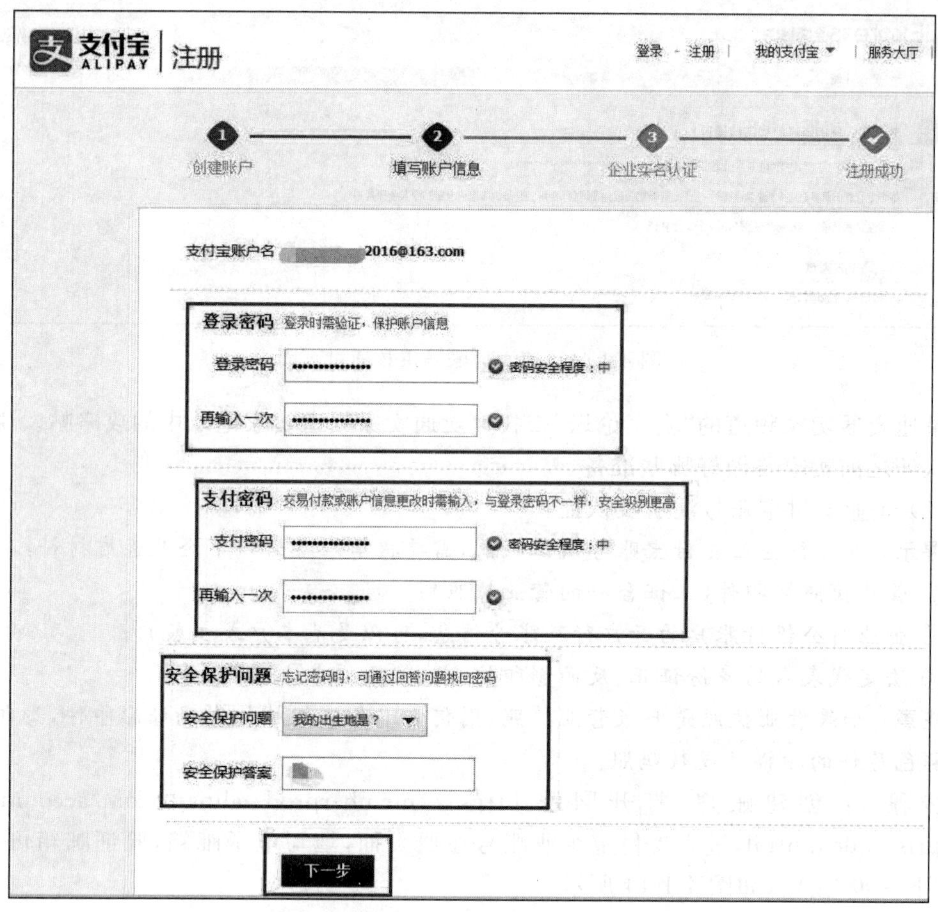

图 4-1-15　填写账户信息页面

步骤 3：邮箱验证，完成步骤 2 后，会弹出一个页面，提示验证邮件已经发送到账号邮箱，单击“立即查收邮件”按钮，登录邮箱进行验证，如图 4-1-16 所示。

图 4-1-16　查收验证邮件

登录邮箱后，查收支付宝验证邮件，如图 4-1-17 所示。单击“继续注册”按钮，将进入支付宝企业认证流程。

步骤 4：填写企业信息：完成步骤 3 后，会进入支付宝企业认证页面，如图 4-1-18 所示，单击“立即认证”按钮，进入企业信息填写页面，如图 4-1-19 所示。

图 4-1-17　继续注册支付宝账户

企业信息　按照证书上的内容逐字填写

证件类型　◉ 普通营业执照（存在独立的组织机构代码证）

○ 多证合一营业执照（不存在独立的组织机构代码证）

企业名称　查找生僻字

注册号　如：000000000001234

单位所在地　请选择　请选择

住所

经营范围

营业期限　□ 长期

组织机构代码　如：00001234-1

图 4-1-19　填写企业信息

图 4-1-19 所示，根据公司营业执照上的相关信息，准确填写企业证件类型、企业名称、注册号、单位所在地、住所、经营范围、营业期限、组织机构代码证等信息。

接下来，如图 4-1-20 所示，在填写企业信息的同一页面，继续填写法人代表的个人信息，包括法定代表人归属地、法定代表人姓名、身份证号、证件有效期、填写人身份，填写完联系人的手机号码后，单击“下一步”按钮，进入信息确认页面。

图 4-1-20　填写法人信息

步骤 5：信息确认，如图 4-1-21 所示，确认信息无误可单击“确认”按钮进行确认，如果信息有误，可以单击“修改”按钮进行修改后再提交确认。

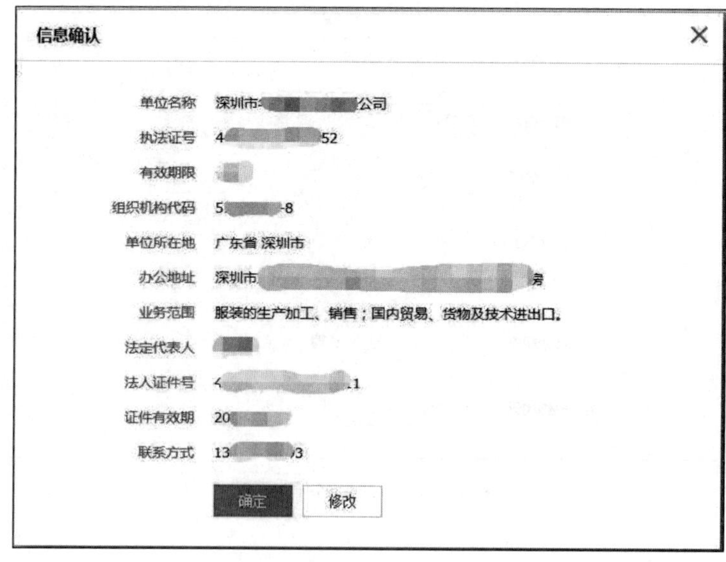

图 4-1-21　信息确认页面

步骤 6：上传证件照片，如图 4-1-22 所示，需上传企业法人营业执照、组织机构代码证照片（采用新版三证合一营业执照的企业不需要上传组织机构代码证），还需要上传企业法人的身份证正、反面照片。

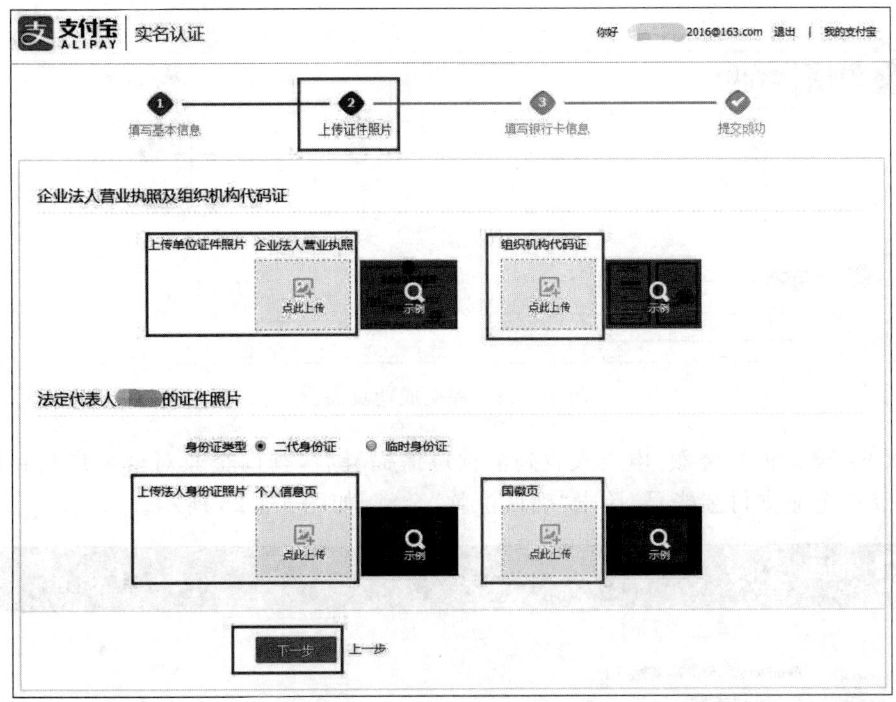

图 4-1-22　上传证件照片

步骤 7：填写银行卡信息，如图 4-1-23 所示，需填写企业对公账户的开户行信息和对公银行账号信息。

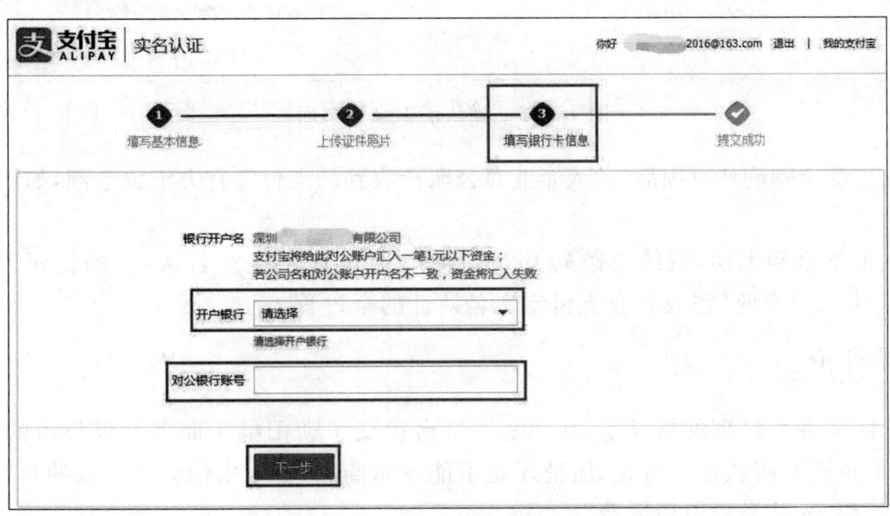

图 4-1-23　填写银行卡信息

步骤 8：完成步骤 7 后，会收到“提交成功”的信息提示页面，如图 4-1-24 所示。一般情况下，平台会在一个工作日内完成审核，并将结果以短信形式通知申请人。企业信息审核成功后，为验证企业银行账户的真实性，平台会向企业对公账户汇入一笔 1 元以下的资金。

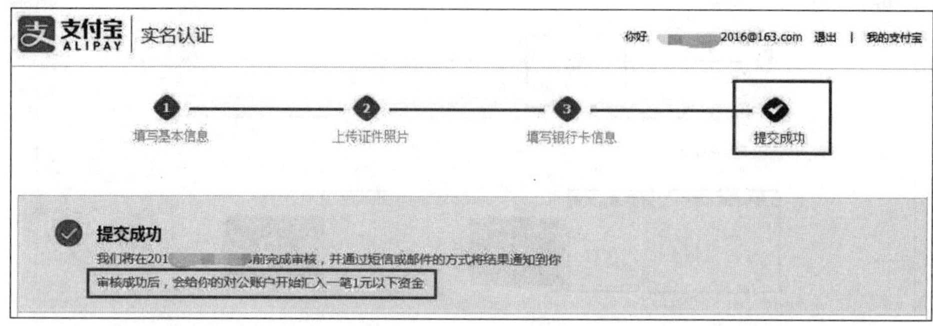

图 4-1-24　提交成功页面

步骤 9：确认汇款金额，申请人收到汇款短信提醒后，查询企业对公账户收到的汇款金额，并登录企业支付宝账号，单击“确认汇款”金额，如图 4-1-25 所示。

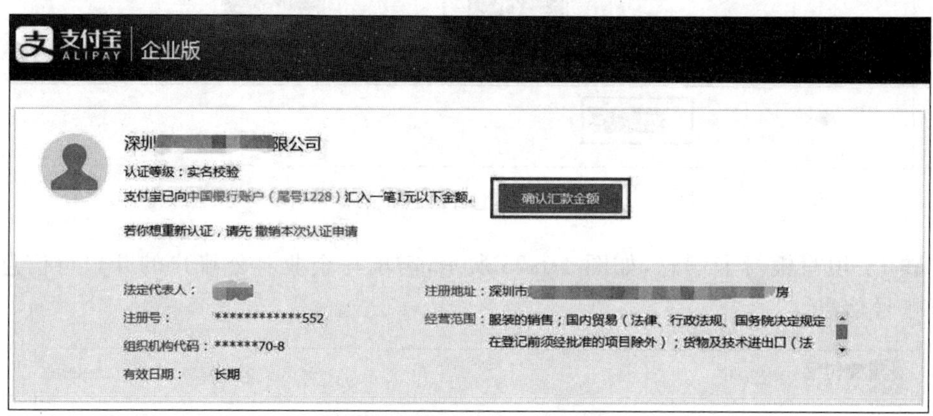

图 4-1-25　确认汇款金额页面

进入汇款金额确认页面后，填入企业对公账户收到的支付宝官方汇款金额，如图 4-1-26 所示。

确认汇款金额无误，系统会跳转到“恭喜你，通过支付宝实名认证”的提示页面，如图 4-1-27 所示。至此，完成企业支付宝实名认证的全过程。

活动评价

李勇团队在罗经理的指导下，在速卖通平台提交了朝阳电子商务有限公司的资质材料，完成了企业开店认证。可是，店铺还是不能发布商品，接下来他们要面临的是“速卖通开店考试”和“入驻类目申请缴费”。

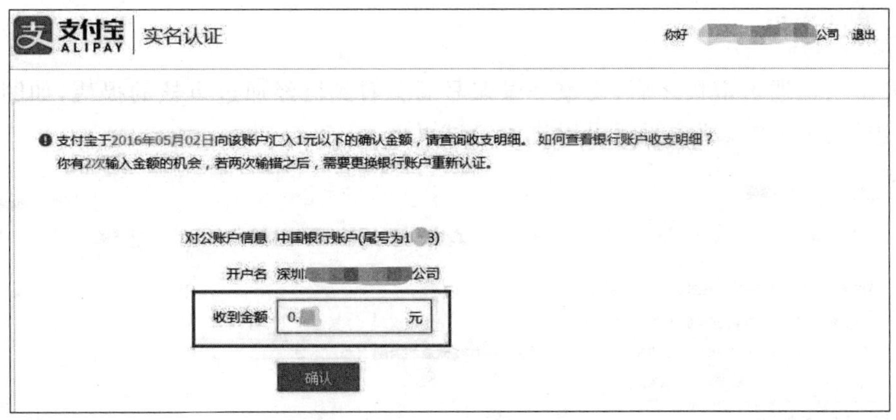

图 4-1-26　输入汇款金额页面

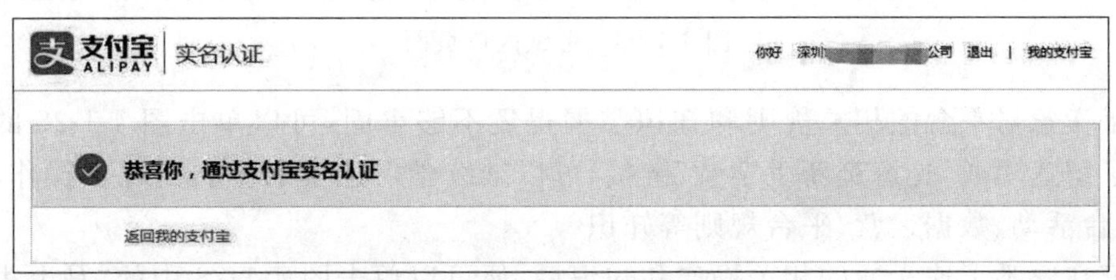

图 4-1-27　通过支付宝实名认证

活动三：速卖通考试及缴费入驻

为了尽快开通公司速卖通店铺，罗经理给了李勇团队一个任务，两天之内熟悉速卖通平台的相关知识、规则，熟悉发布商品、物流及交易相关操作，顺利通过开店考试。

知识窗

一、速卖通考试规则

1. 考试内容

从 2014 年 8 月 6 日之后新注册的速卖通账号会有一个开店考试，通过平台了解、发布产品、国际物流了解、平台规则、营销与数据等几个交易核心环节的考核测试，让新卖家更快速地了解速卖通平台、熟悉操作，并具备基本的出单技巧。每个模块下分别提供有针对性的视频教程，供买家学习。

2. 考试方式

开卷，考试针对上述 6 个知识模块随机抽取 50 道多项选择题。

3. 考试通过

90 分及以上为合格。合格卖家可以进入速卖通操作后台进行实际操作，而不合格的卖家可以选择重新抽取试题进行考试。

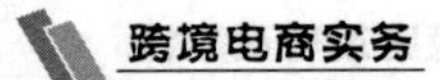

二、考试流程

在身份认证通过审核之后，卖家登录账号后会看到已经通过审核的提醒，如图 4-1-28 所示，单击“马上去测试”按钮就可以进入考试页面。

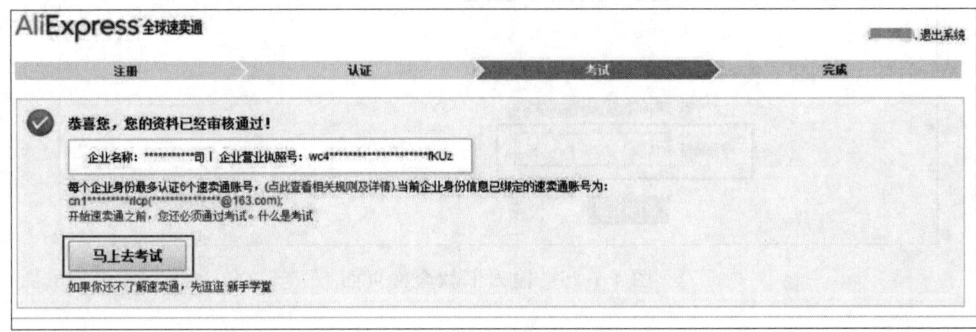

图 4-1-28　考试入口页面

如果卖家对平台的相关规则和知识掌握得还不够牢固，可以单击图 4-1-28 的“如果你还不了解速卖通，先逛逛新手学堂”链接，可以继续学习速卖通平台的基本操作和产品发布、平台活动、数据运营、平台规则等知识。

卖家在熟悉了速卖通的相关操作和知识后，便可以单击图 4-1-28 中的“马上去考试”按钮，进入考试页面，如图 4-1-29 所示。

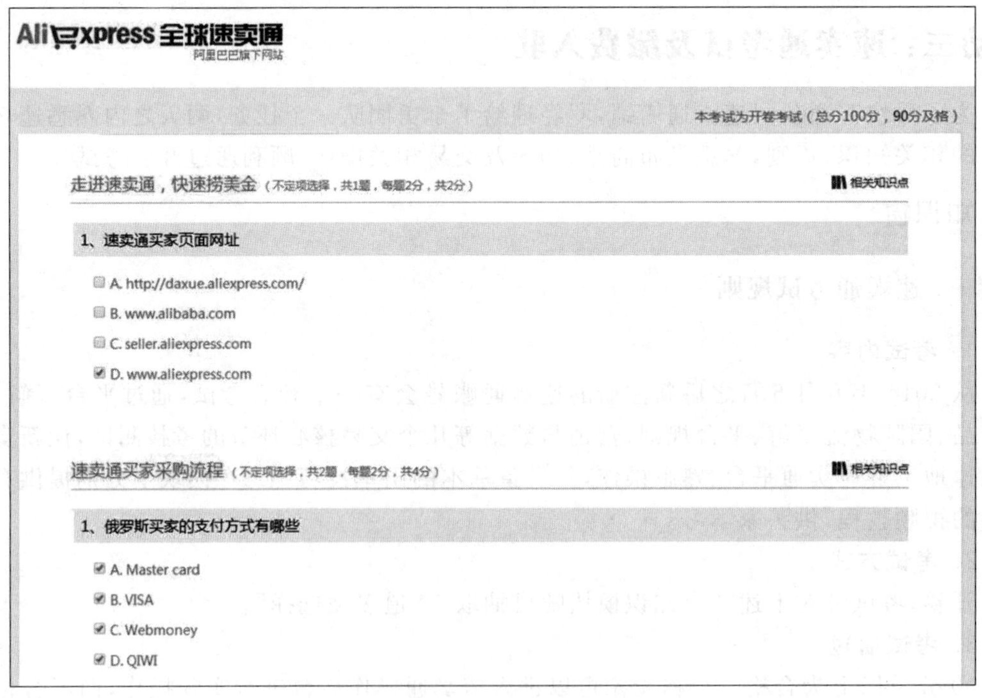

图 4-1-29　考试页面

考试过程中，如果对试题考核的知识点还未掌握，可以单击试题模块右侧的“相关知识点”链接去学习相应的知识点。

考试完成后，如果卖家成绩超过 90 分，系统会出现如图 4-1-30 的考试通过提示页面。如果成绩不达标，卖家需要继续抽题重新进行考试。

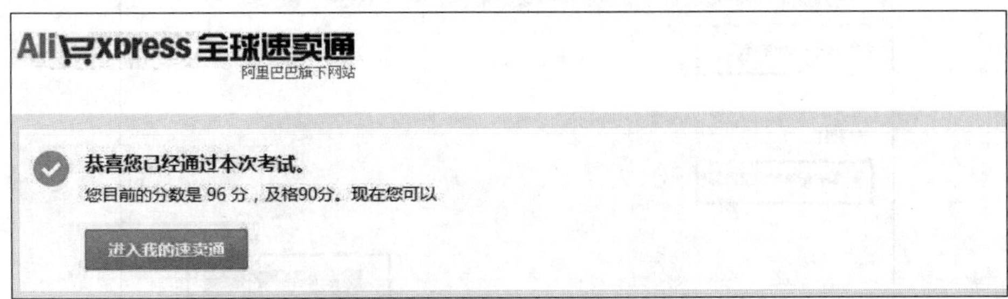

图 4-1-30　考试结果页面

三、类目入驻申请和缴费

通过速卖通考试，速卖通卖家账号就申请成功了。但是要发布商品，还需要完成速卖通招商类目入驻的申请和缴费流程。下面以服饰类目的入驻申请为例，展示申请操作步骤。

步骤 1：查看招商准入公告。用企业账号登录速卖通卖家平台，依次单击“账号认证”“类目招商准入”命令，查看信息公告，了解招商准入相关标准和流程后，单击“我要入驻”按钮，如图 4-1-31 所示。

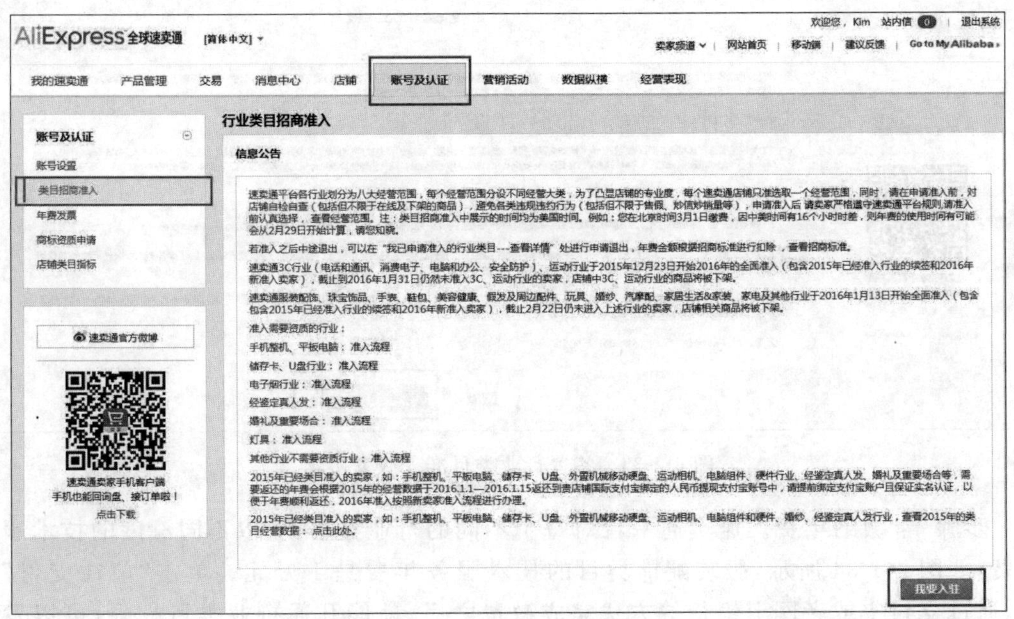

图 4-1-31　查看招商准入公告

步骤 2：选择入驻类目。由于不同类目的招商流程和缴费金额不同，因此在提交申请前必须选定企业经营范围对应的类目，如图 4-1-32 所示。

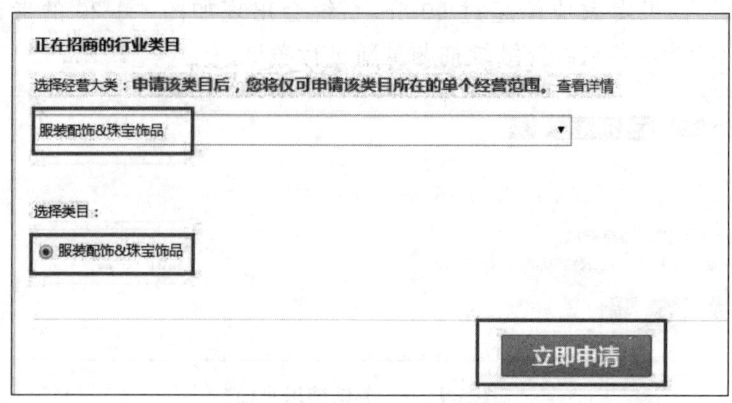

图 4-1-32　申请入驻行业类目

步骤 3：签署行业类目服务准入协议。申请人查看《速卖通类目准入协议》后，单击“同意并签署”按钮即完成行业类目服务协议签署，如图 4-1-33 所示。

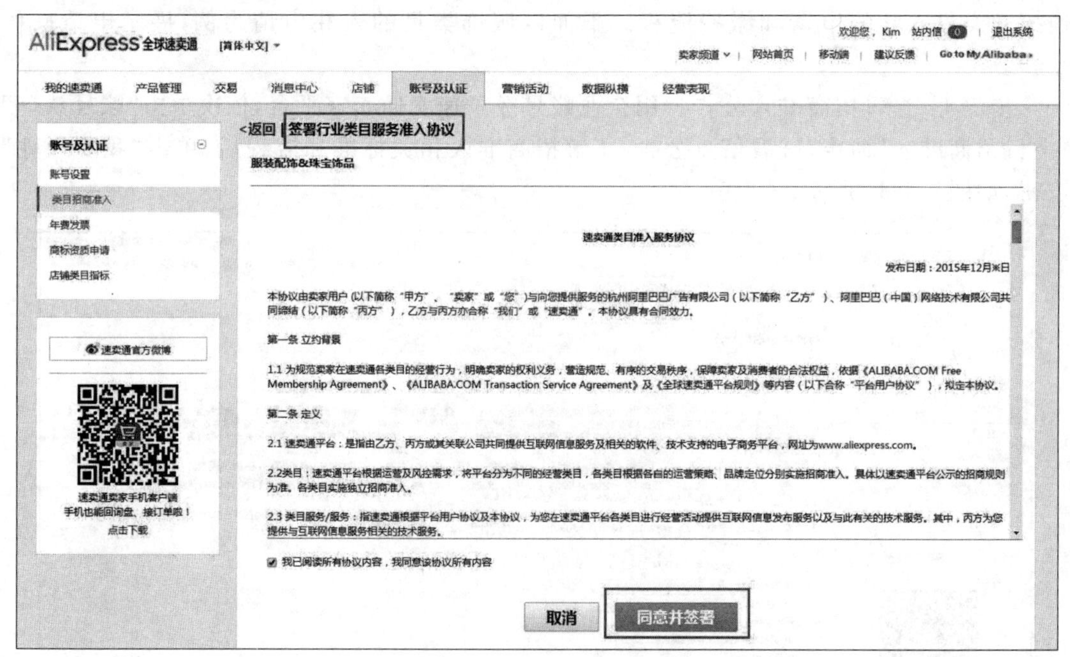

图 4-1-33　签署行业类目准入服务协议

步骤 4：缴纳年费。速卖通平台对每个不同的行业类目，收取不同额度的技术服务年费，如图 4-1-34 所示，服装配饰类目的技术服务年费是 1 万元。单击“前往支付”按钮，通过支付宝或者网上银行等方式完成缴费之后，就能开通行业类目权限，可以发布商品了。

图 4-1-34　缴费页面

四、新手卖家的学习渠道

1. 学习速卖通规则

每个速卖通卖家都必须熟练掌握平台规则，才能实现店铺的安全运营。卖家可以通过速卖通规则频道（网址：http://seller. aliexpress. com/education/rules/home. html?tracelog=rule01）全面学习和了解速卖通的各项规则，并且熟练掌握。

2. 参加速卖通大学培训课程

速卖通大学（网址：http://university. aliexpress. com）是速卖通平台专门为卖家设计的提供培训的频道。卖家可以通过速卖通大学频道丰富的学习资源，有线上的视频点播和直播学习课程，也有众多培训机构提供的线下培训课程。只要时间允许，新手卖家可以随时通过网络学习平台操作和网店运营的各种知识技能。

3. 浏览卖家论坛

对于新手卖家来说，向其他有经验的卖家学习间接经验是一种快速成长的途径。速卖通平台的卖家论坛（网址：http://bbs. seller. aliexpress. com/bbs）是卖家交流、分享店铺运营经验的平台，在这里新手卖家可以了解到其他成功卖家的"成长故事"，也可以网罗到很多店铺运营的"实操干货"。

活动实施

（1）学习速卖通大学在线视频课程。

利用课余时间登录速卖通大学（网址：http://university. aliexpress. com），学习速卖通店铺运营的知识和技能，并制订一个速卖通大学在线课程学习的计划，遵照完成。将学习过程记录在表 4-1-4 中。

（2）搜集速卖通卖家成长故事。

班内分组，4 人一组，举办"速卖通成功卖家故事会"。小组成员分别登录速卖通卖家论坛（网址：http://bbs. seller. aliexpress. com/bbs），浏览"成长故事"版块，搜集成功卖家的经验分享帖。小组推荐一个最喜欢的"成功卖家成长故事"，制作成 PPT，在班级"速卖通成功卖家故事会”中进行分享。

表 4-1-4　速卖通大学在线课程学习记录表

在线课程类目	课程名称	学习时间	学习收获与体会
1. 平台认知	(1) (2) (3)		
2. 平台操作	(1) (2) (3)		
3. 行业选品	(1) (2) (3)		
4. 境外物流	(1) (2) (3)		
5. 境外支付	(1) (2) (3)		
6. 营销推广	(1) (2) (3)		
7. 客户服务	(1) (2) (3)		
8. 数据分析	(1) (2) (3)		
9. 团队管理	(1) (2) (3)		
10. 品质提升	(1) (2) (3)		
11. 视觉设计	(1) (2) (3)		
12. 行业特点	(1) (2) (3)		

活动评价

李勇团队用一个星期的时间，在速卖通大学、速卖通卖家论坛认认真真地学习速卖通规则、店铺运营的知识和技能，四人合力完成了店铺考试认证。学习的过程虽然有点沉闷枯燥，但是他们相互交流学习心得，感到非常充实，对速卖通平台的熟悉和了解，让他们对即将要运营的店铺充满信心。

任务二 发布优化商品

情境设计

李勇团队在罗经理的指导下，已经完成店铺账号的注册和认证，通过了平台考试，也完成了平台的资质审核和缴费工作，顺利地开通了母婴类店铺账号。现在朝阳电子商务有限公司产品部召开了会议，商定了李勇团队负责的速卖通店铺所要发布的母婴产品种类、型号和数量。接下来，李勇团队要做好产品发布的准备工作，完成产品发布和优化，让店铺顺利开业。

任务分解

为了更好地分工合作，做好店铺的运营，罗经理召集李勇团队开会，初步明确了李勇、王丽、张军、钟珊四人的分工。李勇承担店长职务，主要负责店铺的运营管理和团队的组织协调工作，王丽主要负责产品信息的编辑和发布，张军负责店铺的装修和美工处理工作，钟珊负责店铺的客服销售工作。

活动一：准备商品资料

活动背景

由于第一次承担产品编辑工作，王丽特别紧张，不知道在店铺发布新品之前要准备什么资料。罗经理建议她向公司产品部的同事请教。王丽在罗经理的指引下，找到了产品部的张经理，向她请教如何做好产品发布前的准备工作。

知识窗

一、掌握产品知识

作为店铺运营人员，不管是产品编辑岗位、销售客服岗位还是营销推广岗位都要了解和掌握相应的产品知识。商品知识包括以下内容。

（1）商品类别。了解跨境电商平台的产品类目划分标准，明确店铺要发布的产品属于什么类别，是正确地进行产品发布的前提条件。

(2) 品牌知识。随着跨境电商平台对卖家资质要求的不断提高,卖家产品的营销必然走向品牌化营销之路。因此,网店运营人员也很有必要掌握一定的品牌知识。一方面,要了解本店产品的品牌定位、品牌形象和品牌宣传策略。另一方面,要学会在网店装修、产品详情页设计中恰当地融入品牌故事、品牌介绍等品牌宣传内容,打造品牌形象,提升品牌知名度和认可度。

(3) 商品规格。在网络购物中,卖家须非常重视商品规格的描述。商品规格是买家确认商品品质的主要指标,如化学成分、含量、纯度、性能、容量、长短、粗细等。需要注意的是,在跨境电商平台上,卖家需要按照国外买家的习惯来介绍和展示商品规格,一般采用国际标准的计量单位。例如,在说明服装的尺码时,一般采用 S、M、L、XL、XXL、3XL……来表示,并附上尺码表,如图 4-2-1 所示。在度量衣服长度时,国内一般用厘米(cm)作为测量单位,但是在欧美国家一般用英尺(inch),所以店铺最好注明厘米跟英尺的换算关系,如 1cm≈0.39inch,1inch≈2.54cm。

Size	Length(cm/inch)	Chest(cm/inch)	Suggest Age	
S	51cm/20.08"	58cm/22.83"	2-3Y	
M	56cm/22.05"	60cm/23.62"	4-5Y	
L	61cm/24.02"	63cm/24.8"	6-7Y	
XL	67cm/26.38"	66cm/25.98"	8-9Y	

图 4-2-1　服装尺码表

(4) 成分材质。指的是产品的成分配比和材质面料,这是在产品发布时要填写商品相关属性。

(5) 功能效用。功能指的是产品所发挥的作用和效能;效用指的是使用产品能达到的功效以及产品的使用范围。

(6) 特点卖点。指产品跟同类产品比有什么特点,不同之处;卖点是产品在销售过程中用来吸引顾客做出购买决定的关键因素。卖点呈现在产品详情页展示中尤为重要。

(7) 风格潮流。指产品包含的流行元素。如服装的款式、裁剪、花色所体现的风格。

(8) 保养方法。指的是产品在使用过程中应如何保护和修理。对于特殊材质和耐用产品,卖家应向买家介绍保养方法。

二、产品发布前的准备工作

1. 准备产品图片

在网店产品展示中,一张图胜过千言万语,图片是产品传递产品信息的重要元素,也是影响产品单击率的关键因素。因此,在发布产品前必然要准备好产品图片。在速卖通平台上传产品时,要用到的 1 张主图和 5 张细节图,另外还需要根据卖家需要准备用于产品详情页展示的各种相关图片。

(1) 主图。在速卖通平台,主图和细节图一般要求是 JPG 格式的正方形,规格为 600px×600px、700px×700px 或者 800px×800px。图片背景建议纯色,风格要统一,不要太多文字。为了防止盗图,一般图片需要加上含有店铺 Logo 的水印。如图 4-2-2 所示

为主图效果。

(2) 细节图。5 张细节图可以是产品不同角度的细节拍摄图、模特图、同款中不同花色的展示图、多种颜色的组合图等。图片要求参照主图。如图 4-2-3 所示为主图效果。

(3) 详情图。指的是用在产品详情页的各种图片,详情图在类型和数量上没有统一规定,一般来说包含产品主图、细节图、模特图、效果图、生产场景图、产品资质证明图等。

图 4-2-2 产品主图

2. 准备产品描述

产品描述即是产品介绍。跨境电商平台面向海外买家,因此在描述产品时,文字介绍要符合目标客户的文字阅读习惯,一般采用英文撰写。产品描述的内容包括:产品名称、产品属性、产品规格、产品包装、产品使用说明(注意事项)等。如图 4-2-4 所示,是一款女童礼服裙的产品描述。

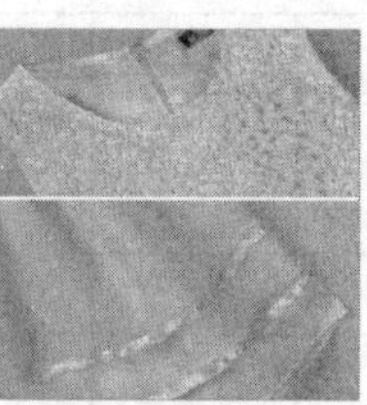

图 4-2-3 产品细节图

Item Description

Product features
Material: Polyester, Gauze, Lace
Color: White
Neck: O-Neck
Sleeve : Sleeveless
Pattern: Solid
Style: Korean style
Design: Sweet
Decoration: Lace
Zipper: Back zipper
Department Name: Children Girls
Only dress, accessories are not included.
Package Content: 1 x Girl Dress
Note:
1. Hint for choosing proper size, use similar clothing to compare with the size.
2. Choose larger sizes if your size are same as the flat measurement Size chart.
3. As different computers display colors differently, the color of the actual item may vary slightly from the above images, thanks for your understanding.
Size: There are 7 sizes (100,110,120,130,140,) available for the following listing. please allow 1-2cm differs due to manual measurement, thanks

Tag. NO	Height	Age (Year)	Bust		Length	
100=3	95-105	2--3	56 cm	21.8 inch	54 cm	21.1 inch
110=4	105-115	3--4	58 cm	22.6 inch	55 cm	21.5 inch
120=5	115-125	4--5	60 cm	23.4 inch	58 cm	22.6 inch
130=7	125-135	6--7	64 cm	25 inch	60 cm	23.4 inch
140=9	135-145	8--9	66 cm	25.7 inch	63 cm	24.6 inch

图 4-2-4 产品描述

3. 拟定产品售价

发布产品前，卖家一定要对产品价格进行核算，一般来说，“产品售价＝采购成本＋邮费成本＋平台佣金＋利润”。此外，产品售价还需预留促销折扣的空间，以便在促销活动中进行价格调整。具体的定价方法可参看项目二中任务三的相关内容介绍。

活动实施

(1) 搜集热卖商品信息。选定一个与本店相同类目的产品名称，如“女婴服装”，在速卖通、eBay或者亚马逊平台上搜索这个类别的关键字，按销量由大到小排序，收集TOP10(排名前十)的热卖商品信息。分析这些产品的关键属性，作为编写产品信息的参考。

步骤1：拟定商品信息表(空表)，确定要收集哪些商品信息，如表4-2-1所示。

表4-2-1　热卖商品信息收集表

TOP	型号	名称	图片	链接	颜色	材质	码数	价格	销量
1									
2									
3									
4									
5									
6									
7									
8									
9									
10									

步骤2：登录速卖通、eBay或亚马逊平台，收集某个产品类目的热卖产品信息，按销量从大到小排序。例如，在速卖通买家首页输入搜索关键词baby girl clothes，然后单击Order命令排序，如图4-2-5所示。

步骤3：依次单击、浏览搜索结果页销售量排名前十的商品详情页(如图4-2-6所示)，将产品的相关信息填入产品信息收集表4-2-1中。

(2) 制作商品目录册。为了更好地管理和查找自己店铺的商品信息，制作一份店铺《商品目录册》是很有必要的。

步骤1：根据店铺所要发布的商品特点，列出表格要记录的内容——表头类目，一般包括产品类别、产品编码、名称、图片、型号(货号)、规格(尺寸、尺码)、颜色、材质(成分)、重量、成本价、运费、利润率、不包邮价格、包邮价格等，如表4-2-2所示。

表4-2-2　商品目录册(空表)

产品类别	产品编码	名称	图片	型号	规格	颜色	材质	重量(g)	成本价(元)	运费(元)	利润率(%)	不包邮价格($)	包邮价格($)

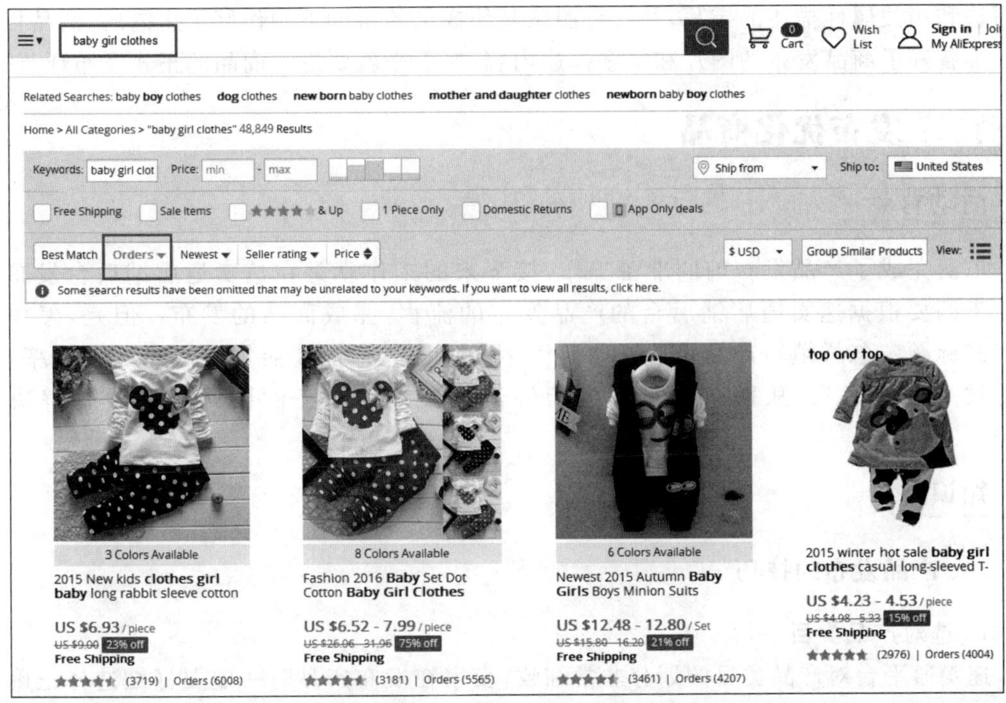

图 4-2-5 速卖通商品信息收集

图 4-2-6 速卖通产品详情页

步骤 2：根据实际情况，将要发布的产品信息分类逐个录入表 4-2-2，建立《商品目录册》。

活动评价

王丽和团队中的同学在朝阳电子商子有限公司产品部张经理的指导下，认真学习公司经营产品的相关知识。通过热卖商品信息收集，她初步掌握了速卖通店铺中商品标题的写法和相关属性描述的撰写，并且在团队其他成员的协助下制作好了店铺的《商品目录册》，准备好了商品发布的图片和文字描述内容，接下来就要进入商品的正式发布环节。

活动二：发布优化商品

活动背景

王丽完成了产品发布前的准备工作，接下来的工作就是在速卖通店铺后台发布产品。王丽要根据速卖通店铺后台的产品发布的流程，完成商品的发布。但是，怎样撰写产品标题？怎样填写产品属性？如何优化产品信息才能使店铺产品增加曝光率，更容易被买家搜索到，从而获得更大的店铺流量呢？这是王丽团队现阶段要解决的问题。

知识窗

一、产品发布的技巧

1. 选对产品类目

速卖通平台对产品类目的划分非常细致，卖家在发布产品时一定要仔细选择正确的类目进行发布，否则在产品发布信息提交后，会因为“产品类目错放”的原因导致无法通过速卖通产品发布审核，也会降低店铺产品的搜索排名，甚至被平台处罚。新手卖家在选择产品类目时，可以通过在类目查找框中输入英文产品关键词，查找到产品所属的类目；也可以在类目选框中，逐层选取正确的类目描述，如图 4-2-7 所示。

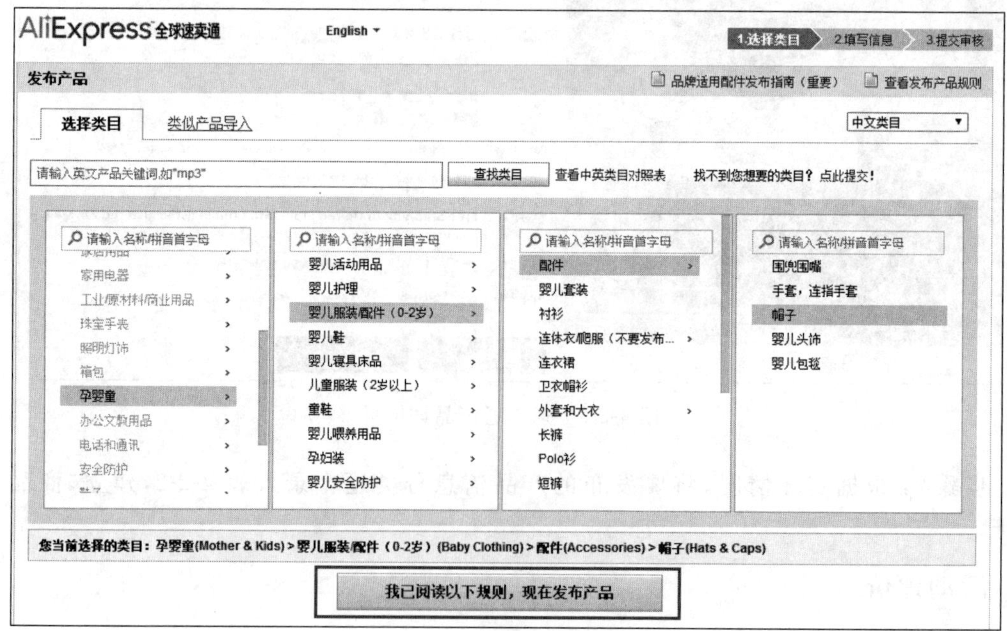

图 4-2-7　选择产品发布类目

2. 拟好产品标题

产品标题不仅是吸引海外卖家浏览产品的关键信息，也是影响店铺产品曝光率和搜索排名的关键因素，所以买家一定要完整、准确地表述产品信息。速卖通平台规定每个产品的标题最多可容纳 128 个字符，买家要充分利用这 128 个字符来表述产品。那么产品标题要包含哪些内容呢？标题是由不同性质的关键词组成的，通常采用三种关键词来编写产品标题，称为三段法标题：核心词＋属性词＋流量词。

标题制作的流程可以分为 3 个步骤，如图 4-2-8 所示。

图 4-2-8 标题制作流程图

第一步：收集数据。跟选品一样，卖家可以通过数据纵横、卖家频道、卖家论坛、Google 搜索工具等多种渠道收集行业热门词、热搜词、品名等。

第二步：分析数据。买家可以对收集到的词语进行分类，列出词表，如表 4-2-3 所示。

表 4-2-3 词表

行业热门词	热搜词	属性次	修饰词	流量词

第三步：根据词表中的词汇进行组合排列，设置标题。

3. 填好产品属性

产品属性是影响搜索排名的另一个重要因素，因此准确、完整地填写产品属性有助于提高产品曝光率。产品属性包括必填属性和选填属性，如图 4-2-9 所示，在产品发布页面中带“*”号的是必填属性，带“!”号的是关键属性。必填属性要根据产品本身的属性和当前该品类的热销属性填写；选填属性要尽可能地迎合热搜属性，但要确保精确，具体的数据可以参考“数据纵横”“选品专家”“热销属性”和“热搜属性”来分析得出。

4. 设计好产品详情页

产品详情页是影响店铺转化率的关键因素。即使买家通过优化产品属性和标题，提高了产品曝光率，但是产品详情页做得不好，也会使流量跳失。

详情页的设计应该从视觉、文案和关联营销这几个方面来重点打造。视觉指的是通过产品主图、细节图、海报图、广告图等，全方位地展示商品，充分体现产品的卖点；文案是通过文字描述，图文并茂地向顾客推销产品，增加产品的可信度和买家的购买欲望；关联营销是指要做好配套产品、热卖产品的关联营销，从而提高客单价。

详情页的设计还要注重页面模块的优化，详细描述的一般结构包括以下几个模块，如表 4-2-4 所示。

1. 产品基本信息

产品属性：当前产品的属性填写率为0%，该产品所在类目下优质商品的属性填写率为 78%，完整且正确的产品属性有助于提升产品曝光率！

系统属性中没有合适的属性或者属性值？点此提交

适用人群 Baby

品牌 --请选择--

部分品牌（参考列表）的商品需提交申请后方可发布。我要申请

* 材质 Cotton(棉) Paper(纸质) Polyester(涤纶) Rayon(人造丝) Acrylic(腈纶) Fur(皮毛一体) Faux Fur(假皮草) Leather(皮革) Faux Leather(人造皮革) Wool(羊毛) Straw(稻草) Linen(亚麻)

! 性别 --请选择--

! 婴儿年龄 0-3 months(新生儿) 4-6 months(4-6个月) 7-9 months(7-9个月) 10-12 months(10-12个月) 13-18 months(13-18个月) 19-24 months(19-24个月)

! 图案类型 --请选择--

型号

帽带类型 --请选择--

添加自定义属性

* 产品标题： 您还可以输入 128 个字符

图 4-2-9　填写产品属性

表 4-2-4　详情页模块列表

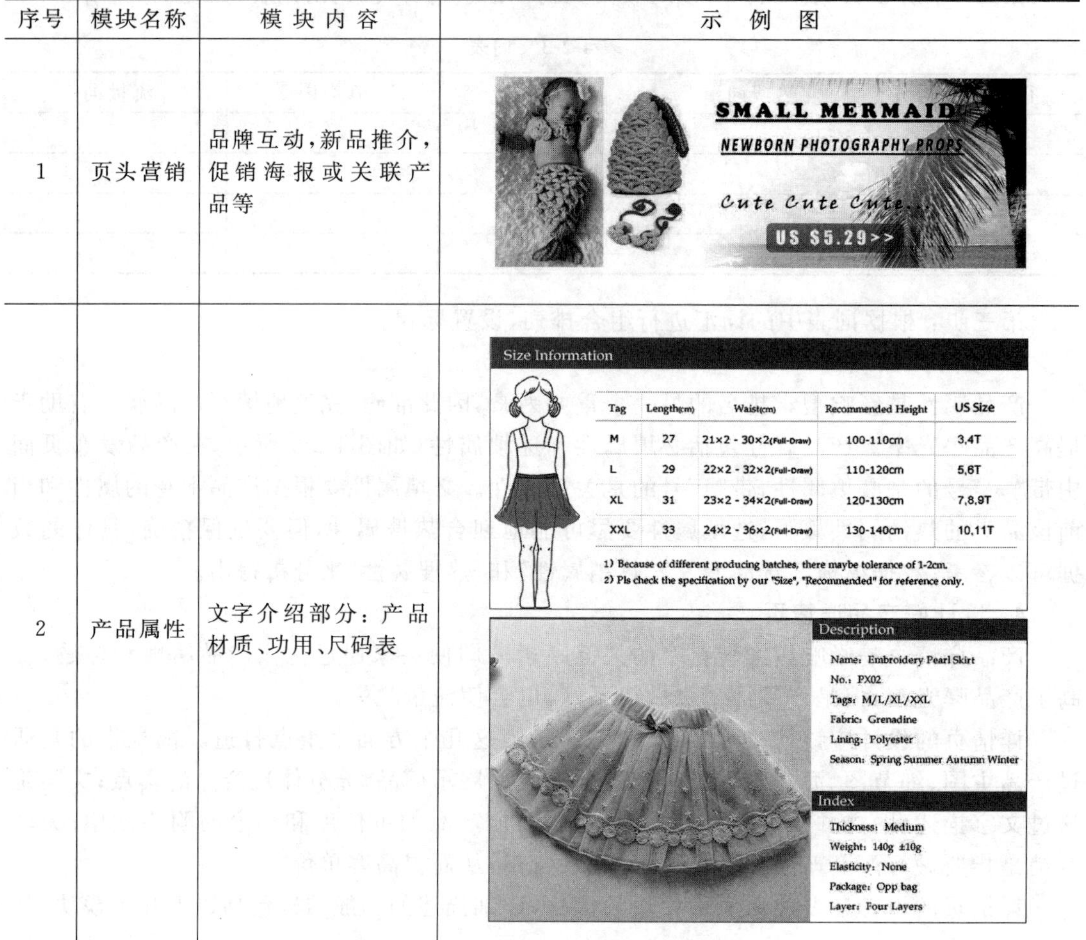

序号	模块名称	模块内容	示例图
1	页头营销	品牌互动，新品推介，促销海报或关联产品等	
2	产品属性	文字介绍部分：产品材质、功用、尺码表	

续表

<table>
<tr><th>序号</th><th>模块名称</th><th>模 块 内 容</th><th>示　例　图</th></tr>
<tr><td>3</td><td>产品展示</td><td>主图、细节图、模特图、组合图、效果图、包装图</td><td>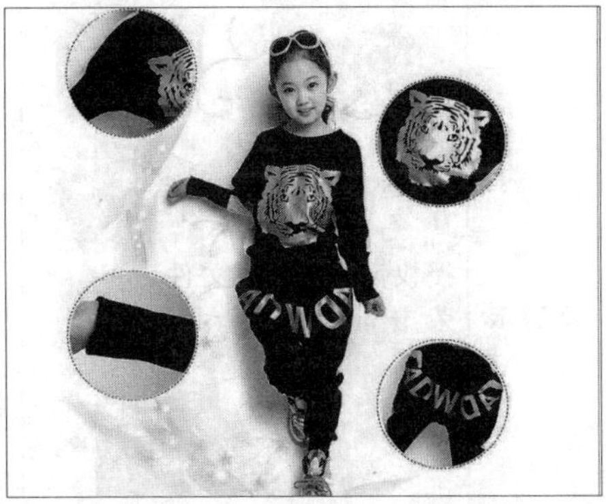</td></tr>
<tr><td>4</td><td>好评展示</td><td>买家秀、好评图、信誉展示</td><td>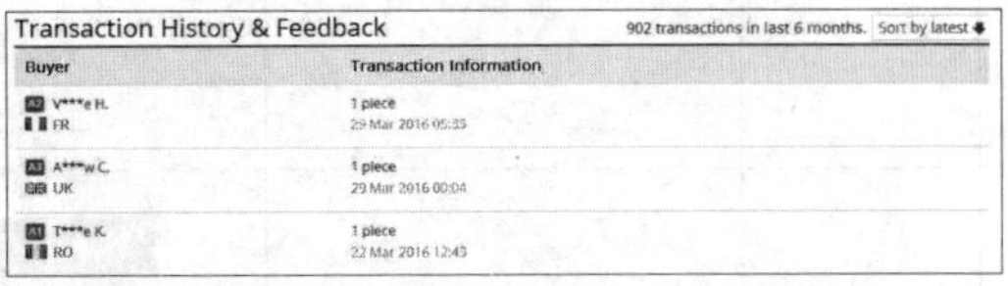
</td></tr>
<tr><td>5</td><td>店铺说明</td><td>店铺工作时间、付款方式、物流及发货说明、退货流程、退款说明、使用说明、注意事项、售后事宜、评价说明等</td><td>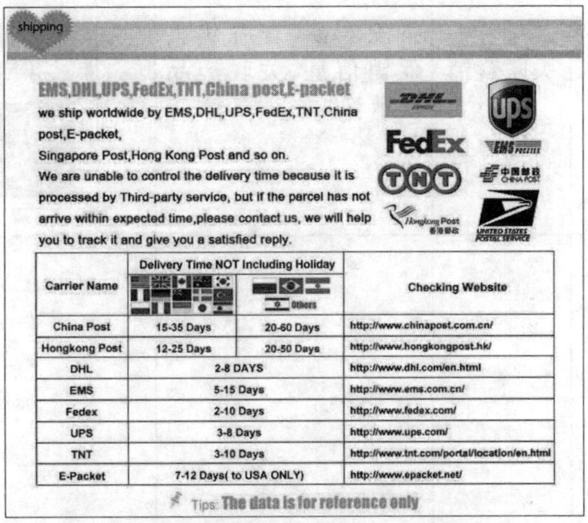

<table>
<tr><th rowspan="2">Carrier Name</th><th colspan="2">Delivery Time NOT Including Holiday</th><th rowspan="2">Checking Website</th></tr>
<tr><th></th><th>Others</th></tr>
<tr><td>China Post</td><td>15-35 Days</td><td>20-60 Days</td><td>http://www.chinapost.com.cn/</td></tr>
<tr><td>Hongkong Post</td><td>12-25 Days</td><td>20-50 Days</td><td>http://www.hongkongpost.hk/</td></tr>
<tr><td>DHL</td><td colspan="2">2-8 DAYS</td><td>http://www.dhl.com/en.html</td></tr>
<tr><td>EMS</td><td colspan="2">5-15 Days</td><td>http://www.ems.com.cn/</td></tr>
<tr><td>Fedex</td><td colspan="2">2-10 Days</td><td>http://www.fedex.com/</td></tr>
<tr><td>UPS</td><td colspan="2">3-8 Days</td><td>http://www.ups.com/</td></tr>
<tr><td>TNT</td><td colspan="2">3-10 Days</td><td>http://www.tnt.com/portal/location/en.html</td></tr>
<tr><td>E-Packet</td><td colspan="2">7-12 Days(to USA ONLY)</td><td>http://www.epacket.net/</td></tr>
</table>
Tips: The data is for reference only</td></tr>
<tr><td>6</td><td>生产场景</td><td>产品生产环境、设计理念、生产团队、生产流程、工艺展示、原材料</td><td>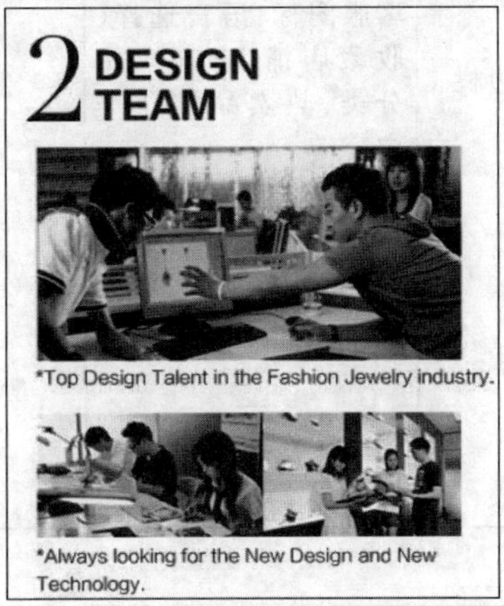
</td></tr>
</table>

续表

序号	模块名称	模块内容	示例图
7	资质展示	授权证书、资质文件、荣誉证书、质量认证等	 风云榜 TOP100 十大最佳饰品品牌 威妮华首饰 *Won the prize as 1 of Top 10 Chinese Fashion Jewelry Awards in 2008
8	关联营销	搭配产品，套餐优惠促销信息、关联产品展示等	 You Will Like ...
9	侧边栏	客服图标、语言选择、收藏店铺、店内产品分类、热卖品推介等内容	 ONELINE TIME Beijing Time 09:00-18:00 New York Time 20:00-05:00 Melbourne Time 12:00-21:00 London Time 01:00-10:00 LANGUAGES Deutsch русский Française 한국의 português Türkiye España Italiano tiếng Việt Brasil

二、产品管理

1. 产品管理

(1) 产品状态。产品发布后,卖家可以在店铺后台的“产品管理”→“管理产品”中查看产品状态,如图 4-2-10 所示。任何一个产品发布后,可能会处于以下 5 种状态。

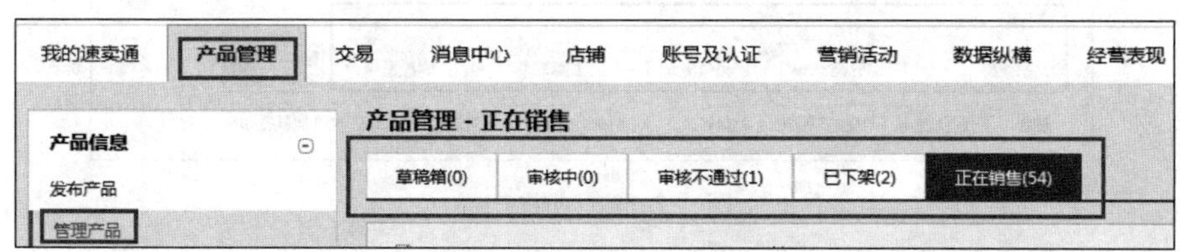

图 4-2-10 产品状态图示

① 草稿箱。在“发布产品”页面进行编辑操作时,系统每隔 15 分钟会自动将编辑内容保存到草稿箱中。此外,在“发布产品”页面单击“保存”按钮后,产品信息也会保存在草稿箱。需要注意的是:草稿箱的保存产品信息上限是 20 天,超过后则无法保存,需手动删除;而且草稿箱中的产品描述图片只保留 15 天,逾期系统将自动删除,应尽快提交审核。

② 审核中。一般情况下平台会按产品提交的先后顺序,在 72 小时内完成对产品信息的审核。但是,如果产品信息或图片涉及违反相关法律法规或者涉嫌侵犯第三方知识产权,审核速度会比正常产品有延迟。未完成审核的产品状态会停留在“审核中”,产品信息无法编辑。

③ 审核不通过。如图 4-2-11 所示,所有“审核不通过”的商品,只保留查看及删除功能。卖家可以通过单击 Return Reason 按钮,查看审核不通过的原因,若不认可产品审核不通过,可以在速卖通后台导航栏,单击“经营表现”—“违规明细”,找到具体产品后及时进行申诉,等待申诉的时间为 7 个工作日(超时未申诉,不再提供申诉入口),同时申诉机会只有一次。

图 4-2-11 审核不通过产品

注意:目前只有涉及侵权的产品有申诉入口,涉及禁限售的产品暂时无申诉入口;平台会在 5 个工作日内进行处理。

④ 已下架。因有效期到或其他原因被平台下架的产品,或买家手动下架的产品,会显示在“正在销售”状态中。

⑤ 正在销售。已经通过审核,并仍在发布有效期内的产品会显示在“正在销售”中,

可以对正在销售的产品进行编辑操作。

(2) 查找产品。如果发布的产品数量较多,可以在相应的状态下使用产品搜索功能,快速地查找到你想要的产品。如图 4-2-12 所示,查找产品一共有七种方式:①产品名称或 ID;②产品编码;③产品类型;④产品分组;⑤产品负责人;⑥到期时间;⑦库存量。

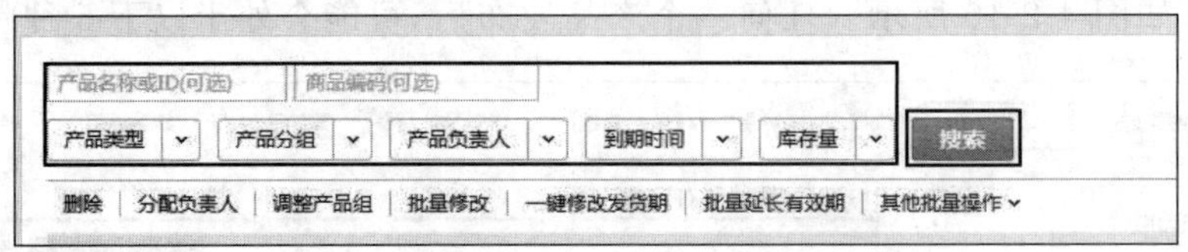

图 4-2-12　查找产品

(3) 编辑产品。买家在店铺后台,打开"管理产品"→"产品管理"页面,选择要修改的商品,单击"编辑"按钮,修改产品信息。也可以单击"更多操作"按钮,对产品进行相应的操作,如图 4-2-13 所示。

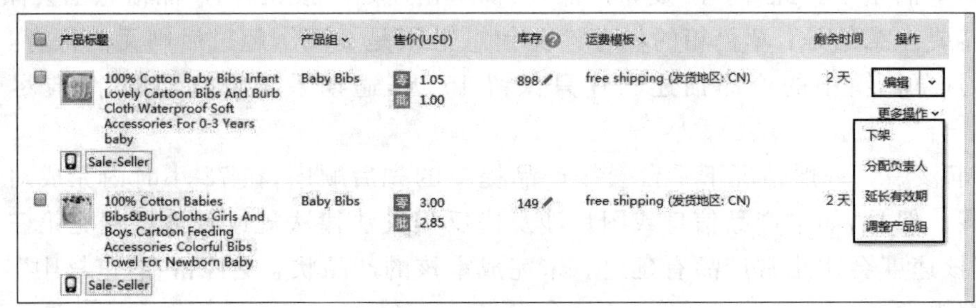

图 4-2-13　产品编辑

(4) 下架产品。一般情况下,卖家发布商品时选择的有效期(14 天或 30 天)到期时,系统会自动地下架到期产品。买家在产品缺货时,也可以手动进行商品下架操作。过期或者手动下架的产品,会从"正在销售"转为"已下架"状态。卖家可以在"已下架"状态栏下查看下架产品,并进行产品重新上架的操作,如图 4-2-14 所示。

图 4-2-14　编辑下架产品

2. 橱窗推荐

橱窗推荐是速卖通对达到一定等级的卖家给予的奖励。应用推窗推荐之后的产品可以增加曝光率,提升产品的排名,对店铺有提升流量和促进销售的作用。

所有的速卖通卖家将都能得到平台给予的资源奖励,等级越高的卖家获得的奖励种类和奖励数量越多。速卖通不同等级卖家获得橱窗推荐的数量如表 4-2-5 所示。

表 4-2-5 卖家等级对应的橱窗推荐数量

等级目标	会员激励	一级	二级	三级	四级	五级	六级
资源奖励	推荐位	1 个	5 个	10 个	20 个	25 个	30 个
	站外推广			站外推广活动的优先参与权			

想在全球速卖通获得更多橱窗推荐位，就必须提高卖家等级。速卖通平台对卖家等级评定的条件规定，如表 4-2-6 所示。

表 4-2-6 卖家等级评定标准

层级	上架产品数	交易源	退款率	好评率	回头购买金额
一级	≥30 个				
二级	≥50 个	>$0			
三级		≥$500	≤7.00%		
四级		≥$1000	≤4.00%	≥95.00%	
五级		≥$3000	≤3.00%	≥97.00%	≥$2000
六级		≥$10 000	≤3.00%	≥97.00%	≥$5 000

3. 产品分组

产品分组是速卖通店铺后台提供的能够把店铺中发布的产品按照不同类别进行分组管理，使产品在店铺中能分类展示的功能。通过产品分组功能，一方面卖家可以在店铺后台中更好地对产品进行分类管理，另一方面买家也可以在店铺首页中更方便地进行店铺商品的检索和查找。

(1) 创建手动分组。产品分组分为手动分组和自定义规则分组，其中手动分组可以设置 10 个，自定义规则分组可以设置 5 个。每个手动分组下还可设置 10 个子分组，但按自定义规则创建的分组不支持设置子分组，即手动分组和自定义规则分组一共最多可设置 105 个产品分组。

手动分组的创建操作比较简单，登录“我的速卖通”后台，单击“产品管理”→“产品分组”→“新建分组”链接，如图 4-2-15 所示。

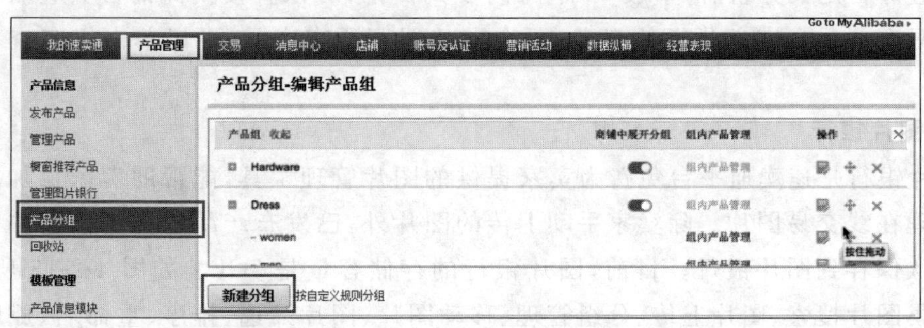

图 4-2-15 新建分组

（2）创建子分组。创建店铺产品分组的一级大类后，可以根据店铺需要“创建子分组”，如图 4-2-16 所示。每个一级分组下面最多可以创建 10 个子分组。

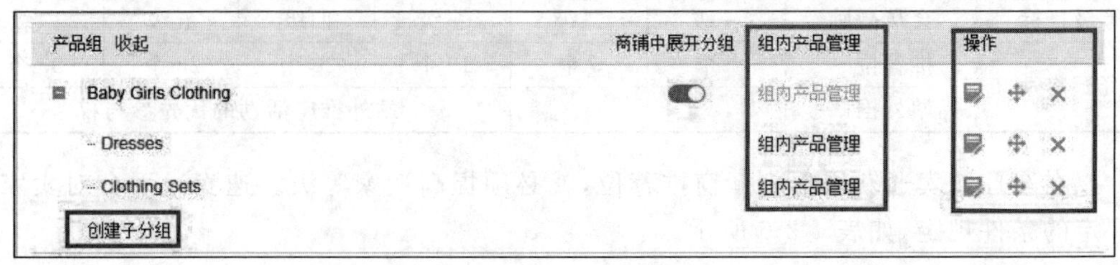

图 4-2-16　创建子分组

（3）按自定义规则分组。速卖通产品分组除了上述手工创建分组的方式外，还有一种分组方式叫“按自定义规则分组”。如图 4-2-17 所示，这是一种个性化定制的分组方式，除了可以自己拟定分组名称，还可以指定排序规则，如“热销商品在先”“最新发布在先”等，也可以指定发布类目、发布时间和价格范围。

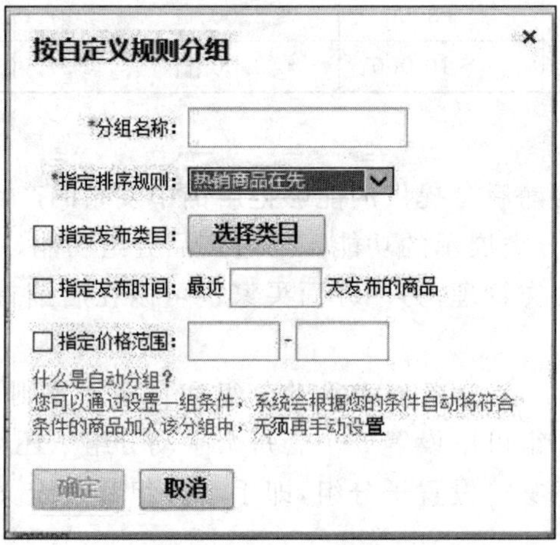

按自定义规则分组
*分组名称：
*指定排序规则：热销商品在先
指定发布类目：选择类目
指定发布时间：最近　天发布的商品
指定价格范围：　-
什么是自动分组？
您可以通过设置一组条件，系统会根据您的条件自动将符合条件的商品加入该分组中，无须再手动设置
确定　取消

图 4-2-17　自定义规则分组

设置好自定义分组后，一般 24 小时同步到商铺，可以直接到商铺首页查看。但商铺首页只会展示自定义分组的组名，不会默认展开所有产品，可以单击组名查看相关产品。

4. **图片银行**

图片银行是速卖通平台免费为卖家提供的图片管理工具，能帮助卖家更加方便快捷地管理在线交易图片。除卖家手动上传的图片外，已发布产品的详细描述中的图片都会默认保存到图片银行。目前，图片银行的存储容量是 5GB。如图 4-2-18 所示，图片银行集图片搜索、图片上传、分组管理、移动图片、图片筛选、排序、重命名、删除等功能于一体。

（1）图片搜索功能。可以根据图片名称和分组搜索图片。

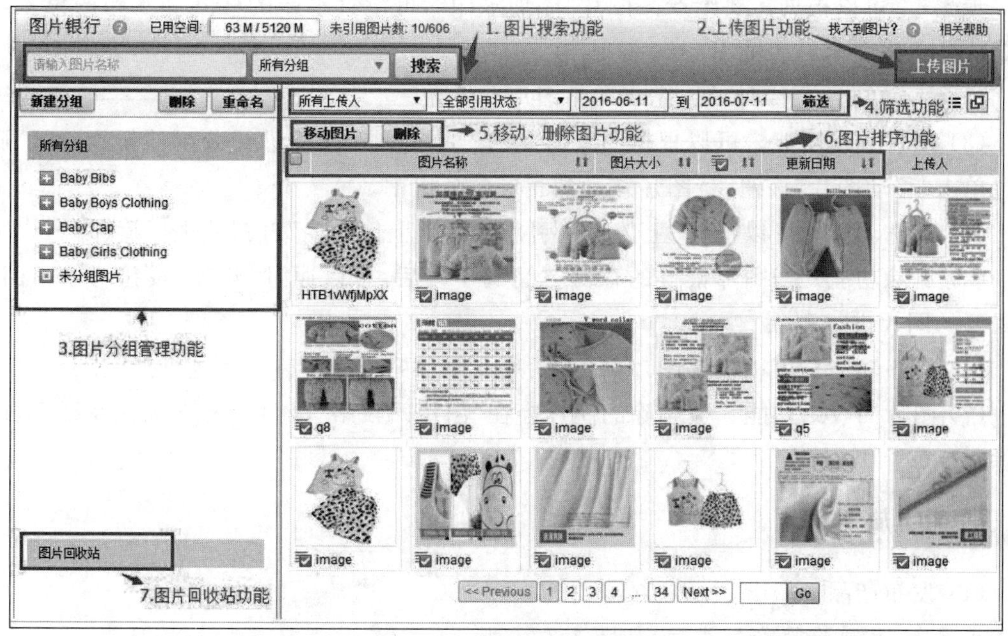

图 4-2-18 图片银行的功能

(2) 上传图片功能。图片银行具有上传图片的功能,可以将计算机端的产品或店铺图片上传到图片银行进行存储和管理。操作步骤如图 4-2-19 所示。

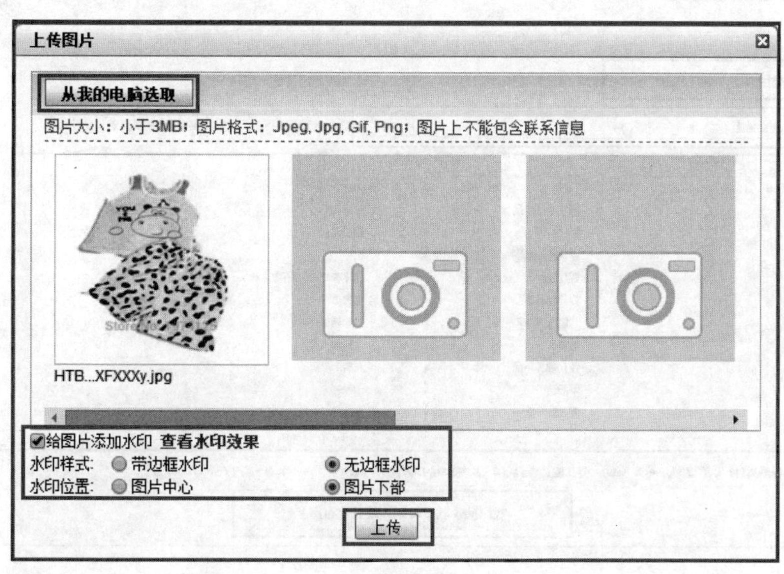

图 4-2-19 上传图片到图片银行

步骤 1:先登录到"我的速卖通",单击"产品管理"→"管理图片银行"链接。

步骤 2:单击图片银行操作页面右上角的"上传图片"按钮。

步骤 3:从计算机中选取需要上传的图片。

步骤 4：可以根据需要给产品图片“添加水印”，可设置水印的样式和水印的位置，水印默认显示为卖家的店铺 ID 号。

步骤 5：单击“上传”按钮，完成产品图片上传。

(3) 图片分组功能。可以根据图片所属的产品类别对图片进行分组，“新建分组”后，通过单击“移动图片”按钮，将图片移动到相应的分组中。

(4) 筛选功能。可以根据“上传人”“引用状态”“上传日期”对图片进行筛选。

(5) 删除功能。当图片银行的存储空间满了以后，可以通过“删除”按钮对未引用或不需要的图片进行删除。

(6) 排序功能。可以根据图片名称、图片大小和更新日期对图片进行排序。

(7) 图片回收站功能。被删除的图片会在“图片回收站”保存 7 天，7 天后系统会自动删除。

活动实施

(1) 发布产品。

步骤 1：正确选择产品类目，如图 4-2-20 所示。

图 4-2-20　选择产品类目

步骤 2：填写产品属性，如图 4-2-21 所示。

步骤 3：填写产品标题，如图 4-2-22 所示。

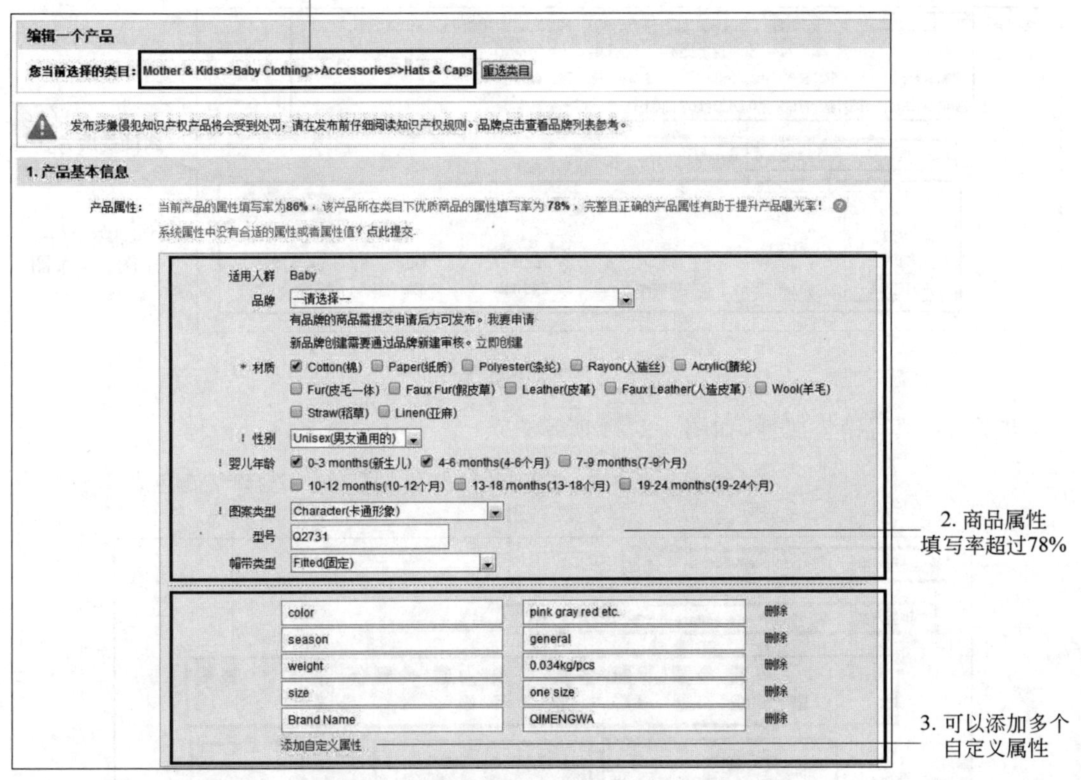

图 4-2-21 填写产品属性

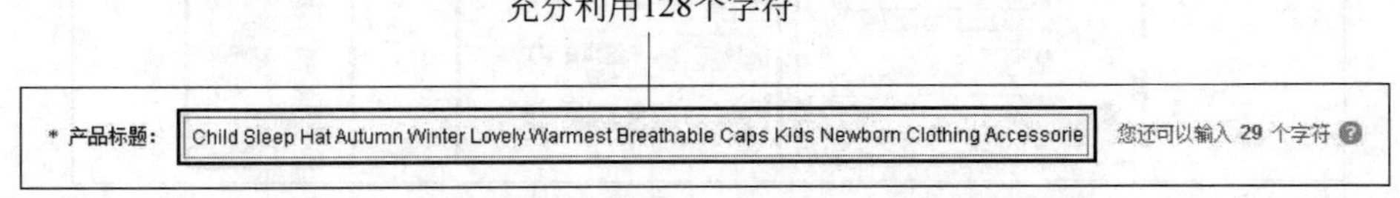

图 4-2-22 填写产品标题

提示：产品标题是买家搜索到你并吸引买家单击进入你的商品详情页面的重要因素。字数不应太多，要尽量准确、完整、简洁。

① 建议不要出现 free shipping 字样，因对搜索曝光没有帮助且若填写 free shipping 字样，但未能履行，会受到相应处罚。

② 标题内容一般可为"销售方式＋产品材质/特点＋商品名称"，还可包含商品的其他信息如：品牌、状态、颜色、类型等。例如：

```
(12 pieces/lot) 100%  cotton men's underwear
```

③ 如果标题中出现多次同样意思的商品词，则会被认为是标题堆砌，会受到搜索排名靠后处罚。例如，某产品标题为 cell phone，mobile phone，mobile telephone，oem cell phone 会受到排名靠后处罚。

步骤 4：上传产品图片，如图 4-2-23 所示。

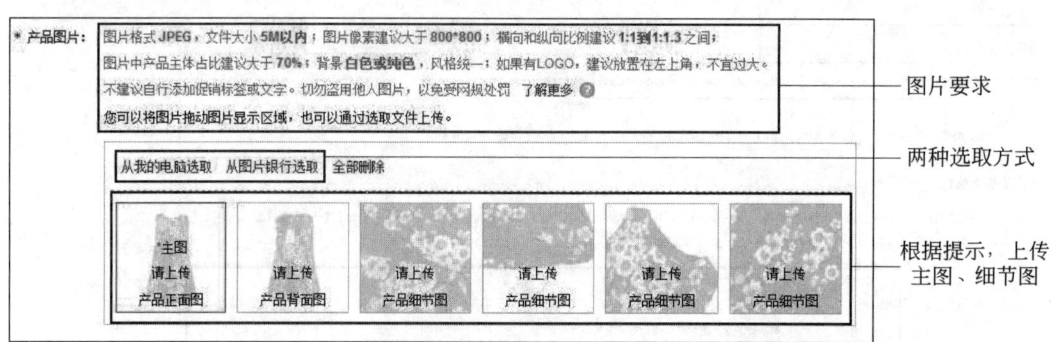

图 4-2-23 上传产品图片

步骤 5：填写销售属性，如图 4-2-24 所示。

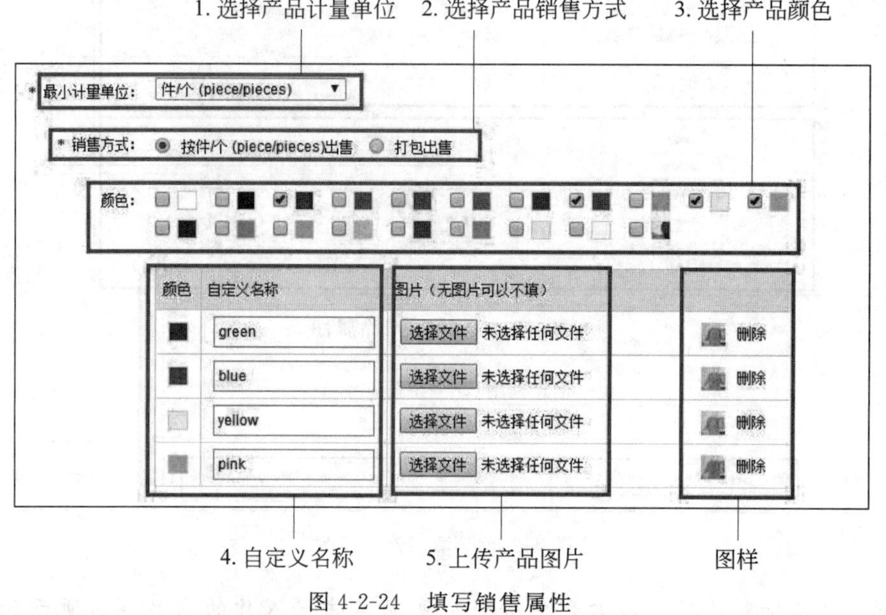

图 4-2-24 填写销售属性

步骤 6：填写尺码、价格等信息，如图 4-2-25 所示。

步骤 7：上传视频及填写产品详细描述，如图 4-2-26 所示。

步骤 8：插入产品详细描述图片，如图 4-2-27 所示。

步骤 9：填写包装及物流设置信息，如图 4-2-28 所示。

步骤 10：填写服务模板及其他信息，如图 4-2-29 所示。

步骤 11：预览检查，提交产品信息。

(2) 搜索产品优化的技巧。

步骤 1：以小组为单位，到速卖通卖家论坛搜集卖家优化产品的经验分享帖子和文章，或者到速卖通大学，搜索产品优化的视频课程，进行学习。

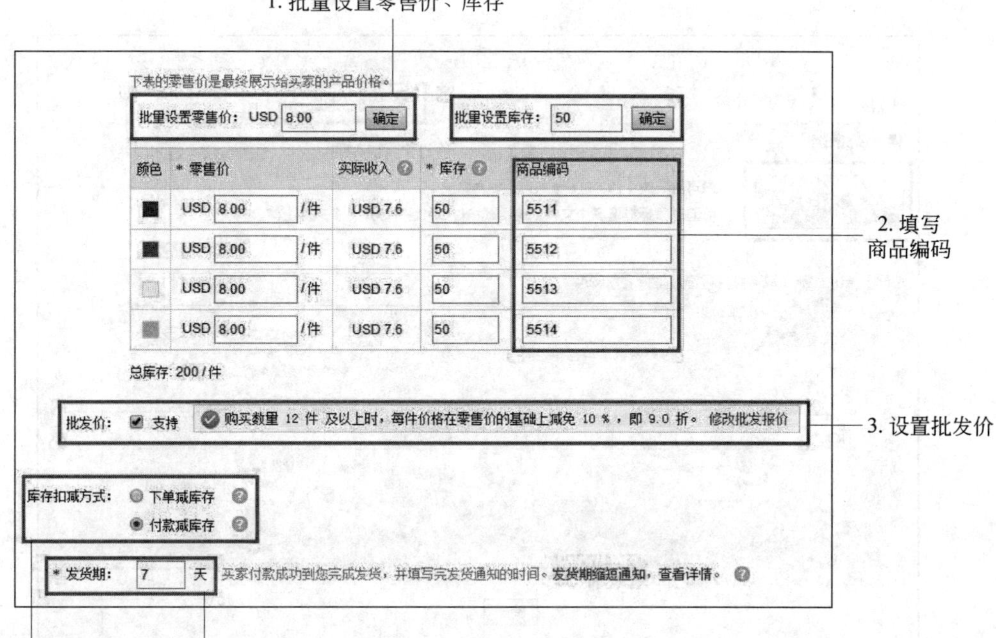

图 4-2-25　填写尺码、价格等信息

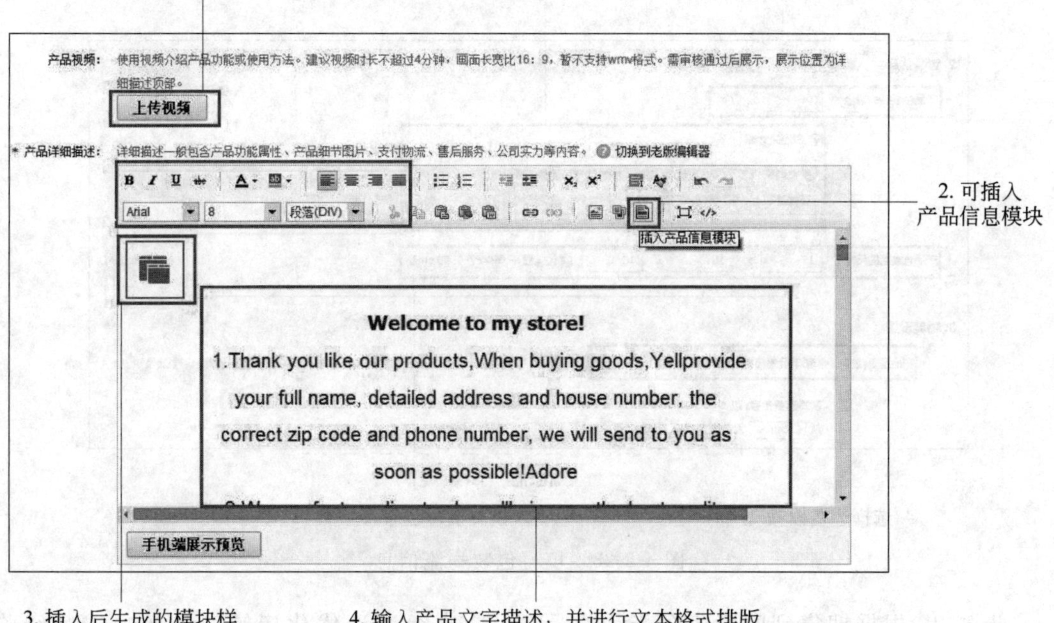

图 4-2-26　填写产品详细描述

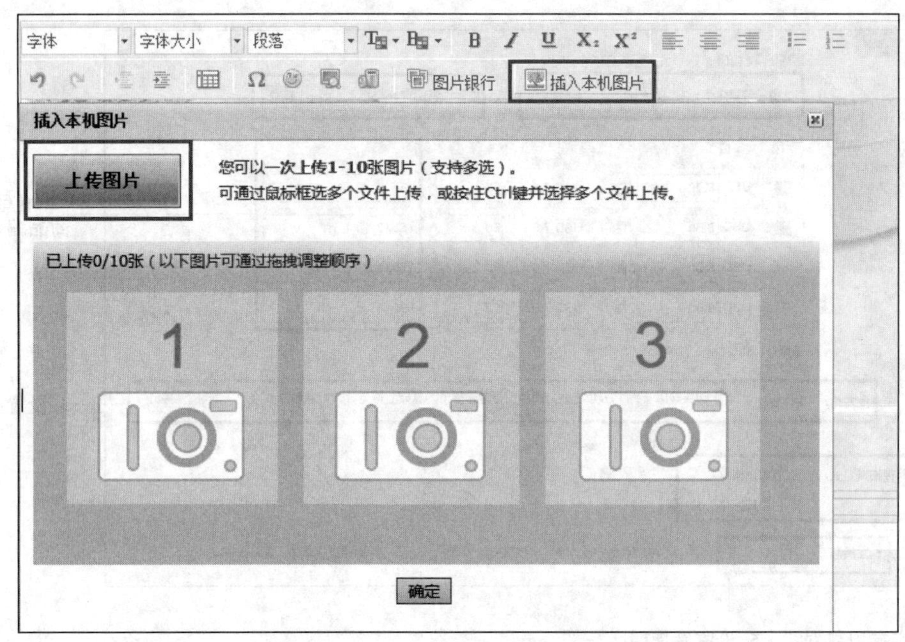

图 4-2-27　插入产品详细描述图片

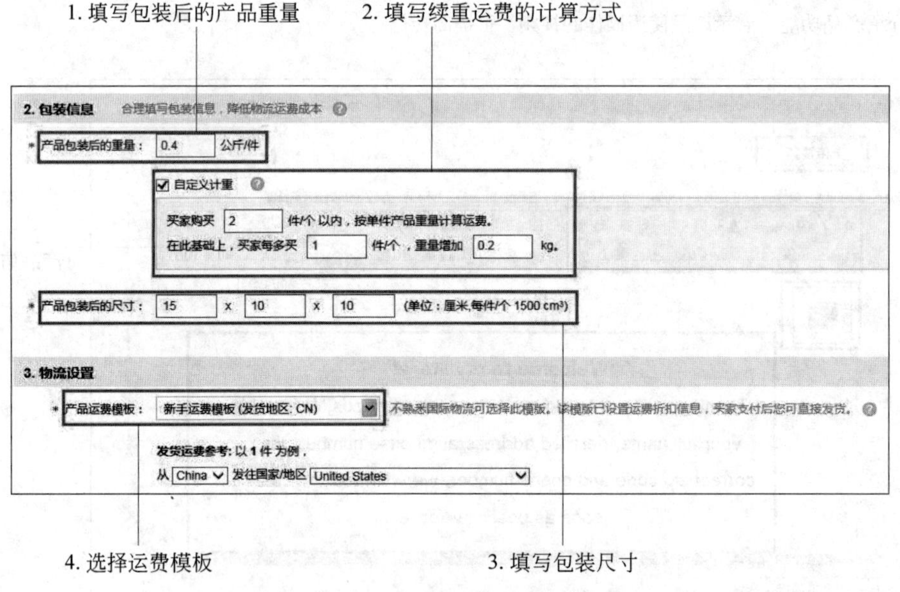

图 4-2-28　填写包装物流信息

步骤 2：根据搜集到的卖家经验和学习成果，小组讨论优化店铺产品的方式和经验做法。

步骤 3：派一名代表在全班分享小组观点。

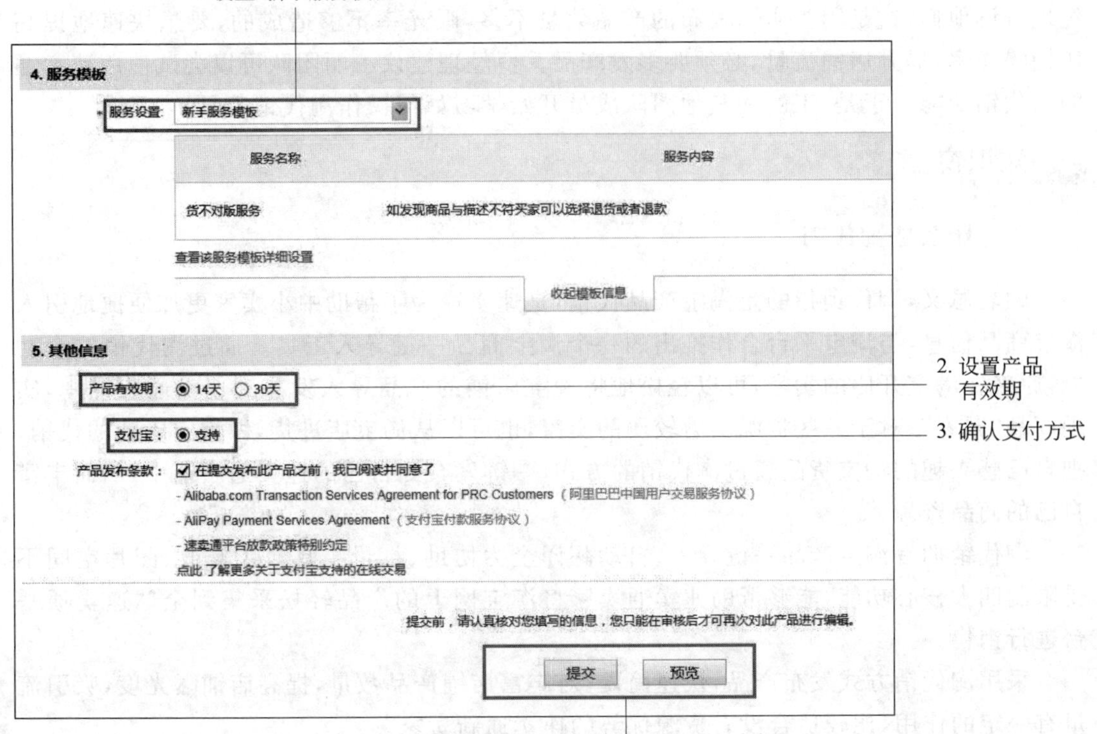

图 4-2-29　填写服务模板及其他信息

活动评价

王丽和团队成员在学习了产品发布的操作技巧以后，终于完成了店铺第一批产品的发布。因为王丽是负责产品信息的编辑和发布的主力，她学习得最认真，不但加班加点地在速卖通大学学习产品发布的操作技巧，还经常去向朝阳电子商务有限公司产品部的同事请教产品编辑的经验。终于完成了产品发布，早就过了晚饭的时间，李勇团队成员饥肠辘辘地一起来到一家快餐店吃饭。一边吃饭，一边热烈地讨论店铺产品发布的事情。李勇感慨，速卖通产品编辑中的文案设计要用英文编写，自己的英语水平还要继续提高啊；王丽觉得自己在产品标题的设置和产品详情描述上面还需要深入学习和研究，才能提高产品信息的质量，获得更多的曝光率和单击率。张军则表示，自己要好好学习产品图片美工，才能做出漂亮的商品图片吸引买家；钟珊则说，她要好好学习产品知识，才能熟练地把自己店铺的产品推销给海外买家。

活动三：操作淘代销

活动背景

王丽在其他队员的协助下在速卖通店铺发布了几十个商品，但是店铺似乎并没有吸

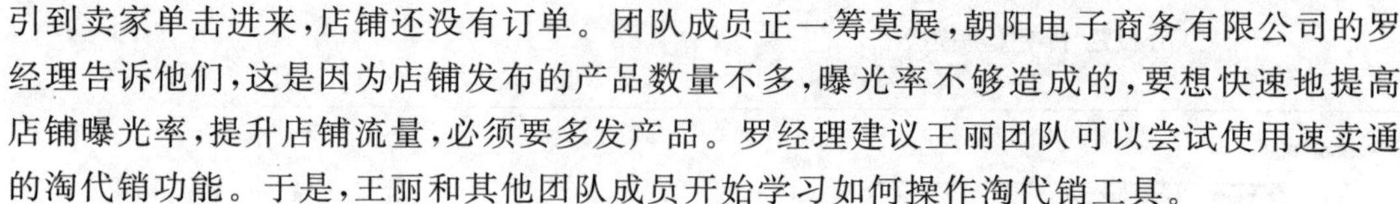

引到卖家单击进来，店铺还没有订单。团队成员正一筹莫展，朝阳电子商务有限公司的罗经理告诉他们，这是因为店铺发布的产品数量不多，曝光率不够造成的，要想快速地提高店铺曝光率，提升店铺流量，必须要多发产品。罗经理建议王丽团队可以尝试使用速卖通的淘代销功能。于是，王丽和其他团队成员开始学习如何操作淘代销工具。

知识窗

一、什么是淘代销

顾名思义，淘代销指的是淘宝产品代销，是速卖通为了帮助中小卖家更加便捷地引入淘宝商品信息，与淘宝平台合作推出的一个淘宝商品一键导入工具。通过淘代销这个功能，原来在淘宝开店的卖家，可以轻松地将淘宝店铺的产品导入发布到速卖通店铺中，实现商品“搬家”；对于一些货源实力较弱的卖家，也可以从淘宝店进货，做淘宝店铺的代销，把自己感兴趣的淘宝货品通过淘代销的方式，一键发布到自己的速卖通店铺中，从而丰富自己的商品资源。

淘代销拥有淘宝产品一键导入、自动翻译全力协助、批量工具自主修改、图片空间不受限制四大核心功能，能够帮助速卖通卖家将淘宝网上的产品轻松采集到全球速卖通平台进行销售。

采用淘代销方式发布产品，快速简便，对丰富店铺产品数量，提高店铺曝光度，吸引流量有一定的作用，比较适合没有货源优势的速卖通新卖家。

二、操作淘代销的注意事项

1. 了解代销规则

所有通过认证的速卖通卖家都可以免费使用淘代销产品发布工具。但是速卖通对淘宝提供代销货源的卖家有资格限制，以下两种类型的淘宝店铺，不可代销。

(1) 信用等级小于1钻的淘宝集市店铺。

(2) 由于销售侵权禁售产品进入淘宝黑名单的淘宝网店铺。

对于代销产品的行业范围，速卖通平台也有明确规定。总体来说，大部分速卖通现有类目中的商品范围都是可以代销的，个别类目除外，如黄金翡翠类、假发类、平板电脑类、手机、大件家电和大部分食品保健品等。具体可查看以下网址中《淘宝代销功能目前开放的范围》：http://seller.aliexpress.com/education/taobao_robot/category.html。对于开放的类目，速卖通会根据实际情况实时更新。

对于淘代销商品发布的数量，速卖通平台也有明确的规定和限制。2014年5月5日起速卖通发布了淘代销卖家权限调整通知，如图4-2-30所示。卖家需要及时了解速卖通平台对相关规则的修改通知。

2. 代销产品发布前要修改的内容

(1) 产品标题、关键词、产品属性。由于淘代销的自动翻译功能有一定的局限性，产品标题是直接通过淘宝中文标题翻译过来的，不一定通顺，而且会出现标题关键词重复、错乱的情况，影响搜索权重，甚至会造成重复堆砌关键词等违规行为。产品关键词是系统

淘代销卖家权限调整通知

2014-05-04

为提升淘代销卖家严肃性，防止恶意卖家发布大量商品占据曝光资源，2014年5月5日起，速卖通平台将正式对淘代销权限进行调整，调整后的权限见下表。查询我的代销权限>>

请各位卖家合理安排，严肃对待，发布信息质量优质的代销商品。

代销等级	代销权限		等级生效条件
	每日新发限额	可发布代销商品数	
初级	50个	100个	1、完成账号认证 2、完成收款账户设置 3、速卖通账号当前不受网规处罚
中级	50个	200个	1、历史成功交易订单数>=5笔 2、成功交易率>=80% 3、速卖通账号当前不受网规处罚
高级	50个	500个	1、历史成功交易订单数>=10笔 2、成功交易率>=90% 3、速卖通账号当前不受网规处罚
提醒：若卖家店铺成交不卖率、纠纷提起率过高，严重影响到买家购物体验，速卖通平台有权关闭卖家的淘代销权限。			

图 4-2-30 淘代销卖家代销权限说明

根据代销产品所在的类目，自动预设的关键词，需要卖家根据产品特点进行补全。产品属性也需要卖家根据淘宝的中文介绍，进行相应的修改和补充。

(2) 商品价格。卖家认领产品后，系统会给产品设定一个默认价格，这个价格是按淘宝产品的原始零售价(非折后价)，加上 10 元人民币国内运费，根据当天的美元汇率初步换算来的，并且加上了平台手续费率后的价格。卖家需要根据自己的进货价和利润率，对价格进行适当的调整后再发布产品。

(3) 图片。认领后的淘代销产品，系统默认只抓取淘宝产品的第一张主图。为了更好地向海外买家展示产品，卖家需要自行从淘宝平台下载其他细节图，并重新上传。此外，图片当中的水印和 Logo，系统不做处理，需要卖家人工修改。

(4) 产品详情页。对淘代销产品的详情页，速卖通系统是不提供详细描述的文本导入和翻译的，需要卖家自行添加文字描述。同时图片当中的文案也依然是淘宝中的中文，水印、logo 等也不做处理，需要卖家自行修改。

(5) 重量、体积。重量和体积信息，系统部提供预设，卖家可以参考同类行业产品的数据进行设置，再进行发布。

(6) 运费模板。淘代销系统不提供预设的运费模板，卖家需要根据自己店铺的实际情况补全之后再发布。

活动实施

(1) 发布淘代销产品。卖家需登录速卖通店铺后台，依次单击“产品管理”，“选择代销产品”命令，即可进入淘代销页面，如图 4-2-31 所示。

步骤 1：去淘宝网挑选商品。淘代销功能目前支持导入淘宝和天猫的商品信息，卖家可以先在淘宝或天猫挑选自己想代销的商品。并根据自己的经营类目,去淘宝上搜集相应类目下的产品货源。登录淘宝首页,输入关键词搜索即可,如图 4-2-32 所示。

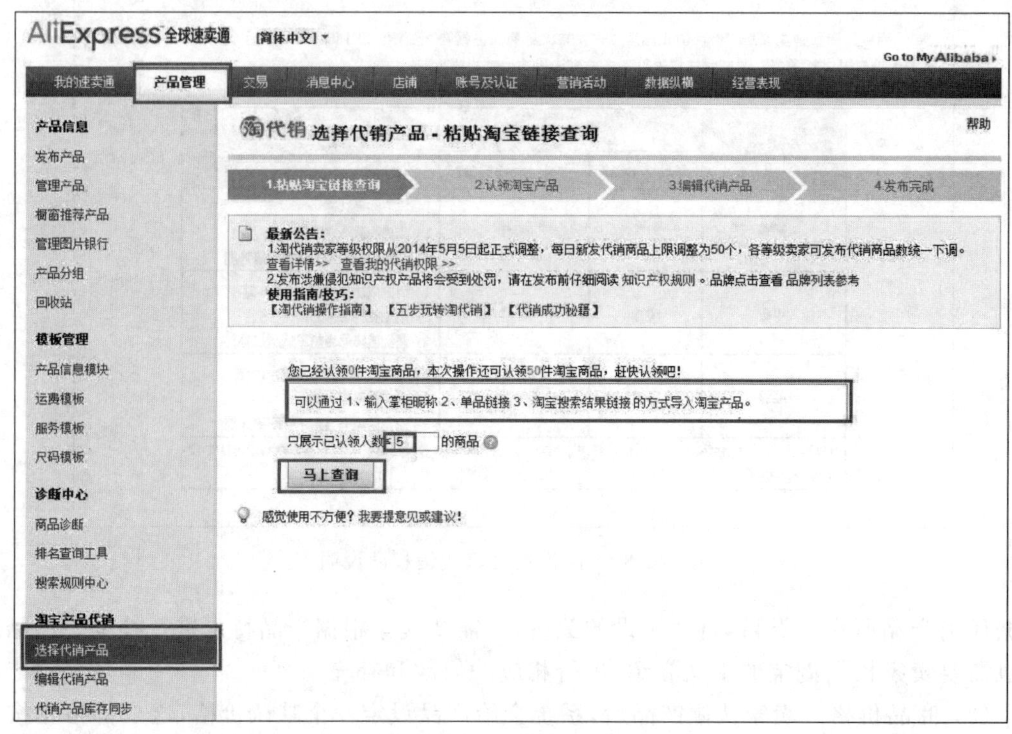

图 4-2-31　选择代销产品

图 4-2-32　搜集淘宝代销商品

步骤 2：在卖家后台查询、认领商品。如图 4-2-33 所示，在“选择代销产品”页面中，卖家可以将想要认领的淘宝相关信息填写进输入框中，单击“马上查询”按钮可以查询出要代销的商品。查询的方式有以下三种。

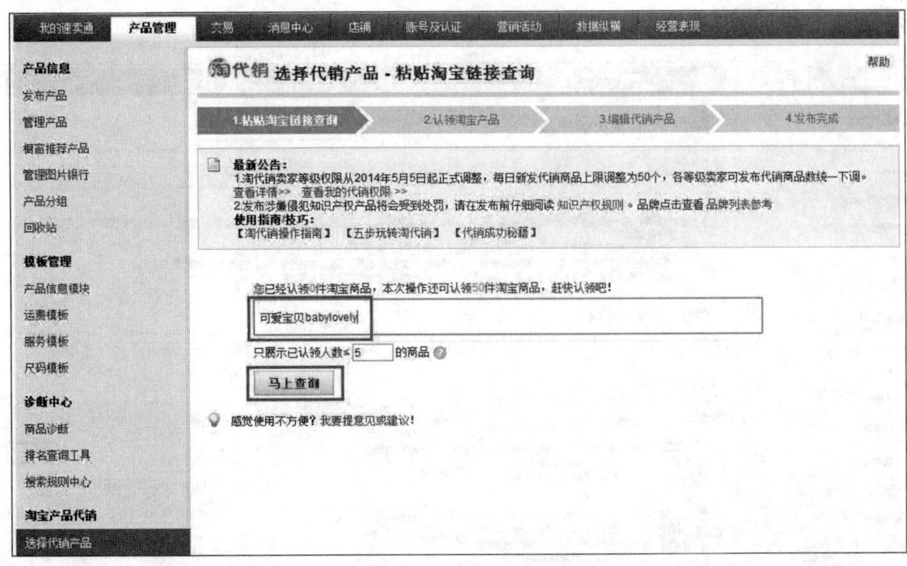

图 4-2-33　查询代销产品

查询方式一：输入淘宝店铺的“掌柜昵称”(掌柜 ID)，可查询出淘宝店铺整店商品。

查询方式二：输入淘宝某件单品的链接，可查询出单个淘宝商品。

查询方式三：输入淘宝的搜索结果链接，可查询出该搜索结果对应的全部商品。

图 4-2-34 所示，卖家需对查询结果中的产品进行“认领”，才算是代销了这个产品。

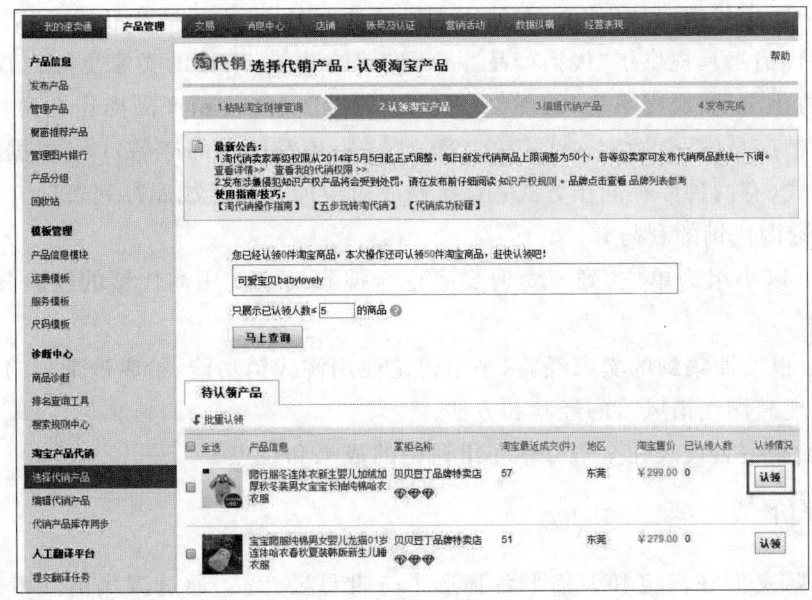

图 4-2-34　认领代销产品

步骤 3：编辑、发布代销产品。如图 4-2-35 所示，卖家进入“编辑代销产品页面”，单击“编辑发布”按钮就进入了单个代销产品的编辑页面。卖家根据实际情况，修改、补充产品的标题、属性、主图、价格、详情页、重量、体积和运费模板等信息后，然后单击“发布”按钮，完成代销产品的发布。

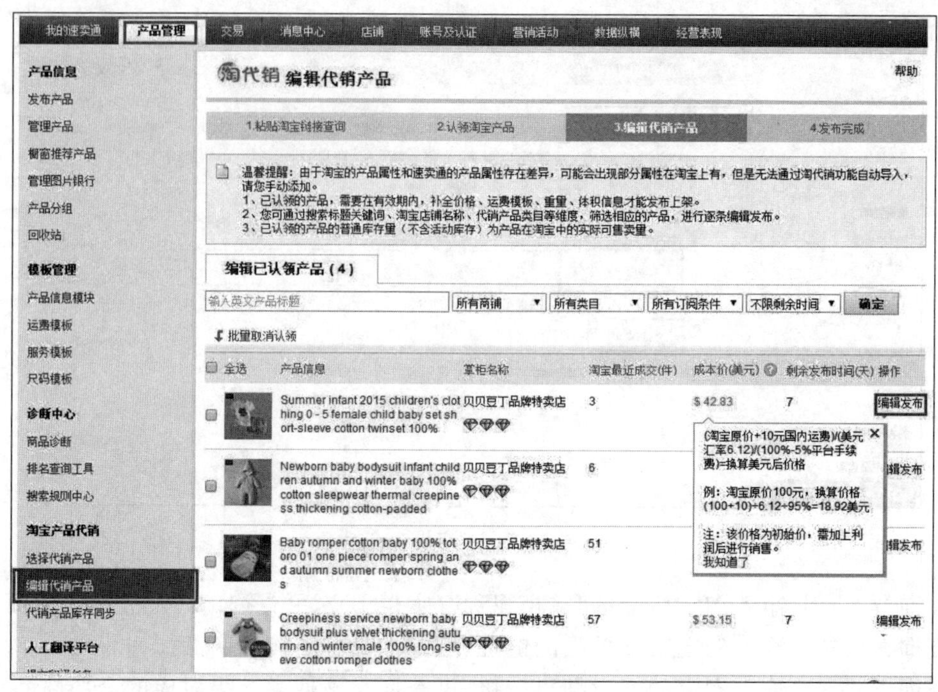

图 4-2-35　编辑发布代销产品

步骤 4：同步代销产品库存。在使用淘代销功能时，做好代销产品的库存管理是非常重要的。淘代销工具提供了“代销产品库存同步”的功能，来帮助卖家更好地控制代销产品的库存，防止出现“成交不卖”的现象。如图 4-2-36 同步代销产品操作有两步：①选择不同步的代销产品(适合卖家在线下有货源，能掌握库存情况的产品)；②根据卖家需要，选择同步方式(有两种库存同步方式：直接修改对应库存和生成库存列表)。

(2) 讨论淘代销的利与弊。

步骤 1：以小组为单位，到速卖通卖家论坛搜集卖家使用淘代销的经验分享帖子和文章。

步骤 2：根据搜集到的卖家经验，小组讨论使用淘代销功能，给店铺带来的利与弊，也可以总结出规避淘代销风险的经验和方法。

步骤 3：派一名代表在全班分享小组讨论的成果和观点。

活动评价

王丽和队友们在淘宝和天猫平台筛选了一批母婴产品，通过淘代销发布到店铺中，店铺产品丰富了许多。但是朝阳电子商务有限公司的罗经理还是提醒他们，代销产品

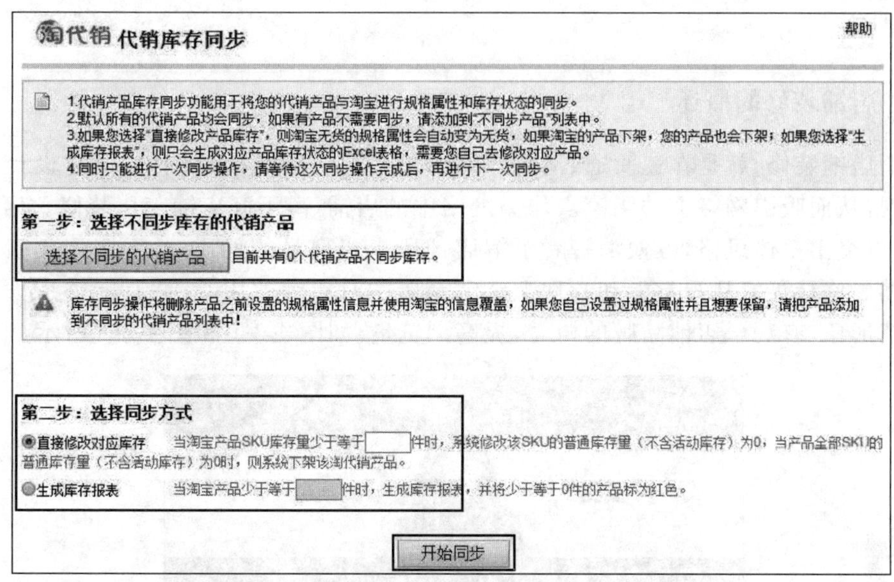

图 4-2-36　代销库存同步

有一定的风险，要跟代销产品的供货商建立联系，做好同步库存的操作，避免出现"成交不卖"的违规行为。

任务三　店铺装修

情境设计

经过对发布产品的学习，李勇和同小组的王丽、张军、钟珊正在网上收集素材，做好准备，因为接下来他们要为店铺进行装修，把店铺打扮得更漂亮，更吸引客户的眼球，从而增加销售量。他们在老师的指导下构思店铺装修，完成店铺装修目标。

任务分解

此次店铺装修活动，小组成员在公司设计部的资深设计总监何总监的耐心讲解演示下，主要去完成 3 个活动：使用装修模板、设计店铺首页、设计产品详细页面。

活动一：使用装修模板

活动背景

资深设计总监何总监首先介绍了店铺装修前的准备工作，例如访问素材网站收集设计所需的素材，熟悉速卖通旺铺装修界面等，小组成员都聚精会神地倾听着何总监的讲解和指导。

知识窗

一、店铺装修的概述

所谓店铺装修，就是在速卖通、淘宝等网店平台允许的结构范围内，通过设计让店铺更加美观，从而吸引网络上的买家。作为网络中的店铺，离不开店铺美化装修。店铺通过装修，可以突出整体风格，方便消费者了解店铺所出售商品的性质，从而吸引消费者。优秀的店铺装修让买家从视觉上和心理上感觉到店主对店铺的用心，并且能够最大限度地提升店铺形象，有利于店铺品牌的树立，提高浏览量，如图 4-3-1 和图 4-3-2 所示。

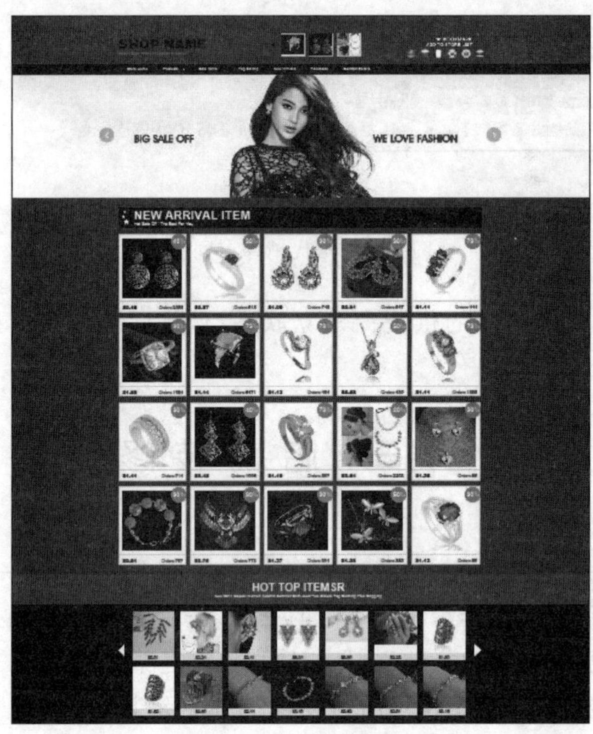

图 4-3-1　店铺装修一

二、店铺装修要注意的问题

(1) 店铺装修不宜设计得太花哨。全球速卖通是面向全球市场打造的在线交易平台，因此在店铺装修大体上应符合欧美简约的浏览习惯以及设计风格，欧美风格给人的第一印象就是简洁，突出重点，页面中的文字和图片都相对较少，文字和图片的混排也相对较少，而文字内容的描述和图片展示都比较紧凑集中，但关联紧密，使买家可以精准地找到自己想要搜索的产品信息。

(2) 根据店铺的主题风格来装修店铺。例如卖绿茶的店铺，装修色调应选用绿色为主，再配上其他辅助色(如黄色)，可以使店铺色彩丰富，清爽简约的设计风格给人一种清凉的感觉，这样也比较符合网店的主题，浏览者也会喜欢。

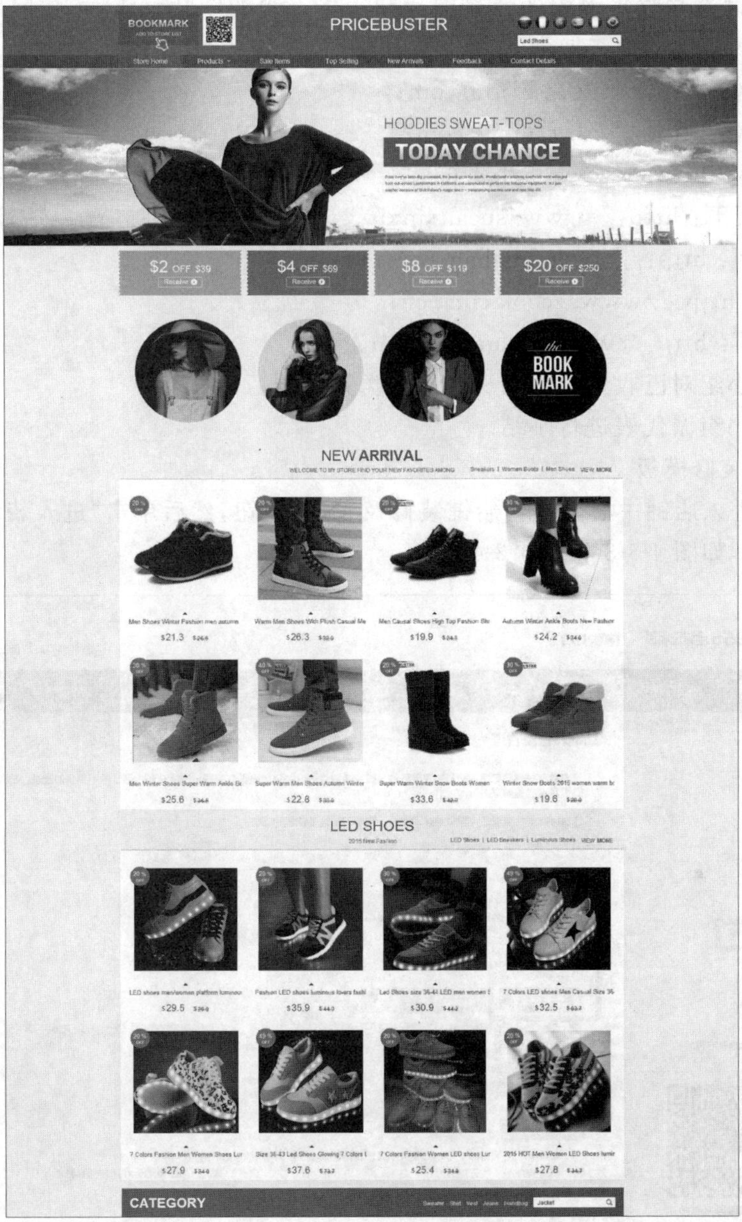

图 4-3-2　店铺装修二

(3) 迎合用户的体验。首先店铺卖家应该想到的是：买家到店里来，店里的布局是否一目了然，如果买家找了半天也找不到自己想买的商品，店主又如何能留住潜在客户呢？所以无论是店铺栏目的安排还是推荐商品的设置，每一步装修都要考虑用户的体验。

活动实施

(1) 在网上搜索相关的设计素材。

步骤 1：分组，四人为一小组，以小组为单位进行讨论完成。

步骤 2：讨论并收集温馨的背景图片和用于点缀的图片元素，可访问以下相关素材网，设定相关的关键词进行搜索。

① 百度网：http://www.baidu.com；

② 昵图网：http://www.nipic.com；

③ 千图网：http://www.58pic.com；

④ 素材天下：http://www.sucaitianxia.com；

⑤ 花瓣网：http://www.huaban.com；

⑥ 站酷：http://www.zcool.com.cn；

⑦ 全景网：http://www.quanjing.com。

步骤 3：小组对已收集到的素材进行归类并筛选。

步骤 4：小组派代表进行小结。

(2) 使用装修模板。

步骤 1：进入店铺中心，单击“店铺装修及管理”按钮，然后单击“进入装修”按钮，登录后台装修界面，如图 4-3-3 和图 4-3-4 所示。

图 4-3-3　店铺装修管理界面

步骤 2：进入装修界面，单击“模板管理”按钮，然后进入“装修市场”界面，根据自己主题风格的需求选择一款模板，首先单击“试用”按钮，在确认模板符合自己的要求时，再选择购买即可，可以选择 1 个月、3 个月或 6 个月，如图 4-3-5 所示。

步骤 3：使用功能店招。一般来说，只要选择了试用模板，店招、全屏轮播等板块都会出现，如果未能出现，可以手动添加，如图 4-3-6 所示。

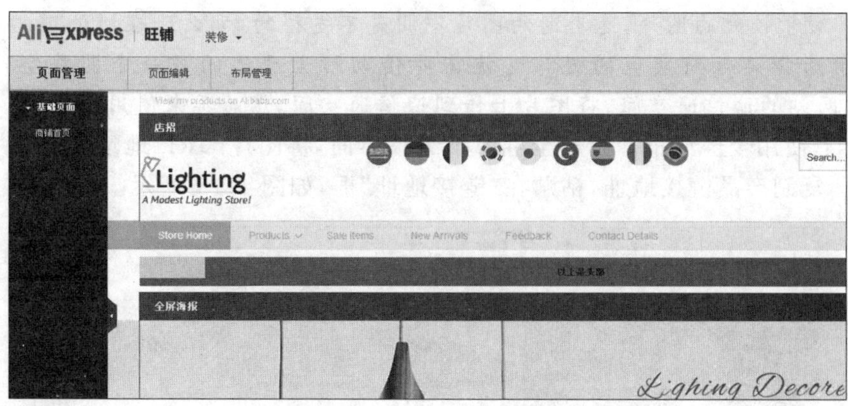

图 4-3-4　店铺装修界面

图 4-3-5　模板管理界面

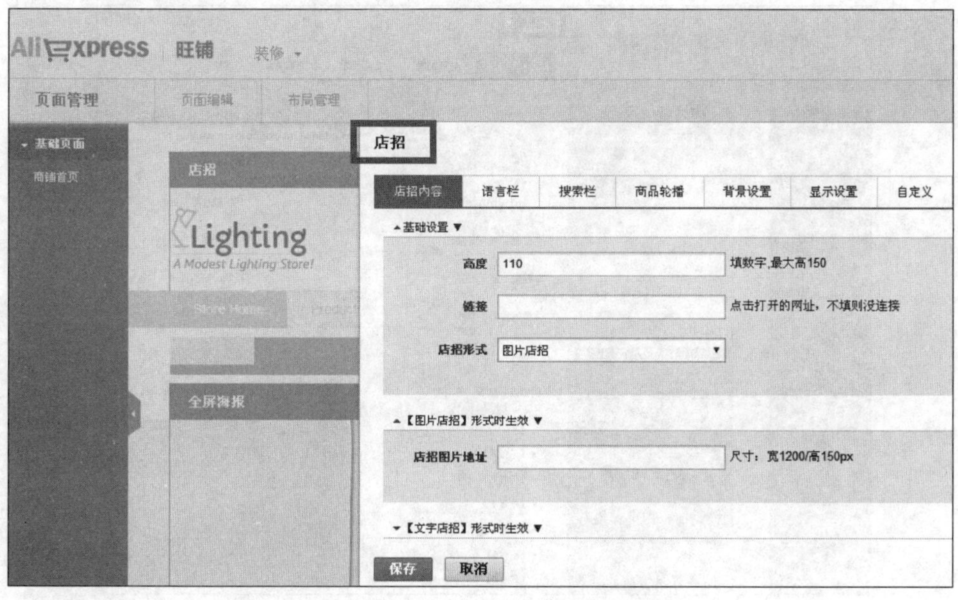

图 4-3-6　设置店招界面

注意：对于较大的图片，速卖通的图片空间是不支持的，那么现在所使用的全屏轮播海报和全屏店招是如何实现的呢？这就需要借助阿里巴巴的另一个图片空间，www.1688.com 网站的诚信通空间，将图片上传到诚信通空间，然后再来使用。

步骤 4：使用全屏海报。打开全屏海报编辑界面，将图片 URL 地址复制、粘贴在“图片地址”框，复制产品链接地址，粘贴在“链接地址”框，如图 4-3-7 所示。

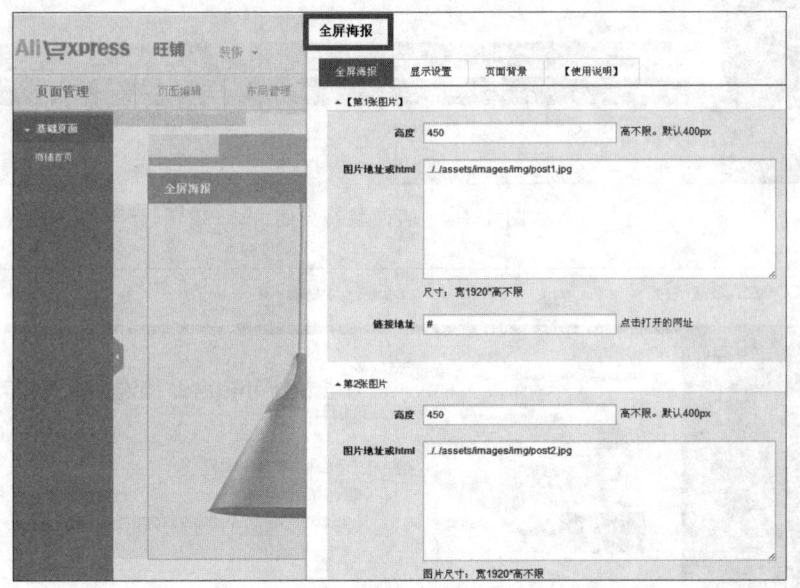

图 4-3-7　设置全屏海报界面

步骤 5：使用广告墙。打开广告墙编辑界面，在“广告一”中选择两张不同角度的图片进行上传，依次在广告二、广告三等加入其他图片，得到最终效果，如图 4-3-8 所示。

图 4-3-8　设置广告墙编辑界面

步骤 6：使用分类导航。打开分类导航编辑界面，设置大类名，子类名必须用符号“|”隔开，再加入子类链接，子类链接也需要用符号“|”隔开，如图 4-3-9 所示。

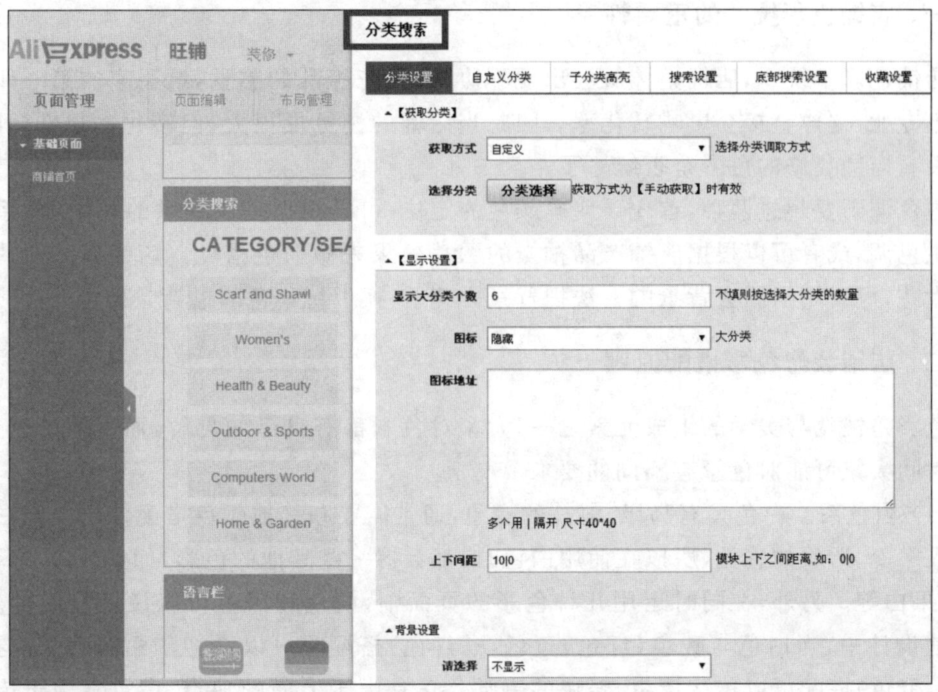

图 4-3-9　设置分类导航编辑界面

步骤 7：小组派代表进行展示。

(3) 说说店铺装修案例中使用了哪些模块。

步骤 1：以小组为单位，找出有美观装修的店铺案例。

步骤 2：小组讨论店铺装修所使用的模块。

步骤 3：小组各派一名代表分享各组观点。

活动评价

通过理论学习和网络实践，学生对店铺装修的模板以及如何使用模板有了一定的了解和认识，培养小组合作的意识，强化沟通分享的能力，提高学习的积极性和效率。

活动二：设计店铺首页

活动背景

资深设计总监何总监定好了店铺所卖的产品——窗帘，首先介绍了店铺首页设计要注意的事项，例如整体颜色搭配、模块设置等，小组成员都期待着自己最终设计的效果。

知识窗

一、店铺色彩统一的重要性

店铺色彩不统一，店铺整体就会出现不协调、眼花缭乱的感觉，给买家的第一印象是店铺不专业，这样直接会影响转化率。因此当店铺的浏览量很大，但转化率很低的时候，不妨看看店铺装修的色彩是否统一了。

主色调不要超过两种，首先要明确颜色的定位，可以根据企业提供的 VI 视觉系统来作为主色调，或者可以根据店铺产品拍摄的图片效果来做颜色搭配。店铺商品图片如果感觉太花，可以用抠图去背景的方法把背景去掉后，换上统一色彩的背景即可。

二、店铺装修色彩搭配原则

色彩是视觉与美学的组成元素之一，大家对色彩都有自己的见解，而不同的季节，不同的时间大家可能对色彩有不同的要求。

（1）白色系。白色具有高级、科技的意象，通常需要和其他颜色搭配使用。纯白色会带给人寒冷、严峻的感觉，所以在使用白色时，都会掺一些其他的色彩，如象牙白、米白、乳白、苹果白等。另外，在同时运用几种色彩的页面中，白色和黑色可以说最显眼的颜色。在店铺设计中，当白色与暖色（红色，黄色，橘红色）搭配时可以增加华丽的感觉；与冷色（蓝色，紫色）搭配可以传达清爽、轻快的感觉。正是由于上面的缺点，白色常用于传达明亮、洁净感觉的产品种，比如结婚用品、卫生用品、女性用品等。

（2）黑色系。在网店设计中，黑色具有高贵、稳重、科技的意象，许多科技产品的用色，如电视、摄影机、音响、大多采用黑色调，在其他方面，黑色庄严的意象，也常用于在一些特殊场合的空间设计，生活用品和服饰用品设计大多利用黑色来塑造高贵的形象，也是一种永远流行的主要颜色，黑色的色彩搭配适应性非常广，无论什么颜色与黑色搭配都能取得鲜明、华丽、赏心悦目的效果。

（3）绿色系。绿色本身具有一定的与健康相关的感觉，所以也经常用于与健康相关的网店。绿色还经常用于一些公司的公关站点或教育站点。当搭配使用绿色和白色时，可以得到自然的感觉；当搭配使用绿色和红色时，可以得到鲜明且丰富的感觉。同时，绿色可以适当缓解眼部疲劳，为耐看色之一。

（4）蓝色系。高彩度的蓝色会营造出一种整洁轻快的印象，低彩度的蓝色会给人一种都市化的现代派印象。蓝色和绿色、白色的搭配在现实生活中也是随处可见的，它的应用范围几乎覆盖了整个地球。主颜色选择明亮的蓝色，配以白色的背景和灰色的辅助色，可以使网店干净而简洁，给人庄重、充实的印象。蓝色、清绿色、白色的搭配可以使页面看起来非常干净清澈。

（5）红色系。红色是强有力、喜庆的色彩，具有刺激效果，容易使人产生冲动，是一种雄壮的精神体现，给人以愤怒、热情、有活力的感觉。在网店中大多数情况下，红色都用于突出颜色，因为鲜明的红色极容易吸引人们的目光。高亮度的红色通过与灰色、黑色等非

色彩搭配使用，可以得到现代且激进的感觉。低亮度的红色通过冷静沉着的感觉营造出古典的氛围。

在店铺装修设计中，色彩元素的搭配方案层出不穷，色彩搭配就是这样一个人人都想驾驭，却绝非人人都能驾驭的难以捉摸的东西。之所以大家都想做好色彩搭配，是因为色彩具有很强的情感导向，不同的色彩搭配带给人的情感信号是千差万别的；而之所以很多人掌握不好，也是因为色彩太千变万化，难以捉摸。开网店如今已经进入了视觉营销的时代，视觉营销中的关键词就是视觉新引力，如何做到吸引买家眼球呢？色彩的搭配和运用非常重要。

活动实施

(1) 在各大电商平台上搜索相关的店铺首页。

步骤 1：分组，四人为一小组，以小组为单位进行讨论完成。

步骤 2：讨论所收集的店铺首页是否有借鉴的地方。

步骤 3：小组派代表进行小结。

(2) 设计店铺首页。

步骤 1：设计店标。运用 Photoshop、AI 或 Coreldraw 等专业设计软件进行店标设计，如图 4-3-10 所示。

图 4-3-10　店标设计效果

步骤 2：设计全屏海报。选择淡雅的背景素材，把促销商品放在全屏海报上进行轮换播放，吸引浏览者的眼球，如图 4-3-11 所示。

图 4-3-11　海报设计效果

步骤 3：设计广告墙。把主推商品放在广告墙，各商品窗口在设计上应有变化，梅竹相间，形式不会过于单一，如图 4-3-12 所示。

步骤 4：设计模块标题。在素材网上收集花和小鸟的图片素材，分别放在模块标题的左侧和右侧，用于点缀标题，增强模块标题的美感，如图 4-3-13 和图 4-3-14 所示。

步骤 5：设计商品滚动切换模块。把推荐商品按 2 行 4 列的排列方式放置于此模块中，注意大小和间距要统一，如图 4-3-15 所示。

步骤 6：设计商品橱窗模块。把热销商品按 3 行 4 列的排列方式放置于此模块中，注意大小和间距要统一，如图 4-3-16 所示。

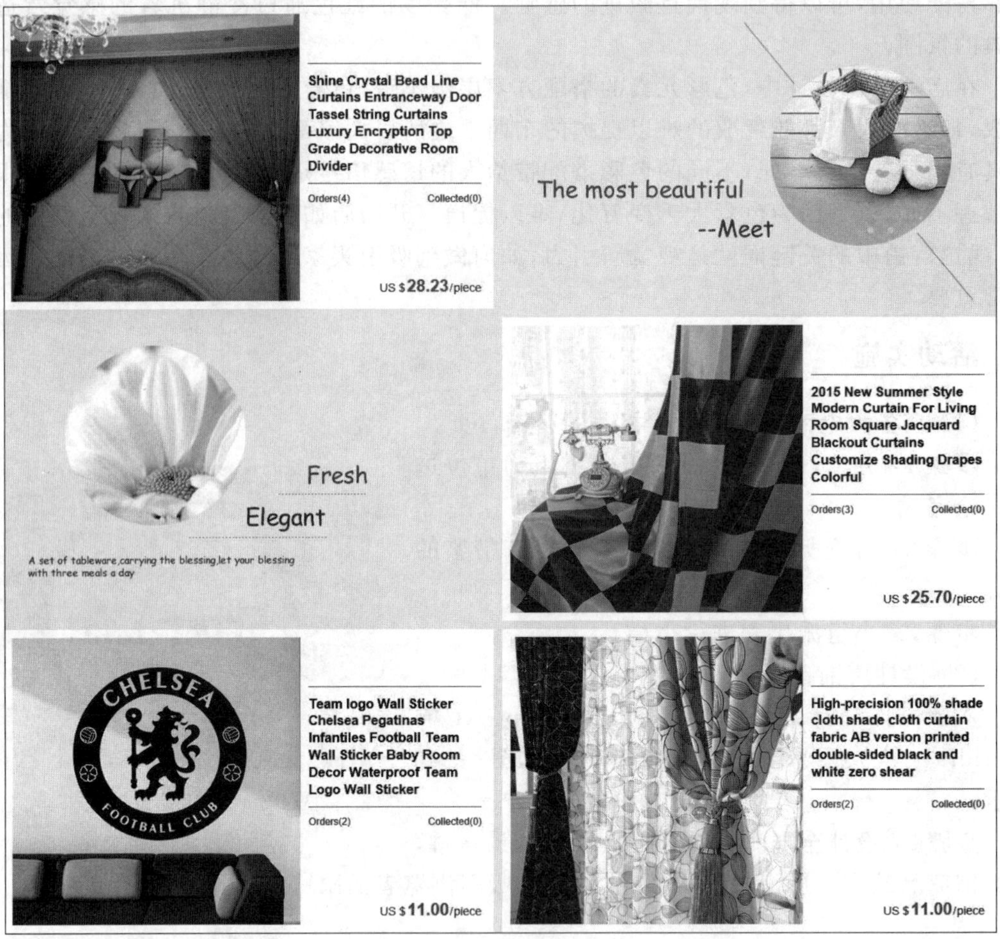

图 4-3-12　广告墙设计效果

图 4-3-13　模块标题设计效果一

图 4-3-14　模块标题设计效果二

步骤 7：设计底部信息模块。小图标可以通过在网上搜索关键词来收集，如图 4-3-17 所示。

步骤 8：最终效果图如图 4-3-18 所示。

图 4-3-15 商品滚动切换模块设计效果

图 4-3-16 商品橱窗模块设计效果

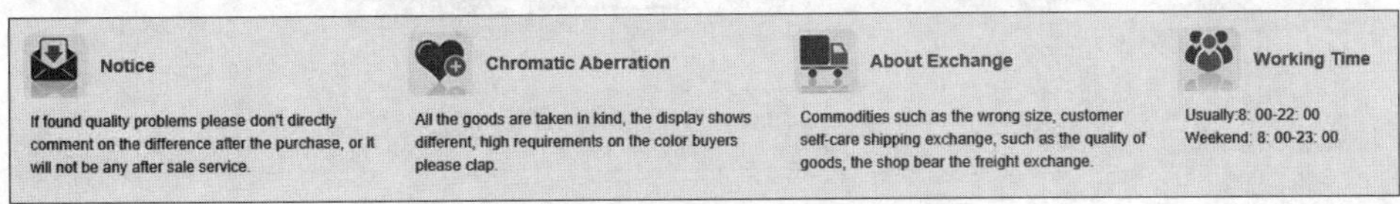

图 4-3-17 底部信息模块设计效果

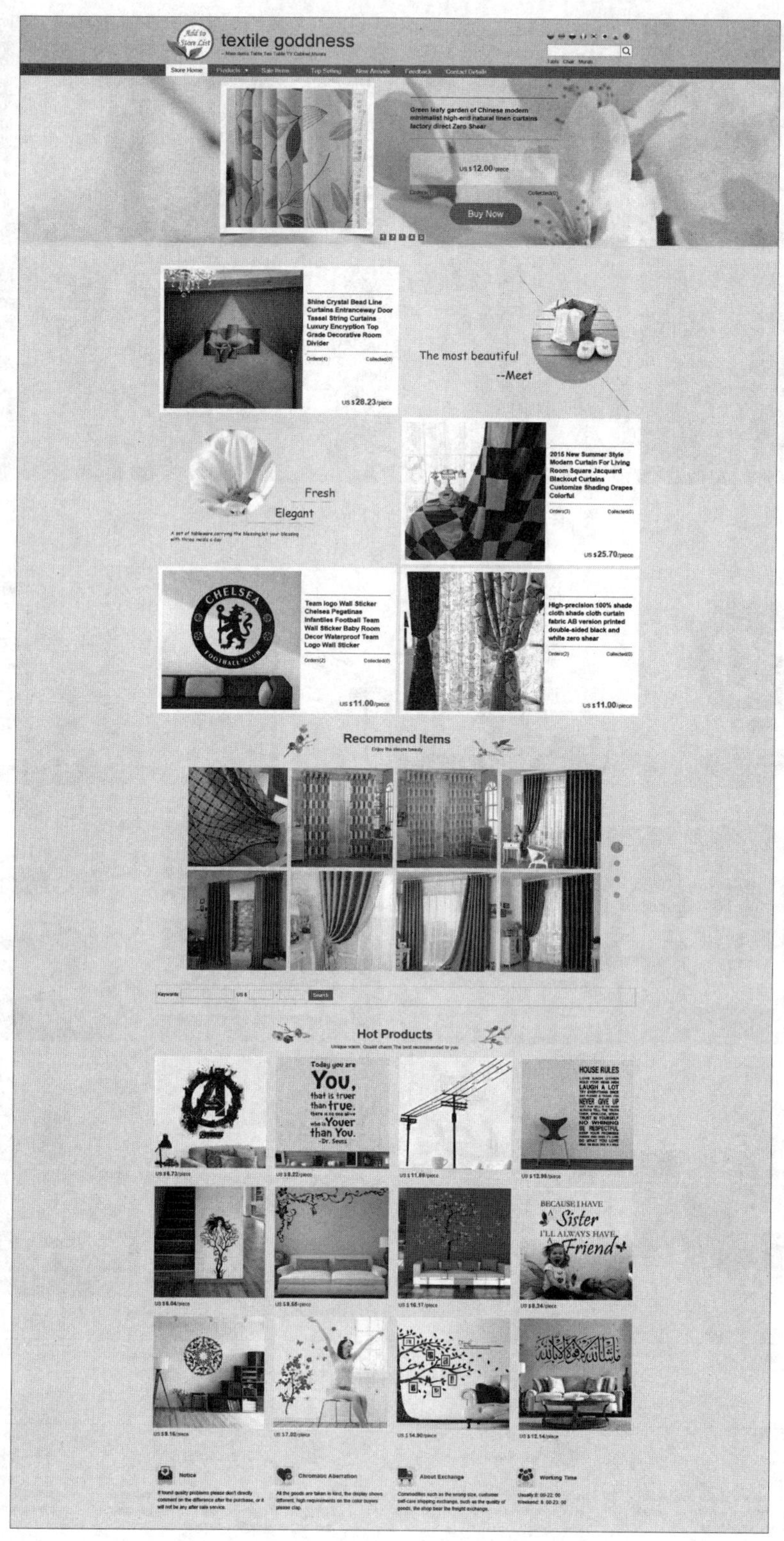

图 4-3-18　店铺首页装修最终效果

(3) 比一比哪组店铺首页设计最优秀。

步骤1：以小组为单位，展示小组店铺首页设计的效果。

步骤2：小组各派一名代表分享小组观点。

步骤3：各小组对店铺首页进行评价。

活动评价

通过理论学习和实践，学生对店铺首页的色彩搭配有了一定的认识，在设计过程中通过分工、沟通解决问题，增强团队合作意识。

活动三：设计产品详细页面

活动背景

资深设计总监何总监介绍了产品详细页面的排版方式，小组成员认真地在笔记本上记录着产品详细页面所要展示的模块，然后相互讨论该以怎样的形式展示。

知识窗

一、产品详细页面概述

产品详情页面是唯一一个向顾客详细展示产品细节与优势的地方，买家是否喜欢这款产品、是否愿意在你的店铺里购买，都必须要仔细看产品的详情页，99%的订单也都是在看过产品的详情页后生成的，可见产品详情页面的重要性。

二、产品详细页面一般需要展示的内容

(1) 产品的基本信息表。

(2) 整体展示：场景展示、摆拍展示等。

(3) 细节展示：各部分材质、图案、做工、功能。

(4) 产品规格尺码。

(5) 品牌介绍。

(6) 搭配推荐。

(7) 活动促销信息。

(8) 买家反馈信息。

(9) 包装展示：一个好的包装还能体现店铺的实力，给卖家放心的购物延伸体验。

(10) 购物须知(邮费、发货、退换货、售后问题等)。

(11) 产品延伸区块——其他关联商品、热销商品推荐。

可根据实际需要进行增删。

三、产品详细页面要注意的事项

(1) 产品的属性要填写清楚。

(2) 产品标题要与产品属性息息相关,被搜到的概率相对会大很多。

(3) 文案要出彩,可以自己加一些方案。比如母亲节搞活动,可以加一段文字说母亲从小到大对我们的无私关爱之类的,引起共鸣,就会有很好的营销效果。

(4) 可以做一些广告图,要与你的产品相关,要求整洁,很容易就能看懂。

(5) 产品详情页面可以做一些关联营销。也可以增加产品的曝光率。

活动实施

(1) 在速卖通平台上搜索相关产品的详细页面。

步骤1:分组,四人为一小组,以小组为单位进行讨论完成。

步骤2:讨论并列出产品的详细页面需要展示的内容模块。

步骤3:小组派代表进行小结。

(2) 设计产品详细页面。

步骤1:设计产品整体展示和细节展示。设计标题分割栏,必须能清晰地区分其他模块内容,整体展示和细节展示的图片要清晰,因为此模块展示的图片比较多,所以在图片摆放结构和布局上要有适当的变化,适当增加一些辅助的元素,避免千篇一律,如图4-3-19所示。

图4-3-19 产品整体展示和细节展示设计效果

步骤2:设计产品安装注意事项。此区域使用了5张图片依次排列的方式展示,图片设计上也运用了一些设计与排版的手法,如图4-3-20所示。

步骤3:设计产品选择注意事项。此内容使用了产品安装的线图,更加清晰明了地让卖家知道应如何选择合适的窗帘尺寸,如图4-3-21所示。

步骤4:设计售后服务说明。此内容以文字方式表达,问题与答案的文字颜色要有所区别,文字排版方式统一左对齐,如图4-3-22所示。

步骤5:设计购买须知。以扁平化图标

方式展示，一目了然，如图 4-3-23 所示。

图 4-3-20　产品安装注意事项设计效果

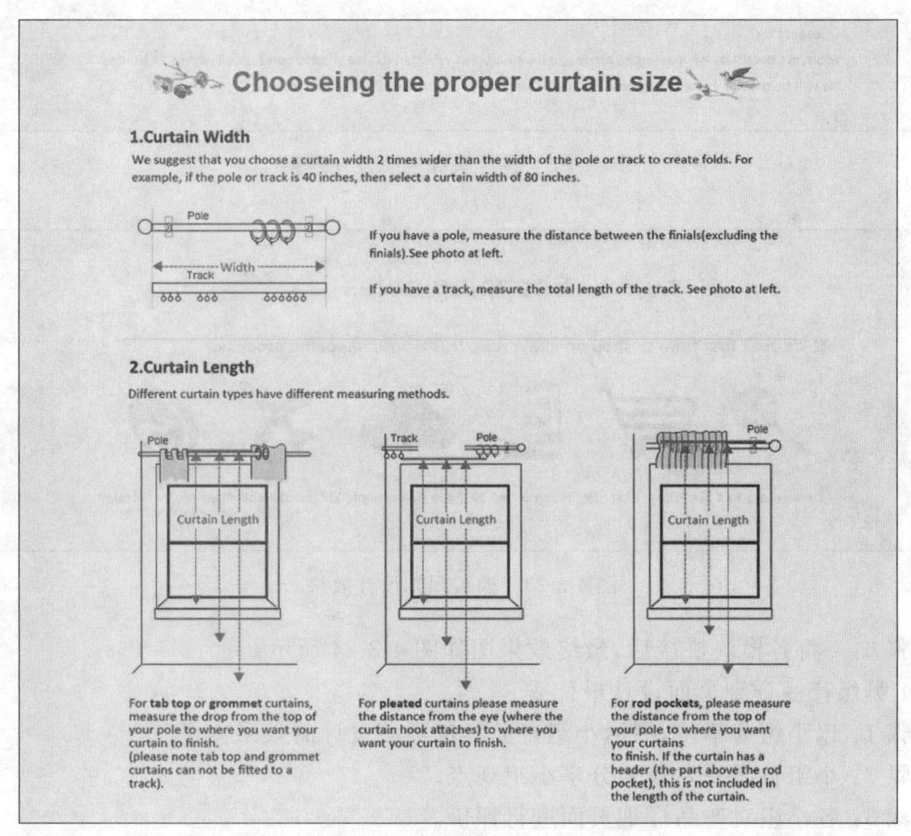

图 4-3-21　产品选择注意事项设计效果

After-sale service

1.How to wash the curtain?
Since the curtain can be squeezed in transit, it will be not very smooth as the picture.
After you receive it, you shoud spray a little water on the curtain, then place in the shade to dry.
If you have a iron, it will be better.
Machine washing is available, but we suggest dry cleaning. Please washing separated from other fabrics. Do not bleach and medium iron 160 degrees.

2.How do we deliver the goods?
When you place an order, please choose a shipping method and pay for the order including the shipping free.
We will send the items within 7 days once your payment is completed.
• Order more than $150.00,ship by EMS or DHL.
• Import duties, taxes and charges are not included in the item price or shipping charges.
These charges are the buyers' responsibility.

3.Do not receive goods or some problems?
Contact us for a partial /full refund after confirm the problem each other.

4.Feedback.
• If you are not satisfied with the items you ordered, please contact us before leaving negative feedback.
We can work together to resolve any dispute.
• Please leave positive feedback and 5 stars if you are satisfied with our items and services.

5.Contact Us.
You can contact us by leaving an message on aliexpress or email us, we will respond email within 24 hours.
We will be glad to answer any questions you may have, please feel free to contact us.

图 4-3-22　售后服务说明设计效果

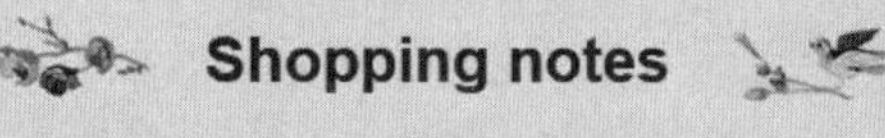

If it's your first time to shop on aliexpress, this is your shopping process:

图 4-3-23　购买须知设计效果

步骤 6：　将各模块拼接后，最终效果图如图 4-3-24 所示。

(3) 哪组产品详细页面设计最优秀。

步骤 1：以小组为单位，展示小组产品详细页面设计的效果。

步骤 2：小组各派一名代表分享小组观点。

步骤 3：各小组对产品详细页面进行评价。

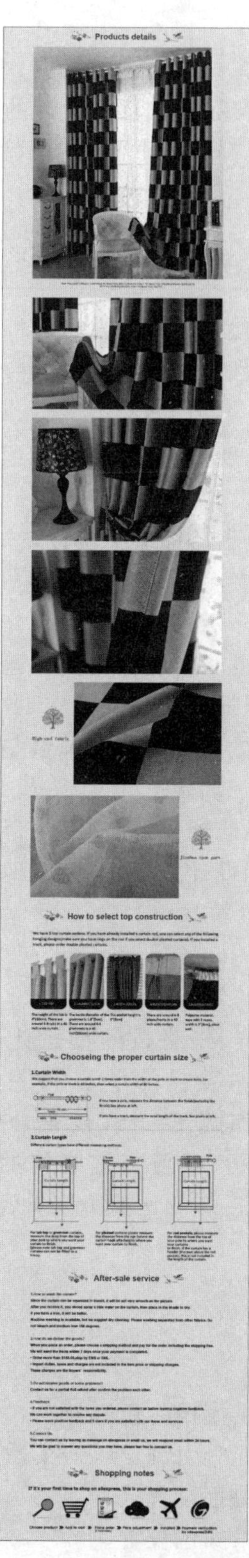

图 4-3-24　产品详情页面最终效果

活动评价

通过理论学习和实践，学生对产品详细页面设计的通用模块和步骤有了一定的了解，在设计过程中把产品的优势和特点都做了重要的展示和描述，组内成员之间相互沟通、相互协助，增强了团队合作意识。

合作实训

【实训名称】 以四人一小组为单位，收集素材为母婴用品店铺进行装修。

【实训目的】 让同学们学会如何在速卖通平台进行店铺装修。

【活动过程】

步骤 1：任命一名活动小组长，明确组员分工，以组为单位撰写店铺首页框架图一份和产品详细页面框架图一份，确定设计的风格和颜色。

步骤 2：分工合作，一名成员负责店铺首页设计，一名成员负责产品详细页面设计，一名成员负责文案编写，一名成员负责商品处理。

步骤 3：产品详细页面设计完毕后由其他成员合作制作各款产品的产品详细页面。

步骤 4：全部图片设计完毕后由一名成员负责在速卖通装修后台上传首页装修图片，其他同学负责上传产品图及产品详细页。

步骤 5：装修完毕后对比设计效果图进行细节调整。

步骤 6：发布装修。

【实训小结】 通过对母婴用品店铺进行装修，对每一个小组的设计水平进行考核，同时为母婴用品店铺提供更好的店铺设计方案，能更好地促进校企合作，达到学生、学校、企业三赢的目的。

项目总结

店铺装修与实体店的装修一样，最终目的都是让店铺变得更美、更吸引人，是电子商务运营的重要活动之一。通过本项目的学习，学生以小组为形式进行合作学习，能够了解各行业的店铺装修风格，同时学生进入校企合作的电商公司见习能够得到美术总监何总监的现场指导和解说，深入学习店铺装修的一系列内容与步骤，了解欧美简约风格店铺装修与传统淘宝店铺装修的区别，为今后的网店美工打下理论基础，做好技能准备。

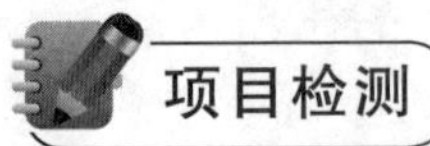

项目检测

一、判断题

1. 速卖通店铺装修平台不提供模板颜色选择。（ ）
2. 速卖通店铺装修越花哨越能吸引浏览者购买欲望。（ ）
3. 速卖通店铺装修支持全屏海报设置。（ ）
4. 速卖通店铺装修不支持背景颜色设置。（ ）
5. 店铺首页设计越长越好。（ ）

二、单项选择题

1. 店铺装修风格能体现喜庆的颜色是(　　)。

A. 白色　　B. 黄色　　C. 红色　　D. 粉红色

2. 下列不属于产品详细页面设计模块的是(　　)。

A. 产品基本属性　　B. 产品细节图片

C. 物流信息　　D. 店招

3. 下列不属于设计店标所使用的软件是(　　)。

A. Photoshop　　B. Dreamweaver　　C. AI　　D. Coreldraw

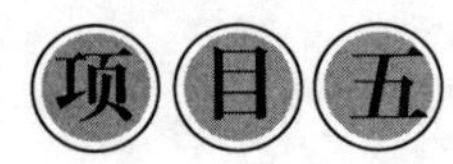

开展店铺营销推广

项目综述

目前,随着外贸形势的变化,传统的国际贸易逐渐衰落,跨境电子商务已成为促进国际贸易转型发展的关键因素之一,并极大地改变了传统的生产和营销模式。开展有效的速卖通营销活动,借助互联网超越时间和空间的限制,企业能够有效增加贸易机会,简化交易流程,减低成本,提高效率,极大地促进经济的转型升级,从而实现世界经济的一体化和自由化。

李勇同学及其小组成员通过半个学期的专业理论学习,逐渐熟悉跨境电子商务活动,尤其是对速卖通、亚马逊、eBay等电商平台中的丰富多彩的营销推广活动产生了浓厚的兴趣。恰逢“329无线大促”的到来,朝阳电子商务有限公司需要一批兼职学生协助完成前期准备工作,李勇团队将随指导老师到校企合作公司进行见习活动,希望通过跨境电商行业人员的介绍和演示,能学习网络营销的相关基础知识,熟悉开展速卖通营销典型活动的流程与技巧,能为自己在今后的店铺开展节日促销打好基础。

项目目标

通过本项目的学习,应达到的具体目标如下。

1. 知识目标

(1) 了解速卖通营销的基础知识;

(2) 理解速卖通营销的基本策略。

2. 技能目标

(1) 掌握速卖通常规营销的技巧;

(2) 掌握大促活动营销的技巧;

(3) 掌握直通车推广的技巧。

3. 情感目标

(1) 提高学生团队合作与沟通分享的能力;

(2) 培养学生文明诚信的职业素养;

(3) 培养学生创新创业意识。

任务一　开展店铺营销

情境设计

经过对速卖通基本操作的学习，李勇和同小组的王丽、张军、钟珊已经学会了寻找产品、发布产品而且发布产品已经有一段的时间了，但还是没有生意，于是在指导老师的带领下来到校企合作单位朝阳电子商务有限公司见习活动，学习如何开展速卖通营销活动，熟悉速卖通营销常见工具应用，确保经营的几家速卖通店铺销量有所提升，完成营销活动目标。

任务分解

此次公司的见习活动，小组成员在公司营销部的资深运营专家王总监的耐心讲解和演示下，主要去熟悉常见的速卖通营销活动，了解速卖通营销、常用营销方法及其他营销方法，积极准备相关的营销活动的开始。

活动一：了解速卖通营销

活动背景

在公司的见习过程中，运营王总监首先介绍了开展速卖通营销活动的准备工作，比如撰写营销方案，熟悉各种营销活动的形式和特点，并能够体验参与各种速卖通促销活动等。

知识窗

一、速卖通营销概述

什么是营销？营销，广义上是指企业在以客户需求为中心的前提下开展一系列经营活动的过程，包括设计、生产、推广、销售等环节。狭义的营销理解为推销产品，如何把产品卖出去。这里介绍的速卖通营销，也是讲如何更有效地销售产品。例如，限时限量折扣、参加平台活动、直通车推广，这都是卖家常用的营销手段，效果也非常明显。可以说速卖通没有营销活动，基本就不会有销量，如果一个店铺需要做大做强，就离不开一系列营销活动。

二、速卖通营销分类

速卖通营销活动是店铺提高销量、提高信用的有效手段，那么到底速卖通有哪些营销活动是卖家可以选择的呢？下面先做个简要介绍。

1. 营销活动

(1) 常用营销活动。常用营销活动也就是通常所说的四大利器，包括限时折扣、全店铺打折、全店铺满立减、店铺优惠券，如图 5-1-1 所示。

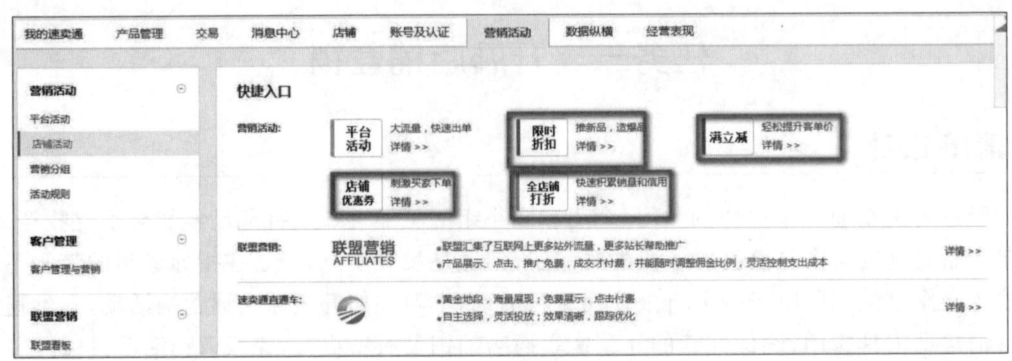

图 5-1-1　四大营销活动入口

(2) 联盟营销。联盟营销是一种按效果付费的网络营销方式,卖家通过联盟营销渠道获得订单,按照卖家事先设置的佣金比例支付佣金。佣金比例由卖家自己确定,不同类目有不同的比例范围。联盟营销的付费方式是按照成交额付费,而直通车付费是按单击次数收费,两者明显不同,如图 5-1-2 所示。

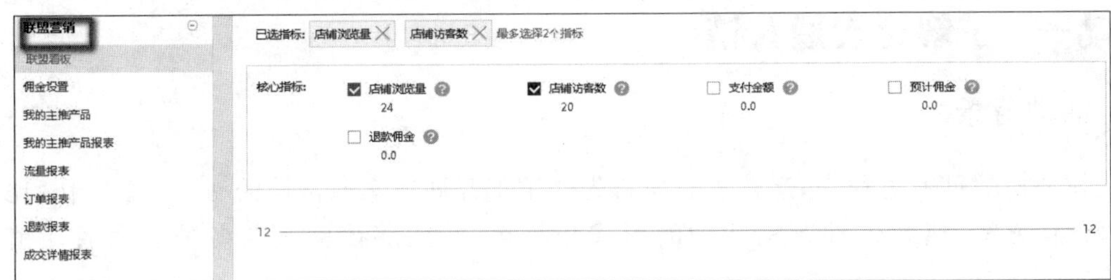

图 5-1-2　联盟营销

(3) 图文营销。图文营销是指卖家通过对店招、首页、详情页面的图文装修来实现对产品的营销,可以是文字,也可以是图片,或者两者的结合。店招就如实体店铺的门面,门面是否漂亮、能否吸引眼球,对一个店铺的销售有很大的影响。根据买家的浏览习惯,几乎所有的买家都会查看店招的内容,所以本店铺的重点产品以及重大的营销活动都可以体现在店招之中。但要注意店招制作的美观,否则效果适得其反。对首页和详情页的装修同样可以达到营销的目的,首页营销在做店铺推广时更加有效。详情页的装修推广作用主要体现在关联营销上。首页图文营销,如图 5-1-3 所示。

(4) 橱窗营销。橱窗产品是速卖通推荐曝光该店铺产品的优先选择,也就是说卖家设置的橱窗产品可以得到更多的曝光机会,成交的机会也更大。但是橱窗数与店铺等级有对应关系。设置橱窗推荐产品,一定要选择好产品,通过查看数据筛选最优的新款、爆款、活动款,如图 5-1-4 所示。

(5) 关联营销。关联营销是指在某个或者部分产品的页面,添加一些类似或者有关联的产品,让买家有更多的选择或者多购买本店铺产品,提高客单价。但一定要选择有关联性、美观的产品,否则会影响客户的购买体验,从而丧失获得订单的机会,如图 5-1-5 所示。

图 5-1-3 图文营销

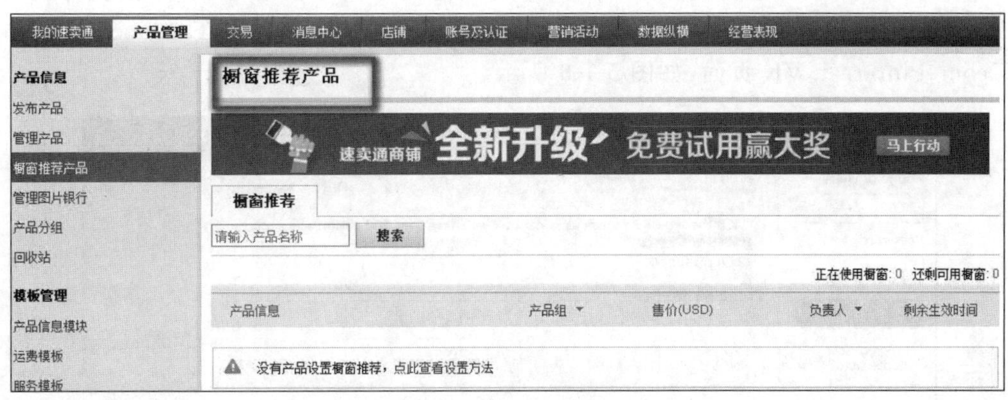

图 5-1-4 橱窗营销

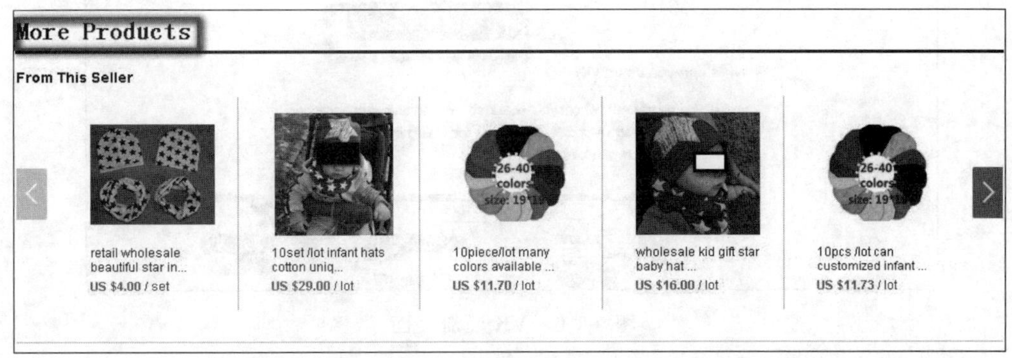

图 5-1-5 关联营销

2. 平台活动

平台活动是速卖通面向卖家推出的免费推广服务，也是营销效果最为明显的营销利器之一，它可以在短时间内提高店铺的曝光量、单击量、转化率。平台活动目前有 SuperDeals、国家站团购、行业 Hot&New、行业 Sales 主题频道等。

3. **大促活动**

速卖通大促是速卖通一年中最大型的促销活动，在活动期间，集聚网站全部力量推广，引入海量新流量，发布大量优惠券，组织上千万优惠商品，吸引消费者集中购买，活动卖家和平台的交易额成倍提高。近年比较成功的大促活动有："325 大促""825 大促""双 11"大促等。

4. **直通车推广**

速卖通直通车是 P4P(Pay for Performance)广告，是速卖通为卖家量身定制的，能够实现快速提升店铺流量，按单击付费的效果营销工具。它的主要作用是精准引流，提升流量与销量，也是部分卖家用来测试新款或打造爆款的工具。关于直通车的具体操作，将在本项目的任务三详细讲解。

5. **SNS 营销**

SNS 营销是利用社交网站作为分享平台，通过分享商品信息、买家体验或者直接参与广告来吸引潜在客户，是一种人气营销活动。常用的社交网站有 Facebook、Twitter、VK. com、Pinterest. VK 页面，如图 5-1-6 所示。

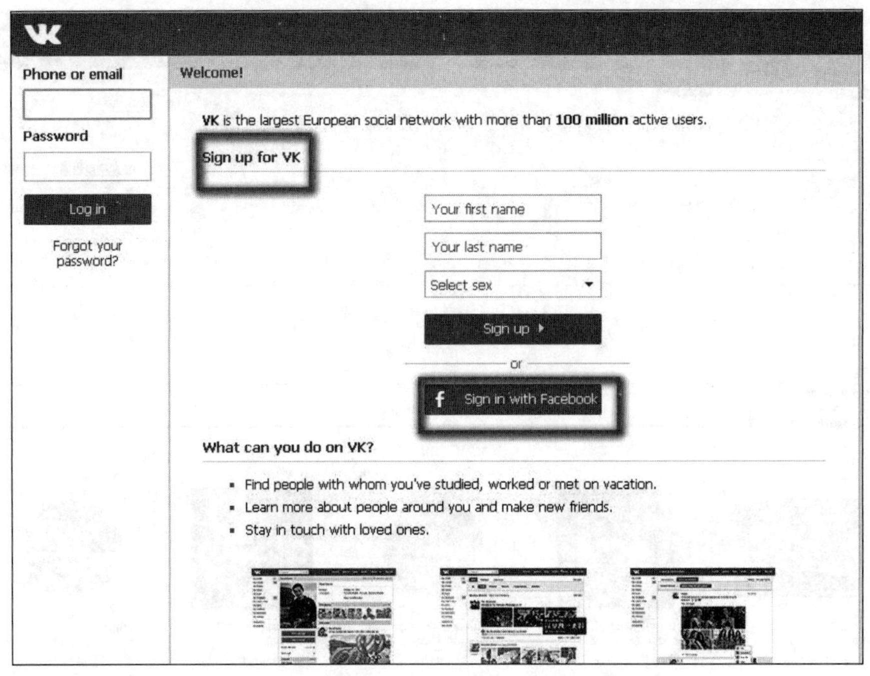

图 5-1-6　VK 注册页面

活动实施

(1) 查看速卖通平台不同类型的营销活动。

步骤 1：打开速卖通买家首页 http://www. aliexpress. com。

步骤 2：在搜索框输入某个关键词，如 woman bag。

步骤 3：打开页面后按销量从高到低排名，进销量前三的店铺。

步骤 4：查看这些店铺的店内营销方法有哪些。

步骤 5：各小组收集不同的营销案例，并做记录。

(2) 说说不同营销方式的不同

步骤 1：以小组为单位，找出一则速卖通优秀营销案例。

步骤 2：小组讨论总结不同营销方式的特点和优势。

步骤 3：派一名代表分享小组观点。

步骤 4：寻找自己店铺适合做营销的产品。

步骤 5：小组讨论，策划参加营销活动的产品。

活动评价

通过理论学习和实践，学生主动去了解速卖通营销的不同类型和特点，填写好相关的任务表格，同时培养小组合作的意识，善于分享观点，强化沟通的能力，提高学习效率。

活动二：掌握常用营销方法

活动背景

李勇和小组成员经过前段时间的学习，了解了速卖通的一些营销方法，也查看了相关论坛，众说纷纭，有的说有用，有的说没效果，李勇决定实践一下，首先从常用的营销方法入手。

知识窗

一、活动设置权限

(1) 限时限量折扣、全店铺打折和全店铺满立减活动，只要有在线商品就可以参加。

(2) 店铺优惠券活动，需要开通速卖通店铺才可以参加。

二、设置与展示规则

(1) 限时限量折扣活动必须提前 12 小时创建，一旦创建，活动商品即被锁定，无法编辑，如果想编辑该商品，需要在活动开始前 6 小时退出活动。全店铺打折、满立减和优惠券店铺活动必须提前 24 小时创建，全店铺打折的商品在活动开始前 12 小时才会锁定。

(2) 限时限量折扣活动与平台常规活动的优先级相同，两种活动不能同时参加。但这两种活动的优先级高于全店铺打折活动，如果卖家同时参与了两种活动，则在买家页面优先展示限时限量折扣。

(3) 全店铺满立减和店铺优惠券活动可同时进行，且和任一折扣活动都可以同时进行，折扣商品以折后(包括运费)计入满立减、店铺优惠券的订单中，产生叠加优惠，更易刺激买家下单。

活动实施

(1) 限时限量折扣设置。

步骤 1：进入限时限量折扣页面，如图 5-1-7 所示。

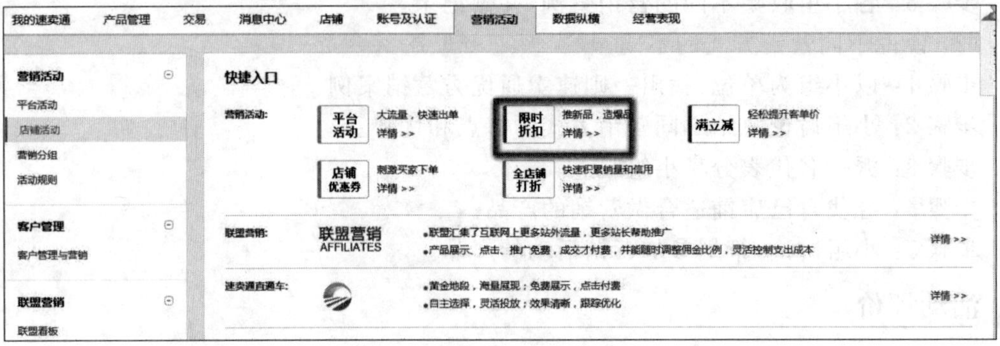

图 5-1-7　限时限量折扣入口

步骤 2：设置活动名称、开始与结束时间，如图 5-1-8 所示。

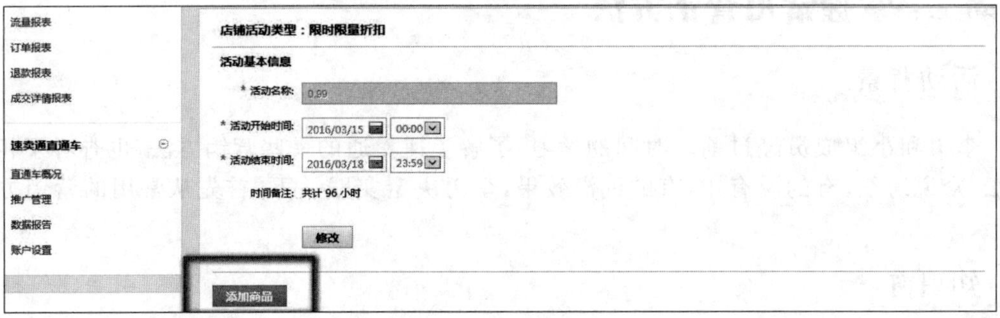

图 5-1-8　设置活动名称

步骤 3：添加商品，如图 5-1-9 所示。

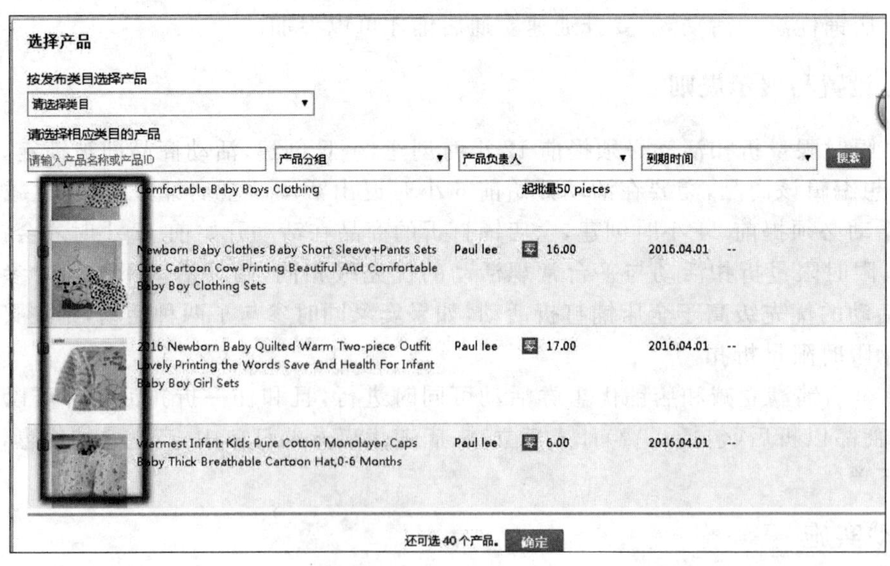

图 5-1-9　添加活动商品

步骤 4：设置折扣和数量，如图 5-1-10 所示。

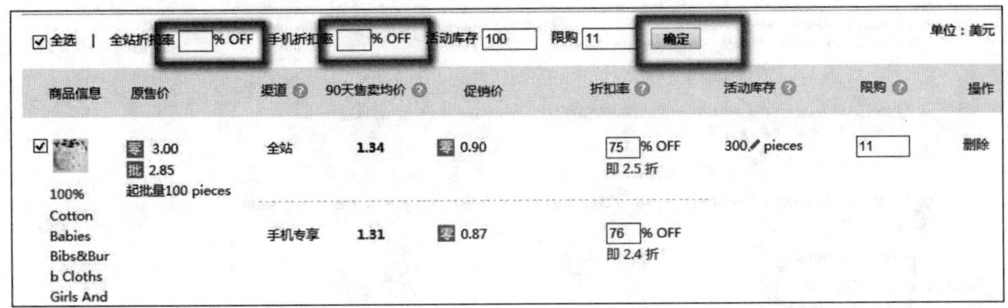

图 5-1-10　设置折扣和数量

（2）全店铺打折设置。

步骤 1：打开全店铺打折页面，如图 5-1-11 所示。

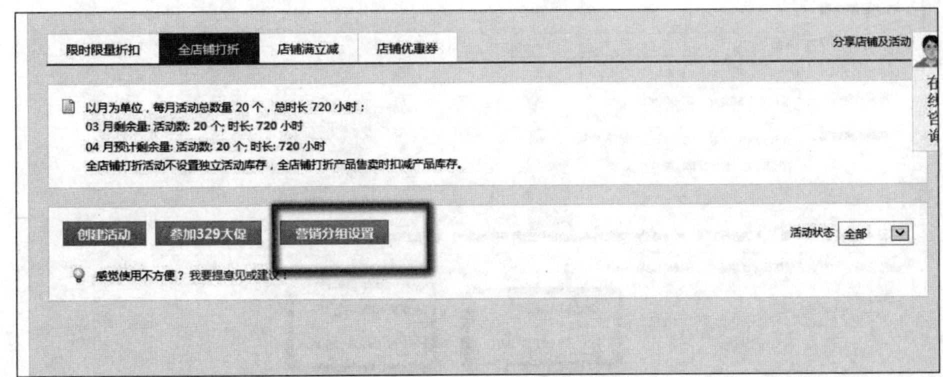

图 5-1-11　全店铺打折设置

步骤 2：产品分组，如图 5-1-12 所示。

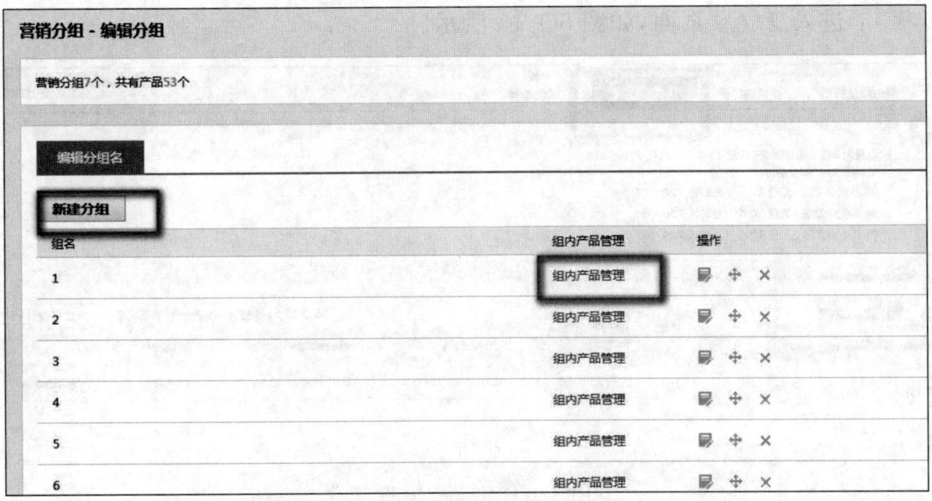

营销分组 - 编辑分组

营销分组7个，共有产品53个

编辑分组名

新建分组

组名	组内产品管理	操作
1	组内产品管理	
2	组内产品管理	
3	组内产品管理	
4	组内产品管理	
5	组内产品管理	
6	组内产品管理	

图 5-1-12　产品分组

步骤 3：组内产品调整，如图 5-1-13 所示。

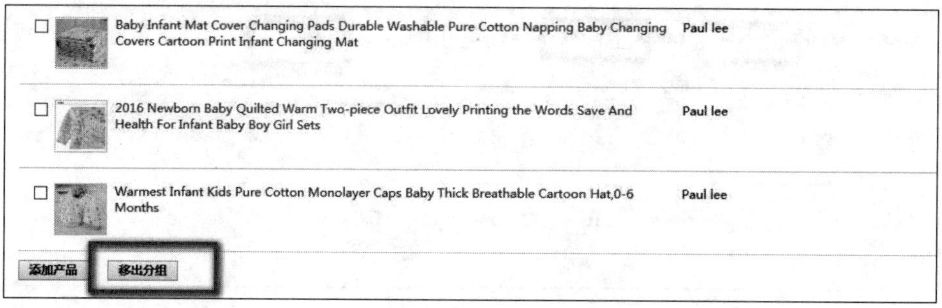

Baby Infant Mat Cover Changing Pads Durable Washable Pure Cotton Napping Baby Changing Covers Cartoon Print Infant Changing Mat
Paul lee
2016 Newborn Baby Quilted Warm Two-piece Outfit Lovely Printing the Words Save And Health For Infant Baby Boy Girl Sets
Paul lee
Warmest Infant Kids Pure Cotton Monolayer Caps Baby Thick Breathable Cartoon Hat,0-6 Months
Paul lee
添加产品
移出分组

图 5-1-13　组内产品调整

步骤 4：折扣设置，如图 5-1-14 所示。

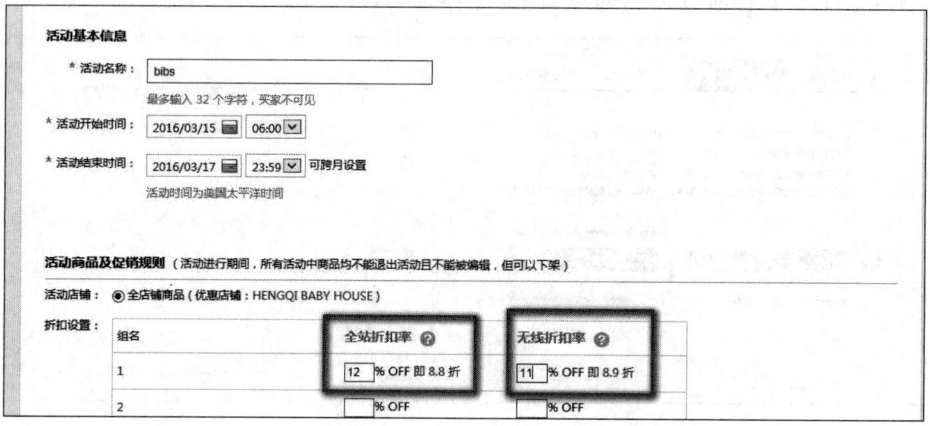

活动基本信息
* 活动名称：
bibs
最多输入 32 个字符，买家不可见
* 活动开始时间：
2016/03/15
06:00
* 活动结束时间：
2016/03/17
23:59
可跨月设置
活动时间为美国太平洋时间
活动商品及促销规则（活动进行期间，所有活动中商品均不能退出活动且不能被编辑，但可以下架）
活动店铺：
全店铺商品（优惠店铺：HENGQI BABY HOUSE）
折扣设置：
组名
全站折扣率
无线折扣率
1
12
% OFF 即 8.8 折
11
% OFF 即 8.9 折
2
% OFF
% OFF

图 5-1-14　折扣设置

（3）满立减设置。

步骤 1：进入满立减页面，如图 5-1-15 所示。

限时限量折扣
全店铺打折
店铺满立减
店铺优惠券
分享店铺及活动
以月为单位，每月活动总数量 10 个，总时长 720 小时；
可创建次月开始的活动；
03 月剩余活动：数量 10 个，总时长 720 小时
04 月剩余活动：数量 10 个，总时长 720 小时
05 月剩余活动：数量 10 个，总时长 720 小时
创建活动
活动类型：
全部活动类型
活动状态
全部活动状态
活动名称
活动类型：
活动开始时间
活动结束时间
活动状态
操作
12-30
全店铺满立减
2015/12/30 23:00
2015/12/31 23:59
已结束
查看活动详情
1
Go to page
Go

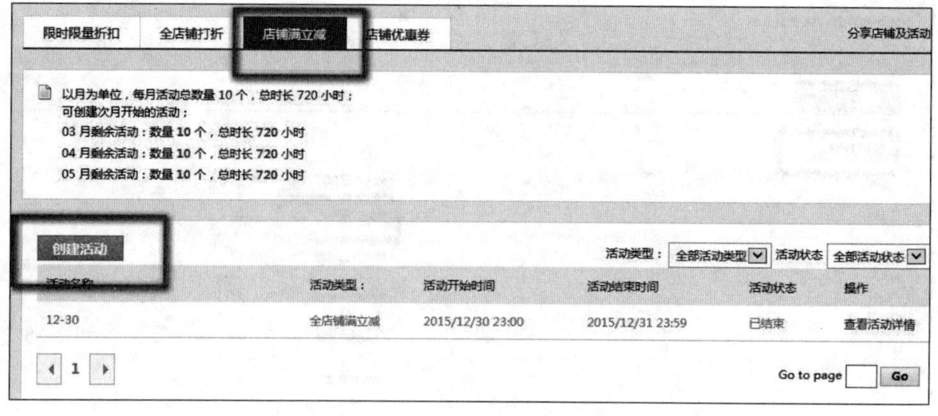

图 5-1-15　满立减设置

步骤 2：设置活动名称与开始、结束时间，如图 5-1-16 所示。

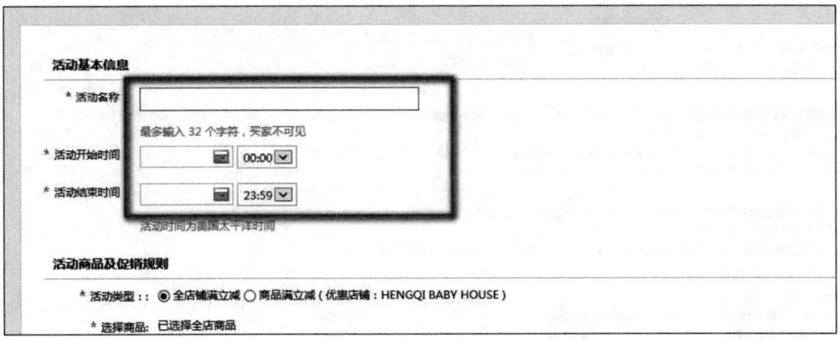

图 5-1-16　活动时间设置

步骤 3：设置活动商品和优惠金额，如图 5-1-17 所示。

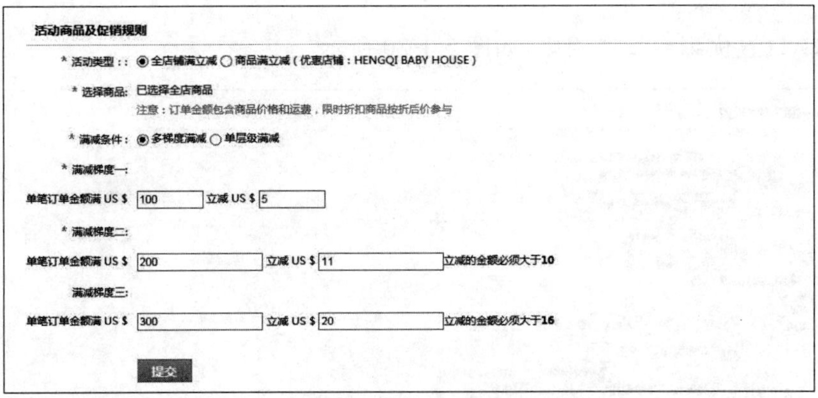

图 5-1-17　优惠设置

(4) 店铺优惠券设置。

步骤 1：创建活动名称与时间，如图 5-1-18 所示。

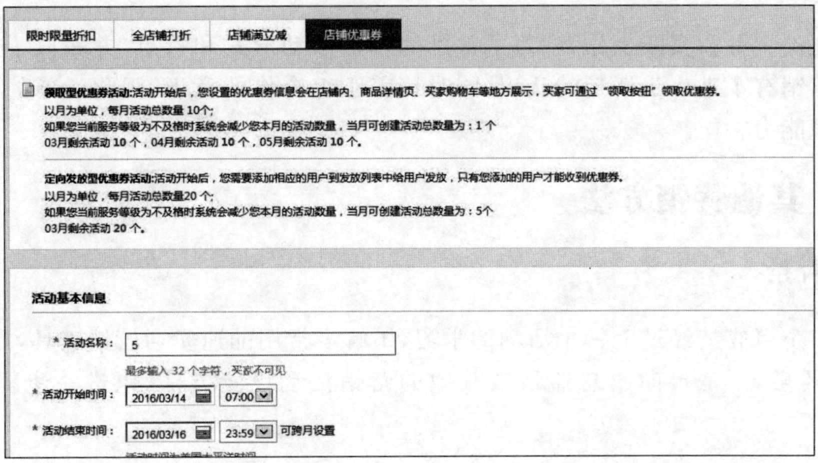

图 5-1-18　优惠券设置

步骤 2：添加优惠券，如图 5-1-19 所示。

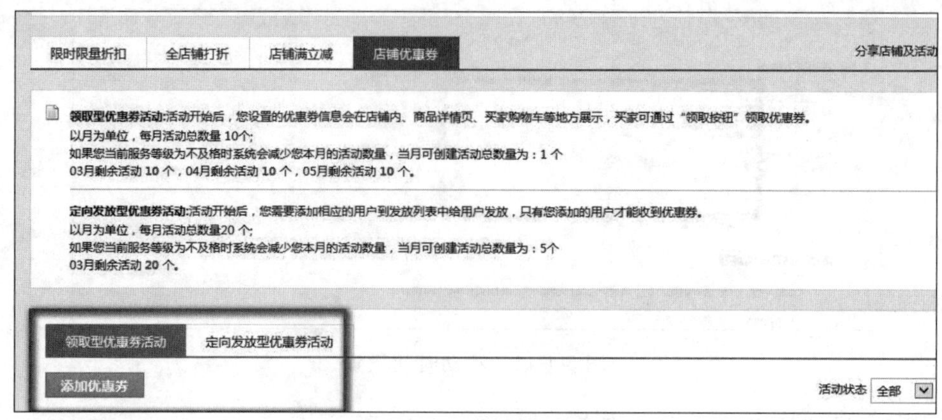

图 5-1-19　添加优惠券

步骤 3：设置优惠券领取规则，如图 5-1-20 所示。

优惠券领取规则设置

领取条件：☑ 买家可通过领取按钮领取Coupon

* 面额：US$ 2

每人限领：1

* 发放总数量：99

优惠券使用规则设置

使用条件：○ 不限 （即：订单金额只要满足US $2.01即可使用）

◉ 订单金额满 US $ 50

* 有效期：◉ 有效天数 买家领取成功时开始的 3 天内

○ 指定有效期 00:00 到 23:59

使用开始时间需要距今90天内，使用有效期最长为180天.

图 5-1-20　优惠券领取规则

活动评价

通过理论学习和实践操作，学习了常见的营销活动形式和特点，并完成了相关任务，对速卖通营销有了进一步清楚的认识，同时培养小组合作的意识，强化沟通的能力，提高了专业技术能力。

活动三：其他营销方法

活动背景

李勇和小组成员经过上一个活动的学习，了解了常用的速卖通营销工具，也学会了使用，但觉得不够，于是再向王总监请教其他的营销活动设置方法，以进一步提高店铺的销量。

知识窗

一、联盟营销

联盟营销是一种按效果付费的网络营销方式，卖家根据自己设置的佣金比例进行支付，按成交金额乘以佣金百分比支付佣金，所以在产品定价时，要考虑支付佣金的成本，以保证利润。如果想停止联盟营销，可以申请退出。

联盟营销包含的内容包括：联盟看板、佣金设置、主推产品、流量报表、订单报表、退款报表、成交详情报表。联盟营销的效果不像直通车那么明显，需要不断地优化和更新产品，培养潜在客户，才能为卖家带来订单。

二、关联营销

所谓的关联营销就是在一个产品页中同时放了其他同类、同品牌、可搭配等有关联的产品。其目的一是让买家有更多的选择，留住客户；二是提高客单价，增加利润。通常可以把关联营销分为类目关联、文字关联、相似关联。

三、首页营销

首页营销是指通过店铺首页店招与滚动横幅的装修来实现营销的目的，把店铺的主营产品图片经过技术处理，插入店招里边，以吸引消费者，从而增加主营宝贝的曝光量与单击量。如果展示后该产品的单击量没有明显变化，说明该产品的视觉效果差，需要更换产品或者重新装修首页。

四、橱窗营销

橱窗营销是用设置橱窗的方式来推新款、打造爆款和活动款，这样才能充分利用好橱窗的功能。当然，所选的新款、爆款、活动款并不是固定的，需通过观察数据，不定期地更换橱窗产品，这样才能做好橱窗营销。

活动实施

(1) 联盟营销设置。

步骤 1：设置类目佣金，如图 5-1-21 所示。

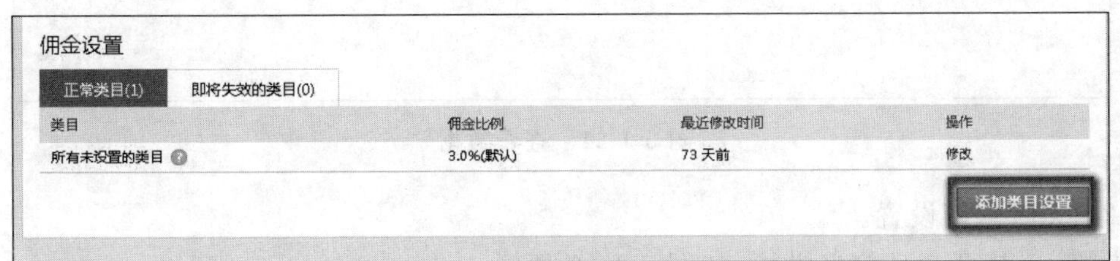

图 5-1-21　类目佣金设置

步骤 2：添加主推商品，如图 5-1-22 所示。

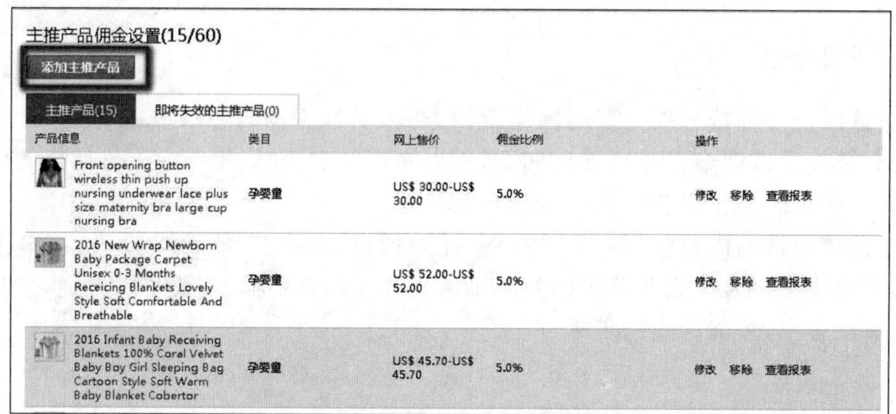

产品信息	类目	网上售价	佣金比例	操作
Front opening button wireless thin push up nursing underwear lace plus size maternity bra large cup nursing bra	孕婴童	US$ 30.00-US$ 30.00	5.0%	修改 移除 查看报表
2016 New Wrap Newborn Baby Package Carpet Unisex 0-3 Months Receicing Blankets Lovely Style Soft Comfortable And Breathable	孕婴童	US$ 52.00-US$ 52.00	5.0%	修改 移除 查看报表
2016 Infant Baby Receiving Blankets 100% Coral Velvet Baby Boy Girl Sleeping Bag Cartoon Style Soft Warm Baby Blanket Cobertor	孕婴童	US$ 45.70-US$ 45.70	5.0%	修改 移除 查看报表

图 5-1-22　添加主推产品

步骤 3：修改主推商品佣金，如图 5-1-23 所示。

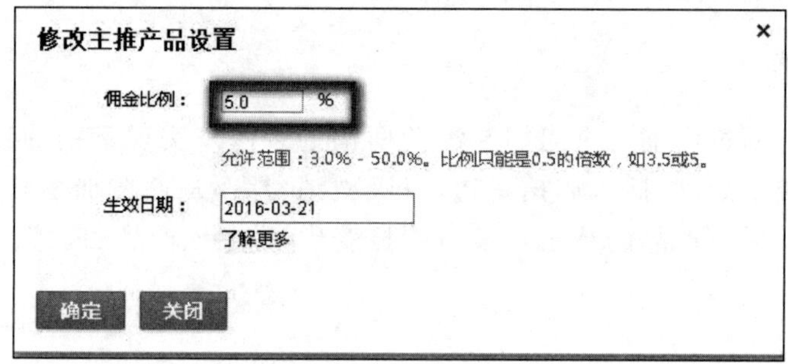

图 5-1-23　修改佣金

步骤 4：查看推广数据，如图 5-1-24 所示。

主推产品数据概览　最近7天　2016-03-12　至　2016-03-18　搜索

已选指标：主推产品浏览量　主推产品访客数　最多选择2个指标

核心指标：主推产品浏览量 2　主推产品访客数 2　支付金额 0.0　支付订单数 0　预计佣金 0.0　退款佣金 0.0

图 5-1-24　查看数据

(2) 关联营销设置。

步骤 1：打开产品信息模块，如图 5-1-25 所示。

步骤 2：编辑模块内容，如图 5-1-26 所示。

步骤 3：选择关联产品，如图 5-1-27 所示。

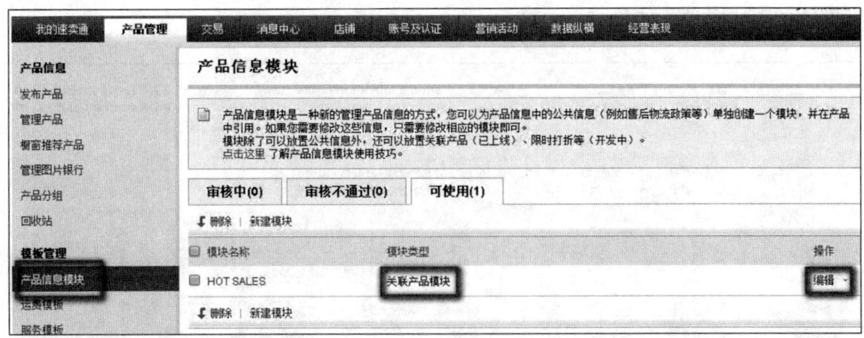

图 5-1-25　关联营销设置入口

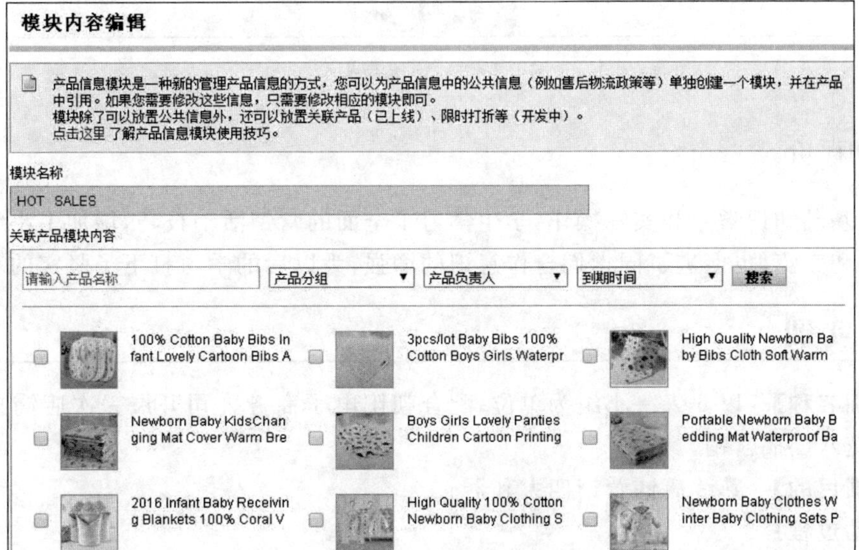

图 5-1-26　编辑模块内容

图 5-1-27　选择关联产品

步骤 4：预览与提交，如图 5-1-28 所示。

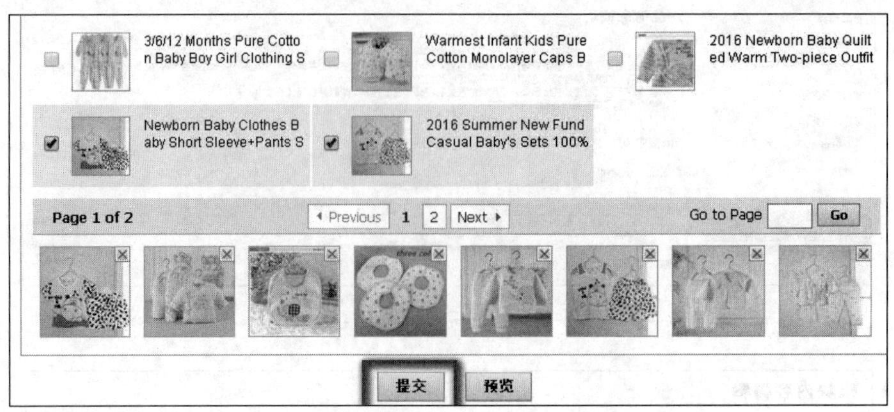

图 5-1-28　预览与提交

活动评价

通过基础知识学习和实际操作，学生学习了全面的营销活动技巧，增加了小组成员之间的沟通和交流，也促进了同学们合作意识的增强，为以后的学习打下了坚实的基础。

合作实训

【实训名称】 以 6 人一小组为单位，配合朝阳电子商务公司开展一次店铺自主营销活动《五花八门搞营销》。

【实训目的】 熟练店铺营销四大利器。

【活动过程】

步骤 1：全班 6 人一小组分组，推荐一位组长。

步骤 2：各小组制定小组的营销方案，组内讨论。

步骤 3：各小组制作营销方案 PPT，并派代表讲解。

步骤 4：指导老师根据小组的综合表现给予打分，评出前三名。

步骤 5：各小组按照营销方案进行操作设置。

步骤 6：比较各小组的营销成绩。

【实训小结】 通过实训，同学们亲身感受了店铺营销带来的魅力，比较了各种营销方式的效果，为公司创造了利润，激励了同学们进一步好好学习速卖通操作，为以后的就业和创业积累了丰富的经验。

任务二　参加促销活动

情境设计

经过对速卖通营销活动的学习，李勇和同小组的王丽、张军，在指导老师的带领下再

次来到校企合作单位朝阳电子商务有限公司见习活动，积极参与即将到来的“329 无线大促”准备工作，学习如何开展平台活动、大促活动。熟悉大促活动的操作模式，确保公司经营的速卖通网店在“329 无线大促”活动中销售量大幅增加。

任务分解

此次公司的见习活动，小组成员在公司营销部的资深运营“企业师傅”王总监的耐心讲解和演示下，主要去熟悉平台活动和大促活动，积极准备相关的促销活动的开始。将该活动分解为了解促销活动、参加平台活动、参加大促活动。

活动一：了解促销活动

活动背景

在公司的见习过程中，运营王总监首先介绍了营销活动的准备工作，比如撰写营销方案，熟悉各种活动形式和特点，并能够拟订活动计划等。

知识窗

一、平台活动

速卖通平台活动是阿里巴巴向卖家提供的免费推广服务，是速卖通效果最显著的营销利器之一，它能快速提高店铺曝光量、单击量、转化率等一系列指标。所以，平台活动这一营销利器对于店铺的各发展阶段，特别是新店铺，效果是非常明显的。

目前平台活动的常见类型有 SuperDeals，国家站团购，行业 Hot & New，TOP Sales 主题频道等，如图 5-2-1 所示。

图 5-2-1 平台活动类型

二、大促活动

大促活动是速卖通一年之中最大型的促销活动，最有影响力的当属“双 11”，它是速卖通全网站一年最火暴的时间，大促活动开始于 2014 年，速卖通每年组织 3 次大促，分别在3月、8月和11月发布上线。速卖通大促聚集网站全部力量，引入海量新流量，发放数百万优惠券，组织上千万优惠商品，吸引消费者集中消费，为卖家和网站带来交易额的跨越式提升。平台数据表明，每年大促，网站的交易额至少拉高3～4倍，同时，参与大促的卖家的交易额也能平均提升5倍以上，善于营销的卖家甚至可以达到100倍的提升，如图5-2-2所示。

图5-2-2　2015年某店铺“双11”订单数

活动实施

(1) 搜一搜速卖通平台活动有哪些形式。

步骤1：各小组查找速卖通平台活动的形式。

步骤2：搜索这些活动的展示位置。

步骤3：各小组研究这些活动的报名方式。

步骤4：填写表5-2-1。

表5-2-1　速卖通平台活动

活动	位置	优势	入选条件	活动效果

(2) 归纳速卖通大促活动的形式。

步骤1：各小组查找速卖通大促活动的形式。

步骤 2：查看这些活动的主题，所涉及的产品。

步骤 3：各小组研究这些活动的报名要求。

步骤 4：对各大促活动进行归纳总结。

步骤 5：填写表 5-2-2。

表 5-2-2　速卖通大促活动

活动	主题	产品范围	报名要求	活动效果

(3) 比较速卖通平台活动与大促活动的异同。

步骤 1：各小组对比速卖通平台活动与大促活动。

步骤 2：找出这两组活动的差异。

步骤 3：填写表 5-2-3。

步骤 4：各小组派代表评价平台活动与大促活动。

表 5-2-3　平台活动与大促活动对照表

活动与大促	招商对象	产品范围	报名要求	活动效果
平台活动				
大促活动				

活动评价

通过理论学习和实际操作，学生主动去了解速卖通平台活动与大促活动的形式和特点，填写好相关的任务表格，同时培养小组合作的意识，善于分享观点，提高了沟通能力，提高学习兴趣。

活动二：参加平台活动

活动背景

经过“活动一”对促销活动的了解，李勇、张军决定先向王总监学习平台活动，学习平台活动的类型、选品技巧、如何报名。

知识窗

一、平台活动选品技巧

要做好平台活动关键是选品，可以先到卖家后台了解相关活动的报名条件，就比较容易有针对性地选择和完善能满足相应指标的产品，并不断为将来的平台活动做准备，重点可以从下面几个方面入手。

(1) 分析市场行情：特别是针对服装类的产品，季节交替、重大节日、新流行元素的风行标，是准确市场行情的风向标。所以符合流行趋势的产品，都是平台活动的重要选择对象。

(2) 优化五重要素：这里所说的五重要素是指标题、图片、关键词、属性、文案。当选定一个产品想报名平台活动，只要这个产品的 5 个要素高度黏合并且质量很高，产品的相关性分值就能达到最大化。

(3) 提升服务质量：相信随着速卖通新卖家服务等级的上线，大家已经深切体会到新的服务体系的重要性。当卖家服务等级是优秀的时候，平台活动有优先参加的权限。

二、平台活动的报名流程

每一期的平台活动招商，都能够在速卖通卖家后台的"营销活动"板块"平台活动"栏目中找到报名入口，用前面选好的产品报名即可，一旦入选，该产品将出现在活动指定推广模块中，得到海量曝光。

具体的流程是，第一步是打开速卖通卖家后台的营销活动板块，第二步是找到平台活动，第三步是默认会选中"可参加的活动"命令，这里圈出来的是告诉大家还可以单击在下拉菜单中选择："所有活动"命令，看看自己有哪些活动是目前不能参加但是可以通过提高自身的条件参加的。最后一步是在该活动的右边单击"我要报名"按钮即可。

活动实施

步骤 1：打开平台活动页面，如图 5-2-3 所示。

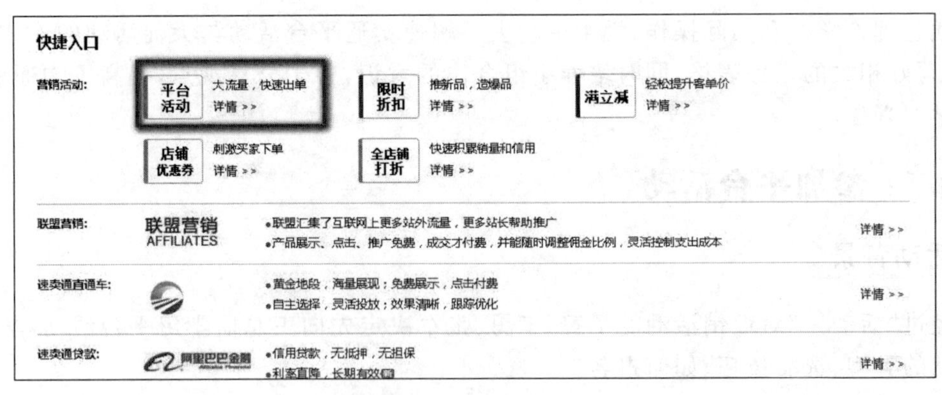

图 5-2-3　平台活动入口

步骤 2：选择可参加的平台活动，如图 5-2-4 所示。

步骤 3：设置活动产品，如图 5-2-5 所示。

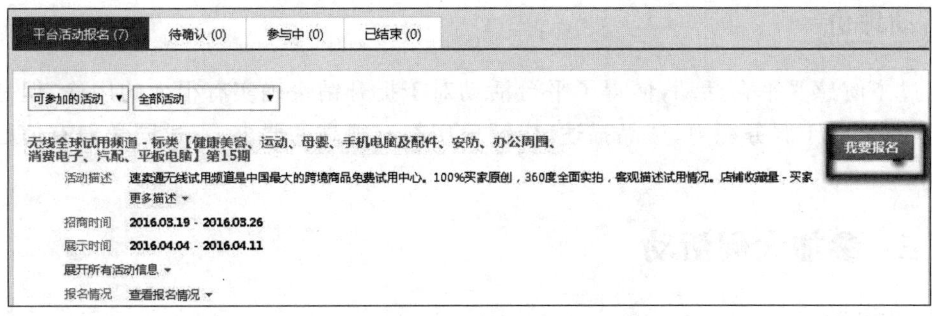

图 5-2-4　选择平台活动

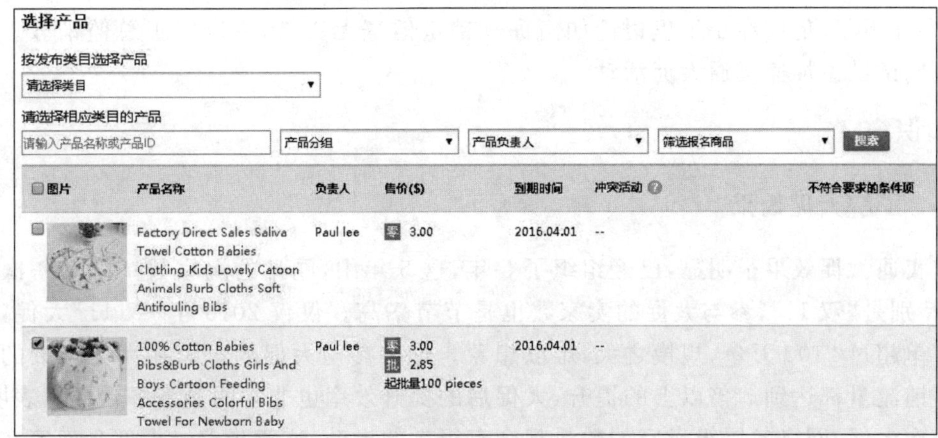

图 5-2-5　活动产品设置

步骤 4：设置活动库存，如图 5-2-6 所示。

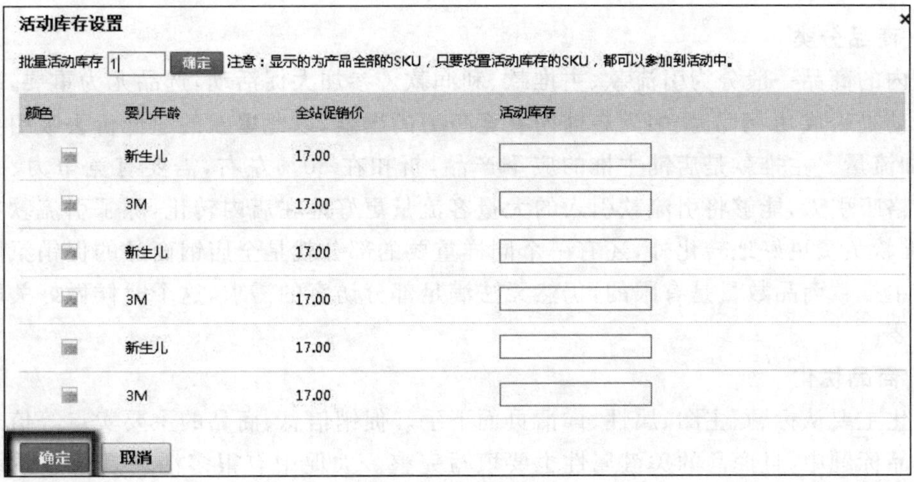

活动库存设置

批量活动库存 1　确定　注意：显示的为产品全部的SKU，只要设置活动库存的SKU，都可以参加到活动中。

颜色	婴儿年龄	全站促销价	活动库存
	新生儿	17.00	
	3M	17.00	
	新生儿	17.00	
	3M	17.00	
	新生儿	17.00	
	3M	17.00	

确定　取消

图 5-2-6　活动库存设置

活动评价

通过了解感受平台活动，懂得了平台活动对于提升销量确实有很大的用途，但是需要的要求较多，对于服务能力、产品描述、店铺信用都有很高的要求，不过同学们有信心把店铺做好。

活动三：参加大促活动

活动背景

李勇通过学习前边的平台活动，觉得是个提高销量的好机会，但很多活动由于条件较高，参加不了，他们在小组里讨论如何提高销量但毫无头绪，决定向王总监请教。王总监叫他们试试参加速卖通大促活动。

知识窗

一、了解大促效果

速卖通大促效果很明显，已经组织了 5 年，这 5 年中，网站的卖家数一次又一次突破峰值，特别是“双 11”，参与大促的卖家数也是节节攀高。仅仅 2015 年“双 11”大促，当天成交订单超过 2100 万单，规模之大，难以想象。这些参与大促的卖家在大促当天的交易额和店铺流量都达到 5 倍以上的提升，大促后的提升效率也非常明显。平台数据表明，每经过一次大促，网络各层级卖家的数量都会有很大的提升，这意味着绝大部分卖家在大促中完成了店铺的升级，一个个新卖家通过大促逐渐成长为速卖通的大卖家。

二、大促成功奥秘

1. 商品分类

店内的商品一般分为引流款、主推款、利润款。参加大促活动，选品尤为重要，决定了参加活动是否成功，引流款多为店铺内有竞争力的爆款，以此爆款的超低价去吸引买家进店，增加流量。主推款是店铺主推的应季产品，折扣在 30%左右，需要有竞争力、有差异性且价格吸引人，能够将引流款引入的大量客流量更好地在店内转化，除了引流款负责引流，主推款负责更好地转化外，还有一个同样重要的部分就是全店铺商品的促销氛围。引流款和主推款商品数量是有限的，仍然无法满足部分访客的需求，这个时候做好关联营销很有必要。

2. 商品优化

优化主要从标题、主图、属性、详情页面下手。促销信息、商品的主要卖点等信息都要加入商品标题中，且商品的关键属性也要填写完整。大促中有很多活动是通过系统抓取的方式来促销商品，展示到相关页面，所以标题中的信息和属性信息的完善是非常重要的。商品优化还需要关注单个商品详情页面，做到简洁清楚，不需要太多渲染，店铺内的商品必须做好关联销售和关联推荐，将访问商品详情页面的流量最大限度地转化成订单。

3. 激活老客户

维护老客户、挖掘老客户是卖家必不可少的技能，老客户是店铺最宝贵的资源，一年三次的大促是将老客户唤回的最好时间。将店铺的优惠信息通知到老客户，把老客户的购买力尽可能地锁定在自己的店铺内，老客户购买率越高，对店铺的排名也有很大的帮助。

4. 装修氛围

大促装修和普通装修有很大的区别，大促装修讲究的是氛围，为大促营造浓烈的购物氛围。大促装修的设计元素需要结合店铺的优惠政策以及商品信息，做到有针对性、契合大促主题。

三、大促活动准备

1. 库存准备

大促当天的销量一般会成倍增加，作为卖家首先要联系货源，确保有货的才可以参加活动，否则后果很严重，甚至可能导致账号关闭，并不是每个上架宝贝都需要备货，主要是准备日销量比较大的商品，也就是店铺的几个主营产品。

2. 价格准备

速卖通大促的效果很大程度上取决于价格折扣的力度，所以在准备活动产品时，要留有打折的空间，参加打折活动时才会取得良好的效果。另外，准备参加大促活动之前，务必关注平台公告，因为活动价格的设置是有一定时间限制的，过了时间就不能设置，导致不能参加大促活动。

3. 物流准备

每逢大促，物流都成为卖家最头痛的问题，大促期间，由于订单数激增，超过了快递承载量，就会导致爆仓，甚至丢件的情况也经常发生，所以参加大促之前要选择信用良好，渠道稳定的物流供应商，最好选择线上发货或无忧物流，有利于解决物流纠纷。

4. 客服准备

大促期间，询盘会大量增加，卖家一定要有所准备，对客服人员的专业技巧进行针对性培训。例如：产品知识培训、语言培训、客服技巧培训等。只有方方面面都准备好了，才能确保参加大促活动的圆满成功。

活动实施

(1) 体验参加“329 无线大促”活动。

步骤 1：单击进入大促活动页面，如图 5-2-7 所示。

图 5-2-7　大促活动入口

步骤 2：了解大促活动的介绍，如图 5-2-8 所示。

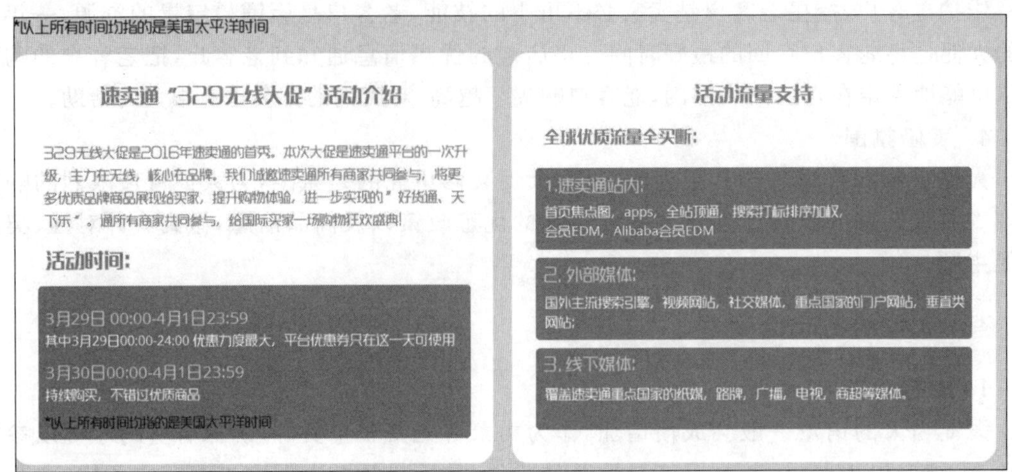

图 5-2-8　大促活动介绍

步骤 3：熟悉大促活动的时间点，如图 5-2-9 所示。

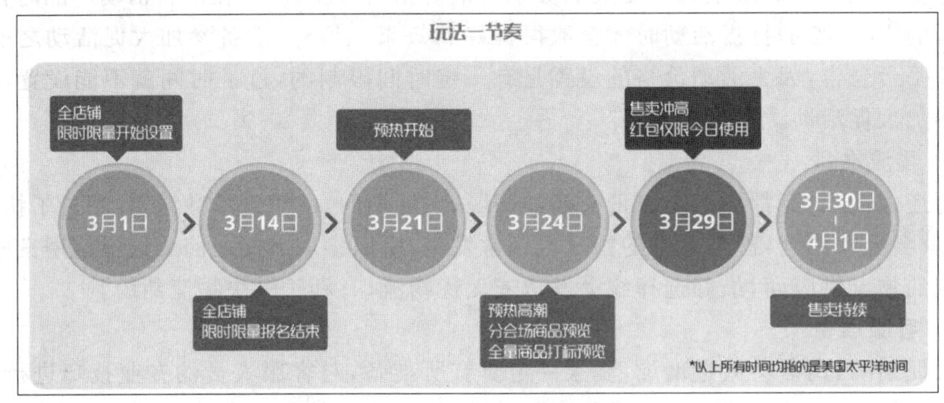

图 5-2-9　大促活动时间点

步骤 4：进入设置页面，设置活动折扣，如图 5-2-10 所示。

步骤 5：设置活动库存数量，如图 5-2-11 所示。

步骤 6：活动设置成功，等待开始，如图 5-2-12 所示。

(2) 说一下参加活动的体会。

步骤 1：各小组通过参加活动，收集活动成果。

步骤 2：小组内总结这次活动效果。

步骤 3：小组成员交流心得。

步骤 4：各小组派成员在全班交流活动心得。

步骤 5：课代表记录各组参与活动的情况，并填写表 5-2-4。

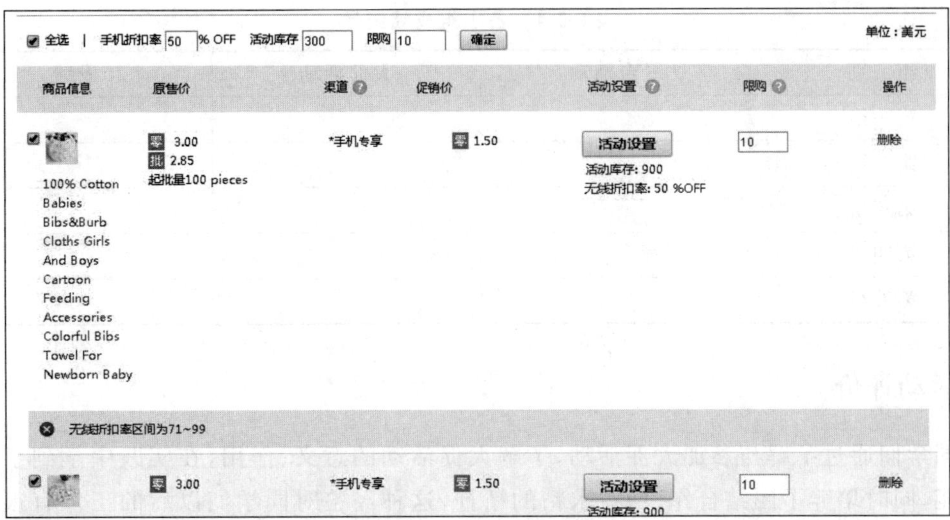

图 5-2-10　活动优惠设置

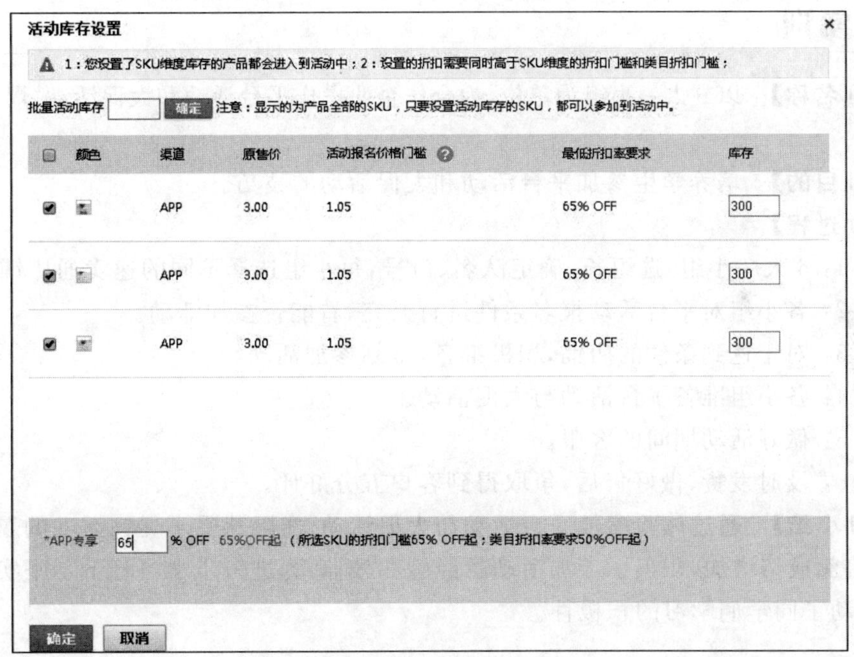

图 5-2-11　活动库存设置

活动名称	活动开始时间	活动结束时间	当前状态	商品数	操作
329limited	2016/03/29 00:00	2016/04/01 23:59	未开始	39	编辑
0.99	2016/03/06 05:00	2016/03/11 23:59	未开始	3	编辑
0.99	2016/03/01 00:00	2016/03/05 23:59	展示中	6	查看活动详情 可补充活动库存
dazhe	2016/02/28 12:00	2016/03/05 23:59	展示中	10	查看活动详情 可补充活动库存

图 5-2-12　查看设置结果

表 5-2-4　各小组成绩统计

组　别	平台活动	大促活动	成绩
第一组			
第二组			
第三组			
第四组			
第五组			

活动评价

同学们通过了解与参加大促活动，了解大促活动的意义、作用，在实践中学到了知识与技能，同时培养了团结合作、精益求精的精神，这种经验对同学们以后的工作有很大的帮助。

合作实训

【实训名称】 以6人一小组为单位，为合作企业操作平台活动和大促活动《爆单——碗里来》。

【实训目的】 培养学生参加平台活动和大促活动的技巧。

【活动过程】

步骤1：6人一小组，选组长，确定队名、口号，每小组选择不同的速卖通店铺。

步骤2：各小组对平台活动报名条件进行研究，看能否参加活动。

步骤3：对于达到条件的店铺，积极准备，策划参加活动。

步骤4：各小组准备平台活动与大促活动。

步骤5：做好活动期间的客服。

步骤6：及时发货，做好售后，争取得到客户五分好评。

【实训小结】 通过体验参加平台活动与大促活动，实际感受了促销活动的爆发力，曝光量、销售额成倍增加，积累了参加活动的经验和教训，为进一步学习打下了坚实的基础，也同时调动了同学们学习的积极性。

任务三　熟悉直通车推广

情境设计

经过前段时间对速卖通营销基本知识的学习，李勇和小伙伴们也做了一些促销设置，比如限时限量折扣、全店铺打折、店铺优惠券等。但曝光量、单击量、成交金额增长幅度不是很大，李勇等同学有些焦虑，便在指导老师的带领下来到校企合作单位朝阳电子商务有限公司参加见习活动，希望能够学到解决问题的良方。

任务分解

此次见习活动，小组成员在公司营销部的资深运营"企业师傅"王总监的耐心讲解和演示下，主要学习速卖通直通车推广。直通车不仅是推广工具，也是用来测试款式和关键词的有效武器，卖家可以根据自己的经济实力开展直通车营销，效果非常显著。为了学好直通车推广，这次任务可以分解为了解直通车推广、设置直通车、分析数据3个活动。

活动一：了解直通车推广

活动背景

在公司的见习过程中，运营王总监首先介绍了开展速卖通直通车的准备工作，比如推广计划、选择推广产品、选择关键词、关键词出价、成本预算等工作。

知识窗

一、什么是直通车推广

直通车是P4P广告，是按照效果付费的广告模式，当买家搜索某一个关键词的时候，单击卖家的推广产品时，就会进行扣费，是按照单击次数付费，如果同一买家反复单击某一产品，不会重复扣费。直通车主要有四大功能，如图5-3-1所示。

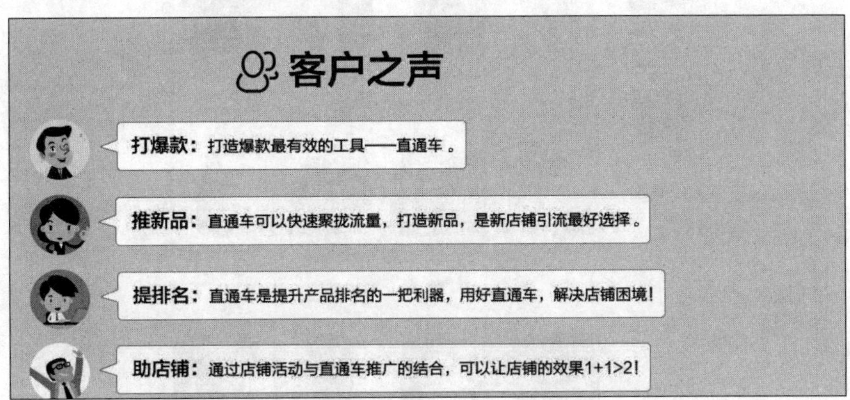

图5-3-1　直通车四大功能

二、直通车推广的特点

1. 商品展示位置大幅提前

在速卖通买家搜索页面的最右侧和底部都是直通车推广产品的展示位置，这些位置是最容易被买家注意的黄金位置，如果产品的推广图片、关键词以及推广费用较高，有机会展示在搜索页面的首页，展示效果很明显。搜索页面右侧和底部展示，如图5-3-2所示。

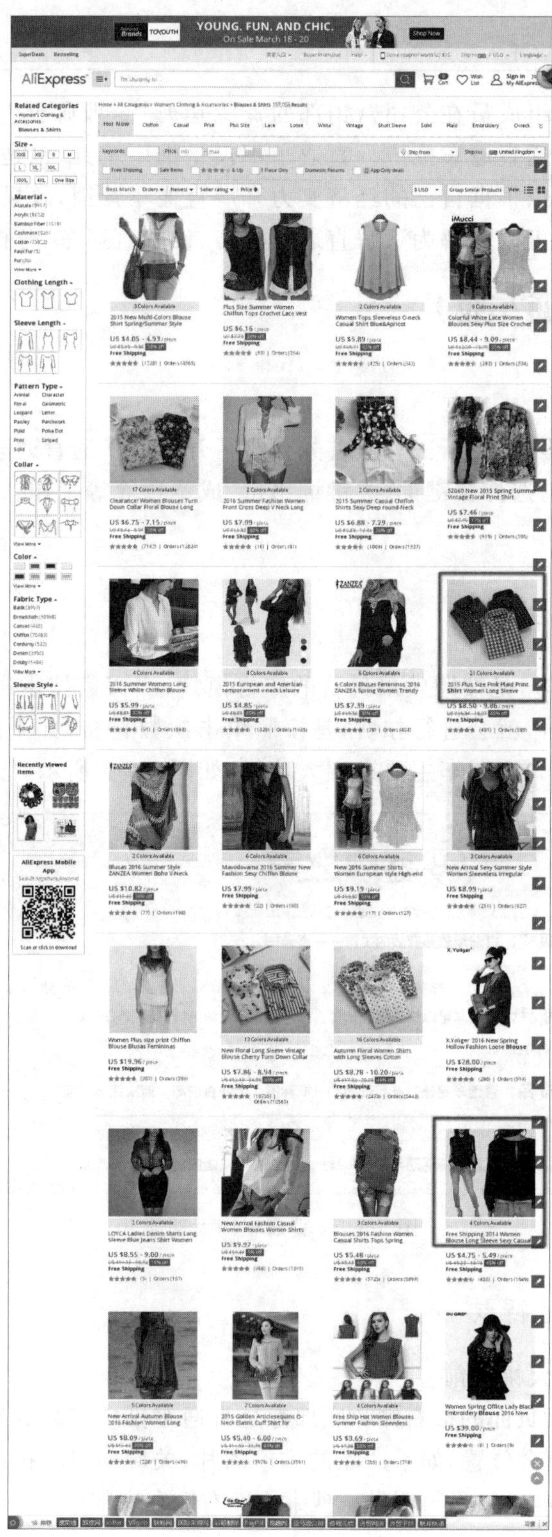

图 5-3-2　直通车展示位置

2. 精准单击,扣费合理

速卖通直通车是按照单击付费,展示产品是不需要付费的,相当于免费为卖家做广告,但是否吸引买家单击,关键是看卖家的推广主图与价格优势等因素,系统会屏蔽所有的无效单击,例如中国内地的无效单击、重复性的人工单击等。

3. 卖家自主设置,操作灵活

推广计划可以分重点推广计划和快捷推广计划,新手推荐计划。无论商品还是关键词,都可以按照自己的需求选择推广投放。三种推广计划,如图 5-3-3 所示。

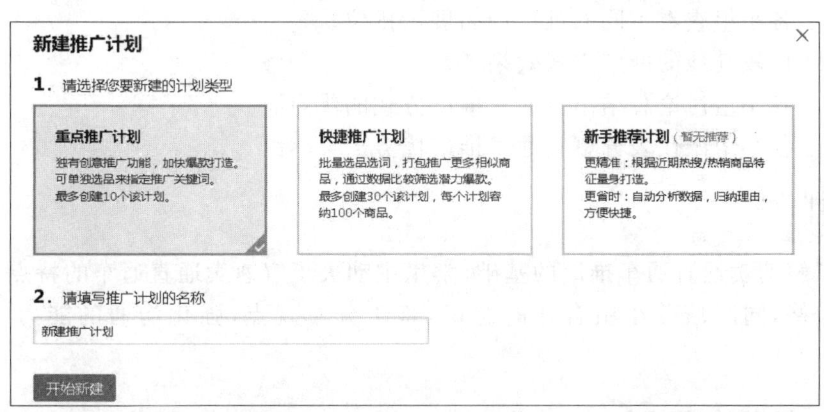

图 5-3-3 直通车三种展示方式

活动实施

(1) 通过关键词查看直通车产品的推广位置。

步骤 1:用英语输入某一个关键词,例如,用 dress 打开产品展示页面。

步骤 2:查看展示页面最右侧的展示产品。

步骤 3:查看展示页面底部的展示产品。

步骤 4:数一数最右侧和底部各有多少产品展示。

(2) 总结直通车产品排名的影响因素。

步骤 1:单击一个直通车推广产品,打开产品页面。

步骤 2:查看该产品的主图、价格、销量。

步骤 3:选择另一款直通车推广产品,查看以上因素。

步骤 4:比较不同展示位置的产品在图片、销量、价格、店铺等级上的区别。

步骤 5:填写表 5-3-1。

表 5-3-1 各店铺信息

关键词一:________

店铺	展示排名	销量	价格	店铺信誉等级
店铺一				
店铺二				
店铺三				

关键词二：________

店铺	展示排名	销量	价格	店铺信誉等级
店铺一				
店铺二				
店铺三				

(3) 说说直通车推广的优势。

步骤 1：各小组查看不同的推广产品展示排位。

步骤 2：比较其他的推广方式效果。

步骤 3：各小组讨论总结出直通车推广方式的优点。

步骤 4：各小组派代表分享直通车推广优势。

活动评价

通过了解速卖通直通车推广的基础，学生主动去了解速卖通直通车的特点，填写好相关的任务表格，同时培养小组合作的意识，善于分享观点，强化沟通的能力，提高学习效率。

活动二：直通车设置

活动背景

李勇通过初步了解直通车的推广，原来自己店铺为什么一直销量不好的原因也基本清楚了，也产生了开直通车推广的想法，但是怎么设置直通车呢，还是一头雾水。于是向王总监请教如何设置直通车推广。

知识窗

一、直通车相关规则

1. 展示规则

参与直通车推广的产品会出现在搜索页面的最右侧和底部区域，第一页主搜第 12、20、28、36、44 共 5 个中国好卖家专区；第二页起主搜第 8、16、24、32、40、48 每页共 6 个推广区。

2. 排序规则

直通车排名主要受两个因素影响：一个是推广评分；另外是关键词出价。前者起到关键作用，它主要通过这些因素考虑，例如：图片美观、关键词匹配度、价格、销量、商品评分及店铺评分。推广评分分为优和良，只有推广评分为优，再加上有竞争力的出价，才有可能出现在首页的右侧。

3. 扣费规则

直通车产品的展示曝光不扣费，国内单击不扣费，扣费与推广评分和出价相关，实际扣费小于卖家的出价，可以通过直通车数据报表查看，如图 5-3-4 所示。

图 5-3-4　直通车扣费

4. 商品推荐投放

除了关键词的投放，速卖通直通车还提供了商品推荐投放的功能，系统对你的计划内商品出价，以及从商品与买家需求的匹配度考察，决定是否将你的商品推荐到买家关注的位置。商品详情页面下方的推荐位，如图 5-3-5 所示。

图 5-3-5　直通车推荐位置

二、直通车推广方法

1. 直通车重点推广计划

重点推广计划独有的创意推广等功能，可以更好地协助打造爆款。重点推广计划可以创建 10 个，每个计划建议推广同类目的商品以便于后期管理，并且选择想要重点推广的商品，集中精力做推广。

重点推广计划的“创意”功能。可以解决因为优词过少或者推广主图不会选择的困扰，可以通过创意设计并展示测试创意的效果，然后重点推广，做到精准推广，每一分钱都花在刀刃上。重点推广计划，如图 5-3-6 所示。

2. 直通车快捷推广计划

每个账户最多可以创建 30 个快捷推广计划，每个计划最多能同时推广 100 个商品，同时具备批量选词、批量出价的功能。可以让人们花更少的时间和精力，更快地选出值得集中精力推广的商品，如图 5-3-7 所示。

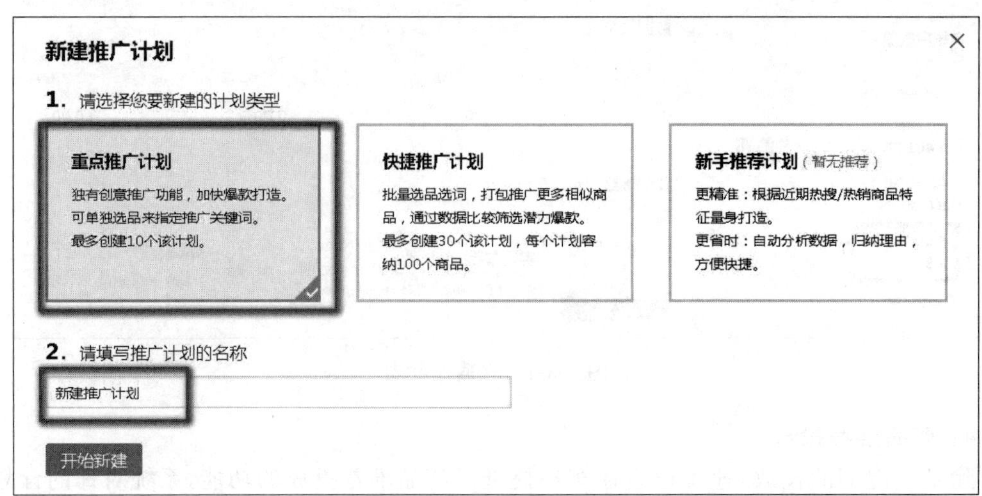

图 5-3-6 直通车重点推广计划

图 5-3-7 直通车快捷推广计划

3. 直通车选品选词

（1）直通车选品。系统会有 3 个推荐理由帮助人们推荐值得推广的产品，分别是热搜、热销和潜力。随着数据越来越全面，这个功能被使用的次数也越来越多。此外，也可以同时针对商品分组，发布的相应账号以及数据维度对分析结果进行相应的筛选。

（2）直通车选词。

① 用任意关键词搜索出更多的相关关键词。

② 可以针对现有的推广计划或者任意行业搜索推荐关键词。

③ 系统会自动推荐一些近期行业买家搜索词。

④ 可以根据四种标签筛选被推荐的关键词，高流量词、高转化词、高订单词、小二推荐词。

⑤ 当选好关键词后，也可以对所选的词批量出价，如图 5-3-8 所示。

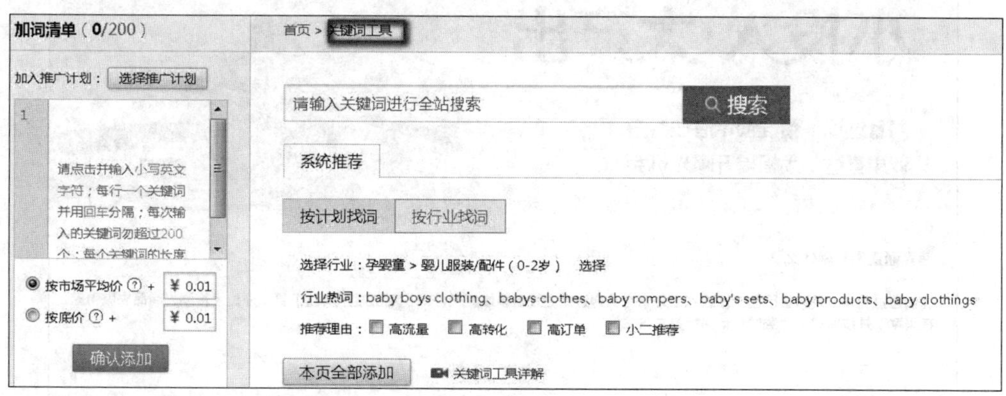

图 5-3-8　关键词工具

活动实施

(1) 开通直通车。

步骤 1：打开营销活动，单击"速卖通直通车"命令，如图 5-3-9 所示。

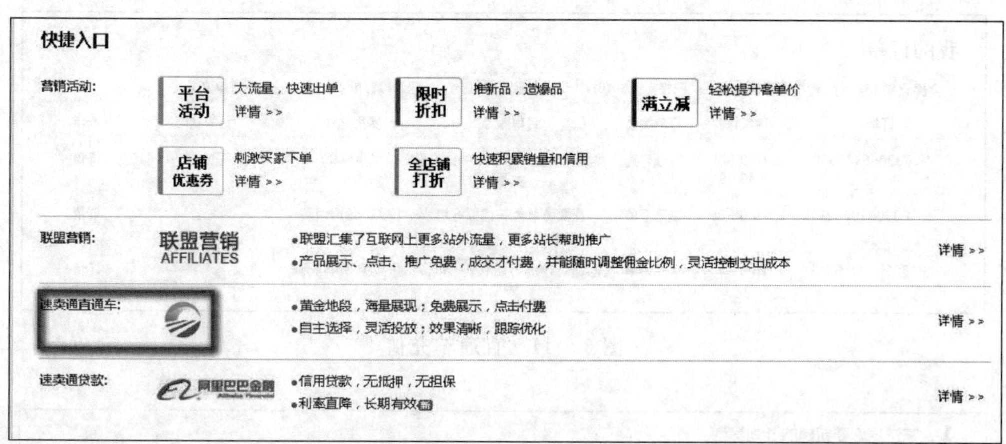

图 5-3-9　直通车入口

步骤 2：查看说明，如图 5-3-10 所示。

步骤 3：充值付款，如图 5-3-11 所示。

(2) 创建推广计划。

步骤 1：选择推广方式创建计划，如图 5-3-12 所示。

步骤 2：选择推广产品，如图 5-3-13 所示。

步骤 3：选择推荐词，如图 5-3-14 所示。

步骤 4：搜索相关词，如图 5-3-15 所示。

步骤 5：查看推广计划完成，如图 5-3-16 所示。

图 5-3-10　直通车说明

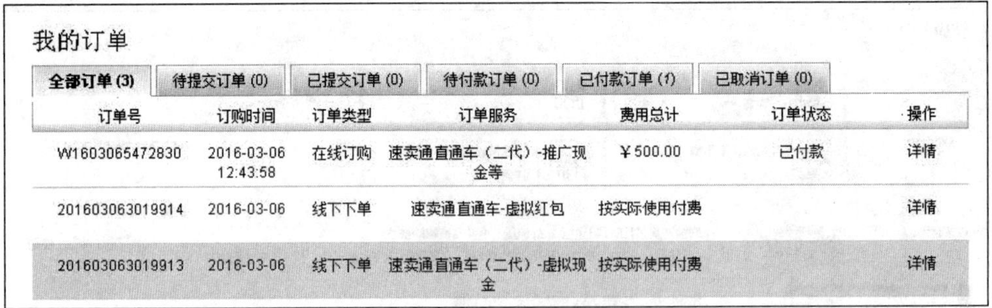

我的订单

全部订单 (3)　待提交订单 (0)　已提交订单 (0)　待付款订单 (0)　已付款订单 (1)　已取消订单 (0)

订单号	订购时间	订单类型	订单服务	费用总计	订单状态	操作
W1603065472830	2016-03-06 12:43:58	在线订购	速卖通直通车（二代）-推广现金等	￥500.00	已付款	详情
201603063019914	2016-03-06	线下下单	速卖通直通车-虚拟红包	按实际使用付费		详情
201603063019913	2016-03-06	线下下单	速卖通直通车（二代）-虚拟现金	按实际使用付费		详情

图 5-3-11　直通车充值

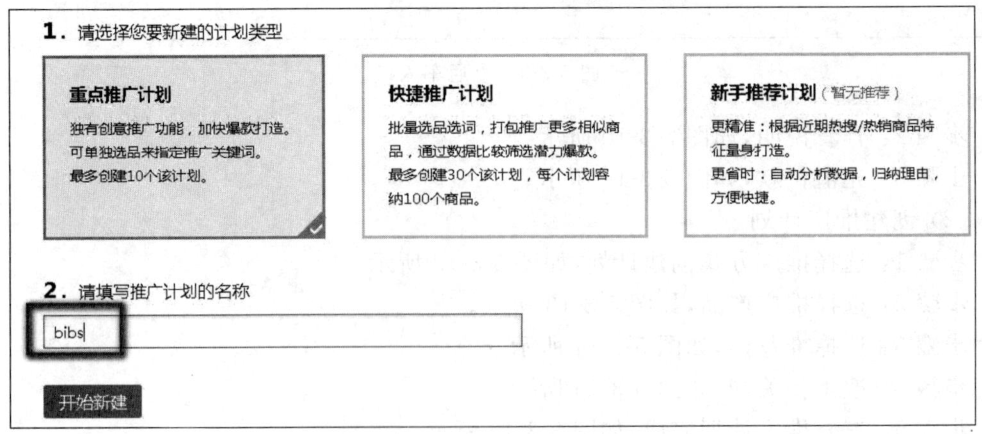

图 5-3-12　创建推广计划

图 5-3-13　直通车选品

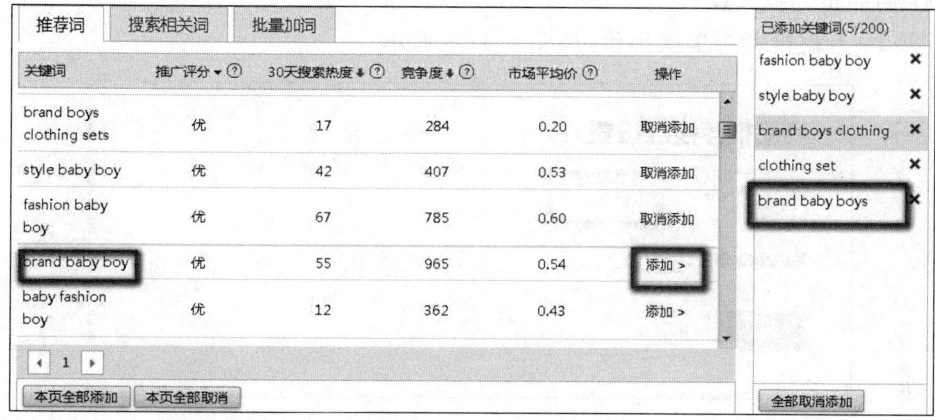

图 5-3-14　直通车选词

推荐词　搜索相关词　批量加词

baby clothing　搜索相关关键词

关键词	搜索热度	竞争度	市场平均价	操作
baby clothing	9146	2565	1.21	添加 >
apparel clothing	10	218	0.10	添加 >
smart clothing	22	208	0.10	添加 >
used clothing in uk	1	149	0.10	添加 >
t party clothing	12	176	0.10	添加 >
buttons clothing	15	292	0.25	添加 >
brand name mens clothing	64	773	0.57	添加 >

全部添加　全部取消

已添加关键词(5/200)
fashion baby boy
style baby boy
brand boys clothing
clothing set
brand baby boys

全部取消添加

图 5-3-15　直通车搜索相关词

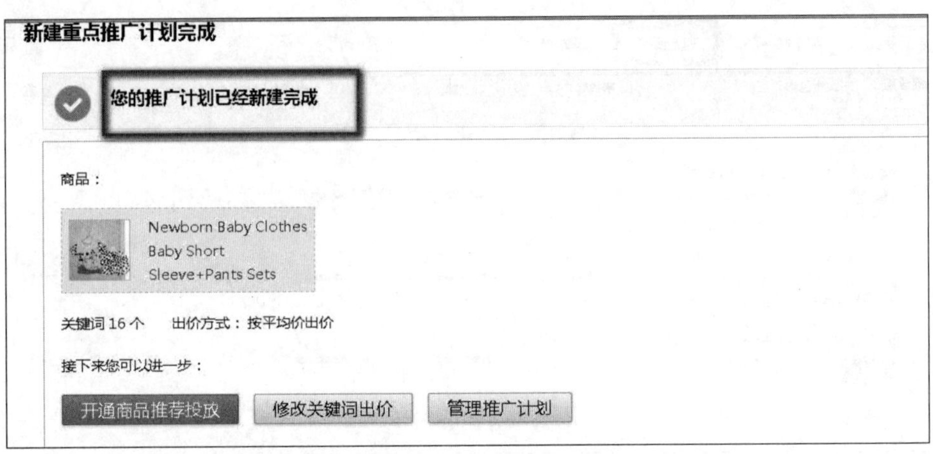

图 5-3-16　查看计划完成

(3) 商品推荐投放设置。

步骤 1：开启推荐与单次出价，如图 5-3-17 所示。

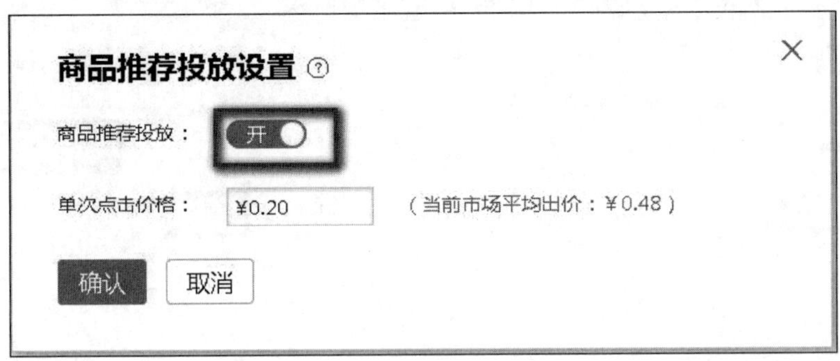

图 5-3-17　开启推荐设置

步骤 2：日消耗设置，如图 5-3-18 所示。

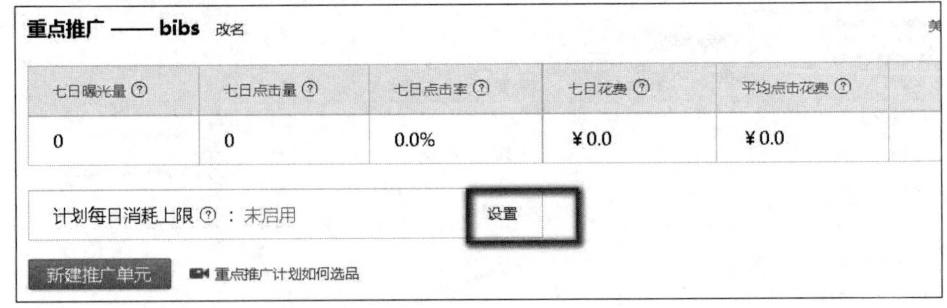

图 5-3-18　日消耗设置

步骤 3：添加创意，如图 5-3-19 所示。

步骤 4：调整单个关键词出价，如图 5-3-20 所示。

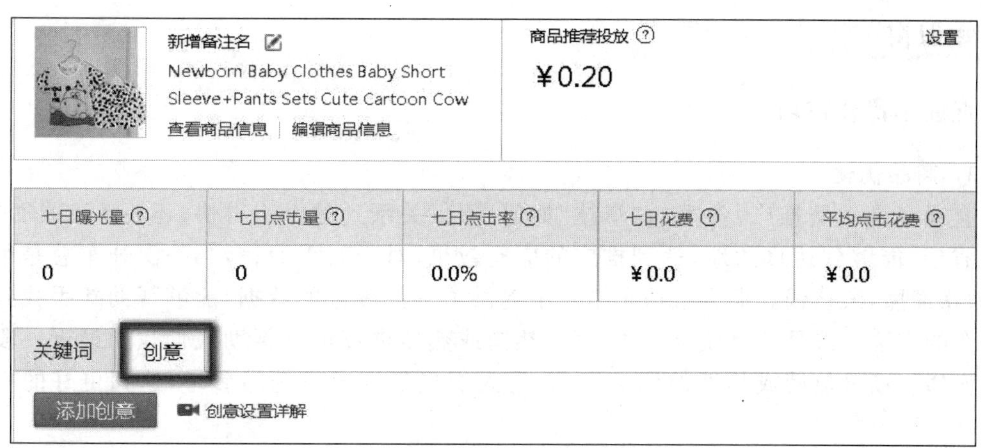

图 5-3-19　创意设置

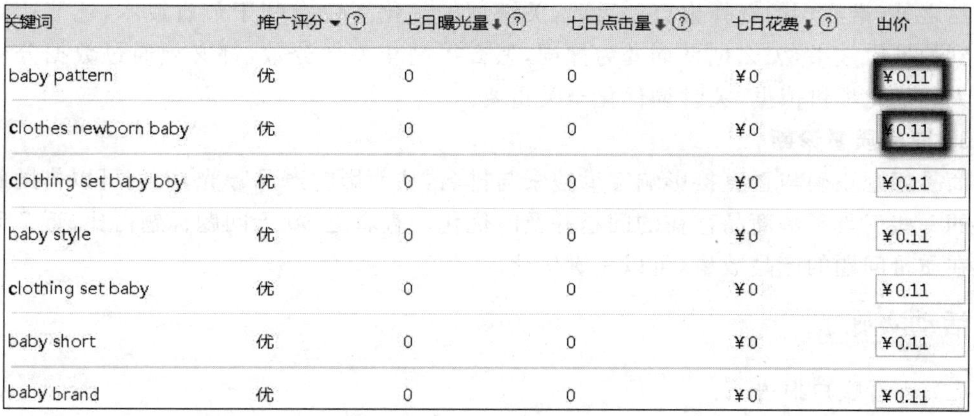

关键词	推广评分	七日曝光量	七日点击量	七日花费	出价
baby pattern	优	0	0	¥0	¥0.11
clothes newborn baby	优	0	0	¥0	¥0.11
clothing set baby boy	优	0	0	¥0	¥0.11
baby style	优	0	0	¥0	¥0.11
clothing set baby	优	0	0	¥0	¥0.11
baby short	优	0	0	¥0	¥0.11
baby brand	优	0	0	¥0	¥0.11

图 5-3-20　关键词出价

活动评价

通过分组操作速卖通直通车，同学们掌握了直通车的最基本操作步骤，学会了选品、选词，以及关键词出价，为推新品、打造爆款做好了充分的准备。通过小组合作，培养了同学们的合作意识。

活动三：查看数据报告

活动背景

李勇通过操作直通车，店铺的曝光量得到很大的提升，生意也好了很多，但是开直通车的成本一直居高不下，没有什么利润，李勇决定继续研究直通车，这次主要是从数据入手，希望制定合理的推广策略，节约成本，增加利润。

知识窗

直通车优化技巧

1. 商品优化

直通车是付费推广，卖家的"车技"如何，不仅关系到是否跑得快，还关系到是否"省油"(省钱)能够到达目的地，达到推广的应有效果，对于新手而言，第一次开车总是很紧张，跌跌撞撞，浪费钱。那么直通车给新手提供了一些参考的数据，能够帮助新手找到正确开车的方法。选品工具就是其中之一，热销或热搜推荐可以帮助人们找到最近一段时间速卖通市场最热销或热搜的同类产品，为人们提供直通车选品参考，达到更好的推广效果。

2. 关键词优化

选好推广产品是直通车成功的前提，没有选对产品做直通车，基本就是浪费钱，除了选选品之外，推广词的选择也至关重要，关键词的优化不仅有利于节省成本，还能达到意想不到的推广效果，怎么把良词变为优词，怎么提高相关性分数，都必须通过数据分析才能为人们优化提供依据，关键词优化至关重要。

3. 商品质量诊断

商品标题正确与否直接影响宝贝搜索与排名，从而影响产品曝光，人们可以借助商品诊断的一些工具了解商品存在的问题并及时优化。查看近 30 天问题标题占比，近 7 天标题存在质量问题的产品数量，可以一键优化。

活动实施

(1) 查看账户报告。

步骤 1：打开账户报告页面，如图 5-3-21 所示。

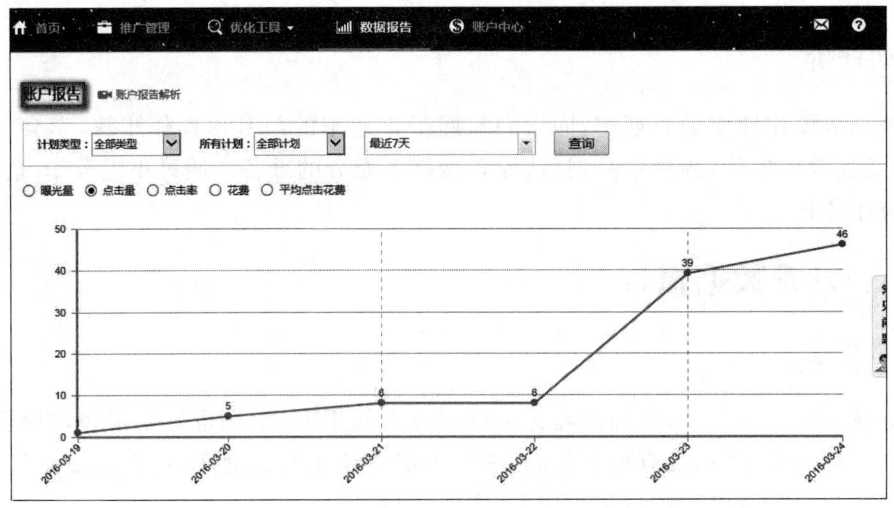

图 5-3-21　查看账户报告

步骤 2：查看最近 7 天曝光量，如图 5-3-22 所示。

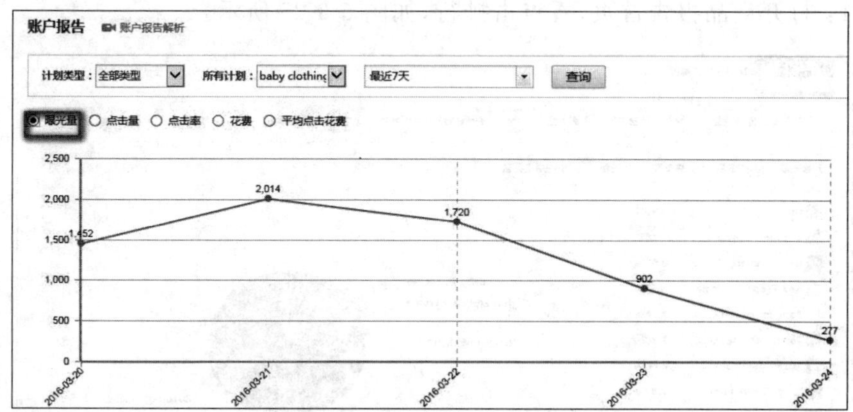

图 5-3-22　查看最近 7 天曝光量

步骤 3：查看最近 7 天点击率，如图 5-3-23 所示。

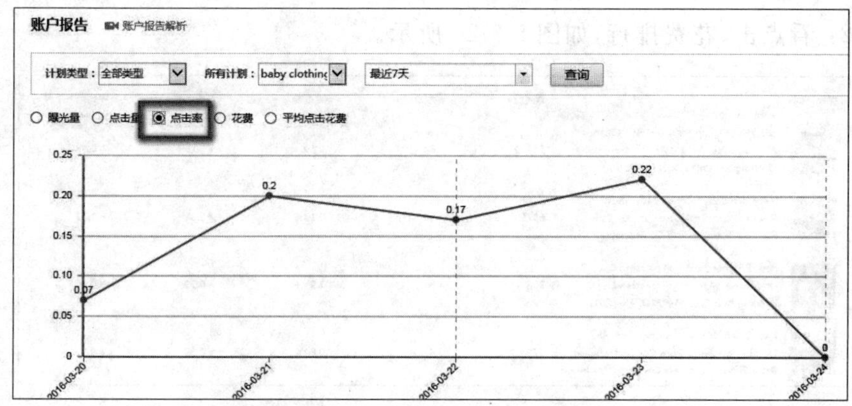

图 5-3-23　查看最近 7 天点击率

步骤 4：查看最近 7 天平均点击花费，如图 5-3-24 所示。

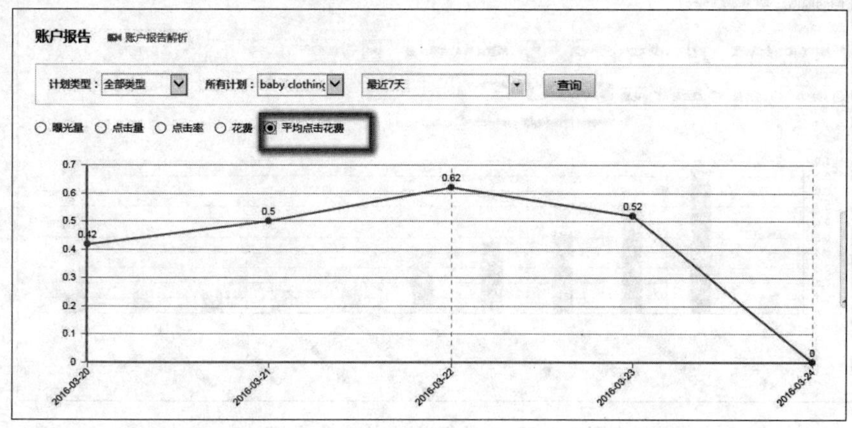

图 5-3-24　查看最近 7 天平均点击花费

(2) 查看商品报告。

步骤 1：打开商品报告首页，看点击排行，如图 5-3-25 所示。

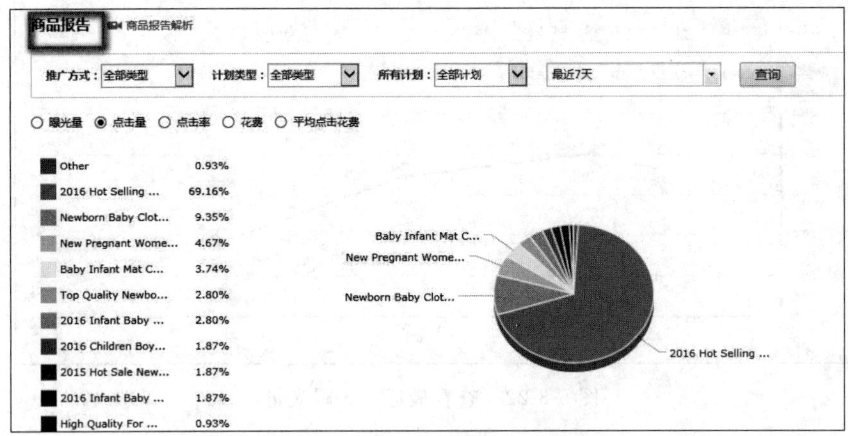

图 5-3-25　查看商品报告

步骤 2：看点击、花费排行，如图 5-3-26 所示。

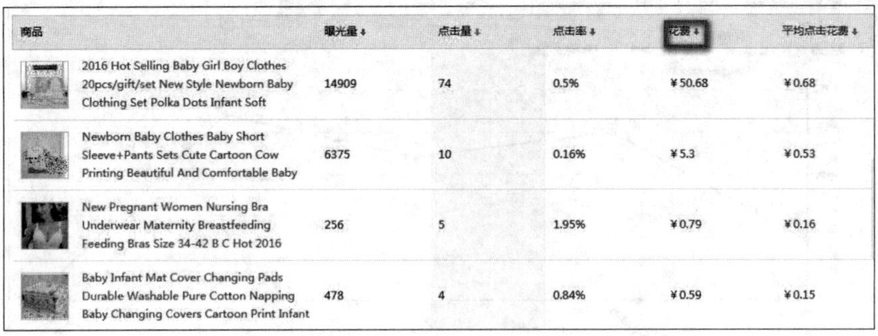

商品	曝光量	点击量	点击率	花费	平均点击花费
2016 Hot Selling Baby Girl Boy Clothes 20pcs/gift/set New Style Newborn Baby Clothing Set Polka Dots Infant Soft	14909	74	0.5%	¥50.68	¥0.68
Newborn Baby Clothes Baby Short Sleeve+Pants Sets Cute Cartoon Cow Printing Beautiful And Comfortable Baby	6375	10	0.16%	¥5.3	¥0.53
New Pregnant Women Nursing Bra Underwear Maternity Breastfeeding Feeding Bras Size 34-42 B C Hot 2016	256	5	1.95%	¥0.79	¥0.16
Baby Infant Mat Cover Changing Pads Durable Washable Pure Cotton Napping Baby Changing Covers Cartoon Print Infant	478	4	0.84%	¥0.59	¥0.15

图 5-3-26　花费排行榜

步骤 3：查看关键词平均点击花费，如图 5-3-27 所示。

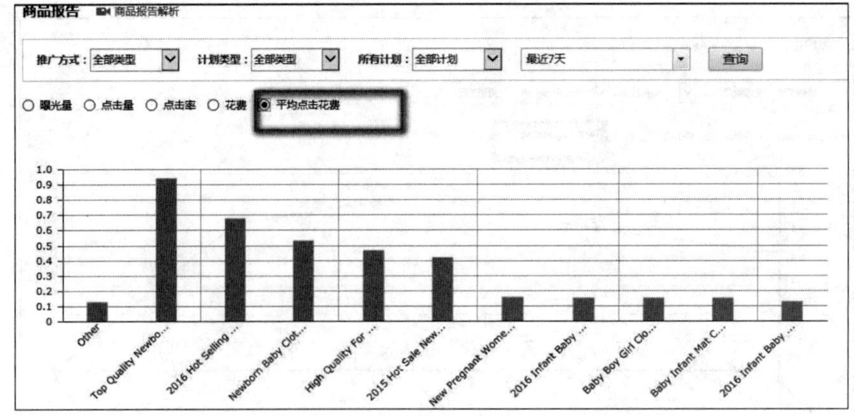

图 5-3-27　关键词平均点击花费

(3) 查看关键词报告。

步骤 1：查看关键词访问排行，如图 5-3-28 所示。

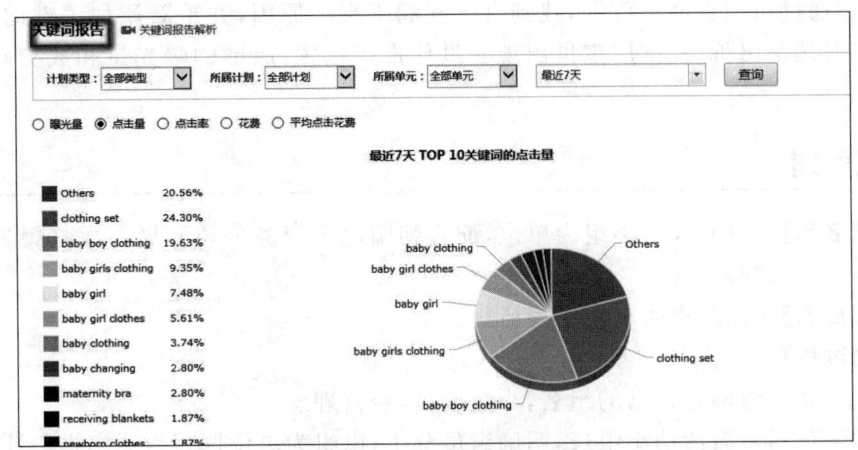

图 5-3-28　关键词访问排行

步骤 2：查看关键词点击率排行榜，如图 5-3-29 所示。

关键词	曝光量	点击量	点击率	花费	平均点击花费
breastfeeding bra	1	1	100%	¥0.28	¥0.28
newborn girl	12	1	8.33%	¥0.37	¥0.37
newborn clothes	44	2	4.55%	¥1.29	¥0.65
maternity bra	68	3	4.41%	¥0.39	¥0.13
clothing baby boy	41	1	2.44%	¥0.62	¥0.62
changing mat	66	1	1.52%	¥0.14	¥0.14
clothing baby girl	70	1	1.43%	¥0.58	¥0.58
nursing bra	71	1	1.41%	¥0.12	¥0.12
infant baby	163	2	1.23%	¥0.3	¥0.15
baby changing	265	3	1.13%	¥0.45	¥0.15

图 5-3-29　关键词点击排行

步骤 3：查看关键词花费排行，如图 5-3-30 所示。

关键词	曝光量	点击量	点击率	花费	平均点击花费
baby boy clothing	5439	21	0.39%	¥14.74	¥0.7
clothing set	11591	26	0.22%	¥12.8	¥0.49
baby girl	843	8	0.95%	¥7.14	¥0.89
baby girl clothes	829	6	0.72%	¥5.9	¥0.98
baby girls clothing	1919	10	0.52%	¥4.79	¥0.48
baby clothing	1118	4	0.36%	¥3.32	¥0.83
newborn baby clothes boy	223	2	0.9%	¥2.85	¥1.43
romper	2348	2	0.09%	¥1.83	¥0.92
newborn	313	2	0.64%	¥1.51	¥0.76
newborn clothes	44	2	4.55%	¥1.29	¥0.65

图 5-3-30　关键词花费排行榜

活动评价

同学们通过研究直通车数据，找到自己利润不高的原因，并重新添加关键词，优化推广策略，实时调整出价，使推广宝贝出现在最佳推广位置，店铺的曝光量和成交额得到很大的提高。

合作实训

【实训名称】 以6人一小组为单位，配合朝阳电子商务公司开展一次打爆款营销活动《爆款——我来啦》。

【实训目的】 练习直通车操作技巧。

【活动过程】

步骤1：各小组确定自己的组名，小组成员，经营理念。

步骤2：任命一名活动小组长，明确组员分工，以组为单位撰写直通车推广计划。

步骤3：各小组选择推广产品，确定推广词，确定关键词出价。

步骤4：正式开通直通车，设置日消费限额。

步骤5：每天及时跟踪直通车数据，调整出价，调整关键词。

步骤6：各小组比较直通车运营效果，成本最低，利润最高。

【实训小结】 通过对直通车各环节的实际操作，同学们更加直接感受了直通车在打造爆款方面的强悍能力，他们通过比较分析，熟练了直通车运营的技巧，为以后自己创业打下了基础。

项目总结

通过本项目的学习，同学们能了解跨境电商中常见运营推广活动熟悉报名参加活动推广的操作方法。分组参与各种店铺营销推广活动运作，比较各种营销方式的效果，为公司创造了利润，激励了同学们进一步好好学习速卖通操作，为以后的就业和创业积累了丰富的经验。

项目检测

一、判断题

1. 限时限量折扣是速卖通唯一营销工具。（ ）
2. 图片创意的好坏直接影响着广告受众或者普通受众对广告的点击。（ ）
3. 图片广告设计单一对网络营销有负面影响。（ ）
4. 关联营销选择的产品可以是任意的。（ ）

二、单项选择题

1. 效果最好的营销工具是（ ）。

   A. 限时限量折扣　B. 全店铺打折　C. 店铺优惠券　D. 满立减

2. 付费营销是（ ）。

   A. 平台活动　B. 首页营销　C. 自主营销　D. 联盟营销

3. 按点击关键词付费的推广方式是(　　)。

A. 直通车　　B. 联盟营销　　C. 限时打折　　D. 关联营销

4. 决定图片广告成败的要素不包括以下的(　　)。

A. 背景、图像　　B. 广告语、字体　　C. 价格、代言人　　D. 色彩、形式

三、多项选择题

1. 常见的速卖通营销的表现形式有(　　)。

A. 图片广告　　B. 关联营销　　C. 首页营销　　D. 邮件营销

2. 速卖通营销价值包括(　　)。

A. 品牌推广　　B. 扩大宣传效果　　C. 单品推广　　D. 促进店铺销量

3. 短时间提高销量的促销活动有(　　)。

A. 平台活动　　B. 限时打折　　C. 大促活动　　D. 直通车推广

四、简答题

1. 简述速卖通营销活动的意义。

2. 怎么进行速卖通活动策划?

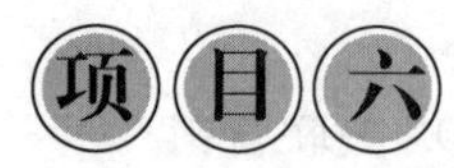

强化客户服务管理

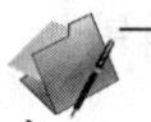

项目综述

通过跨境电子商务平台，以李勇同学及其团队的形式建立店铺并开展跨境业务，在完成前期的网店装修后，店铺正式开始营运，熟悉了跨境电子商务平台的操作、运营与管理，同时能熟练掌握各种询盘、还价、接受等外贸电函的回复，熟悉跨境业务流程。通过综合实训项目将前面所学习的知识、掌握的技能，应用到实际跨境电子商务的实践中。

李勇、王丽、张军、钟珊克服语言困难，强化英语学习，尤其是跨境电商涉及的专业术语，同时虚心接受公司的岗位培训，为能胜任客服岗位做好充分准备。

项目目标

通过本项目的学习，应达到的具体目标如下。

1. 知识目标

(1) 了解客户的询盘函；

(2) 了解商检和海关对跨境电商产品的法规、政策和单据要求；

(3) 理解常见英文函电的交流词汇。

2. 技能目标

(1) 掌握回复跨境平台客户的询盘、还价邮件；

(2) 掌握处理国外客户的订单；

(3) 掌握不同国家的报关流程及要求；

(4) 掌握不同产品的国家进口报检要求。

3. 情感目标

(1) 提高学生处理沟通分享的能力；

(2) 培养学生业务推广和客户服务能力；

(3) 培养学生综合应用能力与素质。

任务一　熟悉客户服务

情境设计

经过对之前跨境电商平台、市场、物流、店铺、营销推广等基本知识的学习，李勇、王丽、张军和钟珊作为一个小组团队，在指导老师的带领下，来到已经入驻学校办公的校企

合作单位朝阳电子商务有限公司参加实习。本次实习，他们主要是学习客服服务的内容，了解并掌握常用的语言翻译软件，以及学会设计相应的服务模板，确保能够熟练开展跨境电商业务。

任务分解

此次实习活动，小组成员在公司业务部的业务骨干陆总的细心指导下，主要是让同学们熟悉客服服务的内容，了解并掌握常用的语言翻译软件以及尝试设计相应的服务模版，为正式开展业务做好充分的准备。

活动一：熟悉客服服务的内容

活动背景

在公司的实习过程中，业务部陆总简单地介绍了朝阳电子商务有限公司的情况，它是一家以全球零售为主的电商企业，致力于为全球消费者供应高品质的母婴服饰和窗帘挂饰。同时，陆总主要介绍了跨境电商客服与国内电商客服的不同，并且重点指出了跨境电商客服的主要工作内容。

知识窗

一、跨境电商客服与国内电商客服的差异

由于服务对象的地域、时间、语言、思维方式以及风俗习惯等各方面的差异，国内电商客服与跨境电商客服有着诸多不同。

（一）客服服务对象不同

国内客服的对象绝大部分是国内的顾客，沟通起来没有语言障碍。除此之外，在国内淘宝网上购物的人群主要以中青年人群为主。当然，从思维方式来说，国人的思维方式是从宏观到微观，强调秩序、和谐、包容的精神，比较注重整体性，并且也较注重自身的修改，注重秩序和谐。

跨境电商的服务对象主要是来自全球220多个国家和地区的外国人，不同的国家和地区都有其不同的文化和习俗。正是由于客服对象的复杂性和多样性，客服人员需要大概了解全球各个国家的基本情况，包括历史、地理、风土人情、民族喜好等，重点了解买家所在国家的民族个性特点、交友原则等。比如：德国人非常注重规则和纪律，做事认真仔细，对于明文规定的，德国人都会自觉遵守，对于明确禁止的，德国人绝不会越雷池一步。同时，德国人很讲究清洁和整齐，不仅注意保持自己生活的小环境的清洁和整齐，同时，也十分注重大环境的清洁和整齐。德国人不喜欢大声喧闹，大多都喜欢清静的生活。

当然，国外的买家虽然网购年龄与国内的相差不大，主要也是以中青年为主。但是，由于他们的网购历史较长，所以45岁以上网购的人群比国内更多。从思维方式上来说，西方人的思维方式是从微观到宏观，所以他们以个体自我为中心，彰显个性，强调个人利

益最大化和自由竞争。还需要补充的一点就是,国外买家很多都有自己的宗教信仰,所以跨境客服大概了解一下几大宗教的基本情况也是很有必要的。

(二) 客服沟通工具侧重不同

国内电商买家与卖家进行沟通方式的主要是淘宝旺旺,卖家也擅长利用旺旺与买家进行互动以及营销,当买家做针对性地提问时,卖家也能通过旺旺很专业并迅速地解决需求并将具体信息进行反馈。除了旺旺,淘宝卖家客服也会通过系统短信等告知买家订单实时进展情况,如果订单出现问题,也会通过电话及时与买家取得联系。

跨境电商速卖通平台的卖家与买家主要通过站内信和订单留言沟通,买家也习惯通过这两种方式联系卖家,以此来确认订单或产品信息。除此之外,国外有使用邮件的习惯,所以卖家客服也可以通过邮件给买家发推广信、营销邮件或通知邮件等。但是,对于买家发推广邮件时需注意频率与技巧,否则容易被买家拉到黑名单。由于时差以及费用的原因,电话和短信在跨境购物中较少使用。

(三) 客服回复时效要求不同

国内电商一般要求卖家客服必须及时回复旺旺,买家对卖家的回复也有相当高的期望值。所以,国内的淘宝客服为了及时解决买家的疑惑,抓住买家需求,大部分都是轮班工作的。

跨境电商的买家对卖家的回复速度没有国内买家那么高,所以速卖通卖家客服一般不需要轮班。但是如果速卖通卖家对买家的咨询能够做到及时回复,那么一定可以使买家有更好的购物体验,从而可以更好地留住买家。

虽然跨境电商客服与国内电商客服有诸多不同,但是,只要踏实认真地做好每一个细节,提供诚信的服务,那么做好跨境电商客服也不是难事。

二、 跨境电商客服的主要工作内容

(一) 解答客户咨询

卖家在跨境电商平台上所卖产品的种类非常繁多,有玩具、服饰、家居、配件、运动产品等,同时,同一个卖家也同时兼营着多个行业、不同种类的产品。除此之外,产品规格也与国内的存在着较大的差距,比如服装尺码,欧洲尺码标准、美国尺码标准和国内尺码标准总是有差异,还有电器设备的标规问题,欧洲、日本、美国电器产品的电压都与国内标规不同,即便是电源插头这样一个看似很小的东西,各国也有着极大的差异。由于以上这些原因,跨境电商客服在解答客户咨询时会面临着很多的困难。但是不管问题有多么复杂,客服的重要工作任务就是当客户提出任何有关产品的问题时,能够耐心细致地做出完整的解答并尽可能提出可行的解决方案。

(二) 处理售后问题

其实,在跨境电商行业中,国外客户下单前很少与卖家进行沟通,也就是所谓的“静默下单”。所以,一旦客户联系卖家时,往往是产品、物流或者其他服务方面出现了比较大的问题。跨境电商客服面对客户关于售后服务的投诉时,也需要具备更好的售后服务技巧。毕竟运输方式、海关申报清关、运输时间以及产品安全性等问题,处理起来都比国内电商要更复杂。当客户在使用产品过程中遇到问题时，也需要客服能够准确发现问题所在，这就要求客服对所经营的行业与产品都有充分而深入地了解，并且对跨境电商整个行业的各个流程都要透彻地掌握，这样才可能更好地为国外客户妥善地解决各种麻烦和问题。

另外，客服还需要帮助客户客观地认识问题，引导好他们的情绪，进而在整个谈判中把握主动权。由于跨境电商距离远、运输时间长、运输成本高，所以在售后处理的方法上，也与国内的处理方法不同，最常见的就是免费重发或者退款。好的客服需要在多种处理方法中引导客户选择对卖家而言成本最低的处理方案，这些都要求客服具备良好的技能。

（三）促进销售

许多外国买家习惯在速卖通上寻找一些优质低价的中国产品，他们往往是先挑选几家中国卖家，做小额的样品采购，在确认样品的质量、款式以及卖家的服务水平之后，这些客户会不断试探性地增大单笔订单的数量和金额，并且不断地发展为稳定的批发客户。他们与中国卖家的接触主要是通过跨境电商客服人员，所以，如果客服能够充分发挥自身的积极性，掌握一定的营销意识和技巧，那么就能够把一些零售客户发展为批发客户，从而不断提高销售量。

（四）管理监控职能

由于跨境电商有着跨国交易、订单零碎的特点，所以在日常的团队管理中容易出现混乱的情况。虽然客服不直接参与管理，但是由于客服是直接面对客户的，所以是团队中最先意识到问题的人员。如果客服人员能够将遇到的问题进行分类归纳，并及时把情况反馈给销售主管、物流主管等部门，那对于规范管理等各方面都会有着重要的意义。

活动实施

(1) 去网上或者阅读相关书籍了解以下国家概况、民族特点以及宗教情况等。

步骤1：4人为一小组，全班分成10小组，以小组为单位分别完成对美国、英国、法国、加拿大、德国、澳大利亚、俄罗斯、西班牙、巴西、印度尼西亚等国的国家概况、民族特点以及宗教情况等资料的查询学习。

步骤2：各小组对所搜集到的资料进行归纳、整理并派代表进行重点知识的讲解、展示。

(2) 说说跨境电商客服的主要工作内容。

步骤1：以4人为一个小组，说说跨境电商客服的主要工作内容。

步骤2：结合客服的主要工作内容，分别找出相关的服务案例。

(3) 在 http://seller. aliexpress. com 注册一个自己的账户，并且进行账户认证，试着学习相关的内容。

步骤1：学生个人登录 http://seller. aliexpress. com 注册一个属于自己的账户。

步骤2：登录账户，了解速卖通界面。

步骤3：学生交流有关速卖通学习的情况，并及时指出不懂之处，以便更好地用好速

卖通这个平台。

活动评价

通过一定的理论学习，学生主动去了解不同国家的风土人情、文化背景以及民族特点等，同时，通过注册速卖通的账户，熟悉速卖通的界面等初步体验，让学生真正了解客服的主要内容，为正式进入客服岗位打好一定的基础。

活动二：掌握语言翻译软件

活动背景

在公司的实习过程中，学生们已经了解了客服要做的主要工作。但是业务部陆总针对学生英语基础不太好的情况，向李勇、王丽、张军和钟珊介绍了一些常用的语言翻译软件，希望学生能够借助这些翻译软件，来更好地开展自己的工作。

知识窗

常用的语言翻译软件以及它们的各自特点介绍。

由于跨境电商所面对的客户是全球性的，那么掌握常用的语言，如英语，以及其他一些小语种就显得尤其重要。但是学生本身的语言基础不是特别好，并且所卖的产品种类繁多，所以借助一些语言翻译软件就显得十分必要。以下是常用的在线语言翻译软件的相关介绍。

（一）谷歌翻译

Google 翻译是一项免费的翻译服务，可提供 64 种语言之间的即时翻译，如图 6-1-1 所示。它可以在所支持的任意两种语言之间进行字词、句子和网页翻译。Google 翻译生成译文时，会在数百万篇文档中查找各种模式，以便决定最佳翻译。Google 翻译通过在经过人工翻译的文档中检测各种模式，进行合理的猜测，然后得出适当的翻译。由于译文是由机器生成的，因此并不是所有的译文都是完美的。Google 翻译针对某种特定语言可分析的人工翻译文档越多，译文的质量就会越高。这就是为什么翻译的准确性有时会因语言的不同而有所差异。

（二）百度翻译

百度翻译是一项免费的在线翻译服务，它能够提供高质量的中文、英语、日语、韩语、西班牙语、泰语、法语、阿拉伯语、葡萄牙语、俄语、德语、意大利语、荷兰语、希腊语、粤语、文言文等 27 个语种翻译服务，致力于帮助广大用户跨越语言障碍，提供简单可依赖的服务。2013 年 2 月，推出了百度翻译手机客户端。百度翻译 App 是一款集翻译、词典、海量例句于一身的移动应用，独创实物翻译、涂抹翻译、语音翻译、文言文翻译等功能，引领翻译界潮流，能够随时随地、便捷地满足用户的翻译需求，如图 6-1-2 所示。

除了百度翻译，百度词典也是百度公司推出的一套有着强大的英汉互译在线翻译系统。包含中文成语的智能翻译，非常实用。正确输入一个英语单词，或是输入一个汉字词

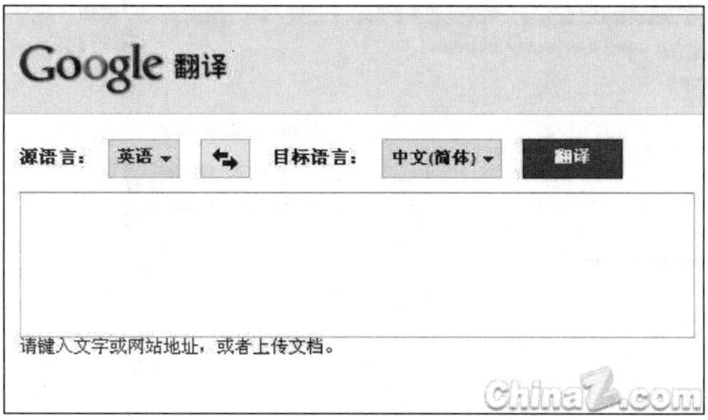

图 6-1-1　谷歌翻译

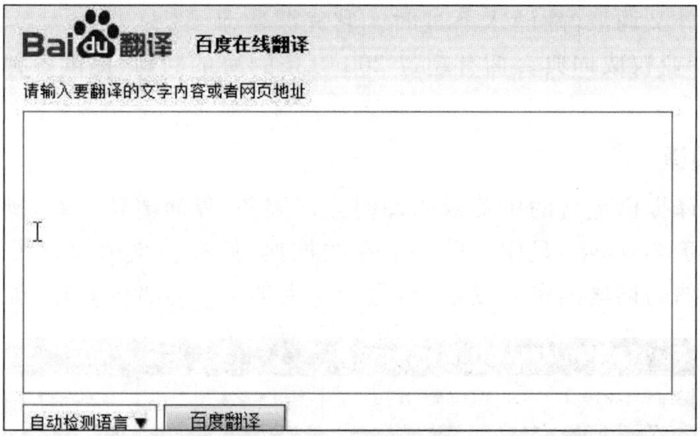

图 6-1-2　百度翻译

语，留意一下搜索框上方多出来的词典提示。如，搜索 moon，单击结果页上的“词典”链接，就可以得到高质量的翻译结果。百度词典搜索支持全面的英汉词典、汉英词典、汉语字典、汉语词典、汉语成语词典功能，以及强大的中英文自动翻译功能。

（三）有道翻译

有道翻译是网易公司开发的一款翻译软件，其最大特色在于翻译引擎是基于搜索引擎，网络释义，也就是说它所翻译的词释义都是来自网络，如图 6-1-3 所示。有道桌面词典背靠其强大的搜索引擎（有道搜索）后台数据和“网页萃取”技术，从数十亿海量网页中提炼出传统词典无法收录的各类新兴词汇和英文缩写，如影视作品名称、品牌名称、名人姓名、地名、专业术语等。由于互联网上的网页内容是时刻更新的，因此有道桌面词典提供的词汇和例句也会随之动态更新，以致将互联网上最新、最酷、最鲜活的中英文词汇及句子都囊括其中。

除了有道翻译，有道词典也是网易有道出品的一款很小很强大的翻译软件，通过独创的网络释义功能，轻松囊括互联网上的流行词汇与海量例句，支持中英日韩法多语种翻译。具有多国语言发音功能，日韩法语全部标准朗读。通过网络查询最新翻译，无限容量

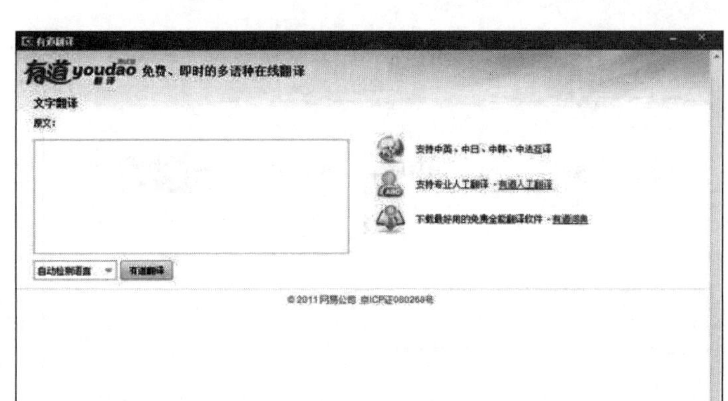

图 6-1-3　有道翻译

词库囊括最新中外文词汇，翻译永不过时。它完整收录了《21 世纪大英汉词典》《新汉英大辞典》等多部专业权威词典。拥有超过 200 万条的海量例句，提供各种语境下的例句用法，轻松掌握词汇。

（四）海词翻译

海词在线翻译提供免费的中英双向即时互译服务，界面清新自然，操作方便快捷。海词在线词典创建于 2003 年，是中国第一个在线词典，拥有一支由海归带队的专业词典编纂团队和一套成熟的词典编辑开发系统，颇受广大英语学习者的欢迎，如图 6-1-4 所示。

图 6-1-4　海词翻译

当然，除了海词翻译之外，海词词典(http://dict.cn)也具有强大的功能，海词词典是中国第一个在线词典品牌免费词典、翻译软件。它面向个人用户，页面简洁，操作方便，功能丰富，并延续了海词一贯的专业、实用特色。海词词典是最好用的学习词典，释义更清

晰更准确,独家拥有详尽的用法和讲解,比其他词典更快掌握每个词。软件共收录2000万词汇,具有离线查词,真人发音,翻译、背单词、每日学习,辞海专家答疑等功能,是词汇学习人群的首选利器。

(五)爱词霸翻译

爱词霸是金山公司旗下的免费在线词典,它相当于网络版金山词霸,包含词典、短句、翻译等众多在线工具,使用方便,速度快。它支持多种语言互译,是一种非常实用高效的翻译词典。除了爱词霸翻译,爱词霸词典也具有很多功能,如图6-1-5所示。

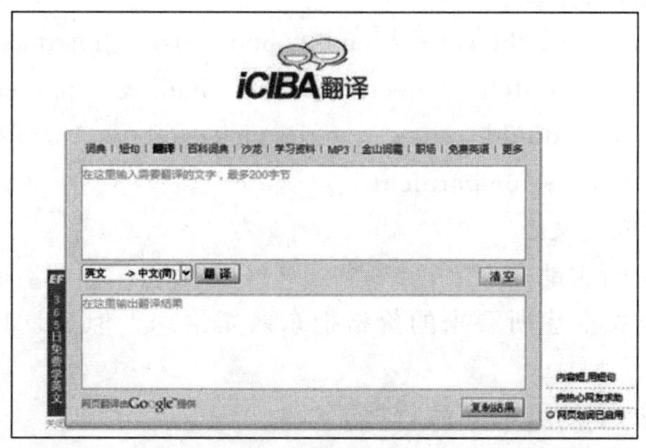

图6-1-5 爱词霸翻译

(六)必应翻译

必应在线翻译是由微软亚洲研究院研发的,它提供免费的在线翻译服务,全面支持超过四十多种语言之间的互译。操作简单,使用方便,深受广大用户喜欢。另外,必应词典(Bing Dictionary)是微软推出的新一代英语学习引擎,它拥有十分丰富可靠的词库和例句库,提供优质的免费词典和翻译服务,如图6-1-6所示。

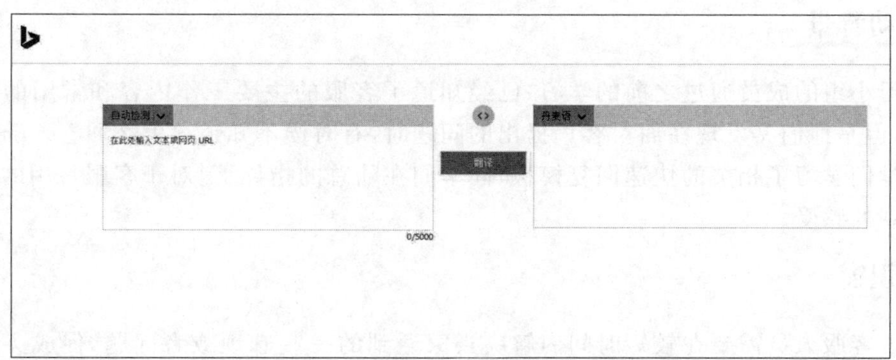

图6-1-6 必应翻译

活动实施

(1) 根据上述提到的常用语言翻译软件,学生们自主上网去试用一下各个在线翻译软件，选择一个自己最喜欢的软件，并且说出至少三种理由。

(2) 学生选择一种适合自己的在线语言翻译软件，查找出以下词汇、词组或者句子的中文或者英文翻译。

把以下有关服装面料的专业名词翻译成英文。

原纱、本色纱、本色布、织物、纺纱、纱支、经纱、纬纱、经密、纬密、天然纤维、复合纤维、混纺纱、交织、捻纱、匹染、平纹、斜纹、缎纹、条纹、格纹、平绒、珠粒绒、倒毛、针织布植绒、尼丝纺、尼龙塔夫泡泡纱、双面呢。

把以下的英语翻译成中文。

Binding; binding tape; bleach; blends; body rise; bottoms; brocade; button; chest; close fitting; collar notch; collection; color shading; combed; corduroy; collar; cuff rent; cutting piece; double end; double pick; elbow; width; flat seam; flax; figure-dinning; front panel; fur garment.

把以下句子翻译成英文。

① 感谢您光顾我的店铺。

② 很抱歉我不能按照您所要求的价格把东西卖给您。但是，如果您是批发，我可以给您打个折。

③ 很抱歉告诉您，您所要的商品断货了。

④ 如果您还有其他问题，请及时告诉我，谢谢！

⑤ 即时付款非常重要，您越早付款，商品可以越早发出。

⑥ 非常感谢您的理解！

⑦ 如果您对我们的产品不满意，您可以把商品寄回来。我们将给您调换或者全额退款。

⑧ 如果您对我们的商品满意，请您给我们一个五星好评，谢谢！

活动三：设计服务模板

活动背景

实习小组的成员通过之前的学习，已经知道了客服的主要工作内容和常用的一些翻译工具，但是他们又发现在面对客户提出的问题时，有时候不知道该怎么回答。陆总于是又让同学们学习了相关的快速回复模板，同学们在陆总的指导下，对于客服常用的语言有了更直观的感受。

知识窗

由于客服人员需要在较短时间内解决买家遇到的一些麻烦或者问题，促成买家尽快付款。所以客服人员事先整理好与顾客沟通的模板就显得十分必要，以下是有关客服在不同情况下回复买家的相关沟通模版。

一、售前沟通模版

(1) 当买家光顾你的店铺，并询问产品信息时。

Dear friend,

Thank you for visiting to our store,you can find the products you need from our store. If there are no goods that you need,you can tell us and we can help you find what you want,please feel free to buy anything! Thanks again.

(2) 催促买家及时下单。

Dear ×××,

Thank you for your inquiry.

Yes,we have this item in stock. How many do you want? We only have ××× of the ××× left now. Since they are very popular,the product will probably sell out soon. Please place your order as soon as possible. Thank you!

Best wishes.

Yours ×××

(3) 买家议价(填写希望买家购买的件数和你所能提供的折扣)。

Dear ×××,

Thank you for taking interests in our item.

I'm afraid we can't offer you that low price that you bargained,because the price we offer has been carefully calculated and our profit margin is already very limited.

However,we can offer you a ××× % discount if you purchase more than ××× pieces in one order. If you have any further questions,please let me know. Thanks!

Sincerely,

×××

(4) 货物断货,推荐类似产品。

Dear ×××,

We are very sorry that the item you ordered is out of stock at the moment. We will contact the factory to see when it will be available again. I would like to recommend some other items of similar styles. Hope you like them too. You can click on the following link to check them out.

http://www. aliexpress...

If there's anything I can help you,please feel free to contact us.

Best wishes.

×××

(5) 向买家推荐新品(圣诞节/新年等节日畅销产品推荐)。

> Dear friend,
>
> As Christmas/New year/… is coming, we found ××× has a large potential market. Many customers are buying them for resale in their retail stores because of its high profit margin. Please click the following link to check them.
>
> http://www.aliexpress...
>
> If you order more than 10 pieces in one order, you can enjoy a wholesale price. Thanks.

二、售中沟通模板

(1) 未付款订单的催款模板。

> Dear ×××,
>
> We have got your order of ×××. But it seems that the order is still unpaid. If there's anything I can help with the price, size, etc., please feel free to contact me. After the payment is confirmed, the item will be sent out as soon as possible. Thanks!
>
> Sincerely,
>
> ×××

(2) 查看到买家付款完成的订单后,给买家发送订单确认邮件并且告知预计发货时间。

(3) 填写了发货通知后告知买家当前状况,订单号、发货单号、运输方式和发货日期。

> Dear ×××,
>
> We are happy to tell you we have dispatched your order! You can track its progress with the following tracking number ×××. You can also track the delivery of your order here: www.×××.com.
>
> It usually takes about 30 days for your order to arrive, but as this is the shopping season, the logistics companies are very busy and some orders may take slightly longer to arrive.
>
> If you have any questions or problems, contact us directly for help.
>
> Sincerely,
>
> ×××

三、售后沟通模板

(1) 超过5天还未更新物流信息,让买家再等待。

Dear ×××,

As we all know, it's the busiest part of the shopping season and the logistics companies are running at maximum capacity.

Your delivery information has not been updated yet, but don't worry--we will let you know as soon as an update is available.

Thank you for your patience!

(2) 退、换货问题。

Dear ×××,

I'm terribly sorry for the inconvenience. If you are not satisfied with the products, you can return the goods back to us.

When we receive the goods, we will give you a replacement or a full refund. We sincerely hope to do business with you in the long run.

We will give you a big discount in your next order.

Best wishes.

(3) 客户投诉产品质量有问题(表示歉意,并愿意配合解决问题,承诺下次购买能给予折扣)。

Dear ×××,

I am very sorry to hear about that. Since I did carefully check the order and the package to make sure everything was in good condition before shipping it out, I suppose that the damage might have happened during the transportation. But I'm still very sorry for the inconvenience that has brought you. I guarantee that I will give you more discounts to make this up next time when you buy from us. Thanks for your understanding.

Sincerely,

×××

(4) 货物已经处于签收状态,提醒买家进行确认收货并且给予好评。

Dear ×××,

The tracking information shows that you have received your order! Please make surc your items have arrived in good condition and then confirm satisfactory delivery.

If you are satisfied with your purchase and our service, we will greatly appreciate it if you give us a five—star feedback and leave positive comments on your experience with us!

If you have any questions or problems, please contact us directly for assistance, we aim to solve all problems as quickly as possible!

Thanks!

活动实施

（1）同学们理解以上各个沟通模板并且试图记住主要内容。

（2）在掌握沟通模板的情况下，同学们登录 http://seller.aliexpress.com 上之前已经注册的账号，与客户真实地沟通，并且把交流的记录截屏，发到班级 QQ 学习群中，大家再相互之间讨论，互相指出交流中值得肯定之处以及需要改进的地方。

（3）同学们以小组为单位，用自己个人账户登录 http://seller.aliexpress.com，在通速卖通平台上，为学校合作的企业朝阳电子商务有限公司销售较高品质的母婴服饰和窗帘挂饰。各位同学作为跨境电商客服，新手上路，运用所学的相关知识，进行全球贸易实践。

活动评价

客服人员在跨境电商贸易中扮演着很重要的角色，好的客服人员不仅能够很好地回复客户的咨询，同时也能更好地促进销售。即便是在处理纠纷中，也能很好地引导客户选择对卖家而言成本最低的处理方式。通过本项目的学习，同学们熟悉了客服服务的主要内容，知道并学会了使用常用的语言翻译软件以及相应的交流沟通模板，并且通过在 http://seller.aliexpress.com 上注册账户并登录网站与买家进行正式交流和沟通。既有理论的学习，又有实践的锻炼，为以后正式开展业务做好了充分的准备。

任务二　处理交易订单

情境设计

近年来随着网购业务迅猛发展，国内大量传统外贸企业纷纷介入跨境电商产业，在国家相关政策的大力扶持下，跨境电商发展速度加快。2015 年上半年，中国跨境电子商务市场规模超过了 3 万亿元，同比增长 13%以上。预计未来 5 年，跨境电子商务将迎来高速发展期。

李勇同学及其小组成员通过半个学期的专业理论学习，逐渐熟悉电子商务活动，同时经过考核李勇小组已经成为朝阳电子商务有限公司的跨境电商见习专员。最近李勇因为表现优异得到了经理的表扬，经过前期对产品和店铺的优化及推广，产品的访客数等关键指标得到了大幅度提升，店内的询盘数、订单量也不断增加。李勇接下来的主要工作是处理交易订单。

任务分解

此次公司的见习活动，小组成员在公司营销部的资深运营"企业师傅"陆总监的耐心讲解和演示下，主要去熟悉客户的询盘和接受订单。

活动一：处理询盘、接受订单

活动背景

在公司的见习过程中，运营陆总监首先介绍了跨境电商中常用的英语函电，比如对客户母婴服饰的询盘、如何处理新订单、待付款订单、待评价订单等。

知识窗

一、询盘的概念

询盘(Inquiry)也叫询价，是指交易的一方准备购买或出售某种商品，向对方询问买卖该商品的有关交易条件。

询盘的内容可涉及：价格、规格、品质、数量、包装、装运以及索取样品等，而多数只是询问价格。所以，业务上常把询盘称作询价。询盘不是每笔交易必经的程序，如交易双方彼此都了解情况，不需要向对方探询成交条件或交易的可能性，则不必使用询盘，可直接向对方发盘。

回复站内信中客户关于鞋子尺码的询盘函。

2015 年 9 月 14 日，李勇在后台站内信里看到如图 6-2-1 所示的询盘函，客户提供了脚的长度，询问应该买哪个尺码的鞋子。

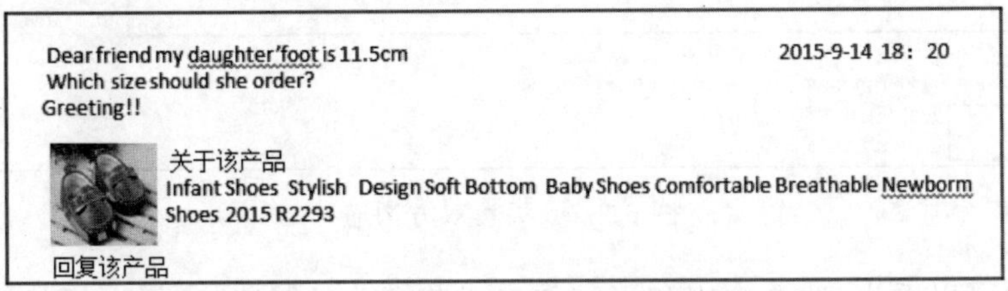

Dear friend my daughter'foot is 11.5cm　　2015-9-14 18：20
Which size should she order?
Greeting!!

关于该产品
Infant Shoes Stylish Design Soft Bottom Baby Shoes Comfortable Breathable Newborm Shoes 2015 R2293

回复该产品

图 6-2-1　客户站内信询问鞋子的尺码

这是在站内信中的一个询盘函，对于询盘、站内信只要把握客户的节奏和时间并做出反应，一定可以抓住先机。询盘的回复时效，一般要求在买家发送询盘的 24 小时内回复。

跨境电商平台数据显示，买家通过邮件询盘产生的订单中90%以上是在买家发送询盘的24小时内回复的，这样才有最大的概率把询盘变成实实在在的订单。

一个好的询盘回复可以大幅提升订单交易的成功率，那么询盘来了，应该如何应对呢？下面为大家总结以下几条。

（1）询盘来了，回复及时。

① 第一时间回复。

② 根据时间差重点回复。

③ 对由于种种原因暂时不能回复的，应尽早通过客人站内信告诉他什么时候可以回复他提出的问题，而不是置之不理。对于不能完整回复的，应把可以回复的问题先告诉客人，另外告诉客人一个确切的日期来回复剩余的问题。

（2）站内信的回复要全面、完整、专业。

① 读完询盘有一个整体概念。

② 作答客户提出的问题。

③ 深入了解自己的产品。

接下来再看一个实例，如图6-2-2所示。

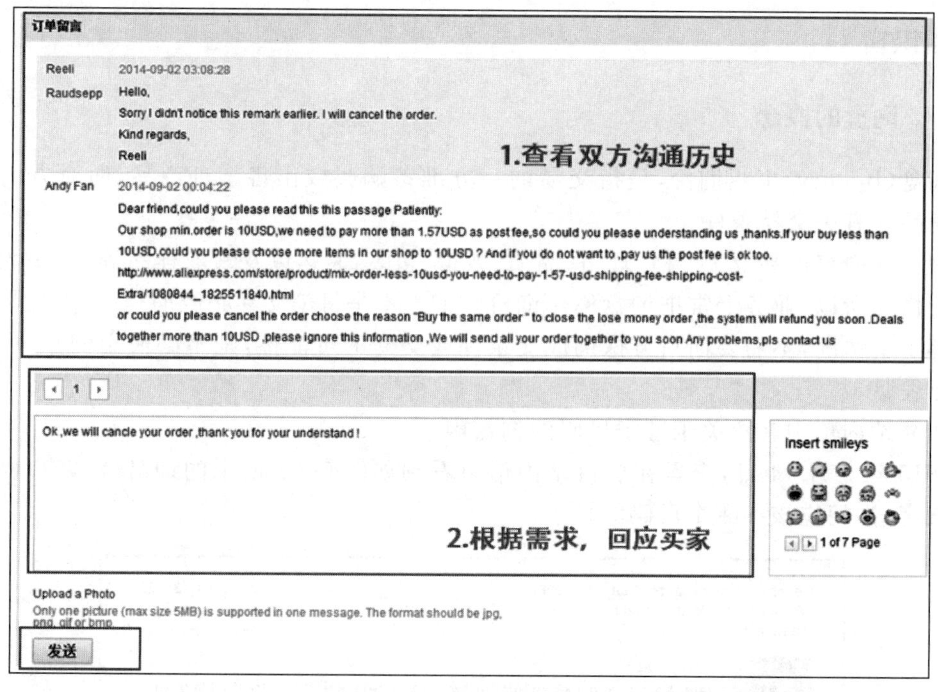

图6-2-2 买卖双方沟通

从询盘中可以看出，这个卖家和买家的交流节奏非常紧凑，这样顺畅的回复沟通带来的直接效果是最终这个客户在店铺下单并购买了产品。

对邮件回复有下面几点建议。

（1）询盘中，买家需要的产品不在经营范围内的，给买家回复，告知无法提供，咨询买家身份，问询买家需求，并简单介绍自己公司的产品范围。

(2) 询盘中,买家的要求需要一段时间才能报价或者答复的,应先给予回复,告知买家能否提供,大概什么时候给出更具体的回复。

询盘中,买家的需求不清晰,报价存在疑问的,收集好所有需要弄清的问题,一次性反馈给买家。并不是所有买家都十分专业,尤其是做得比较杂的贸易商和采购办,他们接触的东西广而不精,有时需要工厂主动地引导他们,也方便他们从买家那里了解更多信息反馈给工厂。

二、接受订单、拟写感谢函

李勇接到一笔新订单,一个美国的客户拍了一套婴儿服饰,已经付款成功,如图 6-2-3 所示。卖家要确认订单的资金审核状态。基本的订单资金在 24 小时之后都会通过审核,订单就会显示为“待发货订单”。

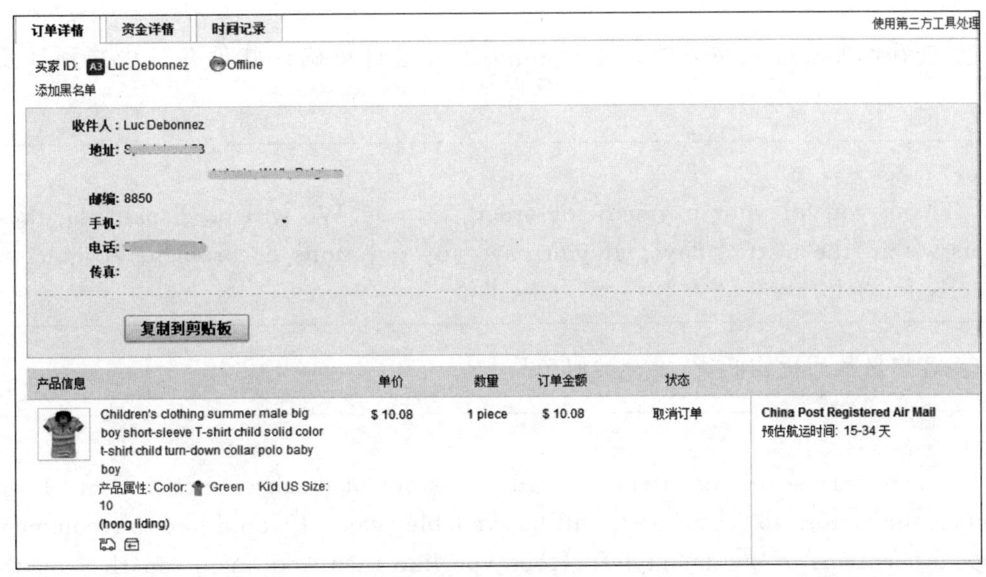

图 6-2-3　店铺新订单

第一步:单击后台的新订单,查看订单的资金审核状态。订单的资金状态一般为三种:第一种状态是“客户已完成付款订单”,这种新的订单就可以直接备货、发货、发信给客户。第二种状态是“资金审核中”,一般这种状态的订单卖家需要在 24 小时后资金通过审核后再确认发货,因为有部分客户存在盗卡风险或者支付问题等原因审核未通过。第三种状态是“客户未付款订单”,如果是第三种状态,卖家可以发下面的一封邮件给客户,委婉提醒其付款。

第二步:检查库存。卖家根据客户的新订单检查库存量,如果库存没有货了,卖家就要及时补充货源。

第三步:写感谢信给客户。

第四步:发货后发信给客户告知发货和物流查询的单号。

活动实施

(1) 好的沟通能减少很多与买家之间不必要的纠纷,需要很好的利用沟通方式,结合客观的优质产品和服务,大力提升交易量以及买家的回头率。以下几种模板可以结合具体订单和情况进行修改使用。

① 未付款订单的催款模板(根据产品自身特点对描述内容进行修改)。

> Dear ×××
>
> We have got your order of ×××. But it seems that the order is still unpaid. If there's anything I can help with the price, size, etc. , please feel free to contact me. After the payment is confirm me. After the payment is confirmed, I will process the order and ship it out as soon as possible. thanks!

② 查看到买家付款完成的订单后,给买家发送订单确认邮件并且告知预计发货时间。

> Hi, ×××
>
> Thank you for your payment for orders ×××. We will be dispatching these items within the next 3 days. If you have any questions or problems, contact us directly for help.

③ 客户付款后货物断货,推荐类似产品。

> Dear ×××,
>
> We are very sorry that item you ordered is out of stock at the moment. I will contact the factory to see when it will be available again. I would like to recommend some other items of similar styles. Hope you like them too. You can click on the following link to check them out ××××××. If there's anything I can help with, please feel free to contact us.
>
> Thanks!

④ 关于还盘、买家议价。

> Dear ×××:
>
> Thank you for taking interests in our item. I'm afraid we can't offer you that low price you bargained as the price we offer has been carefully calculated and our profit margin is already very limited. However, we can offer you a ××× %discount if you purchase more than ×××× pieces in one order. If you have any further questions, please let me know.
>
> Thanks!

⑤ 写感谢信给客户。

> Thank you for your purchase,I have use fast ship way to ship out your goods, Sincerely hope you can receive it soon.
>
> Any problem please contact me,I will reply you ASAP.
>
> Have a nice day!

⑥ 发货后发信告知客户已经发货和物流查询的单号。

> Dear ××:
>
> The item ××× you ordered has already been shipped out by China Post Air Mail. The Tracking number is ××××××. We will also keep you noted of shipping status. We hope you will get is soon. If you have any question, please contact with us.

(2) 处理已付款的货物断货。李勇在跨境电商店铺后台发现一笔客户的新订单,如图 6-2-4 所示。仓库查看货物发现买家拍下的绿色已经断货,同款其他颜色都是齐全的,写一封信函。

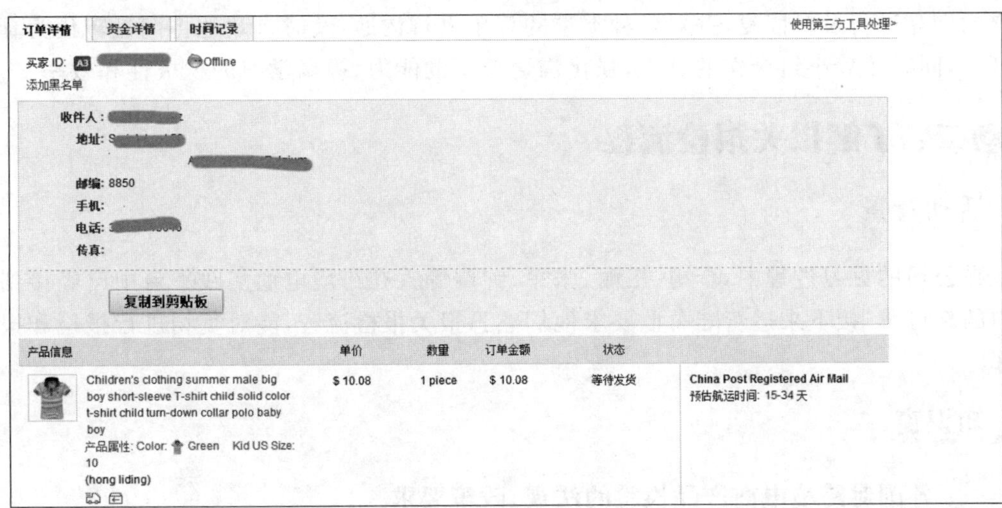

图 6-2-4　店铺待发货订单

(3) 处理订单。李勇的跨境电商店铺主要销售婴儿类服饰,网址为 http://hz.aliexpress.com/store/1974125。一个俄罗斯的客户给他发了站内信,询问店铺中的一款连衣裙的尺码(见图 6-2-5),写一封回复的信函。

> Hello,
>
> My daughter'height is 85 cm, 3 years old . Can you suggest me what size to order?

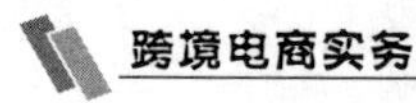

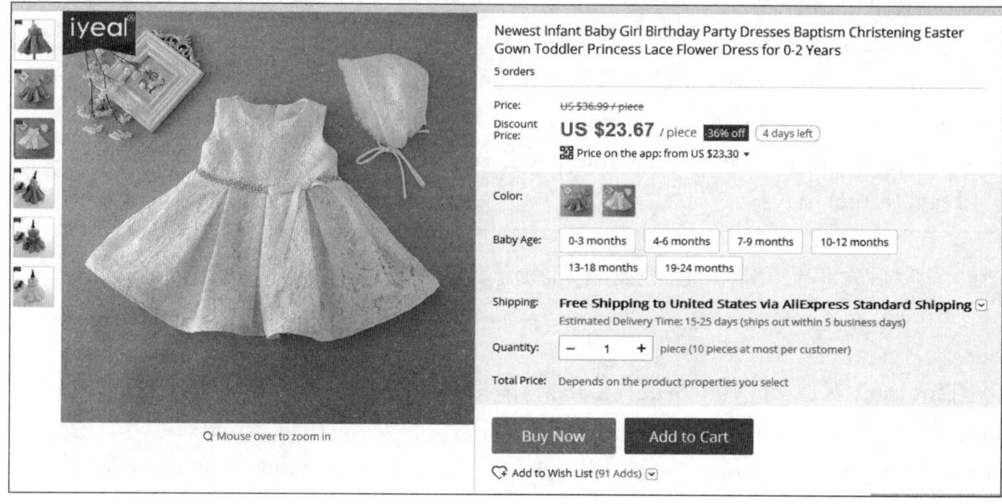

图 6-2-5　婴儿连衣裙

活动评价

通过理论学习和实践，学生主动理解了跨境电商后台如何处理询盘函和订单，能根据客户的询盘进行及时回复，并对各种类型的订单进行沟通，及时有效地将询盘转化为真正的订单，同时培养小组合作的意识，强化沟通分享的能力，提高学习的积极性和效率。

活动二：了解报关报检流程

活动背景

在公司的见习过程中，李勇、王丽、张军、钟珊等人在跨境电商实践平台中已经接到了客户的新订单，接下来运营陆总监要求他们熟悉报关报检流程，能对货物进行报检和报关工作。

知识窗

一、各国对跨境电商产品检验的法规、政策要求

目前，对于在跨境电商平台上销售食品的相关政策还不是特别明确，卖家需要随时注意平台出台的相关政策，需要注意以下几点。

（1）营养成分政策：任何罗列在产品包装上的材料和营养成分，都必须作为图片上传至产品的详情页面。

（2）大宗食品政策：所有农产品和散装食品要独立分别上架，且要创建细节页面。销售这些产品的卖家，必须通过品牌注册批准，同时要以唯一品牌名的方式上架，并且要注册该产品的识别码。

（3）无过敏赔偿政策：任何规定食品或者无过敏索赔也必须出现在产品包装上，从

而可以罗列在产品的详情页面上。

二、跨境电商电子商务进出境货物、物品的通关流程

跨境电子商务进出境货物、物品的通关流程具体分为两步。

(1) 申报前发送信息。

(2) 办理通关手续。按照已向海关发送的订单、支付以及物流等信息，如实逐票办理通关手续；《货物清单》，《物品清单》以及《进出口货物报关单》，应采用通关无纸化作业方式进行申报。

电子商务企业在以《货物清单》方式办理申报手续时，应该按照一般进出口货物有关规定办理征免税手续，并提交相关许可证件。

个人在以《物品清单》方式办理申报手续时，应该按照进出境个人邮寄物品有关规定办理征免税手续，属于进出境管制的物品，需提交相关部门的批准文件。

办理电子商务进出境货物报关手续采取“清单核放、汇总申报”方式。

电子商务企业或其代理人应将上月结关的《货物清单》依据清单表头同一经营单位、同一运输方式、同一启运国/运抵国、同一进出境口岸，以及清单表体同一 10 位海关商品编码、同一申报计量单位、同一法定计量单位、同一货币制规则进行归并，按照进、出境分别汇总形成《进出口货物报关单》向海关申报。汇总形成《进出口货物报关单》向海关申报时，无须再次办理相关免税手续及提交许可证件。

基本程序如下。

(1) 申报。

① 出口货物的发货人在根据出口合同的规定，按时、按质、按量备齐出口货物后，即应当向运输公司办理租船订舱手续，准备向海关办理报关手续，或委托专业(代理)报关公司办理报关手续。

② 需要委托专业或代理报关企业向海关办理申报手续的企业，在货物出口之前，应在出口口岸就近向专业报关企业或代理报关企业办理委托报关手续。接受委托的专业报关企业或代理报关企业要向委托单位收取正式的报关委托书，报关委托书以海关要求的格式为准。

③ 准备好报关用的单证是保证出口货物顺利通关的基础。一般情况下，报关应备单证除出口货物报关单外，主要包括：托运单(即下货纸)、发票一份、贸易合同一份、出口收汇核销单及海关监管条件所涉及的各类证件。

申报应注意的问题：出口货物的报关时限为装货的 24 小时以前。不需要征税费、查验的货物，自接受申报起 1 日内办结通关手续。

(2) 查验。

① 通过核对实际货物与报关单证来验证申报环节所申报的内容与查证的单、货是否一致，通过实际的查验发现申报审单环节所不能发现的有无瞒报、伪报和申报不实等问题。

② 查验货物后，均要填写一份验货记录。验货记录一般包括查验时间、地点、进出口货物的收发货人或其代理人名称、申报的货物情况，查验货物的运输包装情况(如运输工

具名称、集装箱号、尺码和封号)、货物的名称、规格型号等。

③ 查验的货物自接受申报起1日内开出查验通知单,自具备海关查验条件起1日内完成查验,除需缴税外,自查验完毕4小时内办结通关手续。

(3) 征税。

根据我国《海关法》的有关规定,进出口的货物除国家另有规定外,均应征收关税。关税由海关依照海关进出口税则征收。需要征税费的货物,自接受申报1日内开出税单,并于缴核税单2小时内办结通关手续。

(4) 放行。

① 对于一般出口货物,在发货人或其代理人如实向海关申报,并如数缴纳应缴税款和有关规费后,海关在出口装货单上盖"海关放行章",出口货物的发货人凭此装船起运出境。

② 出口货物的退关:申请退关货物发货人应当在退关之日起三天内向海关申报退关,经海关核准后方能将货物运出海关监管场所。

③ 签发出口退税报关单:海关放行后,在浅黄色的出口退税专用报关单上加盖"验讫章"和已向税务机关备案的海关审核出口退税负责人的签章,退还报关单位。

活动实施

跨境电商平台现在经营的类目有很多,包括服装、电子、家居、五金、食品等类目,但是平台对于食品类产品的规定比较严格,食品类目下面的7个子类目包括咖啡、干果、干货、土特产、谷物制品、枸杞、坚果、茶叶。

有一位俄罗斯客户在店铺拍了一罐"西湖藕粉",卖家应该做哪些方面的报检相关工作呢?

步骤1:所卖的产品在跨境电商平台属于哪个类目,是否属于平台可售范围。

步骤2:了解食品类产品的相关检验标准。

步骤3:准备发货。

注意:关于产品的检验检疫许可证可以不用提供,因为跨境电商食品多数通过邮政包裹的方式运送,不是传统的海运集装箱方式,很难对于单独的包裹提供检验检疫许可证,卖家可以在包裹里面打印一份产品的英文说明标签,让国外客户收到包裹的时候能够了解该产品的保质期和储存条件等情况。

活动评价

通过对"西湖藕粉"的报检工作的开展,了解了跨境平台中对食品类商品的检验要求。以及相关工作的具体过程。

合作实训

【实训名称】 处理客户的询盘函。

【实训目的】 以小组的形式共同撰写电子邮件回复顾客的询盘,培养回复询盘邮件的写作能力,以最大限度地提高把询盘变成订单的概率。

【活动过程】

步骤 1：翻译客户的询盘函。

翻译内容如下。

你好，我的女儿脚长 14cm，那么请问我应该拍哪个尺码的鞋子？谢谢！

步骤 2：上网查找或根据店铺里产品详情页设置的尺码对照表，如图 6-2-6 所示，判断脚长 14cm 长度应该穿多大尺码的鞋子。

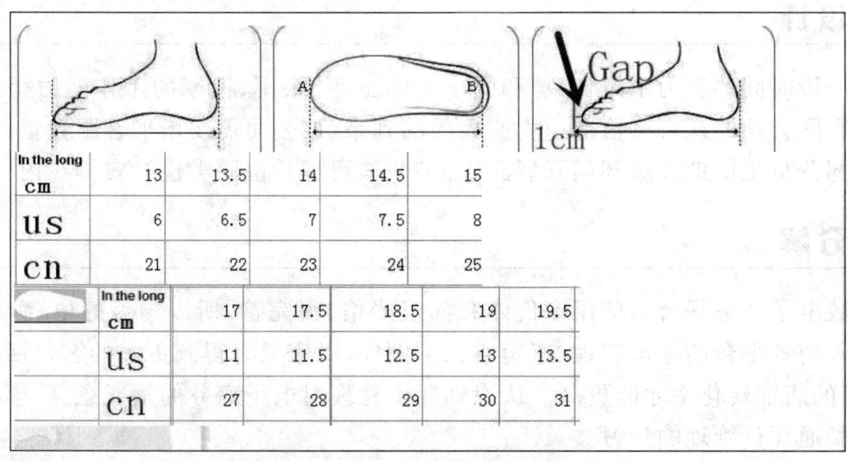

In the long cm	13	13.5	14	14.5	15
US	6	6.5	7	7.5	8
CN	21	22	23	24	25

In the long cm	17	17.5	18.5	19	19.5
US	11	11.5	12.5	13	13.5
CN	27	28	29	30	31

图 6-2-6　鞋子的尺码对照表

步骤 3：给客户回邮件，告诉客户可以选择的美版鞋子尺码。

> Dear××,
>
> Thanks for your inquiry. Based on your daughter's foot length 14 cm, you can choose the US size ××. After receiving your order. We will arrange the shipment to you as soon as possible.
>
> If you have any question, please contact with us.
>
> Thanks and Best Regards.

步骤 4：站内信回复 2～3 天后再次发送邮件联系客户。

站内回复客户之后，要关注一下这个客户的邮件或者订单情况，如果客户下了订单，那么可以准备发货了。但是如果站内信回复 2～3 天客户没有反应，客服就需要及时给客户再写一封站内信，询问是否需要其他的咨询服务。

【实训小结】　通过此次实训，同学们提高了自己做好询盘回复工作的能力，加深了对通过询盘回复提升销售的理解。

活动评价

处理交易订单是跨境电商运行中重要活动之一。通过本项目的学习，学生以小组为形式进行合作学习，能够了解订单处理中的各种询盘函的回复与处理，同时能够及

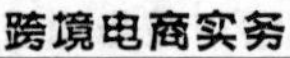

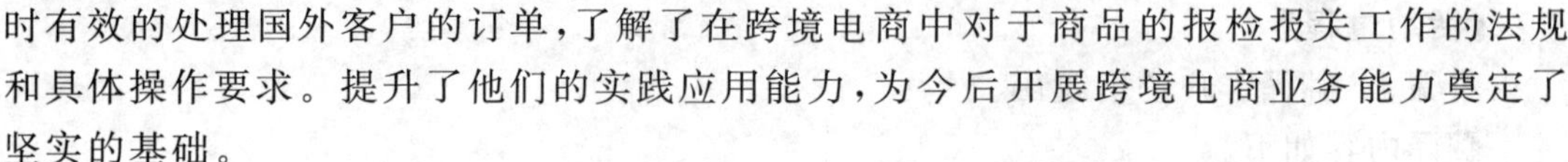
时有效的处理国外客户的订单，了解了在跨境电商中对于商品的报检报关工作的法规和具体操作要求。提升了他们的实践应用能力，为今后开展跨境电商业务能力奠定了坚实的基础。

任务三　重视评价管理

情境设计

经过一段时间的努力学习，李勇和同小组的王丽、张军、钟珊的工作能力得到了朝阳电子商务有限公司的认可。恰逢速卖通大促的到来，该公司需要增加客服数量，于是主管安排公司部分员工协助客服部门开展此次活动，李勇等几位同学也被安排在内。

任务分解

大多数电子商务平台的信用评价体系都很严格、很完善，所以想做好电商，就必须重视所在电子商务平台的评价管理，速卖通也不例外，卖家只有得到更多的客户回头给予的好评，卖家的店铺转化率才能更高。认识到评价管理对电子商务的重要意义，李勇等同学开始了速卖通评价管理的学习。

活动一：熟悉速卖通评价

活动背景

为取得速卖通大促活动的圆满成功，客服王主管抓紧了对临时客服人员的培训。首先详细介绍了速卖通信用评价的规则，出现中、差评的原因等，为速卖通大促活动做好后续准备工作。

知识窗

一、速卖通信用评价的规则

全球速卖通平台的评价分为信用评价及卖家分项评分两类，如图 6-3-1 所示。

信用评价是指交易的买卖双方在订单交易结束后对对方信用状况的评价。信用评价包括五分制评分和评论两部分。

卖家分项评分是指买家在订单交易结束后以匿名的方式对卖家在交易中提供的商品描述的准确性(Item as Described)、沟通质量及回应速度(Communication)、物品运送时间合理性(Shipping Speed)三方面服务做出的评价，是买家对卖家的单向评分。信用评价买卖双方均可以进行互评，但卖家分项评分只能由买家对卖家做出。

在信用评价中，买家给卖家不同星级的评价，同时根据订单的金额大小，得到不同的积分。商品或卖家好评率(Positive Feedback Ratings)和卖家的信用积分(Feedback Score)的计算方式如下。

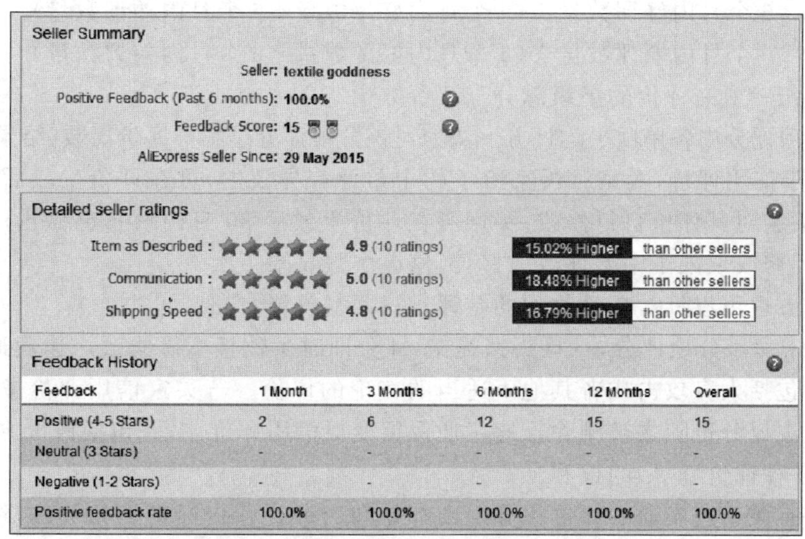

图 6-3-1 速卖通信用评价及卖家分项评分

(1) 相同买家在同一个自然旬内对同一个卖家只做出一个评价的，该买家订单的评价星级则为当笔评价的星级（自然旬统计的是美国时间）。

(2) 相同买家在同一个自然旬内对同一个卖家做出多个评价的，按照评价类型（好评、中评、差评）分别汇总计算，即好、中、差评数都只各计一次（包括一个订单里有多个产品的情况）。

(3) 在卖家分项评分中，同一买家在一个自然旬内对同一卖家的商品描述的准确性、沟通质量及回应速度、物品运送时间合理性三项中某一项的多次评分只算一个，该买家在该自然旬对某一项的评分计算方法如下：

平均评分＝买家对该分项评分总和÷评价次数（结果四舍五入）

(4) 以下三种情况不论买家留差评还是好评，都仅展示留评内容，不计算好评率以及评价积分。

① 成交金额低于 5 美元的订单（成交金额明确为买家支付金额减去售中的退款金额，不包括售后退款情况）。

② 买家提起未收到货纠纷，或纠纷中包含退货情况，且买家在纠纷上升到仲裁前未主动取消。

③ 运费补差价、赠品、定金、结账专用链、预售品等特殊商品（简称“黑五类”）的评价。

除以上情况之外的评价，都会正常计算商品或商家好评率和商家信用积分。不论订单金额，都统一为：好评＋1，中评 0，差评－1。

(5) 卖家所得到的信用评价积分决定了卖家店铺的信用等级标志。

评价档案包括近期评价摘要（会员公司名、近 6 个月好评率、近 6 个月评价数量、信用度和会员起始日期），评价历史（过去 1 个月、3 个月、6 个月、12 个月及历史累计的时间跨度内的好评率、中评率、差评率、评价数量和平均星级等指标）和评价记录（会员得到的所有评价记录、给出的所有评价记录以及在指定时间段内的指定评价记录）。

好评率＝6 个月内好评数量÷(6 个月内好评数量＋6 个月内差评数量)

差评率＝6 个月内差评数量÷(6 个月内好评数量＋6 个月内差评数量)

平均星级＝所有评价的星级总分÷评价数量

卖家分项评分中各单项平均评分＝买家对该分项评分总和÷评价次数(结果四舍五入)

(6) 对于信用评价,卖家对买家给予的中差评有异议的,可在评价生效后 30 日内联系买家,由买家对其评价自行修改;买家可在评价生效后 30 日内对自己做出的该次评价进行修改,但修改仅限于中差评改为好评,修改次数仅限 1 次。

买卖双方也可以针对自己收到的差评进行回复解释。

(7) 对于卖家分项评分,一旦买家提交,评分即时生效且不得修改。速卖通有权删除评价内容中包括人身攻击或者其他不适当的言论的评价。若买家信用评价被删除,则对应的卖家分项评分也随之被删除。速卖通保留变更信用评价体系(包括评价方法,评价率计算方法,各种评价率等)的权利。

以上所有关于速卖通的评价积分规则都是和店铺经营指标密切相关的,结合一些实际案例来看看,如图 6-3-2 所示。

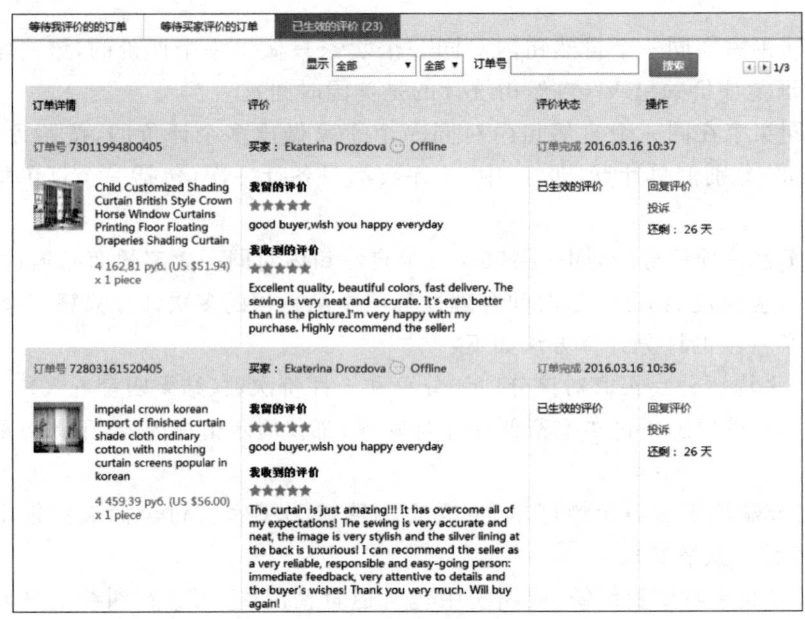

图 6-3-2 速卖通评价实际案例

二、速卖通信用评价模块

一般来讲,进入后台之后会看到“等待我给出的评价”“等待买家给出的评价”和“生效的评价”。单击“生效的评价”之后,就会看到最近所有订单的评价。可以根据需要去寻找中评和差评的订单。速卖通的规则是,在收到客户评价的邮件之后,先对客户评价,然后才能看到客户给予的反馈。

如果收到差评,应该及时联系客户,看看是否有回旋的余地,平台支持卖家去自行解决一些客户差评的问题。

如果收到中评或好评，则采取 Feedback 营销策略，回复客户的评价，这样做一方面可以增加好评的客户有回头购买的欲望，另一方面也可以让第一次购买的客户放心。

2014 年 4 月份左右上线了速卖通的新功能，就是等待卖家评价时的“催评价”功能。这个功能怎么使用呢？

单击“催评”按钮之后，会直接进入该订单的留言板，可以提前设置好一些催评价模板，如下面一段话。

> Dear Valued Customer,
>
> Thank you for shopping on our store - we hope you are enjoying your purchase!
>
> Your shopping experience is very important to us and our business. We would like to invite you to leave positive feedback on our products and service. It only takes a moment, and it's a great way to help others make purchases like yours!
>
> If you are unsatisfied with any aspect of our service, please contact us first so we can try to resolve your problem.
>
> Thank you for your custom, and we look forward to providing you with the best buying experience again on AliExpress!
>
> Yours sincerely,
>
> Seller Name

那么，为什么要去催评价呢，原因很简单，所有的评价订单都会有信用积分。而卖家所得到的信用评价积分决定了卖家店铺的权重，并影响曝光率，具体的标志和对应的积分如图 6-3-3 所示。

等级	Seller	Buyer	信用度积分
L1.1			3-9
L1.2			10-29
L1.3			30-99
L1.4			100-199
L1.5			200-499
L2.1			500-999
L2.2			1,000-1,999
L2.3			2,000-4,999
L2.4			5,000-9,999
L2.5			10,000-19,999
L3.1			20,000-49,999

图 6-3-3　速卖通信用积分及其对应等级

因此，评价的订单越多，可以累积的信用积分就越高。一个店铺如果能收获更多的信用积分，就能提高店铺的信用等级，赢得更多的曝光和更高的转化率。

活动实施

(1) 撰写好评回复。

某速卖通店铺已收到客户对订单的五星好评，客服需要对客户的好评予以感谢，提升客户黏度，下面，同学们写一封评价回复给客户。

步骤 1：在老师指导下进行小组分组，2～4 人为一个小组。

步骤 2：以小组为单位收集并讨论网络上的好评回复。

步骤 3：小组成员各自写一份好评回复。

步骤 4：挑选出最好的好评回复作为本组的成果，并写上小组成员名字上交指导老师。

步骤 5：指导老师对所上交的小组成果进行展示。

(2) 以一个速卖通宝贝为例，熟悉速卖通评价页面。

步骤 1：打开浏览器，输入速卖通买家网址 www.aliexpress.com。

步骤 2：在速卖通买家页面根据自己的喜好选择一个宝贝（如无中、差评，则重新换一个宝贝）。

步骤 3：打开所选择的宝贝页面，单击“Feekback”命令，查看该宝贝的评价。

步骤 4：分别选择 3 个有代表性的评价，完成表 6-3-1。

表 6-3-1　速卖通宝贝评价分析表

评价类别	评价内容	评价分析
好评		
中评		
差评		

活动评价

通过本次活动，学生了解了速卖通评价的规则，同时，熟悉速卖通评价页面，引起同学们对速卖通评价管理的重视。在学习过程中，小组成员除了学会独立学习外，也尝试了合作带来的乐趣，培养了团队意识。

活动二：优化客户评价

活动背景

通过前面对评价管理的培训，李勇等同学已经熟悉了客服评价规则，朝阳电子商务有限公司在本次速卖通大促后，店铺出现了个别中、差评，王主管安排李勇、王丽等同学开始协助售后客服部门处理中、差评问题，优化客户评价。于是，他们开始学习优化客户评价的相关内容。

知识窗

一、影响店铺好评率的因素

想要做好店铺评价管理，就必须了解是什么因素在影响着店铺的好评率，然而影响店铺好评率的因素成千上万，不可能一一预知，下面将对常见的因素进行罗列。

（一）商品图片与实物的差异

有时候为了使自己的产品看起来比较吸引眼球，卖家会在图片处理上或多或少地添加一些产品本身没有的效果。这样就会给客户一个美好的心理预期，让他们满怀期待地等待着货物的到来。然而，一旦收到实物后感觉与图片的差别过大，买家就会非常失望，他们通常会在第一时间询问客服，为什么在颜色或者形状上有差别。

此时必须警惕，因为收到货物的30天内，买家可以评价，并且在未确认收货之前，买家还可以对自己不满意的订单提起纠纷退款。对于这类的投诉，卖家更要主动地去解释。提供原有的图片，如果只有因小部分的修图处理造成色差，合理解释还可以赢得客户的信任。在这个过程中要多表现自己对买家的重视，适当地给予下次订单的优惠和折扣。真诚的道歉可以将小事化了，争取得到买家的好评。

另外，卖家在上传图片的时候可以多传一些角度的细节图，或者可以放上一张没有修图处理过的照片，尽量让买家有全面的视觉印象，避免因图片不符而带来不必要的投诉和差评。

（二）进口关税政策的影响

众所周知，大部分卖家为了吸引买家下单都会写上 Free Shopping，实际上大部分卖家也做到了包邮。但是有时会忽略一些国家的进口政策。比如美国高于500美元申报价值的货物，就要按照重量收取进口关税；加拿大和澳大利亚则是高于20美元的货物要收取关税；英国、德国等欧洲国家货物的申报价值必须是在20～25美元，一单超出将会有更多的关税产生。

这样一来，提出的问题就有答案了，一旦有关税产生，买家必须支付关税后才能拿到货物。因此你会遇到以下的问题。

> Why I should pay 25 pounds for the package, you told me that was free to ship, how could you lie to me? I am very disappointed.

还有一些比较极端的客户会因为需要支付额外的费用而拒绝签收。这些都是潜在的差评和纠纷，因此在发商业快递的时候，要注意填写的申报价值，对于货物价值很高的快件，提前和客户沟通好。

（三）信用卡账户有额外的扣款显示：AliExpress Charge

速卖通平台针对买家的支付不收取费用，但是建议买家联系他的银行，问清楚是否需要支付手续费。如果买家通过 T/T 转账，银行端一般需要收取一定的手续费。

二、降低买家不良体验订单率

买家不良体验订单率是指在考核期内满足以下任一条件的订单：买家给予中差评、DSR中低分（"商家描述≤3星"或"卖家沟通≤3星"或"物流服务=1星"）、成交不卖、仲裁提起订单、卖家5天不回应纠纷导致结束的订单。

考核期为90天，每月最后一天考核过去90天的订单情况。买家不良体验指标详解如表6-3-2所示。

表6-3-2　买家不良体验指标详解

买家不良体验	指标详解
成交不卖	买家对订单付款后卖家逾期未发货或者由于卖家原因导致付款订单未发货的行为
仲裁提起	买卖双方对于买家提起的纠纷处理无法达到一致，最终提交至速卖通进行裁决的行动
5天不回应纠纷	买家提起或修改纠纷后，卖家在5天之内未对纠纷订单作出回应导致纠纷结束的行为
中、差评	在订单交易结束后，买家对卖家该笔订单总评给予的3星及以下的评价
DSR商品描述中低分	在订单交易结束后，买家匿名给予分项评价——商品描述的准确性3星以下的评价
DSR卖家沟通中低分	在订单交易结束后，买家匿名给予分项评价——沟通质量及回应速度3星以下的评价
DSR物流服务1分	在订单交易结束后，买家匿名给予分项评价——物品运送时间合理性1星评价

注：(1)如果一个订单同时满足两个及以上的不良体验描述，只计一次，不会重复计算。

(2)如果一个订单在考核期内只有评价产生了不良体验，且属于评价不计分的订单，则不会计入DSR的计算中。

从买家不良体验指标详解中，可以看出多个可能影响店铺评价得分的因素。因此，要优化客户评价，就必须尽量避免这些有可能会给买家带来不良体验的做法。

三、如何解决差评问题

每个卖家都不希望自己的店铺出现差评，但是对于评价比较多的卖家，出现差评往往是在所难免的。对于已经产生的差评，就需要卖家摆正心态，积极地去与买家沟通，解决差评问题。

（一）由于质量问题产生的差评解决办法

对于单纯由于质量问题产生的差评是比较好解决的。首先，收到差评之后及时与买家联系，询问一下对产品不满意的具体原因。在此基础上，让买家提供相应的照片。此外，卖家要回到自己的出货记录中寻找相同批次内其他产品的反馈，分析一下库存中的货物质量，如果确实存在买家反映的问题，就要及时积极解决。通过退款或者换货的方式，

让买家满意并且修改评价。

那么对于因买家个人使用不当导致的差评问题，又该如何解决呢？如果在沟通调查中发现是由于买家个人使用不当而给的差评，有两种方案：如果以消除差评为主要目的，就应该和卖家仔细解释为什么会出现这样的质量问题，到底在使用过程中存在哪些不正确的地方，最后和买家商量以何种方式可以使其满意并修改差评。如果是由于买家个人原因导致的质量问题，买家又不愿意修改差评的，那么卖家应选择差评回复，并附上产品的使用说明及其事项，这也是一种中、差评营销。这种方法可能是大多数卖家在无法消除差评的时候不得不采取的方法。

（二）由于买家在下单前的细节要求没有得到满足产生的差评解决办法

有很多买家在下单之初，就在订单下面的留言这是为了一些特殊场合准备的(比如婚礼)，请不要让我失望等。遇到这样的订单，首先应该交代出货的人员，要特别注意该订单的质量和包装。其次，如果这个客户买了一个非常便宜的产品，但是从询盘的态度上又可以看出他很期待，这种情况下为了避免差评，应该要考虑亏一点成本去满足这个客户的心理预期。

如果满足了客户的各种细节要求，在发货之前稍微揣摩一下客户的心理，一些不必要的差评是完全可以避免的。

当然，产生差评的因素有很多，比如前面提到的由于进口关税政策或者银行手续费的影响等产生的误会也有可能给店铺带来差评，这就要求卖家面对差评时保持平常心，积极主动地与客户进行良好的沟通。了解客户真正不满意的地方，对症下药，解决差评问题。

活动实施

(1) 情境模拟——修改中、差评。

步骤1：教师指导同学们进行分组，两人为一小组。

步骤2：教师事先准备好小纸条，每张纸条写上一个常见的中、差评，给小组抽签。

步骤3：小组成员根据抽签到的结果，开始针对所抽到的评价设计中、差评情境模拟，并自行讨论和调整本组的角色扮演分工。

步骤4：小组成员开始进行中、差评角色演练。

步骤5：教师鼓励准备好的小组上台进行情景模拟，并让同学们投票打分，说明最高分有一定的奖励。

步骤6：教师组织同学们进行评价与总结，并根据同学们的投票结果对出色的组进行表扬和鼓励。

(2) 做好客户评价管理。

步骤1：以小组为单位，利用互联网自行搜索了解速卖通客户评价管理的方法。

步骤2：登录 www.baidu.com 等搜索引擎，输入速卖通客户评价管理方法、工具等关键词。

步骤3：小组成员收集自己找到的有价值的信息进行组内分享与讨论。

步骤4：将小组讨论总结成果总结到 Word 文档。

步骤5：指导老师随机抽取小组上台演说和展示，并给予评价。

合作实训

【实训名称】 探索引导客户好评的方法。

【实训目的】 以小组的形式探索如何提高顾客好评率，培养同学们的小组合作精神和自主学习探索能力，在合作中学习，掌握引导客户好评的有效方法。

【活动过程】

步骤1：任命一名活动小组长，明确组员分工，以组为单位利用互联网搜索在速卖通平台上卖家该如何引导客户给出好评。

步骤2：小组内部自由讨论与分享所获得的资源。

步骤3：整理有价值的信息，完成表6-3-3(可根据需要自由拓展表格)。

表6-3-3 引导客户给出好评的方法

速卖通交易阶段	引导方法
1. 发货阶段	
2. 运送阶段	
3. 到货阶段	
4. …	

步骤4：将完善的表格发送给指导老师，指导老师随机挑选几个小组的成果给全体同学展示，并针对所做的表格进行分析。

步骤5：同学们进行小组互评与打分。

步骤6：教师进行实训总结，并对做得比较好的小组进行表扬和奖励。

【实训小结】 通过此次实训，同学们提高了自己与客户沟通的能力。通过自由探索与合作分享，加深了同学们对引导客户好评的方法的理解和掌握。

任务四 做好纠纷管理

情境设计

经过大家的努力，朝阳电子商务有限公司此次参加的速卖通大促活动即将告一段落，李勇和同小组的王丽、张军、钟珊所在的店铺收获了很多客户的好评。但是随着活动尾声的到来，店铺的个别订单也出现了纠纷问题。

任务分解

大多数电子商务平台的信用评价体系都很严格、很完善，所以想做好电商，就必须重视所在电子商务平台的评价管理。只有得到更多的客户回头给予的好评，店铺转化率才能更高。相反，如果在交易过程中给客户带来了不愉快的购物体验，则可能产生纠纷，如果处理不好也会给店铺带来很大的负面影响。

活动一：熟悉纠纷处理流程

活动背景

眼看此次大促活动已经进入尾声，各项工作都能够按照预期的计划进行，然而为了圆满完成任务，王主管并没有因此懈怠，而是抓紧店铺售后服务工作，积极带领客服部门着手处理纠纷订单。

知识窗

一、纠纷裁决的产生

买家在交易过程中未收到货物或者对于收到的货物不满意可提起退款申请，纠纷便产生，买卖双方可进行协商解决，若无法达成一致，可提交至平台进行裁决。裁决的提交包括以下三种情况。

(1) 买家提交纠纷裁决。自买家第一次提起退款申请开始第 4 天至第 15 天，若买卖双方无法协商一致，买家均可以提交至平台进行裁决。

(2) 系统提交纠纷裁决。自买家第一次提起退款申请开始截止至第 16 天，卖家未能与买家达成退款协议，买家未取消退款申请也未提交至平台进行裁决，系统会自动提交至平台。

(3) 卖家提交纠纷裁决。若买家申请退款退货，在买家填写了退货地址的 30 天内，卖家未收到退货或收到的退货货不对版，可以提交至平台进行裁决。

二、速卖通纠纷裁决流程

纠纷裁决产生的两个工作日内速卖通会介入处理，参看买卖双方纠纷协商阶段以及提交纠纷裁决阶段提供的证明进行裁决。

(1) 若现有证明充足，则直接给出裁决意见后进入申诉期；若证明不足，则联系双方限期提供相应证明，速卖通将根据双方提供的证明给出裁决意见，如果任何一方逾期未提供证明，速卖通会按照已得证明给出裁决意见并进入申诉期。

(2) 申诉期内若补充了充足的证明，则根据补充证明进行最终裁决，若未补充有效证明，则根据裁决意见进行最终裁决。

(3) 若买卖双方在申诉期内协商达成一致处理意见，速卖通会根据双方意见进行裁决。

注意：

① 如遇特殊纠纷，速卖通会根据具体情况进行处理并与买卖双方及时沟通，裁决时间可能会相应延长，最长会在速卖通介入后 45 天内做出裁决(退货案件除外)；

② 对于投诉内容包含信用卡投诉的，则以信用卡投诉处理意见为平台处理依据。

三、卖家查看及回应纠纷裁决操作流程

全球速卖通纠纷裁决的处理都在投诉举报平台进行，买卖双方都可以在该平台查看

纠纷裁决状态及做出响应。具体操作流程如下。

1. 登录投诉举报平台

登录“我的速卖通”，在具体的订单详情页面单击“查看”命令直接进入投诉举报平台，如图 6-4-1 所示。

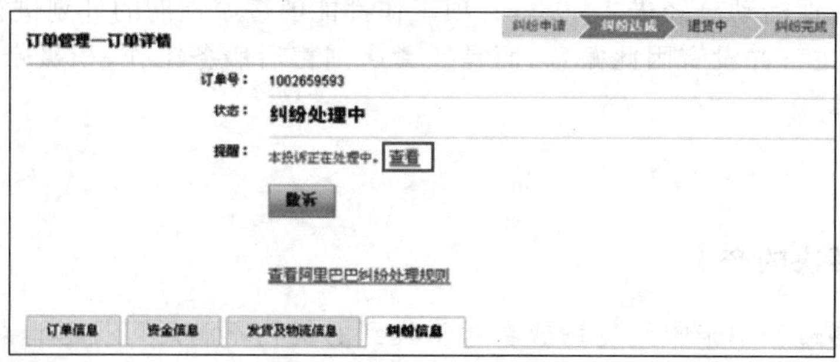

图 6-4-1 速卖通投诉举报平台

单击“查看”命令后进入如图 6-4-2 所示页面，可看到该纠纷具体情况及进展。

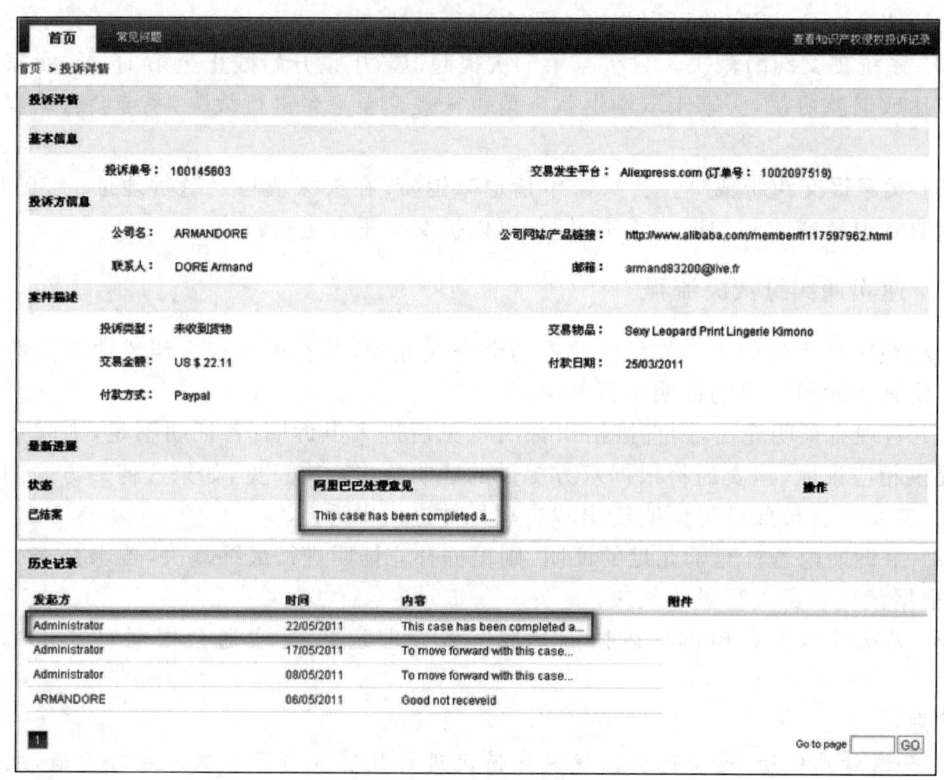

图 6-4-2 纠纷进展页面

2. 卖家进入投诉举报平台后的查看步骤

(1) 查看速卖通处理意见：单击“最新进展”下“阿里巴巴处理意见”命令可以看到结果如下。

This case has been completed as of today and we have made a full refund to buyer. The buyer will receive the payment within 7 days. Sincerely, Jane AliExpress Dispute Team.

(2) 查看买家回复内容：单击“历史记录”命令下买家回复的内容，可查看到原文。

(3) 查看各纠纷状态：在投诉举报平台 http://channel.alibaba.com/complaint“管理我的投诉”板块下可以直接看到各纠纷状态并进行具体操作，如图 6-4-3 所示。

管理我的投诉

查看最近3个月的记录　　请输入订单号，或投诉方公司名搜索　搜索

我收到的投诉 (25)　我发起的投诉 (0)

投诉单号	投诉日期	投诉类型	交易发生平台 (All)	投诉方公司名	处理状态 (All)	操作
100320477	13/06/2011	未收到货物	Aliexpress.com	swing	阿里巴巴处理中	查看详情
100308991	04/06/2011	未收到货物	Aliexpress.com	Manuel Ascenso	已结案	查看详情
100092555	31/03/2011	未收到货物	Aliexpress.com	Mairi Fujishima	待被投诉方响应	查看详情 回应
100092554	31/03/2011	未收到货物	Aliexpress.com	Mairi Fujishima	已撤诉	查看详情

图 6-4-3　速卖通“管理我的投诉”板块

纠纷处理各状态定义如下。

(1) 阿里巴巴处理中：速卖通正在核实案件情况，会做出进一步判责。

(2) 已结案：该纠纷已经处理完成，可单击“详情”命令查看处理结果。

(3) 待投诉方响应：若买家是投诉方，则案件状态在等待买家的响应；若卖家是投诉方，则案件状态正在等待卖家的响应。卖家如果单击“回应”按钮，可以给出自己的反馈和意见，如图 6-4-4 所示。

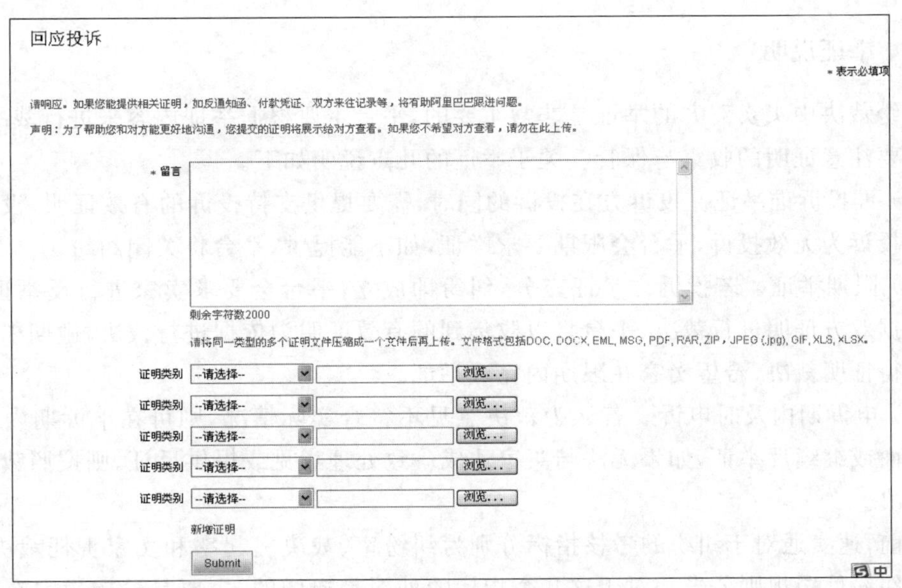

图 6-4-4　速卖通回应投诉页面

（4）已撤诉：投诉方已经撤诉，速卖通核实后会结束纠纷，则案件状态会变为“已结案”。若卖家为投诉方且需要撤销投诉，则该页面卖家可以选择撤销，页面如图 6-4-5 所示。

我收到的投诉 (5)　我发起的投诉 (3)

投诉单号	投诉日期	投诉类型	交易发生平台	被投诉方公司名	处理状态	操作
			All		All	
100319746	12/06/2011	未收到货物	Aliexpress.com	THALES	待被投诉方响应	查看详情 撤销投诉
100319744	12/06/2011	未收到货物	Aliexpress.com	Ian Edwards	待投诉方响应	查看详情 回应 撤销投诉

图 6-4-5　速卖通投诉进展页面

单击“撤销投诉”命令后填写撤销投诉原因，如图 6-4-6 所示。

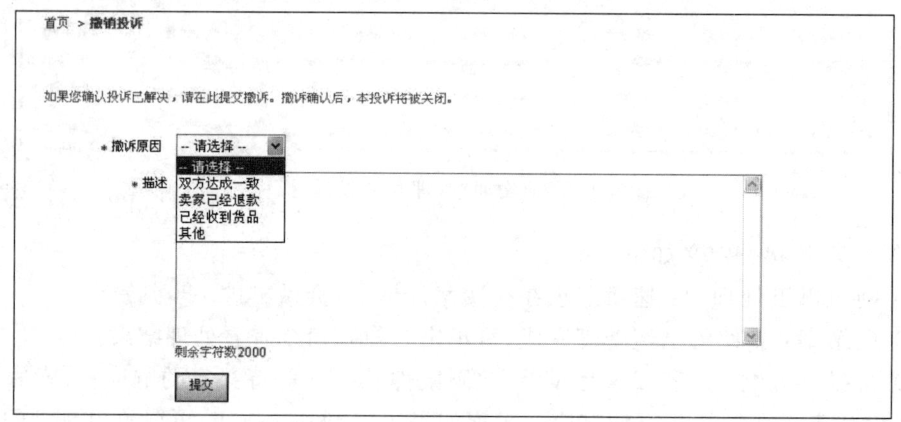

图 6-4-6　速卖通撤诉操作

四、举证说明

纠纷裁决中买卖双方的举证是非常重要的，平台主要根据举证内容来进行裁决，所以双方都要注意证明的收集与保管。关于举证的几点说明如下。

（1）谁投诉谁举证。投诉方在投诉的同时，需要提供支持投诉的有效证明，没有证明支持的投诉为无效投诉，平台会限期要求举证，如不能提供，平台将关闭纠纷。

（2）限期举证。若投诉方举证充分，纠纷即成立，平台会要求卖家进行反举证，速卖通会根据双方证明进行裁决，平台将以收集到的有效证明为依据进行裁决，逾期未举证则根据已得证明裁决，希望卖家在限期内完成举证。

（3）申诉期内及时申诉。若认为裁决意见不符合实际情况，则可在申诉期内与买家进行协商或继续反举证，如果无法与买家达成一致处理意见或提供反证，则按照裁决意见进行裁决。

目前，速卖通对于纠纷的考核指标分别为纠纷率、裁决提起率和卖家责任裁决率（具体参见纠纷处罚规则公告），对于这几个指标的处罚是递增的，主要是希望卖家在交易过程中能够避免纠纷的产生，万一产生纠纷了也能够积极主动地与买家协商解决。

活动实施

(1) 假设你所在速卖通店铺收到买家投诉：未收到货物。作为客服人员，你会选择接受买家方案，还是拒绝买家方案？如果拒绝，应该如何操作？

(2) 速卖通纠纷处理案例。

步骤1：在老师的指导下进行分组，要求一组至少有3位同学。

步骤2：打开浏览器，输入百度引擎地址：http://baidu.com，打开百度搜索页面。

步骤3：在搜索引擎文本框中输入：速卖通纠纷等类似关键词，进行搜索。

步骤4：小组成员根据所搜索到的案例，进行筛选。

步骤5：小组讨论选出3个有代表性的案例，并讨论分析产生纠纷的原因，完成表6-4-1。

表6-4-1 速卖通纠纷案例分析

案例	纠纷内容	纠纷分析
案例一		
案例二		
案例三		

活动评价

通过本次活动，加深了同学们对速卖通纠纷的处理的理解，同时，也让同学们意识到速卖通开店也并非一帆风顺，也会遇到一些纠纷和不愉快，培养同学们承受和战胜挫折的能力。

活动二：解决速卖通纠纷问题

活动背景

通过前面的活动，李勇和同小组的王丽、张军、钟珊等同学了解到速卖通的纠纷案例里面，产品问题和物流问题产生的纠纷占了很大的比重，于是他们学习针对这两大问题产生的纠纷的解决方案。

知识窗

一、买家收到货物与约定不符产生的纠纷

1. 存在质量问题

及时查找真正的原因，如果是质量问题，可以让客户选择是退货退款还是保留货物并退回部分款，由于没有纠纷率的顾虑，只要买家接受方案，就可以解决纠纷。

2. 与描述不符

买家收到的货物与卖家在网站产品详情页面的描述，存在颜色、尺寸、包装、品牌、款式、型号等方面的差异。

针对这样的问题，卖家应该怎么做？

产品描述以卖家在速卖通平台上展示为准。卖家需要保证产品的描述信息（包括产品名称、产品详细描述页面等）前后一致，如出现信息矛盾或者误导倾向，则平台保留最终的纠纷裁决权。如果卖家下订单之前卖家已经明确提示买家，产品可能存在颜色的偏差，或者产品尺寸可能存在一定的误差，并明确说明了误差大小，自速卖通发出通知起 3 天内卖家需要提供有关提示沟通记录作为证明。

3. 纠纷解决示例

（1）提起纠纷的原因。买家买了 2 个 Lot，8 个灯泡，收到货物后表示灯泡的瓦数不一致，以此提起纠纷。

（2）提起纠纷后买卖双方的做法。

买家：提起纠纷，要求部分退款（退 25 美元，总金额 49.5 美元），不退货。

Unfortunately, you sent me wrong products. I've ordered SMD5630 - 60LEDs - 15W, received 42LEDs-5.2W. Third times difference in power. I'm very upset, because I always receive corn bulbs with lower power. This time I'm triple upset, because you sent the wrong bulbs. If you need I can send you the link to video.

卖家：拒绝纠纷，要求买家退货，表示发了两种类型的灯泡，都是按照买家要求发货的，希望买家能够重新检测。

Hello, you purchase two orders from us, one is 42LEDs, another is 60LEDs, we all do as your request . On the other hand, the power is more than 5W and should text is in correct voltage and current. Best regards!

买家：修改退款理由，退款金额从 25 美元降至 21 美元，并且表示愿意举证，如果退货的话，要求卖家承担运费。

21USD my last offer. I also can offer you return of product, but you should pay shipment cost=11USD in advance.

卖家：拒绝买家的请求，要求买家退回所有货物，然后全额退款。

Please return my goods to you.

买家：继续拒绝卖家的请求，并且提供了视频举证。然后提起仲裁纠纷，要求平台介入。

Unfortunately, you sent me wrong products. I've ordered SMD5630 - 60LEDs - 15W, received 42LEDs-5.2W. Third times difference in power. I'm very upset, because I always receive corn bulbs with lower power. This time I'm triple upset, because you sent the wrong bulbs. If you need I can send you the link to the video. 21USD my last offer. I also can offer you return of product, but you should pay shipment cost = 11USD in advance. Video shows that I sent to you.

平台建议：买家提起纠纷后，建议卖家积极与买家协商，尤其是买家提供了举证的情况下，如果发现产品的确存在问题的，可以和买家协商部分退款，如果在前期纠纷阶段就达成一致，可以更好地避免仲裁提起率。

（3）平台介入后如何处理。平台接入后，邮件双方告知情况。

告知买家：举证的两件产品被认可，但是剩下的六件产品需要重新举证。

Meanwhile, please kindly understand that our mediation is on the basis that you provided enough evidence for your claim. Based on the current evidence provided, for goods is not as description, the evidence is accepted for 2 pieces, please provide video when you test other 6 pieces to support your claim within 3 calendar days.

告知卖家：我们会继续取证，也建议卖家积极与买家协商。

针对买家投诉问题，我方限期买家3天提供更多举证予以说明。请您关注买家的反馈并积极联系买家沟通协商。若在此期间，买家补充了重要的证据，我方将根据实际情况发出裁决意见并通知到买卖双方；若在此期间双方通过协商达成一致，请您单击“回应”命令并在响应内容中写明一致意见，我方将按照双方的一致意见处理该纠纷订单。

响应期限到期后，买家重新举证产品问题，卖家发现的确存在问题后，发起结案申请(仲裁再协商)，愿意退款21美元，也即买家要求的金额，然后买家同意了卖家的请求，最后双方达成一致部分退款21美元。

4. 申请退款并结案的功能

申请退款并结案是纠纷上升到仲裁后，专员结案前，卖家可以在专员介入处理的同时，自主与买家就退款金额做协商。

申请退款并结案功能的优点有以下3个。

(1) 申请退款并结案功能将案件的主动权交还给客户：部分退款需要买家确认，全额退款无须等待买家确认。

(2) 当买卖双方达成一致，无须等待专员的操作，时效性更强。

(3) 但凡能通过申请退款并结案功能自主解决问题的订单，平台认为这是一种卖家积极主动解决问题的表现，不会对这类的订单做卖家是否有责的判定。

5. 如何避免该类纠纷

对于描述不符的纠纷，卖家应该注意什么？

产生纠纷前，应注意以下问题。

(1) 确认产品页面描述是否与实物一致。特别要注意：产品页面是否有尺寸描述，产品尺寸是否存在多重尺码标准，产品介绍是否图文一致，颜色选项框图片是否与实际显示文字一致，产品页面表述是否会造成买家误解等。

(2) 如果买家没有选择具体产品型号或颜色等，发货前务必与买家确认后再发货。

(3) 如果产品是随机发货或者存在误差，须确认产品页面有相关提醒。

(4) 如果买家下订单的产品缺货或存在颜色、款式不一致等情况，发货前一定要与买家沟通，征得买家同意后再发货。

解决纠纷时，应注意以下问题。

(1) 积极与买家协商解决问题，达成一致的解决意见。

(2) 提交发货前与买家确认产品颜色、尺寸或其他信息的交谈记录。

(3) 若发货前已提醒过买家产品存在颜色、尺寸等微小误差，须提交约定误差范围的交谈记录。

(4) 如果产品是随机发货，须提交已提醒买家随机发货的相关说明或交谈记录。

二、 物流问题产生的纠纷

（一）物流状态显示货物还在途中，只是还未到达

要跟买家沟通，先关闭纠纷。可以帮买家延长收货时间，因为很大一部分客户是怕自己的利益不能得到保障而提起的纠纷。

（二）未收到货——只收到部分商品（短装）

1．提起纠纷的原因

该笔订单中产品数量为10件，卖家通过两个包裹发货。其中一个包裹已经妥投，另一个包裹仍然在途，因此买家以未收到货提起纠纷并要求部分退款。

1 of the packages arrived weeks ago, the other did not.

2．提起纠纷后买卖家双方做法

买家：提起纠纷。

I wrote to you twice and you had more than 10 days to answer. It is obvious you do not want to solve this issue. 1 of the packages arrived weeks ago, the other did not.

卖家：拒绝纠纷，强调另一个在途包裹的运单号，再次给予买家。并建议买家延长收货时间等待包裹。

So sorry for late response. Recently we were lack of people to deal with many orders. I am hiring more people. I tracked this tracking number it was in shipping and not returned. I just extended more 15 days delivery time.

买家：同意继续等待并询问包裹状态。

Sure, but before I cancel the dispute, could you tell me what is the last known location of my package And how old is this information?

卖家：说明包裹状态并建议等待天数、退款金额。

The tracking information just shows it's in shipping. I can't get more information. I just extend more delivery time and you have 29 days to confirm this delivery. At least, friend, if you don't cancel the dispute, please change the refund money, you already received a part goods of this order. Thanks.

3．平台介入后如何处理

平台接入后，邮件双方告知情况。

告知买家：部分包裹在途建议等待，如果包裹妥投请确认收货。

The tracking number shows the goods are in transit, we'll ask seller to contact shipping company to confirm the status of package within 3 calendar days.

If you have received the goods in good condition, please cancel this claim and confirm order received.

告知卖家：货物运输时间已经超过承诺运达时间，建议积极与买家沟通。

关于此纠纷订单，自包裹发货之日起至今，货物在途的时间已经超过了您设置的承诺运达时间。买家方面也因迟迟未收到货而提起纠纷，且在此期间并未对发起的纠纷进行

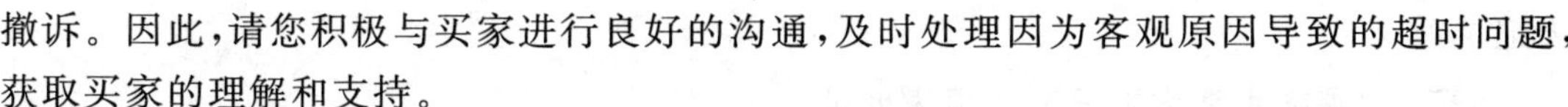

撤诉。因此,请您积极与买家进行良好的沟通,及时处理因为客观原因导致的超时问题,获取买家的理解和支持。

响应期限到期后,包裹未妥投,卖家同意部分退款。

I have agreed to refund you. Firstly I refused your dispute is that because this parcel RB59****564CN is in shipping. And I hope it can be shipped and we extended delivery time for you. I do not ingnored you. I am very sorry for my late.

平台操作部分退款并关闭纠纷。

4. 如何避免该类纠纷

(1) 积极关注纠纷案件。对于买家提起纠纷尚未上升至仲裁平台介入前,积极予以响应。

(2) 核对发货数量、退款金额。在确认部分包裹未妥投的情况下,积极与买家核对部分退款金额信息。

(3) 在双方协商一致的情况下,将一致信息反馈于速卖通纠纷平台。

(三) 未收到货——货物在海关(海关扣关)

即交易订单的货物由于海关要求所涉及的原因而被进口国海关扣留,导致买家未收到货物。海关要求所涉及的原因包括但不限于以下的几点。

(1) 进口国限制订单货物的进口。

(2) 关税过高,买家不愿清关。

(3) 订单货物属假货、仿货、违禁品,直接被进口国海关销毁。

(4) 货物申报价值与实际价值不符导致买家须在进口国支付处罚金。

(5) 卖家无法出具进口国需要的卖家应提供的相关文件。

(6) 买家无法出具进口国需要的买家应提供的相关文件。

货物被进口国海关扣留时,常见物流状态如下。

(1) handed over to customs(EMS);

(2) clearance delay(DHL);

(3) Dougne(法国,会显示妥投,但是签收人是 Dougne)。

卖家在纠纷裁决中需要做的内容如下。

速卖通在接到纠纷裁决之日起两个工作日内会提醒买家或卖家 7 天内提供海关扣关原因信息和证据,根据信息和证据确定责任进行裁决。卖家在货物发出之后及时关注物流情况,出现异常时与买家和物流公司保持沟通,及时了解扣关原因并尽可能提供相关信息及证据。

(四) 包裹原件退回

交易订单的货物因为买家收货地址有误或不完整无法妥投或因买家原因无法清关,导致包裹被直接退回给卖家。

卖家应该怎么做?

从速卖通通知卖家举证开始,3 天内卖家须提供因买家原因导致包裹不能正常妥投的证明,证明的形式可以是物流公司的查单、物流公司内部发出的邮件证明、与买家的聊天记录等。

（五）包裹被寄往或妥投在非买家地址

由于卖家填写错了买家的收货地址，或邮局误将包裹寄往了非买家地址，导致买家无法正常的签收包裹。

卖家应该进行如下操作。

从速卖通通知卖家举证开始，3 天内提供发货底单及买家要求修改收货地址的沟通记录。若底单上的地址与买家收货地址不一致，且卖家无法提供证据证明买家要求修改收货地址，即可判定卖家发错地址。

若最终判定为卖家发错地址，建议卖家先尝试与物流联系，更改买家收货地址，若更改后买家收到货物，则全额放款；若无法更改或更改后买家还是未收到货物，建议卖家联系物流取回包裹。

（六）物流显示货物已经妥投

物流信息显示货物已经妥投，但是买家以未收到货提起了退款申请，并且未与卖家达成一致意见，提交到速卖通进行裁决。

卖家应该进行如下操作。

从速卖通通知卖家举证开始 3 天内卖家须提供货物妥投的证明（物流公司的发货底单、物流信息截图、妥投证明等）。

（七）货物途中丢失

向买家解释解决纠纷对于卖家自己的重要性，此外如果证实货物已经丢失，可以通过重新发货，并及时给客户新的运单的方式来解决问题。

活动实施

（1）产品质量产生的纠纷处理。

步骤 1：老师给出情境设想，假设店铺收到客户的纠纷信息，抱怨收到的衣服上有污渍提出部分退款要求，并附有衣服污渍图片，同学们说一说，作为该店铺的客服人员，你应该怎么做？

步骤 2：同学们以小组的形式进行讨论分析速卖通常见纠纷的原因，并判定是拒绝还是接受，并填写表 6-4-2。

表 6-4-2 速卖通常见纠纷的原因

序号	项目	内　容
一	纠纷原因	
二	纠纷分析	
三	纠纷解决	

步骤 3：指导老师鼓励小组成员把自己本组讨论的结果与其他组员共享，其他小组给出自己的意见和看法。

步骤 4：继续完善表 6-4-2 并上交给指导老师。

步骤 5：指导老师进行总体点评，对表现得好的小组进行表扬。

(2) 搜集速卖通纠纷回复模板。

步骤 1：在指导老师的协助下进行分组，每组 2～4 位同学。

步骤 2：登录 www.baidu.com 等搜索引擎，输入速卖通纠纷回复模板等关键词。

步骤 3：小组成员收集自己觉得比较有用的信息并进行组内分享。

步骤 4：将小组整理本组成员搜集到的资料，将其总结到 Word 文档。

步骤 5：指导老师随机抽取小组上台演说和展示，并做相应的评价。

活动评价

通过本次活动，同学们以小组的形式，利用互联网自主探索与搜集速卖通纠纷相关知识，加深了同学们对本活动知识的理解与掌握。在活动过程中，让同学们上台展示与演说，也给同学们自我展示的机会，增强自信心。

合作实训

【实训名称】 如何避免纠纷的产生。

【实训目的】 解决纠纷的最好办法就是预防纠纷的产生。本实训以小组合作的形式开展探索避免产生纠纷的方法，在合作中学习，培养小组团结合作的精神。

【活动过程】

步骤 1：小组自由组合，指导老师从旁指导，每组任命一名活动小组长，明确组员分工。

步骤 2：小组成员根据分工要求，开始利用互联网搜集所需的资源。

步骤 3：小组成员将搜集的信息进行整理，归纳有价值的信息。

步骤 4：小组组长组织本小组成员讨论并完成表 6-4-3。

表 6-4-3　不同纠纷问题的解决方法

纠纷问题	方　法
1. 收到货——货物破损	
2. 已收到货——货物与描述不符	
3. 未收到货——货物在海关(海关扣关)	
4. 未收到货——货物在途中(未在承诺时间到货)	
5. 未收到货——只收到部分商品(短装)	

步骤 5：将完善的表格发送给指导老师，指导老师挑选几个小组的成果给全体同学演示，并针对所做的表格进行分析。

步骤 6：同学们进行小组互评与打分。

步骤 7：教师进行实训总结，并对做得好的小组进行表扬。

【实训小结】 此次实训让同学们进一步学习各种避免纠纷的方法，加深了同学们对纠纷管理的理解。同时，学生在小组合作学习中也学会了互相尊重和理解，学会了沟通和互相分享。

一、判断题

1. 在跨境电商中对于买家的询盘必须在24小时内予以回复。（　　）

2. 跨境电商平台上可以随便卖食品类的产品。（　　）

3. 跨境电商卖家只要看到后台的新订单，就要马上准备发货，填写发货通知。（　　）

4. 出口货物的报关时限为装货的24小时以前。（　　）

5. 申请退关货物发货人应当在退关之日起七天内向海关申报退关，经海关核准后方能将货物运出海关监管场所。（　　）

6. 对于跨境电商后台中客户未付款的订单可以不予理睬。（　　）

7. 报关是指货物的出口需向海关申报、交验单据证件，并接受海关的监管和检查的一种行为。（　　）

8. 在处理询盘回复的过程中，有效地使用换位思考可以促使客户跟着卖家的思路走。（　　）

9. 把客户变成朋友并以朋友的身份关心客户，是解决邮件石沉大海的好方法。（　　）

10. 在询盘过程中，可以在发货前针对产品录制一段视频发给客户，以便更好地让客户了解更多信息。（　　）

二、单项选择题

1. 分析要素包含（　　）。

A. 询盘内容

B. 询盘内容、联系方式、是否使用电子商务、客户IP地址

C. 是否使用电子商务

D. 客户IP地址

2. 线上的询盘发送方式有（　　）。

A. 传真、电话　　B. 邮寄、邮件

C. 邮件、聊天工具　　D. 电话、邮件

3. 询盘的来源有（　　）。

A. Internet(B2B，Search engine)，MSN，Advertisements

B. Yellow pages，SKYPE，Friends' recommendation

C. Trade fairs，Trade association，Yellow pages

D. Trade fairs，Travelling，Friends' recommendation

4. 确定付款时间和交货地点是（　　）岗位的职责？

A. 建站与后台维护

B. 询盘转换订单

C. 订单操作与单证

D. 生产安排与跟单管理

三、多项选择题

1. 为什么要报关,描述正确的是(　　)。
   A. WTO 的要求　　B. 统计的需求　　C. 监管的需求　　D. 以上都不对
2. 如下关于非正规报关描述正确的是(　　)。
   A. 非正规报关不可以申报退税
   B. 非正规报关可以申报退税
   C. 非正规报关是违法违规行为
   D. 非正规报关是合法行为
3. 在处理询盘邮件时,通常会围绕(　　)核心点与客户进行沟通。
   A. Who are you?
   B. What do you have?
   C. What do customers want?
   D. What do you give?
4. 如下关于回复询盘描述正确的是(　　)。
   A. 考虑时差因素,尽量在客户上班时间给客户回复邮件
   B. 考虑便捷因素,尽量在发送附件时使用图片格式的文件
   C. 考虑时差因素,尽量在客户下班时间给客户回复邮件
   D. 考虑便捷因素,尽量在发送附件时使用 Word 文件
5. 在询盘过程中,关于报价后客户消失的理由描述正确的是(　　)。
   A. 客人是中间商,他在等他的客人,或者银行的钱
   B. 客人是终端客人,他在等银行的钱,贷款,融资,市场计划等
   C. 客人觉得你的产品价格高了,对你也没有什么印象
   D. 你的报价单不够吸引人,他不想理你

四、简答题

1. 跨境电商客服与传统客服有哪些区别?
2. 跨境电商客服的主要工作内容有哪些?
3. 列举出你自己熟悉的至少三种常用在线翻译软件,并且分析其主要特点和有待改进之处。
4. 谈谈你在速卖通平台上体验的感受。
5. 在与国外买家沟通的过程中,你认为哪些方面很重要?

五、实训

1. 作为跨境电商客服人员,当有客户提出询问:包裹超过 10 天未更新相关信息,你该如何回复客户?结合所学的沟通模版,写出你的回复。

2. 假设现在临近圣诞节了,作为客服人员,你该如何向国外买家推荐一些新产品或者折扣产品?

3. 假设你的跨境电商店铺在销售母婴类产品,网址为 http://hz.aliexpress.com/store/1974125,一个巴西的客户给你发了站内信,询问店铺中一款婴儿帽子的尺寸,如图 6-4-7 所示。你写一封回复的信函。

图 6-4-7 婴儿帽子

Hello,

My baby's head size is 50cm, can you suggest me what size to order?

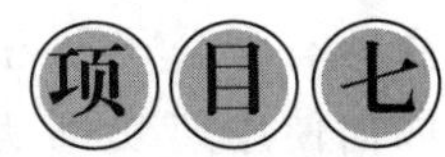

探索移动跨境电商

项目综述

据中华人民共和国工业和信息化部数据显示，截至 2016 年第三季度末，中国移动电话的普及率达到 95.8%，移动电话用户超过 13 亿，近乎“人手一部”，移动互联网用户数则到达 10.64 亿。2016 年的“双十一”，天猫总交易额超 1 207 亿，其中无线交易额占比约 82%。随着智能手机的普及，网上购物者喜欢用手机网购，最能吸引消费者以手机进行网购的原因，主要包括方便快捷、能随时随地购物以及更多便利手机网购的应用软件 App 的推出。因此跨境电商无线化已经成为一个不可逆转的趋势。

朝阳电子商务有限公司专门组建了无线事业部，非常重视无线客户端的开发和运营，这对李勇、王丽、张军、钟珊四人来说又是一个新技能提升的领域，在公司“企业师傅”王总监对移动跨境电商进行全面学习与操作。

项目目标

通过本项目的学习，应达到的具体目标如下。

1. 知识目标

(1) 了解 AliExpress 速卖通的基础知识。

(2) 理解使用无线端的意义。

2. 技能目标

(1) 掌握速卖通无线端的下载与使用。

(2) 掌握查看速卖通无线端订单情况以及与客户沟通的方法。

(3) 掌握使用数据纵横的技巧。

3. 情感目标

(1) 提高学生团队合作与沟通分享的能力。

(2) 培养学生文明诚信的互联网素养。

(3) 培养学生创新创业意识。

任务一　认识无线端网上店铺

情境设计

李勇和同小组的王丽、张军、钟珊，在指导老师的带领下来到校企合作单位暴风电子商务有限公司见习活动，积极参与即将到来的“双 11”网购狂欢节活动的准备工作，学习如何使用速卖通无线端，熟悉速卖通的各项常见功能，确保公司经营的几家网店在“双 11”狂欢节中销售量猛增，完成营销活动目标。

任务分解

此次公司的见习活动，小组成员在公司营销部的资深运营“企业师傅”王总监的耐心讲解和演示下，对速卖通卖家无线端有了进一步的认识。

活动一：使用无线端的意义

活动背景

王丽在上班的路上，速卖通无线端接收到客户的咨询，通过使用手机端与客户的沟通，最终成交了一个订单。随着智能手机的普及，越来越多的卖家使用无线端浏览商品，如图 7-1-1 所示，该店铺在平台浏览量中，传统 PC 端占 27%，无线端则占到了 73%。因此，掌握无线端的操作，了解无线端各项功能，是电子商务人必不可少的一项技能。

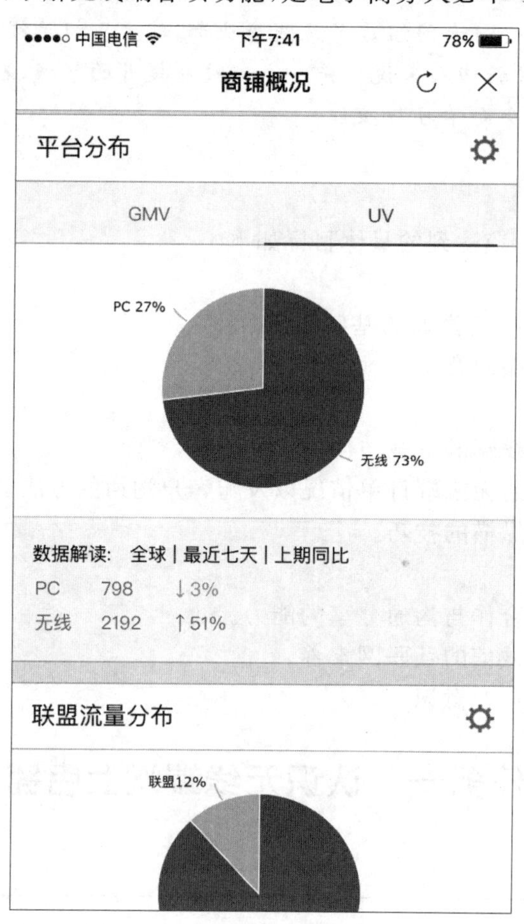

图 7-1-1 某店铺的平台流量分布

知识窗

根据中国互联网络信息中心(CNNIC)发布《2015年中国网络购物市场研究报告》,报告显示,截至2015年12月,我国网络购物用户规模达4.13亿人,同比增加5 183万人,增长率为14.3%,高于6.1%的网民数量增长率。与此同时,我国手机网络购物用户规模达3.40亿人,同比增长率为43.9%,手机网络购物的使用比例由42.4%提升至54.8%。2015年中国网络购物市场继续保持快速发展。当年度全国网络零售交易额达3.88万亿元,同比增长33.3%。其中,B2C交易额2.02万亿元,同比增长53.7%。当年度中国网络购物市场交易总次数达256亿次,年度人均交易次数62次。

中国移动互联网超过PC端已成定局,现在大部分类目无线端流量占比已经达到40%～70%,并且还在呈上涨趋势。但是无线端的转化率较低。所以未来无线端的运营还是需要店主费一番功夫的。

AliExpress速卖通无线端从2013年10月正式运营,无线端是伴随着互联网高速发展下的一种全新的营销形式,它具有传统PC端无法企及的优势。根据速卖通官方统计,如图7-1-2所示,在无线成交金额增长的同时,无线成交金额占总成交金额的占比也一直在增长,说明无线端增长速度快于总体。

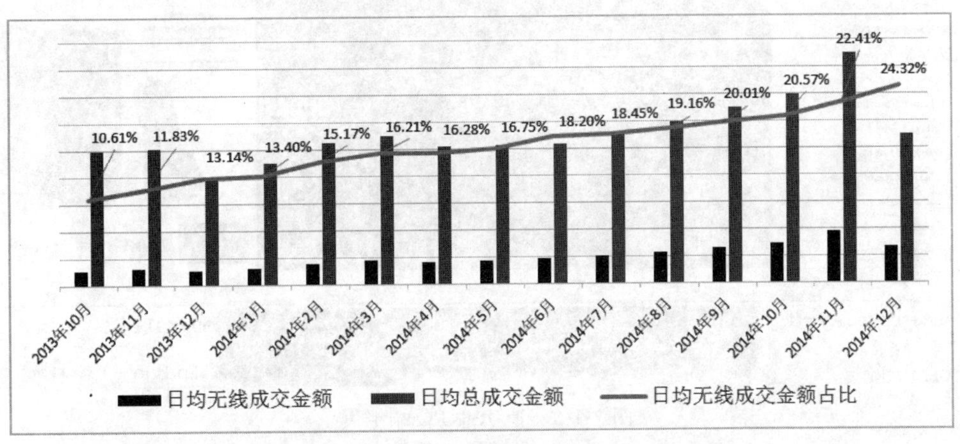

图7-1-2　速卖通无线端成交增长数据

活动实施

(1) 了解速卖通卖家无线端。

步骤1:以小组为单位了解移动互联网的发展历史,说说无线端与PC端的不同点。

步骤2:说说移动互联网的特征有哪些。

步骤3:小组展示并评价。

(2) 了解速卖通卖家无线端。

步骤1:以小组为单位,通过网络搜索资料,说说速卖通无线端的发展趋势。

步骤2:速卖通无线端的特征有哪些?

步骤3:小组展示并评价。

活动二：移动平台买家的体验效果

“知己知彼，百战不殆”，要想了解客户浏览店铺的效果是否满意，首先得先看过自己的店铺才知道真实的效果如何。

如果在 PC 端可以直接访问 http://www.aliexpress.com 查看效果，如图 7-1-3 所示。如果是需要看无线端的效果可以在首页下方打开相应链接，下载 AliExpress（速卖通）的 App 进行查看。如图 7-1-4 所示，目前 AliExpress 提供的 App 只有 iPhone、iPad 和 Andriod 版本，这里以 iPhone App 为例介绍移动平台买家的体验效果。

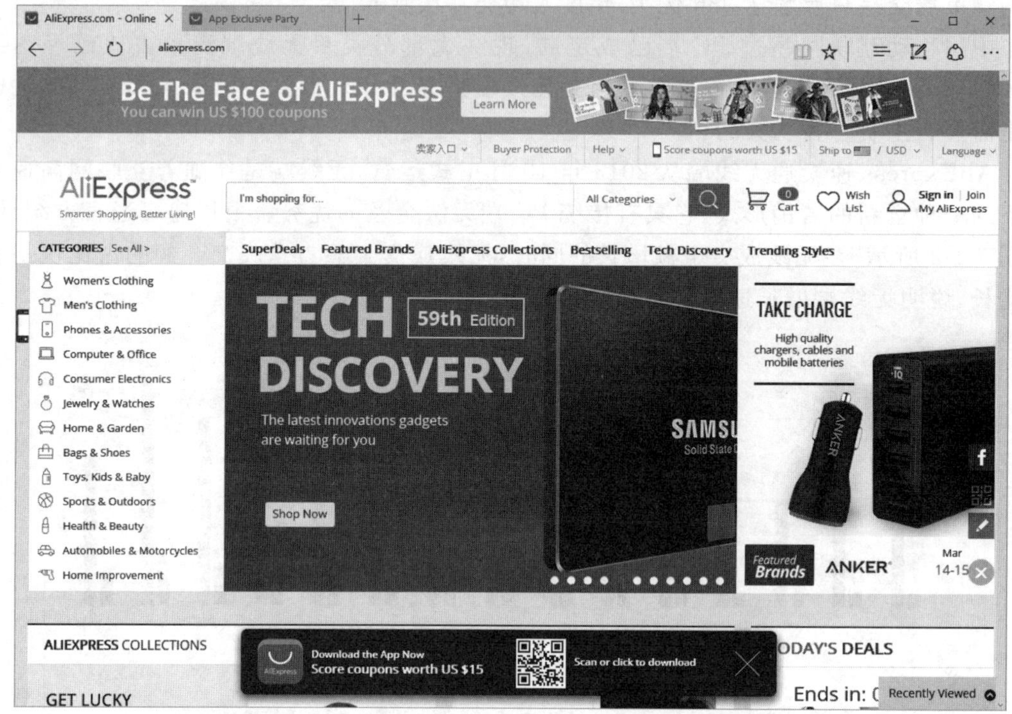

图 7-1-3　速卖通 PC 端主页

首先在 App Store 上下载 AliExpress Shopping App，如图 7-1-5 所示，安装后打开 App，整个界面较为简洁，如图 7-1-6 所示。分类项目亦以图片配文字显著标识出来，如图 7-1-7 所示。随便单击其中一个商品项目，如图 7-1-8 所示，商品图片占满半屏，商品的详细介绍并没有直接在商品页面显示，而是通过不断下拉到最后才出现一个提示 Swipe up to view item description（向上滑动查看项目描述）如图 7-1-9 所示，然后才刷新出另外一个 Description 详细描述页面，如图 7-1-10 所示。

活动实施

（1）说说速卖通卖家无线端的优势。

步骤 1：分组，4 人为一小组，以小组为单位进行讨论完成。

步骤 2：通过 PC 端和无线端访问同一件商品，截图后进行对比。

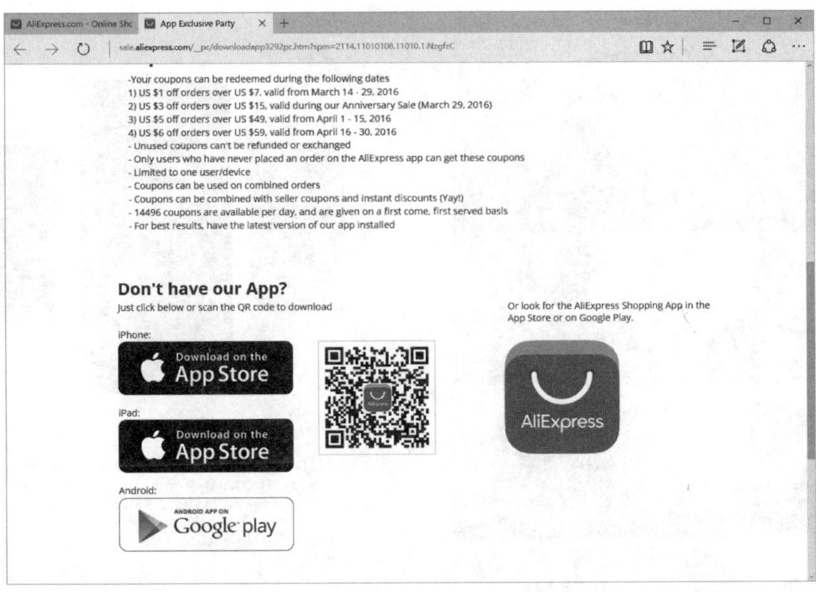

图 7-1-4　速卖通无线端下载链接页面

图 7-1-5　下载 AliExpress

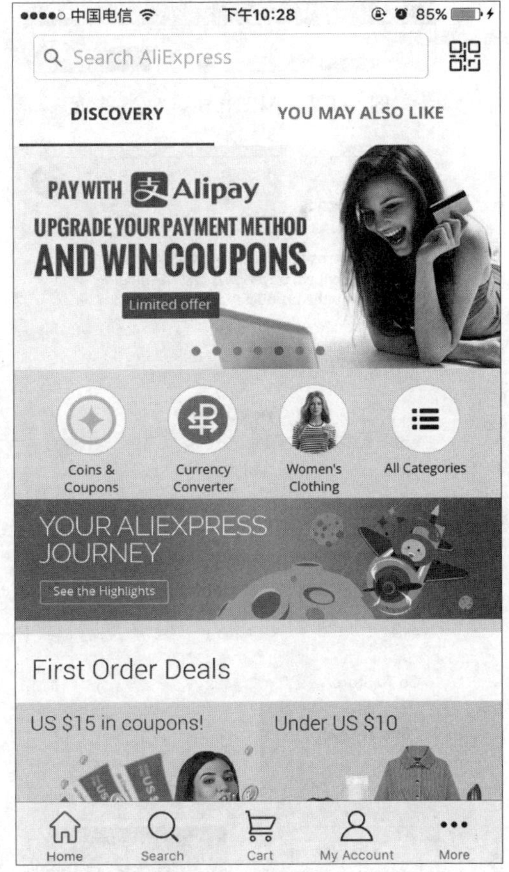

图 7-1-6　AliExpress 主页

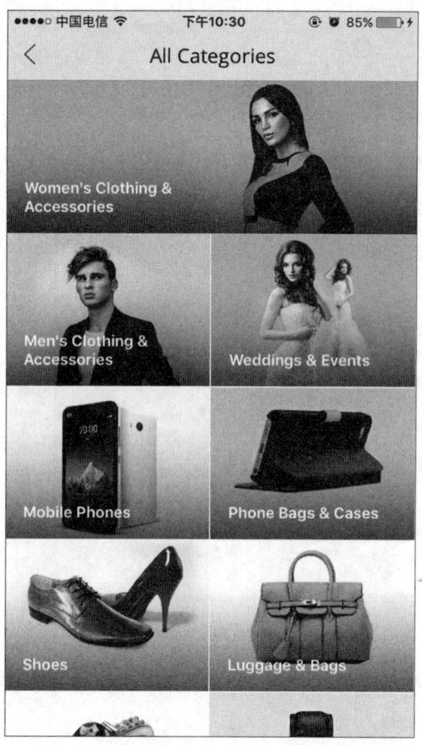

图 7-1-7　AliExpress 分类首页

图 7-1-8　商品首屏

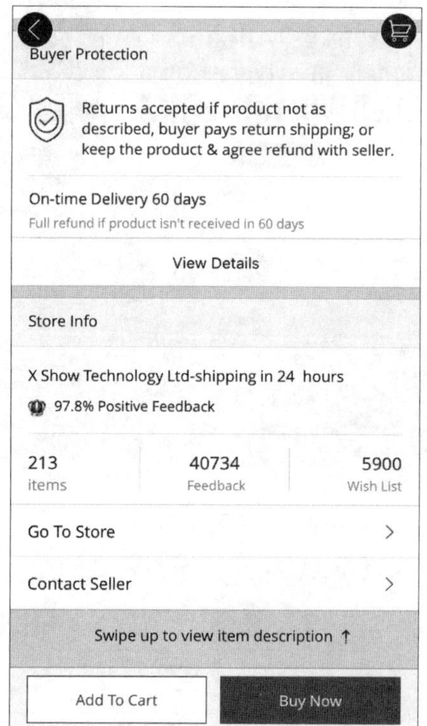

图 7-1-9　向上滑动查看项目描述

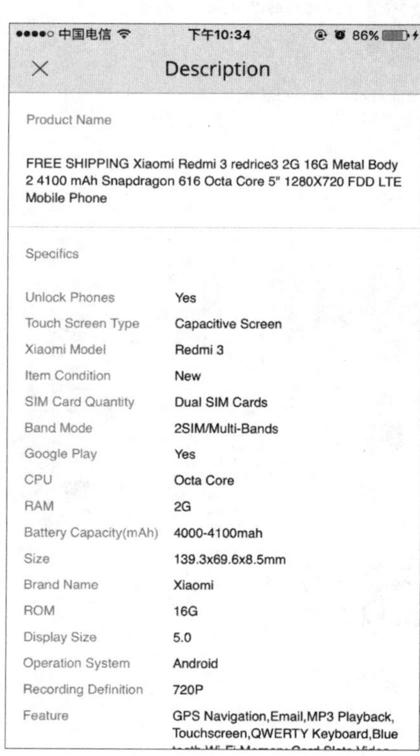

图 7-1-10　详细描述页面

步骤 3：无线端的页面分布有什么特色，详细描述页面为什么要单独设置。

步骤 4：派一名代表进行分享小组观点。

（2）说说无线端商品详细资料为什么需要翻页才能查看。

步骤 1：分组，4 人为一小组，以小组为单位进行讨论完成。

步骤 2：通过在无线端浏览商品，把无线端商品详细资料需要翻页才能查看的原因表达出来。

步骤 3：派一名代表进行分享小组观点。

活动三：速卖通卖家无线端的下载与使用界面

知识窗

速卖通卖家无线端

简单地说，速卖通卖家无线端就是使用手机登录系统，通过手机接收系统信息，回复客户咨询，查看店铺运营信息等。

速卖通卖家目前有 Andriod 和 iOS 两个系统版本，可以通过速卖通卖家网站链接进行下载。如图 7-1-11 所示，Andriod 系统则可以在速卖通官网和各大软件市场进行下载，iOS 系统则可通过自带的 App Store 下载。

图 7-1-11　速卖通卖家下载页面

Andriod 与 iOS 两系统的速卖通卖家无线端的操作界面也不尽相同，如图 7-1-12 与图 7-1-13 所示，Andriod 客户端是通过侧边栏划出各项主菜单，iOS 则是通过底部 4 个大按钮对各项功能进行分类，如图 7-1-14 所示。

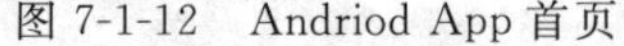
图 7-1-12　Andriod App 首页

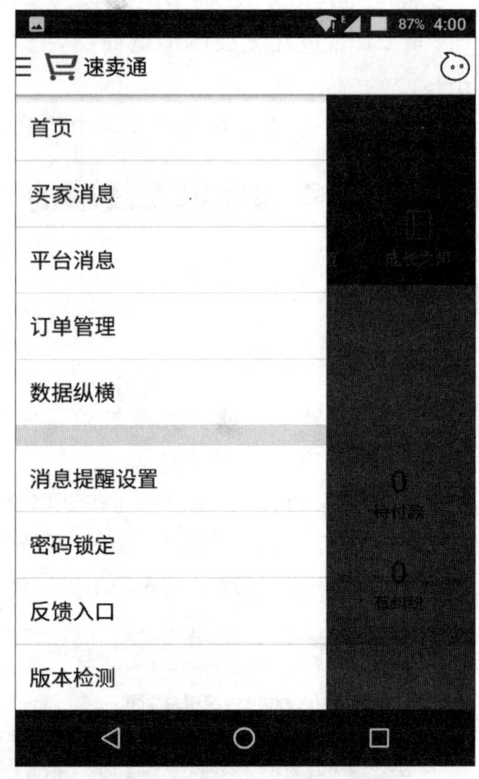

图 7-1-13　Andriod 菜单页面

速卖通卖家版无线端的 Andriod 与 iOS 版本的操作界面大同小异，在这里以 iPhone App 为例介绍速卖通的操作界面。

图 7-1-15 所示，登录后主界面是红色色调为主，在首页里有各个大项的选项按钮，下拉可以看到店铺的实时数据，如图 7-1-16 所示。

单击第二个大项“订单管理”命令，即可看到订单总界面，如图 7-1-17 所示，通过此菜单可以浏览到各项订单的进度，例如待付款、待发货、待收货、待评价等订单的数目。

第三大项为“数据纵横”。如图 7-1-18 所示，通过此菜单可以查看商铺概括、实时风暴、营销助手等营销数据。

最后一项为“我的速卖通”，即对速卖通无线端的设置页面。如图 7-1-19 所示，可以对无线端的各项功能进行设置。

图 7-1-14　iPhone App 首页

图 7-1-15　iPhone App 主界面

图 7-1-16　实时数据页面

图 7-1-17　订单管理页面

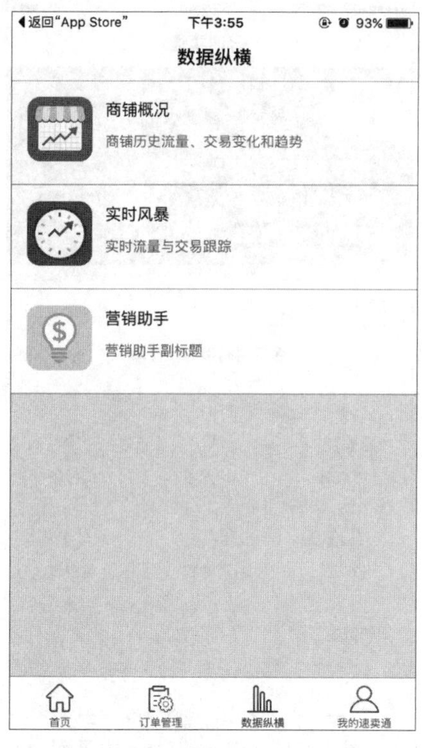

图 7-1-18　数据纵横页面

图 7-1-19　我的速卖通页面

合作实训

【实训名称】 探讨 AliExpress 与速卖通卖家的安装使用。

【实训目的】 学习使用 AliExpress 与速卖通卖家。

【活动过程】

步骤 1：分组，4 人为一小组，以小组为单位进行讨论完成。

步骤 2：分别下载 AliExpress 与速卖通卖家的 Andriod 与 iOS 版本。

步骤 3：对比 AliExpress 的 Andriod 与 iOS 版本的差异。

步骤 4：对比速卖通卖家的 Andriod 与 iOS 版本的差异。

步骤 5：派一位同学到讲台演示该报告，老师对他们的成果进行评分。

【实训小结】 通过理论学习和网络实践，学生主动去了解 AliExpress 与速卖通无线端的形式和特点，同时培养小组合作的意识，强化沟通分享的能力，提高学习的积极性和效率。

任务二　熟悉无线端营销工具

情境设计

王丽放假去旅游了，在旅游的路上，通过手机可以随时查看店铺的运营状况，数据纵

横里面的商铺概括、实时风暴、营销助手三项子功能可以了解店铺的运营状况，多维度了解店铺经营状态，及时做出相应调整。通过无线端，还可以与客户保持联系。

任务分解

活动一：使用无线端了解订单情况及与客户沟通

通过第二大项的“订单管理”功能如图 7-2-1 所示，可以查看各项订单的数目，进入下一层菜单就可以看到订单的状态和详细信息，如图 7-2-2 所示，包括订单留言、总金额、发货信息、商品信息等，如图 7-2-3 所示。

图 7-2-1　订单管理页面

图 7-2-2　待付款页面

目前速卖通无线端的订单进行操作尚未开放，如果需要对订单进行发货等操作，必须通过 PC 版来进行。如图 7-2-3～图 7-2-5 所示，在待付款、待发货、待评价的订单下方，都有提示尚未开放操作。

目前速卖通无线端提供与客户沟通的功能是站内信（如图 7-2-6 所示）和订单留言（如图 7-2-7 所示），阿里旺旺国际版功能已经被禁用，聊天内容会被实时保存在服务器上，登录任意客户端都能看到。

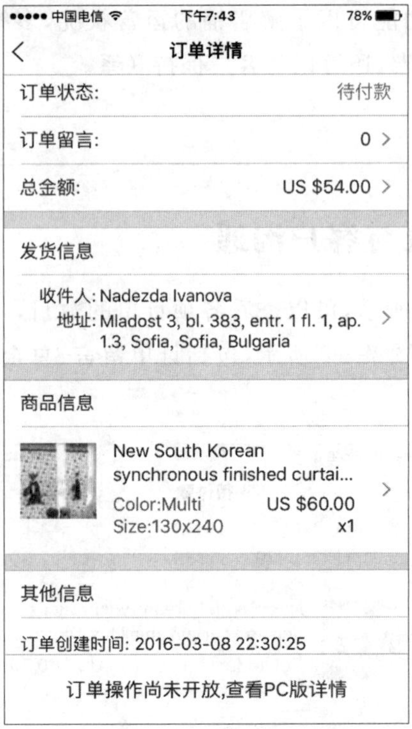

●●●●● 中国电信 下午7:43 78%

订单详情

订单状态: 待付款

订单留言: 0 >

总金额: US $54.00 >

发货信息

收件人: Nadezda Ivanova
地址: Mladost 3, bl. 383, entr. 1 fl. 1, ap. 1.3, Sofia, Sofia, Bulgaria >

商品信息

New South Korean synchronous finished curtai...
Color:Multi US $60.00
Size:130x240 x1 >

其他信息

订单创建时间: 2016-03-08 22:30:25

订单操作尚未开放,查看PC版详情

图 7-2-3 待付款订单详情

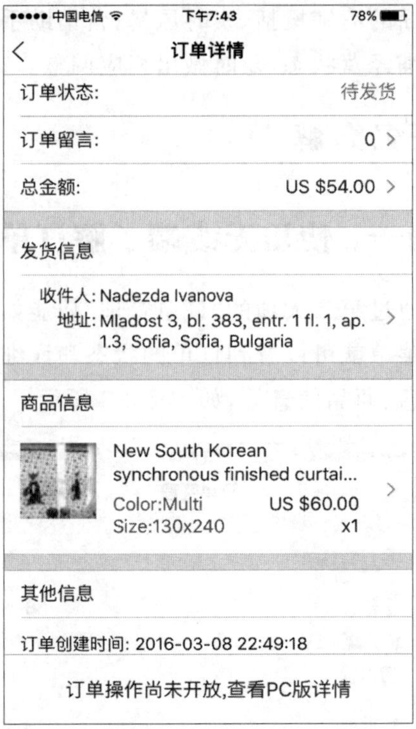

●●●●● 中国电信 下午7:43 78%

订单详情

订单状态: 待发货

订单留言: 0 >

总金额: US $54.00 >

发货信息

收件人: Nadezda Ivanova
地址: Mladost 3, bl. 383, entr. 1 fl. 1, ap. 1.3, Sofia, Sofia, Bulgaria >

商品信息

New South Korean synchronous finished curtai...
Color:Multi US $60.00
Size:130x240 x1 >

其他信息

订单创建时间: 2016-03-08 22:49:18

订单操作尚未开放,查看PC版详情

图 7-2-4 待发货详情页面

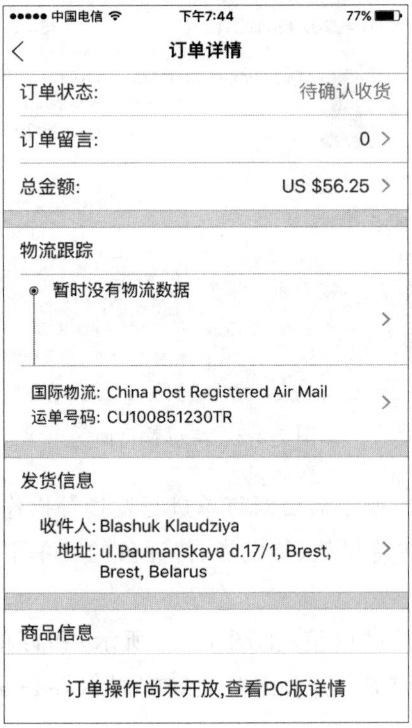

●●●●● 中国电信 下午7:44 77%

订单详情

订单状态: 待确认收货

订单留言: 0 >

总金额: US $56.25 >

物流跟踪

暂时没有物流数据 >

国际物流: China Post Registered Air Mail
运单号码: CU100851230TR >

发货信息

收件人: Blashuk Klaudziya
地址: ul.Baumanskaya d.17/1, Brest, Brest, Belarus >

商品信息

订单操作尚未开放,查看PC版详情

图 7-2-5 待确认收货详情页面

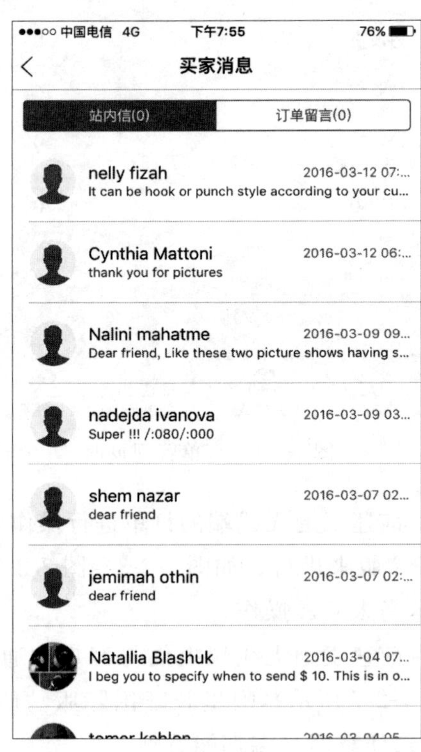

图 7-2-6 买家消息——站内信

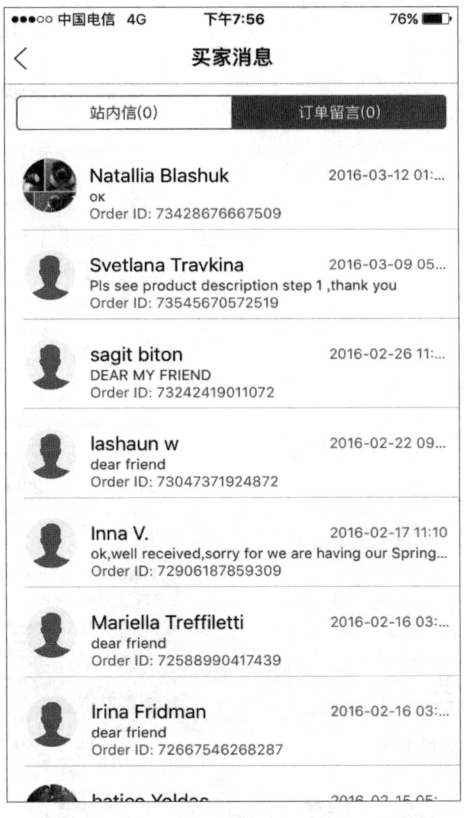

图 7-2-7　买家消息——订单留言

活动实施

（1）说说速卖通卖家无线端的站内信和订单留言的区别。

（2）速卖通无线端能否使用表情符号。

活动二：使用数据纵横

在速卖通第三大项功能“数据纵横”中，如图 7-2-8 所示，有三项子功能，分别是商铺概况、实时风暴、营销助手，通过此三项子功能可以了解店铺的运营状况，多维度了解店铺经营状态，及时做出相应调整。

商铺概括可以看到店铺的最基本数据，如图 7-2-9 所示，该页可以显示出店铺的成交金额、访客数、购买率、客单价及其变化率。下拉可以看到国家分布的 GMV（如图 7-2-10 所示）和 UV（如图 7-2-11 所示），以及访问平台的 GMV（如图 7-2-12 所示）和 UV（如图 7-2-13 所示）。

第二项子功能是“实时风暴”。如图 7-2-14 和图 7-2-15 所示，可以即时查看当天（美国太平洋时间）的店铺流量数据（含店铺的曝光、浏览和访客数），以及了解流量变化，判断店铺调整后的效果，掌握规律，不断优化和提升。

图 7-2-8　数据纵横页面

图 7-2-9　商铺概括首页

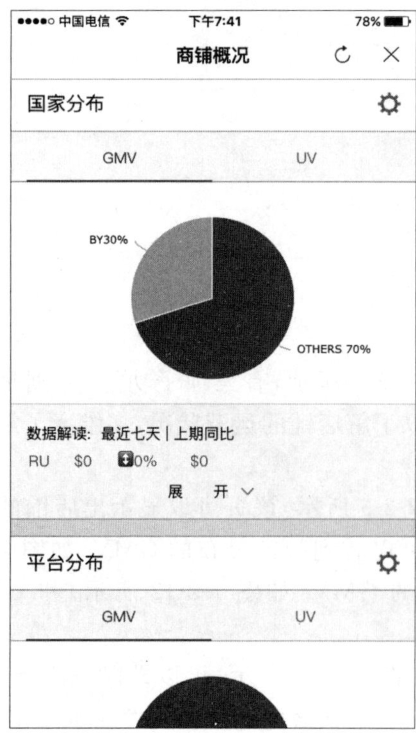

图 7-2-10　国家分布 GMV

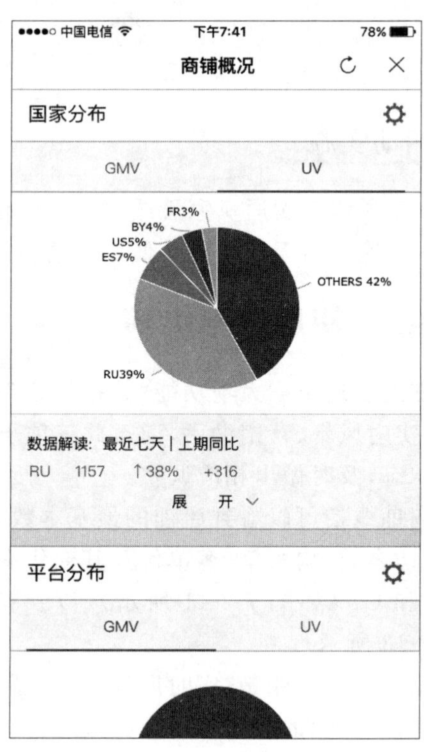

图 7-2-11　国家分布 UV

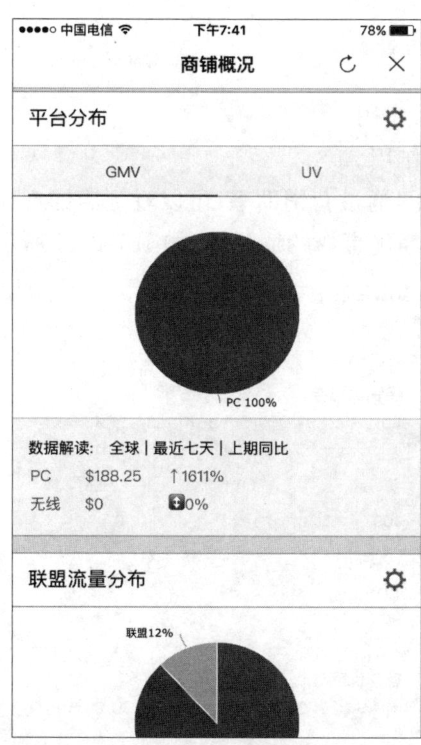

图 7-2-12　平台分布 GMV

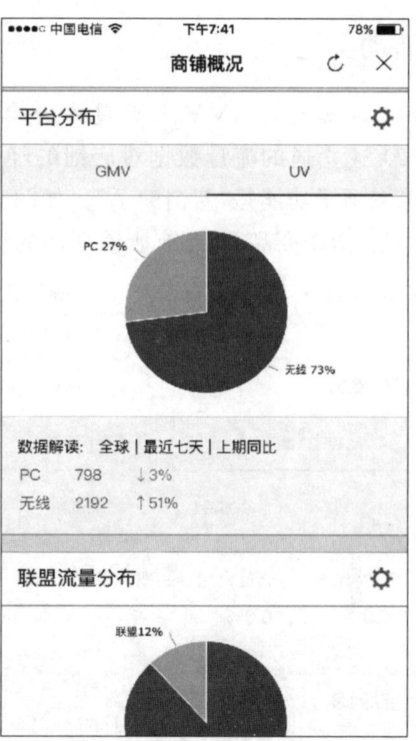

图 7-2-13　平台分布 UV

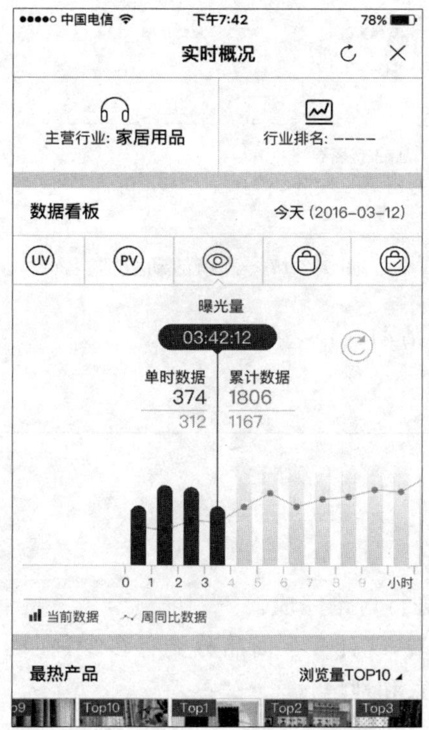

图 7-2-14　店铺流量数据

图 7-2-15　店铺访问量以及转化率

活动实施

(1) 速卖通的 GMV、UV 具体指什么,有什么作用。

(2) 速卖通的流量数据对店铺的经营有什么作用。

第三项子功能是"营销助手"。如图 7-2-16 所示,通过营销助手,可以看到店铺现在营销的活动数,活动商品数,还有店铺活动的访客数,店铺优惠券的情况等,如图 7-2-17 所示。

图 7-2-16　营销助手页面

图 7-2-17　营销活动数据页面

(3) 速卖通无线端的营销助手能否发布优惠活动。

合作实训

【实训名称】 探讨速卖通卖家的使用技巧。

【实训目的】 学习使用速卖通卖家的技巧。

【活动过程】

步骤 1:分组,4 人为一小组,以小组为单位进行讨论完成。

步骤 2:访问 AliExpress 的 PC 端或者无线端,统计一下商品分类有多少种。

步骤 3:在网络上搜索速卖通主要销售的国家和地区。

步骤 4:了解速卖通禁止销售的商品有哪些。

步骤 5:派一位同学到讲台演示该报告,教师对他们的成果进行评分。

【实训小结】 通过理论学习和网络实践，学生主动去了解速卖通平台主要销售的商品种类有哪些，主要的销往的国家和地区有哪些，有什么商品是不能销售的，同时培养小组合作的意识，强化沟通分享的能力，提高学习的积极性和效率。

任务三　探索无线端运营技巧

情境设计

随着无线端流量的不断提升，店铺和商品更好地展现在客户眼中，有助于提升无线端转化率，从而带动订单的上升。李勇负责发布新产品以及无线端的效果编辑等工作，但每次发布新的商品后，都要在手机上找到该商品查看页面效果是否满意，而且要匹配各种品牌手机大大小小的屏幕，较为烦琐。朝阳电子商务有限公司负责无线端的技术总监得知后，告诉了李勇一个很好的解决方法。

任务分解

活动一：使用 PC 端模拟无线端查看店铺或商品的效果

活动实施

在 PC 端模拟无线端查看店铺和商品的效果。

步骤 1：在计算机上下载、安装谷歌的 Chrome 浏览器。

步骤 2：使用 Chrome 浏览器打开已经发布的店铺，如图 7-3-1 所示；商品页面如图 7-3-2 所示。

图 7-3-1　Chrome 访问店铺页面

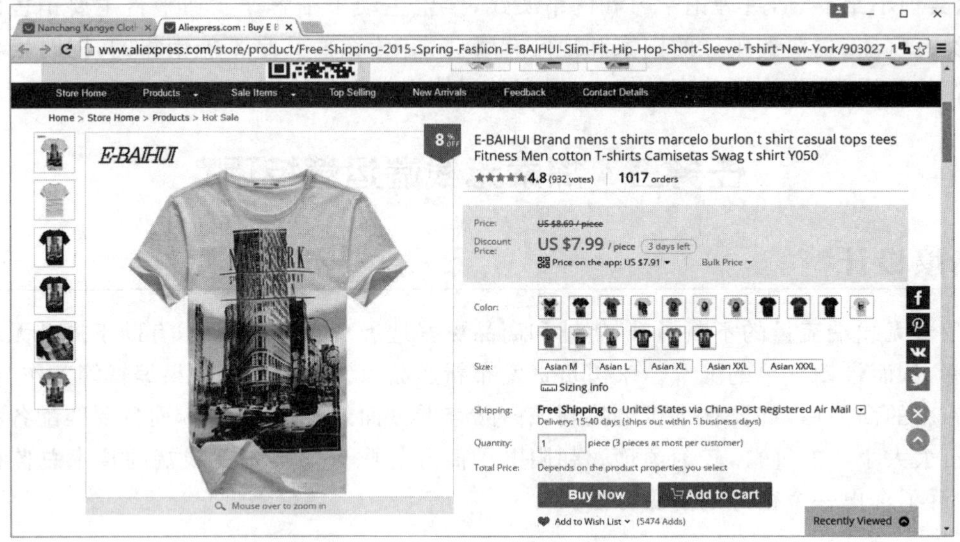

图 7-3-2　Chrome 访问商品页面

步骤 3：在商品页面上右击，出现菜单，继续单击“检查”选项，如图 7-3-3 所示。

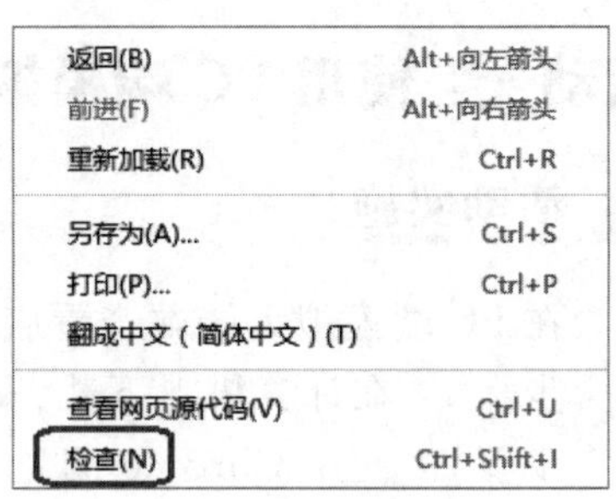

图 7-3-3　右键菜单

步骤 4：页面右侧会出现该页面的源代码，如图 7-3-4 所示，单击代码上方的“小手机/平板”图标，然后刷新即可得到该页面的无线端效果。

步骤 5：此时模拟页面的上方会出现选项可以选择模拟的无线端，如图 7-3-5 所示，可以选择 Galaxy、Nexus、iPhone 等常用手机进行模拟。

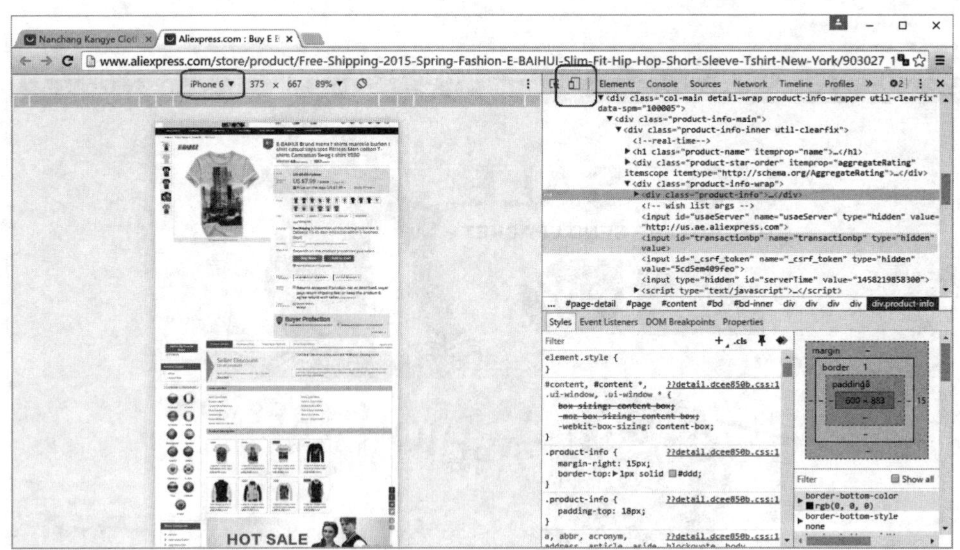

图 7-3-4　检查页面

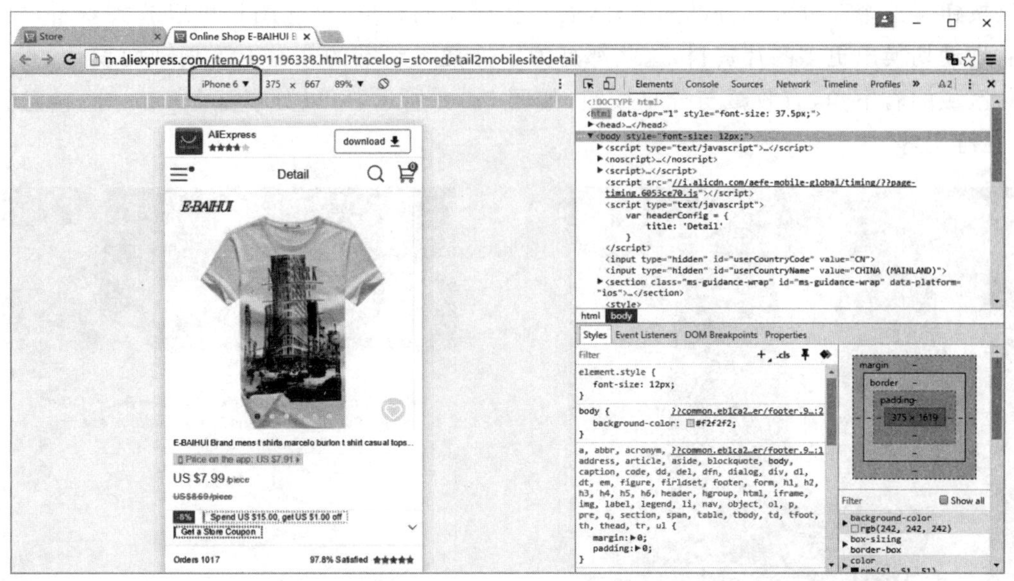

图 7-3-5　模拟无线端访问页面

活动二：无线端转化率的提升技巧

活动背景

随着无线端流量的不断提升，店铺和商品更好地展现在客户眼前，有助于提升无线端转化率，从而带动订单的上升。

由于无线端屏幕大小的限制，无线端商品与 PC 端商品展示在买家面前的信息将会有很大区别。PC 端的商品详情页可以最大限度地通过图片视频等形式展示商品，而无线端受限于屏幕大小，以及无线用户单次访问时间短的特性，商品详情页应该着重注意内容直观、简明。下面以 iPhone App 无线端为例，看看无线端应该如何展示信息，以便更有效地提升转化率。

iPhone App 无线端商品详情页分为 3 个部分，分别是 Overview、Feedback 和 Description。一般买家在无线端商品详情页面最关心的是商品的主图以及其他买家的评价和描述。无线端的功能设计，就是为了方便买家在这 3 个部分之间自由切换，为买家提供更好的体验，增加买家停留时间。

(1) Overview 部分。当买家单击某个商品时，默认进入的界面是 Overview，如图 7-3-6 所示，这个部分主要是商品图片、商品标题、商品好评率、商品价格、商品促销信息、商品颜色尺码及下级入口、运输方式及下级入口、订单处理时间等。同时这个部分还展示着卖家店铺名称和店铺好评率及下级入口。在这个区块的最下端有两个按钮，如图 7-3-7 所示，分别是 Add To Cart(添加到购物车)和 Buy Now(立即购买)，这两个是便于买家无线端直接下单的工具，这两个按钮是 Overview 部分特有的，在其他两个部分是没有该按钮。这个部分大部分都是图片,展示在商品的首屏,这些图片可以放大观看,可以左右划动切换出更多图片资料,这些都是为了方便无线端的左右上下划动而设计的。在图片区域的右下角,有收藏与分享按钮,如图 7-3-8 所示,可以分享至 Facebook、信息、邮件、二维码等。

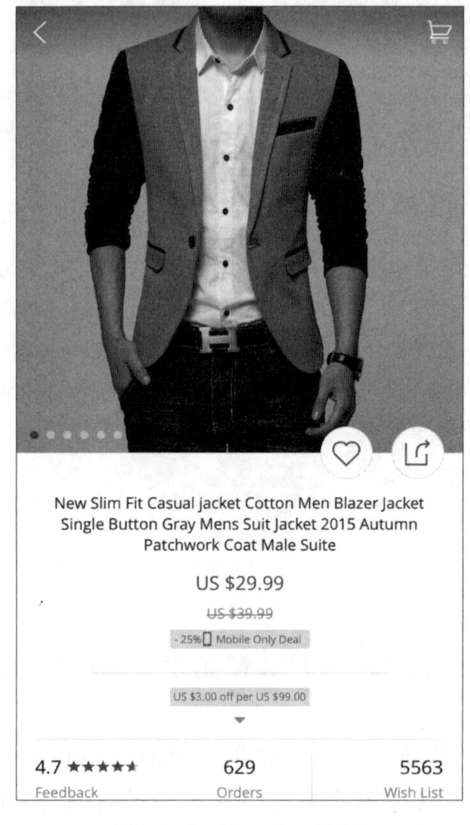

图 7-3-6 Overview 页面

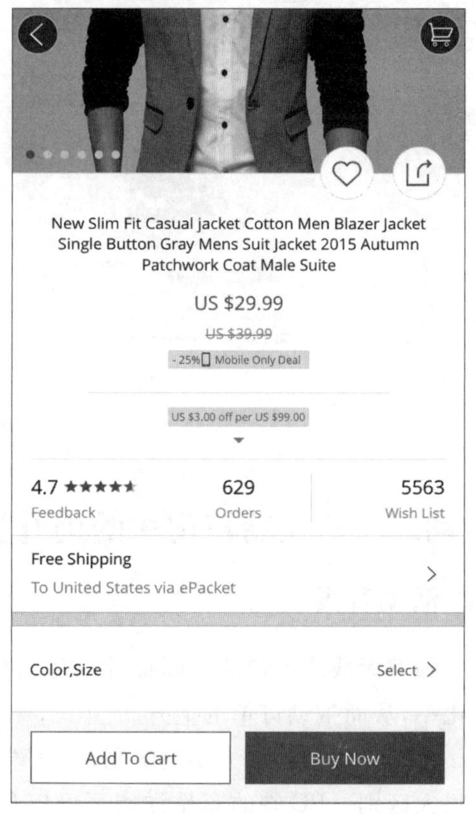

图 7-3-7 购物车与购买按钮

针对 Overview 部分内容设置的特性,有以下几项建议可以使该部分设置得更好。

① 选择合适的主图,多角度展现商品。主图的视觉效果直接影响到是否能留住无线端买家,尽量让用户在主图部分就能了解商品外观等信息。图片尽量放满 6 张,最大限度满足买家视觉要求,图片不宜太大,以免影响无线端加载速度,剩余图片可以从多角度反映商品属性细节。

② 设置标题应该把主要关键词尽量前置,其余关键词后置,充分利用无线端买家的视觉区域特点,如图 7-3-9 所示。

(2) Feedback 部分。Feedback 就是买家对该商品的评分细节,如图 7-3-10 所示,包括评分星级、主观评价和买家晒图,如图 7-3-11 所示。与 PC 端呈现的内容和目的基本一致,通过以往买家的真实体验和评论为潜在买家提供参考,平台在无线端功能设计上有意将这部分内容尽可能曝光在买家面前,因此对于卖家而言要重点关注 Feedback。

图 7-3-8　收藏与分享

图 7-3-9　商品标题

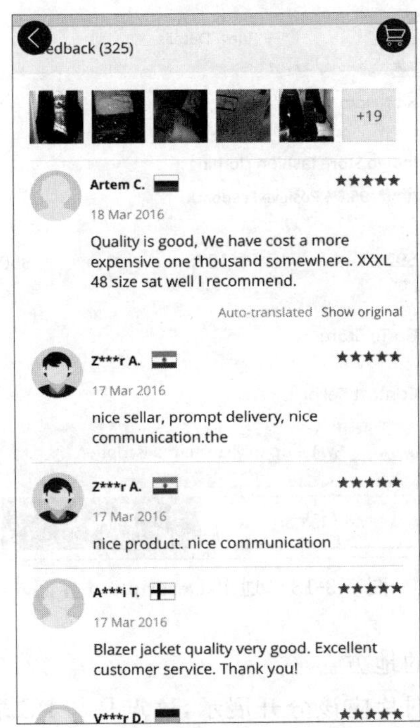

图 7-3-10　Feedback（买家评价）

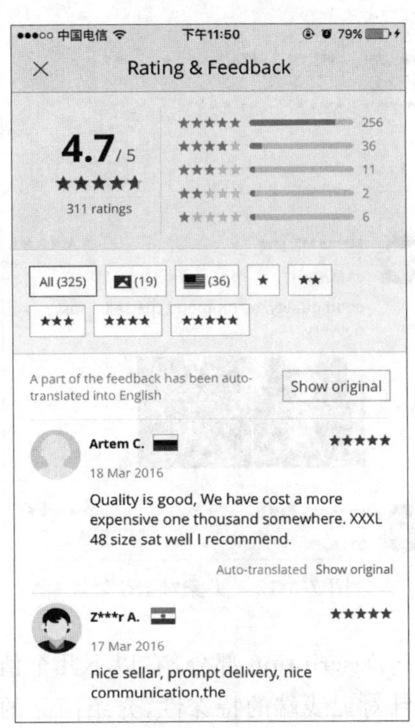

图 7-3-11　评分星级等

下面是针对 Feedback 部分的建议。

① 严格把控产品质量，提升服务水平，有针对性地引导已经购买的用户做正面的评价。

② 通过一定的方法鼓励买家"晒图"，买家的评价对后续买家的购买有很大的参考作用，而其中带买家"晒图"的评价对买家来说尤其有参考价值，如图 7-3-12 所示。与模特图相比，买家"晒"的图可以让其他买家更真实地了解商品，缩小实物与模特图之间的心理差距，避免这方面产生的交易纠纷。

③ 无线端买家"晒图"还能分享到 Instagram 之类的 SNS 平台，卖家可以利用无线端拍照方便的优势和分享的便捷性，引导用户拍照与分享。

(3) Description 部分。在划过 Overview 与 Feedback 两部分后，在屏幕最下方会出现 Swipe up to view item description（向上滑动查看项目描述），如图 7-3-13 所示。Description 是买家基于在 Overview 部分对商品概况的了解，并参考其他买家评价之后进一步深度访问的部分，如图 7-3-14 所示，该部分最上方是平台系统商品熟悉及自定义属性展示，之后便是卖家自行设置的商品信息展示。

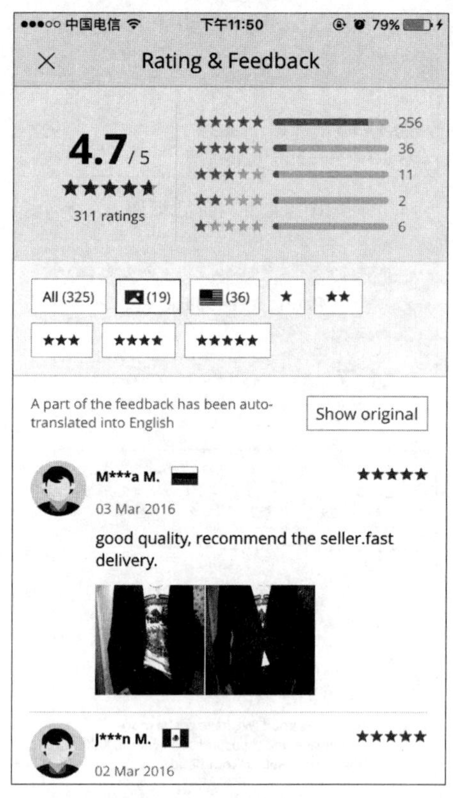

图 7-3-12　买家"晒图"

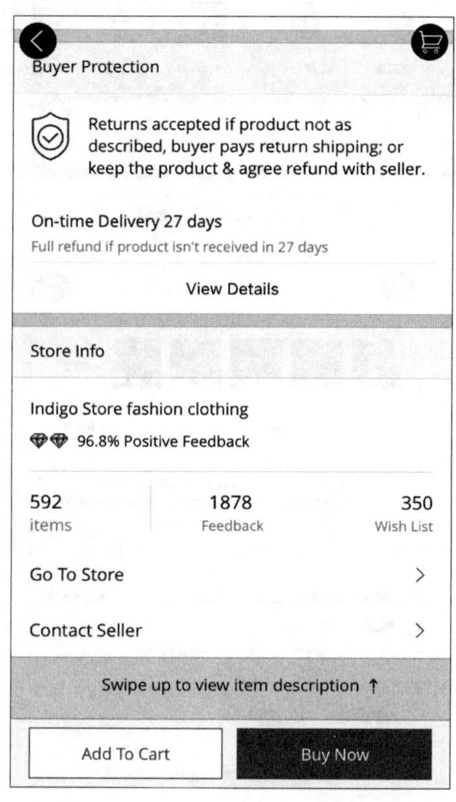

图 7-3-13　划出 Description 界面

对于 Description 部分，有以下几个值得注意的地方。

① 针对无线端的特殊性，介绍商品的文字与图片应该分开展示，这点是与 PC 端有较大差异的。

② 针对该商品主要售出的国家设置对应国家的语言文字介绍，帮助非英语买家读懂商品的描述。

③ 考虑到移动设备流量问题，图片大小、图片清晰度、构图比例和字体大小都直接影响到 Description 的效果好坏。例如图片不宜太大，以免影响无线端加载速度，导致买家流失，图片细节应该做好，宁愿屏数多也不要单屏里面小图多，这样会直接影响无线端流量的转化。

④ 文本形式的文字尽量少而精，并且字体不宜过小，颜色不宜过多。图片不宜加太多文字，图片不宜使用过多色彩，所有内容能小则小。

⑤ 对服饰很重要的信息度量标准和尺码表以图片的形式展示，并且这部分的内容设置比较合理，使得在无线端的买家也能比较清楚地了解尺码信息，如图 7-3-15 所示。

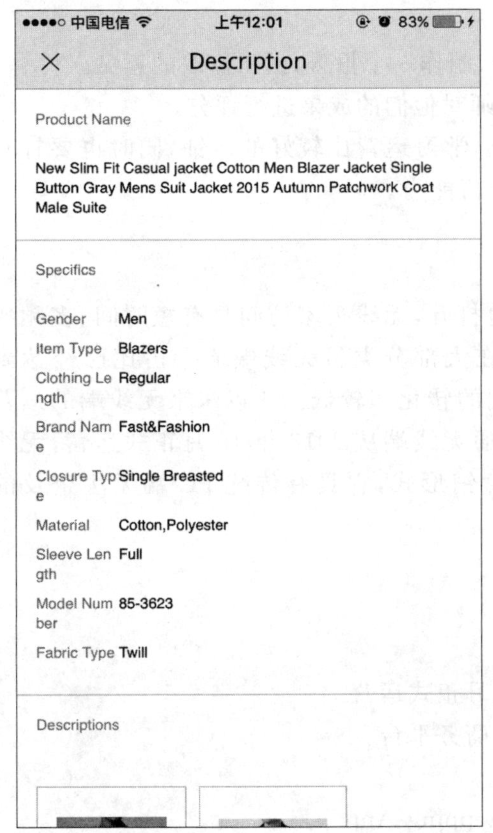

图 7-3-14 Description 商品详情页面

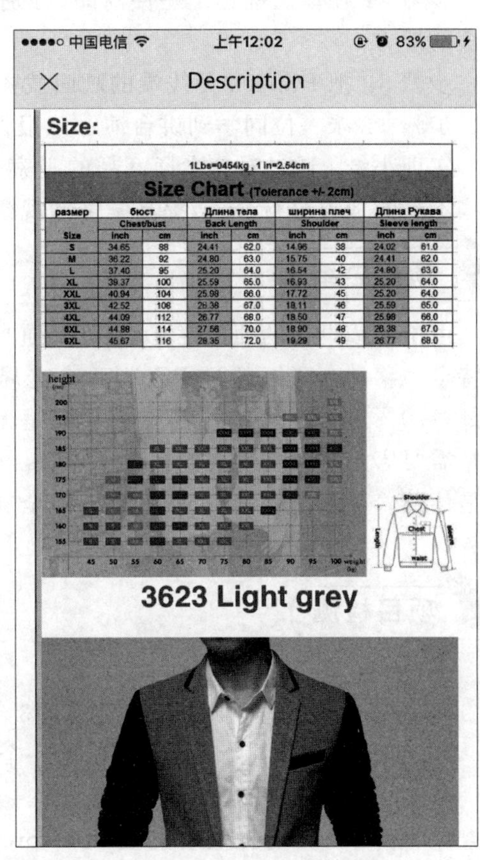

1Lbs=0454kg , 1 in=2.54cm

Size Chart (Tolerance +/- 2cm)

размер	бюст		Длина тела		ширина плеч		Длина Рукава	
	Chest/bust		Back Length		Shoulder		Sleeve length	
Size	inch	cm	inch	cm	inch	cm	inch	cm
S	34.65	88	24.41	62.0	14.96	38	24.02	61.0
M	36.22	92	24.80	63.0	15.75	40	24.41	62.0
L	37.40	95	25.20	64.0	16.54	42	24.80	63.0
XL	39.37	100	25.59	65.0	16.93	43	25.20	64.0
XXL	40.94	104	25.98	66.0	17.72	45	25.20	64.0
3XL	42.52	108	26.38	67.0	18.11	46	25.59	65.0
4XL	44.09	112	26.77	68.0	18.50	47	25.98	66.0
5XL	44.88	114	27.56	70.0	18.90	48	26.38	67.0
6XL	45.67	116	28.35	72.0	19.29	49	26.77	68.0

图 7-3-15 服饰尺码页面

活动实施

在 AliExpress 无线端上找出一样你认为无线端页面做得很好的商品。

步骤 1：以 4 人为一小组，以组为单位进行活动。

步骤 2：在速卖通上选定一件你以为无线端页面做得很好的商品。

步骤 3：把 PC 端和无线端的画面截图下来，制作一个报告，把你认为这个商品做得好的地方表达出来。

步骤4：派一位同学到讲台演示该报告。

合作实训

【实训名称】 以4人一小组为单位，在AliExpress网站上随机找一个店铺，找出该店铺你认为需要改进的地方。

【实训目的】 找出不足，探讨改进的办法。

【活动过程】

步骤1：任命一名活动小组长，明确组员分工，以组为单位随机选择一个店铺。

步骤2：在该店铺选定一件商品，分别查看它的PC端和无线端，找出你们认为需要改进的地方。

步骤3：把PC端和无线端的画面截图下来，制作一个报告，提出修改的意见。

步骤4：派一位同学到讲台演示该报告，教师对他们的成果进行评分。

实训小结：通过对速卖通商品的观察、研究，学习运营比较好的店铺，同时也要针对某些不足的地方进行分析，提高学生的观察和分析能力。

项目总结

由于无线设备的便携性，买家可以随时随地打开，无线买家访问具有短时间、多频次的特点。移动互联网超过PC端已成定局，现在大部分类目无线端流量占比已经达到40%～70%，并且还在呈上涨趋势。但是无线端的转化率较低。所以未来无线端的运营还是需要店主费一番功夫的。AliExpress速卖通无线端从2013年10月正式运营，无线端是伴随着互联网高速发展下的一种全新的营销形式，它具有传统PC端无法企及的优势。

项目检测

一、判断题

1. AliExpress速卖通无线端从2013年10月正式运营。（　）
2. AliExpress是腾讯公司退出的一个电子商务平台。（　）
3. 速卖通卖家只能在手机上登录。（　）
4. App Store有提供中文版AliExpress Shopping App下载。（　）
5. 数据纵横就只能看有多少客户访问了店铺。（　）

二、单项选择题

1. 在速卖通电子商务平台里面，卖家使用的移动端名称是（　）。

   A. AliExpress Shopping App　　B. 速卖通卖家

   C. 速卖通　　D. Sumaitong

2. 速卖通平台开发的公司是（　）。

   A. 京东　　B. 百度　　C. 腾讯　　D. 阿里巴巴

3. 在速卖通卖家 APP 查看已下单的买家地址的功能是(　　)。

A. 首页　　B. 订单管理　　C. 数据纵横　　D. 我的速卖通

4. 在(　　)可以看到店铺的国家分布访问量。

A. 商铺概括　　B. 实时风暴　　C. 营销助手　　D. 看不到

5. 使用(　　)浏览器能在 PC 端模拟无线端查看店铺。

A. IE　　B. QQ 浏览器　　C. 360 浏览器　　D. Chrome

三、简答题

1. 无线端买家具有什么特点?
2. 订单管理能否对订单进行发货等操作?
3. 速卖通卖家无线端具有哪些优势和特点?
4. 无线端商品展示页面包含哪几个部分内容?
5. 无线端商品展示页面优化有什么技巧?

参考文献

[1] 速卖通大学. 跨境电商一阿里巴巴速卖通宝典[M].2版. 北京：电子工业出版社，2015.
[2] 麓云. 跨境电商：速卖通开店、推广、运营一册通[M]. 北京：清华大学出版社，2016.
[3] 阿里巴巴商学院. 跨境电商基础、策略与实战[M]. 北京：电子工业出版社，2016.
[4] 易传识网络科技. 跨境电商多平台运营[M]. 北京：电子工业出版社，2015.
[5] 肖旭. 跨境电商实务[M]. 北京：中国人民大学出版社，2015.
[6] 吕宏晶. 跨境电商实务 [M]. 北京：中国人民大学出版社，2016.